IMPÉRIO
NAZISTA

O imperialismo e o colonialismo alemão
de Bismarck a Hitler

O livro é a porta que se abre para a realização do homem.

Jair Lot Vieira

Shelley Baranowski

IMPÉRIO NAZISTA

O imperialismo e o colonialismo alemão de Bismarck a Hitler

Império Nazista
O IMPERIALISMO E O COLONIALISMO ALEMÃO DE BISMARCK A HITLER

SHELLEY BARANOWSKI

TRADUÇÃO: FERNANDA BRITO BINCOLETTO

1ª Edição 2014

Syndicate of the Press of the University of Cambridge, England
Nazi Empire – First Published, 2011
© Shelley Baranowski 2011

© desta tradução: *Edipro Edições Profissionais Ltda.* – CNPJ nº 47.640.982/0001-40

Todos os direitos reservados. Nenhuma parte deste livro poderá ser reproduzida ou transmitida de qualquer forma ou por quaisquer meios, eletrônicos ou mecânicos, incluindo fotocópia, gravação ou qualquer sistema de armazenamento e recuperação de informações, sem permissão por escrito do Editor.

Editores: Jair Lot Vieira e Maíra Lot Vieira Micales
Coordenação editorial: Fernanda Godoy Tarcinalli
Editoração: Alexandre Rudyard Benevides
Revisão: Tatiana Yumi Tanaka
Diagramação e Arte: Karine Moreto Massoca e Heloise Gomes Basso

---

Dados Internacionais de Catalogação na Publicação (CIP)
(Câmara Brasileira do Livro, SP, Brasil)

Baranowski, Shelley
   Império nazista : o imperialismo e o colonialismo alemão de Bismarck a Hitler / Shelley Baranowski; tradução de Fernanda Brito Bincoletto. – São Paulo : EDIPRO, 2014.

   Título original: Nazi empire.
   ISBN 978-85-7283-777-4

   1. Alemanha – Colônias – História 2. Alemanha – Expansão territorial – História I. Título.

13-11338 CDD-325.343

Índices para catálogo sistemático:
1. Alemanha : Colônias : História 325.343

EDITORA AFILIADA

edições profissionais ltda.
São Paulo: Fone (11) 3107-4788 – Fax (11) 3107-0061
Bauru: Fone (14) 3234-4121 – Fax (14) 3234-4122
www.edipro.com.br

Aos meus alunos

SUMÁRIO

Lista de imagens e mapas   9

Prefácio   13

Introdução   15

**Capítulo 1 • Da consolidação imperial às ambições
globais: a Alemanha Imperial, 1871-1914**   23

A consolidação elusiva:
os limites da construção da Nação Bismarckiana   27

O colonialismo pragmático ou a exportação da "germanidade":
o imperialismo no exterior e a aposentadoria forçada de Bismarck   41

Desafiando os "impérios mundiais":
a Alemanha Imperial na Era Guilhermina   48

De "um lugar ao sol" para a semeadura das nuvens da tempestade:
a Alemanha e a abordagem da Primeira Guerra Mundial   74

**Capítulo 2 • Da dominação à catástrofe: a Alemanha
Imperial durante a Primeira Guerra Mundial**   81

Primeiras vitórias e sonhos imperialistas:
os objetivos de guerra da Alemanha   82

Vitórias evanescentes e responsabilidades de longo prazo, 1914-1915   92

A ocupação alemã e a criação de um império continental   97

Guerra total, medidas desesperadas e fim do Segundo Império   108

Capítulo 3 • De colonizador a "colonizado": a República de Weimar, 1918-1933   131

Colonização e confronto: violência política e crise econômica   134

Revisionismo, colonialismo e grande potência política: a estabilização de Weimar, 1924-1930   158

A República de Weimar desmorona: a crise econômica, o fim das "realizações" e a ascensão do nazismo   170

Capítulo 4 • O Império começa em casa: o Terceiro Reich, 1933-1939   187

Preparando-se para o *Lebensraum*: repressão, rearmamento e "higiene racial"   191

Em velocidade máxima: o Plano dos Quatro Anos, violência racial e a aproximação da guerra   229

Capítulo 5 • O lugar ao sol dos nazistas: a Europa ocupada pelos alemães durante a Segunda Guerra Mundial   247

Prelúdio do genocídio: reassentamentos, limpeza étnica e o ataque nazista no Ocidente   257

Euforia e pavor: Barbarossa e as tensões do Império   286

Capítulo 6 • A "Solução Final": a guerra global e o genocídio, 1941-1945   311

Reassentamentos e reservas: as soluções territoriais para a "Questão Judaica", 1939-1941   312

"Contra a diversidade humana propriamente dita": Barbarossa e o genocídio   328

"...A plena responsabilidade pelo massacre deve ser carregada pelos verdadeiros culpados: os judeus"   341

Referências   371

Índice remissivo   393

Glossário   405

Lista de imagens e mapas

Imagens

1. Otto von Bismarck. Fonte: Bundesarchiv Koblenz, Bild 183-R29818. 28

2. Carl Peters e seu servo africano. Fonte: Bundesarchiv Koblenz, Bild 183-S40874. 46

3. Kaiser Guilherme II no comando do Hansa. Fonte: Bundesarchiv Koblenz, DVM 10 Bild-23-61-18. 51

4. Hindenburg e Ludendorff, 1914/1915. Fonte: Bundesarchiv Koblenz, Bild 146-1970-073-47. 90

5. Desfile para Paul von Lettow-Vorbeck, 1919. Fonte: Bundesarchiv Koblenz, B145 Bild-008268. 127

6. Pôster: "O horror negro" no Reno, 1920. Fonte: Bundesarchiv Koblenz, Plak 002-012-030, Designer: Julius Ussy Engelhard. 129

7. Fila na mercearia, novembro de 1923. Fonte: Bundesarchiv Koblenz, Bild 146-1971-109-42. 137

8. Gustav Stresemann, em Genebra, 1926. Fonte: Bundesarchiv Koblenz, Bild, 102-13209. 161

9. Chegada de refugiados alemães de Posen, 1920. Fonte: Bundesarchiv Koblenz, Bild 137-001167. Fotógrafo: Robert Sennecke. 169

10. A liderança alemã em Berlim, março de 1933. Fonte: Museu Memorial do Holocausto nos Estados Unidos (doravante citado como MMHEU), fotografia n. 24538. 189

11. Himmler, em Dachau, 1936. Fonte: Bundesarchiv Koblenz, Bild 152-11-12. Fotógrafo: Friedrich Franz Bauer. 197

12. Comerciantes judeus insultados em Leipzig, 1937. Fonte: USHMM, fotografia n. 20210, cortesia de William Blye. — 199

13. Pôster: implicações eugênicas das Leis de Nurembergue, 1935. Fonte: Museu Memorial do Holocausto dos Estados Unidos, fotografia n. 94188, cortesia de Hans Pauli. — 222

14. O navio "Guilherme Gustloff", Força pela Alegria, 1938. Fonte: Bundesarchiv Koblenz, Bild 146-1988-107-05. Fotógrafo: Anne Winterer. — 228

15. Apresentação do Coral dos Meninos de Viena, Viena, 1938. Fonte: USHMM, fotografia #00410, cortesia do National Archives e Records Administration, College Park, Maryland. — 240

16. Janelas quebradas em lojas de judeus, novembro de 1938. Fonte: Museu Memorial do Holocausto dos Estados Unidos, fotografia #86838, cortesia do Arquivo Nacional dos Estados Unidos. Administração, College Park, Maryland. — 241

17. Evacuação de poloneses. Fonte: USHMM, foto #81221. — 262

18. Uma vítima da eutanásia. Fonte: USHMM, fotografia #05416, cortesia de Rosanne Bass Fulton. — 270

19. Pôster: "Aqui está o nosso *Lebensraum*", 1933-1938. Fonte: Bundesarchiv Koblenz, Plak 003-008-024. Designer: Hanns Reindl. — 272

20. Renovação urbana de Albert Speer, em Berlim, eixos Norte-Sul. Fonte: Bundersarchiv Koblenz, Bild 146III-373. — 292

21. Enforcamento público de guerrilheiros soviéticos suspeitos, novembro de 1941. Fonte: USHMM, fotografia #66702, cortesia de David Mendels. — 296

22. Vala comum para prisioneiros de guerra soviéticos. Fonte: USHMM, fotografia #50178. — 299

23. Trabalhadores judeus fazem sapatos no Gueto de Łódź. Fonte: USHMM, foto #65816, cortesia de Robert Abrams. — 323

24. Judeus assassinados em Iasi, Romênia, 1941. Fonte: USHMM, foto n. 27473, cortesia de Serviciul Roman de Informat. — 341

25. Oficiais e auxiliares mulheres no retiro de Solahütte. Fonte: USHMM, fotografia #34585, cortesia de doador anônimo. — 359

26. Mulheres e crianças judias antes da seleção em Auschwitz. Fonte: USHMM, fotografia #77254, cortesia do Yad Vashem (domínio público). — 363

27. Homens judeus, em Auschwitz, aguardam pela seleção na câmara de gás. Fonte: USHMM, fotografia #77304, cortesia do Yad Vashem (domínio público). — 364

Mapas

1. Alemanha, 1871-1918. Fonte: © German Historical Institute, Washington, D.C./James Retallack, 2007, German History in Documents and Images. Cartografia de Mapping Solutions, Alaska. — 25

2. A Repartição da África, ca. 1876-1894. Fonte: WINKS; NEUBERGER, 2005, p. 271. — 42

3. A Frente Ocidental, 1914-1918. Fonte: BECKETT, 2007, p. xxxii. — 88

4. O *Ober Ost* Alemão, 1915-1918. Fonte: LIULEVICIUS, 2000, p. 60. — 102

5. O Leste alemão após o Tratado de Brest-Litovsk, março de 1918. Fonte: LIULEVICIUS, 2000, p. 207. — 120

6. A Alemanha após o Tratado de Versalhes. Fonte: EVANS, 2004, p. 64. — 125

7. A Expansão Alemã, 1935-1939. Fonte: DEIST et al., 1990. — 234

8. A Polônia ocupada, 1939-1941. Fonte: BROWNING; MATTHÄUS, 2004, p. 38. — 258

9. O Plano Geral do Leste. Fonte: MAZOWER, 2008, p. xxii. — 285

10. A Europa no final de 1941. Fonte: BLACKBOURN, 2006, p. 276. — 306

11. Campos de concentração e extermínio e grandes centros de eutanásia. Fonte: NOAKES; PRIDHAM, 1995, p. 1.223. — 348

Prefácio

Este livro teve origem há anos, por sugestão de Frank Smith, da Cambridge University Press, que me pediu para escrever um texto acessível a universitários sobre o Terceiro Reich. Tendo dedicado a minha carreira, até o momento, a escrever sobre temas mais específicos, eu aproveitei a chance de levantar um campo que produziu uma literatura vasta e de difícil domínio. De fato, *Império Nazista: o imperialismo e o colonialismo alemão de Bismarck a Hitler* tornou-se muito mais amplo no seu âmbito cronológico do que Frank havia imaginado. Sou, portanto, muito grata a ele por me permitir ir além do que ele originalmente planejou ao explorar a história alemã, do Segundo ao Terceiro Reich, como um problema de Império. Embora eu espere que este livro atinja o seu público-alvo, acredito que a sua base organizadora é suficientemente fascinante e desafiadora para querer ser retomada no futuro. Basta dizer que sou grata a Frank ao incentivar-me a desenvolver um projeto de longo prazo, como também possibilidades de curto prazo.

Como este projeto tomou forma, tive o privilégio de trabalhar com Eric Crahan, meu editor na Universidade de Cambridge, que orientou profissionalmente o manuscrito a uma conclusão, pacientemente respondendo às minhas perguntas e preocupações ao longo do caminho. Jason Przybylski habilmente manipulou os detalhes que acompanharam a transição, desde a submissão até a produção, assim como Bindu Vinod, que competentemente supervisionou o processo de produção. Os leitores anônimos de Cambridge do meu prospecto inicial e do primeiro rascunho ofereceram críticas e sugestões consideráveis, que, espero eu, estejam refletidas no produto final.

Meus agradecimentos também a Volker Langbehn e Mohammad Salama, por me darem a oportunidade de apresentar uma versão anterior do meu trabalho na estimulante conferência interdisciplinar intitulada "O colonialismo da Alemanha numa perspectiva internacional", que organizaram na Universidade Estadual de São Francisco, em setembro de 2007. Catherine Epstein generosamente compartilhou trechos do seu próximo livro sobre Arthur Greiser,* o líder nazista do Warthegau. Aprecio profundamente a ajuda do pessoal do Arquivo Federal Alemão, Arquivo Digital de Imagens, em Koblenz, que forneceu muitas das ilustrações presentes neste livro. O mesmo aplica-se a Jim Retallack, da Universidade de Toronto e do Instituto Histórico Alemão, em Washington, D.C., que me deu permissão para reproduzir um mapa do arquivo "História alemã em documentos e imagens", do Instituto Histórico Alemão. Por último, mas não menos importante, o pessoal do Arquivo de Fotos do Museu Memorial do Holocausto dos Estados Unidos, que foram muito prestativos em fornecer imagens adicionais de sua soberba coleção. As visões ou opiniões expressas neste livro e o contexto em que as imagens são usadas não refletem necessariamente os pontos de vista ou políticas do Museu do Holocausto, assim como também não implicam endosso de sua parte.

Encerro com os meus agradecimentos às fontes de apoio mais próximas. A permissão de me ausentar do corpo docente da Universidade de Akron deu-me tempo para compor um primeiro projeto viável. Por mais de vinte anos, tenho tido a sorte de trabalhar com um grupo maravilhoso de colegas do Departamento de História, que proporcionaram um ambiente colegial e intelectualmente estimulante. Sou especialmente grata a Stephen Harp, que leu e comentou sobre uma parte da versão anterior deste trabalho. Aos meus alunos, tanto do passado como do presente, para quem este livro é dedicado, que personificaram os laços inseparáveis entre o ensinar de um professor e o aproveitamento de seu educando. E, como sempre, com amor, ao meu marido Ed e à minha família.

---

*. Este livro foi publicado em 2012 pela Oxford University Press com o título: *Model Nazi: Arthur Greiser and the Occupation of Western Poland*. (N.E.)

Introdução

Em seu controverso relatório de Jerusalém, no julgamento do criminoso de guerra nazista Adolf Eichmann, em 1961, a filósofa política alemã, de origem judaica, Hannah Arendt, esforçou-se para definir o significado da tentativa do regime nazista de exterminar os judeus. Ela estava certa da culpa do acusado e da adequada pena de morte imposta a ele. Contra a crítica internacional geral em cima do sequestro israelense de Eichmann, na Argentina, para trazê-lo à justiça, ela defendeu o direito do tribunal de Israel de julgá-lo. No entanto, Arendt resistia à reivindicação do tribunal de que a "solução final" havia atingido seu ponto culminante após séculos de antissemitismo. Em vez disso, ela acreditava que o judeocídio foi um "novo crime, um crime contra a humanidade – no sentido de um crime 'contra a condição humana', ou contra a própria natureza da humanidade". Genocídio, ela continuou, "é um ataque à diversidade humana como tal, isto é, a uma característica da 'condição humana', sem a qual as próprias palavras 'humano' e 'humanidade' seriam desprovidas de sentido". Como "um crime contra a humanidade", o esforço nazista para que os judeus "desaparecessem da face da Terra" foi de fato "perpetrado contra a comunidade judaica". No entanto, "apenas a escolha das vítimas", disse ela, e "não a natureza do crime, pode ser derivada da longa história de ódio aos judeus e de antissemitismo".[1]

Essa percepção do julgamento de Eichmann tem atraído menos atenção ao longo dos anos do que a representação de Arendt sobre Eichmann como um malicioso arrivista e sua crítica mordaz a líderes judaicos na Europa

---

1. ARENDT, 1984, p. 268-9.

ocupada, que, na sua visão, contribuíram para a sua própria destruição.[2] Historiadores da Alemanha redescobriram Arendt tardiamente, mas eles têm se concentrado em seu trabalho extenso e problemático, *As origens do totalitarismo*, a fim de analisar a sua compreensão sobre as contribuições do imperialismo europeu para o surgimento de regimes totalitários na Europa após a Primeira Guerra Mundial e o genocídio nazista contra os judeus durante a Segunda Guerra Mundial.[3] A determinação de considerar imperialismo e império como categorias de análise para gerar novas perspectivas ao desenvolvimento histórico da Alemanha, que o trabalho de Arendt gerou, tem criado um intenso debate entre duas perspectivas distintas. A primeira concentra-se no impacto de longo prazo do colonialismo marítimo da Alemanha Imperial antes da Grande Guerra e explora as possíveis continuidades entre as práticas coloniais da Alemanha Imperial e o Terceiro Reich.[4] Uma segunda posição recentemente articulada, e que desafia a primeira, reconhece que "a Alemanha", seja durante o Sacro Império Romano até sua dissolução em 1806, seja no Segundo Império, após 1871, foi um império continental muito antes de arriscar-se fora da Europa. Tal legado e o fascínio alemão de longa data pelo "Oriente", e ao mesmo tempo o temor, especialmente com relação à Rússia, acarretaram em consequências importantes, não obstante os pensamentos nacionalistas das colônias alemãs no exterior, que se estenderam pelo menos até a Revolução de 1848.[5]

Ainda assim, essas alternativas firmemente postas limitaram as formas de como "império", enquanto categoria de análise, aplica-se à Alemanha, e não somente porque as ambições alemãs bidimensionais imperiais, continentais e marítimas garantiram uma avaliação posterior de como uma se colocou sobre a outra. Em vez disso, estudos comparativos que exploram as relações entre império, colonialismo e genocídio estão oferecendo novas formas de historicizar a obsessão do regime nazista com o comprometimento biológico do *Volk* Alemão e os seus recursos que se reforçaram, a

---

2. ARENDT, 1984, p. 116-26, especialmente p. 125. Sobre o último ponto, Arendt baseou-se na documentação no pioneiro HILBERG, 1961.

3. ARENDT, 1972 [1951].

4. A respeito desse assunto, é exemplar o trabalho de ZIMMERER, 2004a, p. 49-76; Id., 2003, p. 1.098-119; Id., 2004b, p. 10-43; e seu mais recente livro, *Von Windhuk nach Auschwitz: Beiträge zum Verhältnis von Kolonialismus und Holocaust* (2007). Ver também MADLEY, 2005, p. 429-64.

5. Ver DICKINSON, 2008, p. 129-62; BERMAN, 2011; GERWARTH; MALINOWSKI, 2007, p. 439-66; Id., 2009, p. 279-300. Sobre o "Oriente" segundo o pensamento alemão, ver KOENEN, 2005; Id., 2006; WIPPERMANN, 2007; e LIULEVICIUS, 2009.

aquisição do "espaço vital" (*Lebensraum*) em detrimento dos eslavos e o extermínio dos judeus. Ao usar como exemplo as "reconquistas" da Espanha cristã do século XV contra os mouros, e dos príncipes moscovitas contra os mongóis, A. Dirk Moses argumenta que "a fundação de impérios pode ser relacionada à experiência de uma sociedade ser colonizada e submetida à conquista imperial e sua lei", muitas vezes levando à expulsão ou destruição do único colonizador. Moses sugere que essa percepção poderia evidenciar, especialmente em relação ao nacional-socialismo, um "movimento de libertação nacional" alemão, pelo qual a aquisição de um vasto império exterminou milhões de pessoas, especialmente os judeus, que foram tidos como os agentes perniciosos da colonização e contaminação estrangeira.[6] No entanto, o argumento de Moses aplica-se à combinação de audácia e de pessimismo que caracterizaram o imperialismo do Segundo Império Alemão. Menos radicais do que o Terceiro Reich, as aspirações pré-Primeira Guerra Mundial a um império ainda maior do que a entidade pós-1871 resumiram-se a dois objetivos: criar uma coesão interna e marginalizar "inimigos" domésticos, e conquistar o poder global. Grandes rupturas e descontinuidades de fato marcaram a história da "primeira" unificação alemã de 1871 a 1945. No entanto, as inseguranças da Alemanha Imperial, que se juntaram aos triunfos após a unificação, estabeleceram um padrão que se intensificou com a guerra, a derrota e a crise econômica.

Este livro, síntese baseada principalmente em estudos recentes, traz o argumento de que a Alemanha oferece o exemplo de uma "tensão de império" menos contemplada, a aspiração à expansão imperialista e o medo simultâneo da dissolução nas mãos de seus rivais imperialistas. Essa tensão surgiu como fruto do declínio de colônias alemãs em terras eslavas do Leste Europeu, no final da Idade Média, como também lembrança do conflito religioso da Reforma e da Guerra dos Trinta Anos, da descentralização e eventual dissolução do Sacro Império Romano sob o comando de Napoleão, da unificação triunfante – embora "incompleta" – de 1871, que deixou grandes comunidades de etnia alemã além das fronteiras do Segundo Império, e por último, da derrota da Alemanha Imperial e a "subjugação" no final da Primeira Guerra Mundial. Se as fronteiras entre os colonizadores europeus e os povos indígenas colonizados eram fluidas e sujeitas à contestação, como a famosa observação de Frederick Cooper e Ann Laura Stoler[7] há mais dez

---

6. MOSES, 2008, p. 30-40. Ver também as comparações apresentadas em MAMDANI, 2001, p. 12-3.

7. COOPER; STOLER, 1997, p. 7.

anos, as fronteiras entre o tornar-se ou ser um império e ser superado por rivais imperialistas poderiam ser igualmente inconstantes e instáveis. Aos olhos alemães, começando com a classe média instruída que levou à unificação alemã no século XIX, a perspectiva de uma camada oposta repentina e devastadora estava meramente escondida sob a promessa de uma Alemanha poderosa a nível global. A combinação volátil de ambição e medo, que foi incorporada à visão religiosa milenar sobre a ressurreição e morte nacional,[8] contribuiu para a determinação de desafiar rivais imperialistas europeus e, posteriormente, os Estados Unidos. Ao mesmo tempo, o reconhecido "fracasso" de eliminar grupos sociais, religiosos e étnicos em casa levou cada vez mais à demonização dos "inimigos" domésticos, que pareciam ser os agentes de oponentes estrangeiros. Essa tendência, já evidente durante o Segundo Império, foi mais divulgada sob a República de Weimar, que muitos alemães consideravam a prole nociva das depredações da Entente. Na opinião deles, a aliança profana entre liberais, "marxistas" e especialmente judeus presidia sob o "sistema" de Weimar após a Primeira Guerra Mundial, fazendo a licitação de "colonizadores" estrangeiros da Alemanha.

Embora o desejo de recuperar e ampliar o império marítimo pré-guerra da Alemanha tenha persistido entre ex-administradores coloniais e intelectuais públicos após a Grande Guerra, a derrota da própria Alemanha, somada ao colapso da monarquia Hohenzollern e ao que foi considerado como um acordo punitivo de paz do pós-guerra, explicou o fato de a aquisição de um "espaço vital" continental tornar-se central para o ressurgimento alemão. Catapultados ao poder, como diz a expressão de descontentamento populista e elitista desencadeado pela Depressão, os nacional-socialistas combinariam os projetos de império e genocídio. Embora marcadamente diferente da visão do Sacro Império Romano restaurado e modernizado, que inspirou os católicos ao nacionalismo antes da Primeira Guerra Mundial, o "Grande Reich Alemão" nazista, ao contrário da "Pequena Alemanha" bismarckiana e predominantemente protestante, seria invulnerável em relação à conquista e ao desmembramento estrangeiros. Como uma ação corretiva para o fracasso do Segundo Império ao realizar suas ambições imperialistas antes e durante a Grande Guerra, um *Lebensraum*[*] ale-

---

8. CRAMER, 2007; e ELIAS, 1996, p. 5-8.

[*]. Doutrina adotada pelos nazistas para determinar o espaço vital necessário para a expansão de uma população de forma economicamente autossuficiente. (N.E.)

INTRODUÇÃO | 19

mão ampliado viria a fornecer os recursos para competir com – e triunfar sobre – os rivais imperialistas do regime nazista. Isso forjaria um império harmonioso e racialmente purificado, que subordinando, expulsando ou matando seus inimigos, garantiria o domínio da raça superior alemã, uma ressurreição final triunfante sobre um passado de aspirações não atingidas. Como os judeus miticamente personificavam os inimigos externos e internos da Alemanha, eles passaram a incorporar as frágeis fronteiras entre o sonho da expansão e manutenção de um império e a perda deste através da derrota militar e poluição racial. Assim como Isabel Hull argumentou recentemente, a doutrina militar alemã pressupôs durante um bom tempo que a vitória na guerra exigia a destruição completa do inimigo[9] O Terceiro Reich caracterizou-se por eliminar o inimigo atrás do inimigo. Apesar da longa história imperial da Alemanha, *Império Nazista* limita seu foco cronológico à "primeira" unificação alemã (a segunda, em 1990), o período entre a fundação do Segundo Império até o fim do Terceiro Reich. Durante as décadas de 1960 e 1970, a escolha dessa estrutura cronológica particular teria sido comum à luz da controvérsia que o historiador Fritz Fischer desencadeou com seu *War Aims in the First World War*, publicado em 1961.[10] Ao identificar continuidades nos planos de guerra imperialistas do Segundo Império e do Terceiro Reich, Fischer influenciou uma geração de estudiosos a investigar o "desvio" da Alemanha (*Sonderweg*, ou "caminho particular") a partir do Oeste liberal democrático como a fonte de sua queda ao fascismo. Dominado por uma elite agrária e industrial, o Segundo Império buscava o imperialismo e, por fim, a guerra, para reforçar o seu poder contra a ascensão do movimento operário alemão. Apesar de enfraquecida pela revolução e a derrota militar em 1918, a elite recuperou-se o suficiente para colocar os nazistas no poder, em 1933, novamente para garantir a sua dominação política e social.[11] Este livro não restaura o argumento do "caminho especial", que os historiadores têm progressivamente desmantelado desde a década de 1980.[12] No entanto, tendo em conta as descontinuidades entre a fundação do Segundo Império e o fim do Terceiro Reich, um traço

---

9. HULL, 2005.

10. FISCHER, 1961. Fischer foi mais além em seu trabalho *War of Illusions: German Policies from 1911 to 1914* (1969), ao argumentar que a Alemanha carrega sozinha a responsabilidade pela eclosão da guerra em 1914.

11. A respeito desse assunto, é exemplar o trabalho de Hans-Ulrich Wehler, *Das Deutsche Kaiserreich 1871-1918* (1973).

12. O ataque começou com David Blackbourn e Geoff Eley. Ver seu trabalho *The Peculiarities of German History: Bourgeois Society and Politics in Nineteeth-Century Germany* (1984).

comum emerge. A Alemanha Imperial e seus dois sucessores viveram o drama da aspiração imperialista alemã, bem como a escatologia de homogeneidade étnica sobre a diversidade, a ampliação imperial sobre a estase e o *Lebensraum* como o caminho para a sobrevivência biológica.

Como a ordem europeia mudou durante o século XIX a partir de um conglomerado de impérios dinásticos para uma composição de híbridos, ou seja, impérios que se esforçaram para se tornar estados-nação internamente coesos, a Alemanha Imperial era potencialmente a mais desestabilizadora porque antecipava novas expansões, mesmo quando atingia parcialmente as aspirações nacionalistas alemãs de longa data. Embora Otto von Bismarck, o "Chanceler de Ferro", tivesse temporariamente ambições expansionistas em favor da consolidação interna e da estabilização das grandes potências, o poder militar da Alemanha Imperial e seu rápido crescimento econômico aumentaram a pressão de competição por preeminência com outros "impérios mundiais". Essa pressão ficou ainda mais intensa por causa da aparente incapacidade de Bismarck em conter "inimigos" domésticos, especialmente as minorias étnicas e a Esquerda alemã emergente. No entanto, a aquisição alemã de protetorados no exterior e seus esforços para estabelecer um império informal no continente resultaram em seu quase total isolamento diplomático. Essa situação, juntamente às ansiedades geradas pela migração transnacional de eslavos e judeus, deu origem a um medo nacionalista radical de aniquilação, que incentivou o desastroso malabarismo político no alto comando do governo do Reich, no verão de 1914. A "guerra preventiva" era para ser o antídoto para o "cerco" internacional, tendo como subproduto importante a divisão interna.

Se o Segundo Império representava a potencial construção da nação alemã e de seu império, a sua derrota, a perda dos impérios ultramarinos e seu desmembramento parcial após a Primeira Guerra Mundial despertaram experiências anteriores de divisão e vitimização pelas grandes potências europeias, intensificadas pela crise econômica e pelas profundas divisões políticas internas. Sem dúvida, a República de Weimar não foi de forma alguma destinada a falhar, como não foi a Direita radical antirrepublicana, antimarxista e antissemita, de onde o movimento nazista surgiria, destinado ao sucesso. Durante os tumultuados primeiros quatro anos de vida da República, a ameaça da intervenção estrangeira e o desejo da Entente de estabilizar a economia alemã abalaram o putchismo imperialista e nacionalista radical. Além disso, durante os "anos médios" de Weimar, entre 1924 e 1929, uma estabilização econômica agressiva e um sistema de estados europeus tênue, que foi parcialmente disposto a aceitar reivindicações revisionistas alemãs contra o acordo de paz do pós-guerra, permitiram que a República estabelecesse um grau de legitimidade. No entanto, além de destruir a ordem política e econômica global, a Grande Depressão impulsionou um novo movimento ao poder, o nacional-socialista, que definiu seu imperialismo não só contra o revisionismo "burguês" da República, mas também contra o que eles consideravam como o absurdo do imperialismo guilhermino, a sua priorização da propaganda sobre os fins raciais. Apesar dos objetivos econômicos, a aquisição de matérias-primas e mão de obra, terem sido profundamente enraizados no projeto nazista do *Lebensraum*, eles eram os meios para finalidades mais importantes, como o estabelecimento, a limpeza étnica a revitalização racial do *Volk* como a chave para a sua invulnerabilidade alemã.

O genocídio, muitas vezes resultado da conquista colonial, tem sido um problema histórico e contemporâneo comum e inquietante.[13] A variante nazista, a solução do regime para a unificação "incompleta" de 1871, a derrota e o colapso de 1918 e a crise do sistema de estados europeus entre as guerras foram a manifestação mais extrema de um problema europeu de longo prazo, a tensão entre a manutenção do império com toda a sua diversidade e a luta pela homogeneidade étnica e ideológica. Sem a obsessão dos nazistas com o poder mítico do "inimigo" judeu e a longa história do antissemitismo, é claro, o Holocausto não teria acontecido. No entanto, a característica distintiva do Holocausto reforçada por toda a guerra, a sua consistência notável, na qual a autoridade carismática de Hitler desencadeou de modo ideológico o zelo homicida e a ambição pessoal de milhares de epígonos do Reich no campo, transformou as capacidades de homogeneização dos Estados-Nação europeus naquilo que Arendt denominou de "ataque à diversidade humana como tal". Ao garantir o triunfo de um império que era para durar um milênio, o "espaço vital" nazista, livre de "indesejáveis" e "subumanos", acabaria com a tensão entre domínio e aniquilação.

---

13. Para um extenso estudo comparativo, ver KIERNAN, 2007; e LEVENE, 2005, v. I e II, um terceiro volume ainda será lançado. [O terceiro volume anunciado quando da publicação do original da presente obra, em 2011, foi publicado pela Oxford University Press em 2013, dividido em dois novos volumes: *The crisis of genocide*, v. I e v. II (LEVENE, 2013a; 2013b). (N.E.)]

capítulo 1

DA CONSOLIDAÇÃO IMPERIAL ÀS AMBIÇÕES GLOBAIS: A ALEMANHA IMPERIAL, 1871-1914

A unificação da Alemanha, seguida de vitórias da Prússia sobre a Dinamarca em 1864, o Império Austríaco em 1866 e a França em 1871, produziu um novo Estado territorial com poder militar, potencial econômico e ambições expansionistas formidáveis. Tendo vencido três vezes seguidas sobre os exércitos inimigos, o "Segundo Império" alemão prometia tornar-se, para muitos de seus cidadãos, o sucessor mais eficaz do que o anterior, o Sacro Império Romano e, portanto, o próprio herdeiro de Roma. Seguindo os sonhos dos revolucionários de 1848, muitos pensavam que a nova Alemanha era apenas a primeira etapa na realização de um domínio que se estenderia para além de suas fronteiras atuais para incluir alemães étnicos espalhados por toda a Europa, um reino que iria chegar tão longe como Constantinopla e o Mar Negro.[1] A Alemanha Imperial não chegou nem perto de conseguir esse objetivo durante seus 47 anos de vida. No entanto, no início do século XX, suas indústrias de exportação, que incluíam engenharia elétrica, produtos farmacêuticos, produtos químicos, metais, produtos acabados e produção de máquinas operatrizes, transformaram-na na economia mais dinâmica da Europa.[2] O rápido crescimento econômico da Alemanha durante um curto período, perdendo apenas para os Estados Unidos depois da Guerra Civil, testemunhou a sua emergência como um dos três novos atores globais, junto à América e ao Japão, que competiriam com os impérios europeus dominantes, Grã-Bretanha e França. A multiplicação de impérios industrializados ou em fase de industrialização acelerou

---

1. EVANS, 2003, p. 6-7; MOMMSEN, 2004, p. 96-7; KNOX, 2007, p. 54-7.
2. PETERSON, 2004, p. 55-6.

a comercialização global e a corrida frenética por colônias situadas em partes inacessíveis do mundo, caracterizando o último terço do século XIX. Numa época em que a concorrência imperialista global enfraquecia o concerto de grandes potências europeias, que haviam estabilizado o continente após a derrota de Napoleão há mais de meio século, as ambições geradas pela bravura militar e pelo poder econômico da Alemanha, refletidas na sua determinação de "alcançar" e superar os líderes europeus, fizeram que a Alemanha desempenhasse um papel fundamental na competição.

Em 1860, o primeiro-ministro da Prússia, Otto von Bismarck, promoveu de forma oportuna a unificação para expandir o poder da Prússia, dissolver a Confederação Germânica (a livre associação de estados alemães construída após a derrota de Napoleão e liderada conjuntamente pela Prússia e pelo Império Austríaco) e cooptar nacionalistas liberais, que buscavam uma Alemanha unida com limitações constitucionais ao poder monárquico. Apesar das disputas amargas entre liberais prussianos e Bismarck sobre a prestação de contas do governo e suas Forças Armadas ao Parlamento, a expectativa dos benefícios comerciais, legais e culturais da unificação, para a qual o poder econômico da Prússia era indispensável, dividiu o movimento liberal e trabalhou para a vantagem de Bismarck. O desempenho impressionante do Exército prussiano contribuiu para a unificação segundo os termos de Bismarck, assim como também o medo de muitos liberais na Prússia e em outros estados alemães de que um "círculo" de inimigos, especialmente França e Rússia, continuaria a se beneficiar de uma Europa Central politicamente fragmentada. Apenas uma unificação sob a liderança da Prússia permitiria que a Alemanha competisse com outros impérios.[3] As tensões étnicas decorrentes do passado da Prússia como colonizadora, precipitadas pelo grande número de poloneses em seus territórios orientais da Silésia, Prússia Ocidental e Posen – que Frederico, o Grande, anexou durante o século XVIII –, mostraram-se igualmente relevantes para o sentimento liberal. As exigências dos revolucionários liberais para um Estado nacional alemão, em 1848, provocaram rebeliões polonesas nas províncias orientais da Prússia, que haviam ficado de fora da Confederação Germânica. A insurreição polonesa contra o Império Russo, em 1863, obrigou liberais prussianos principalmente a acreditar que democracia demais reforçaria a influência política das elites polonesas, que abraçavam suas próprias ambições democráticas e nacionalistas. Suspeitas liberais de deslealdade por

---

3. BIERMANN, 2006, p. 239-53.

DA CONSOLIDAÇÃO IMPERIAL ÀS AMBIÇÕES GLOBAIS | 25

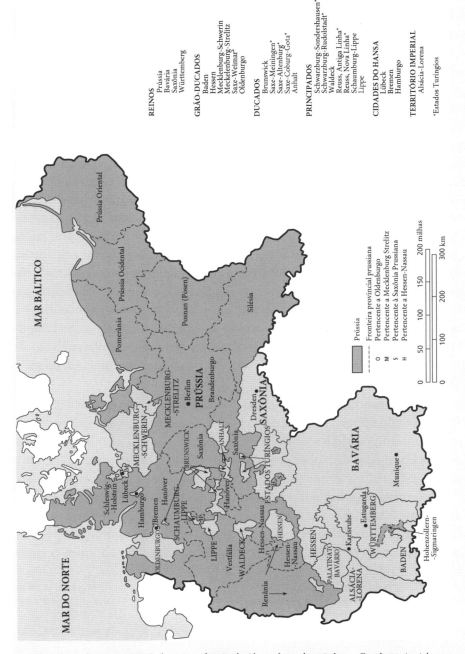

MAPA 1. Alemanha, 1871-1918. Embora a unificação da Alemanha tenha criado um Estado territorial moderno, sua composição por numerosas entidades menores trazia a marca das divisões do passado alemão.

parte da Polônia, que foram alimentadas a partir das percepções de inferioridade cultural polonesa, tornaram a defesa da nacionalidade alemã mais urgente para os liberais do que a democratização.[4]

Além de sonhar com um Reich continental expandido, os liberais alemães tinham extensas colônias ultramarinas como a esperança de propagação da cultura da Alemanha, completando a nação alemã. Da mesma forma que aqueles do Império Alemão continental, os sonhos liberais do império ultramarino surgiram muito antes da Revolução de 1848.[5] Assim como imaginavam colônias alemãs ao longo da bacia do Danúbio e ao Sul da Rússia, periódicos científicos, romances, relatos de viagem e a imprensa liberal defendiam a busca por colônias no Oriente Médio, na Ásia Oriental e nos Mares do Sul. Eles também previram assentamentos de famílias patriarcais alemãs nas Américas que solidificariam a relação familiar entre os alemães, tanto em casa como no exterior, na diáspora. Além disso, existia o precedente no histórico da Prússia de apoiar um futuro império ultramarino: a construção de uma fortaleza na Costa do Ouro, em 1683, pelo Eleitor de Brandemburgo, Frederico Guilherme. Apesar de sobreviver como posto prussiano avançado por apenas setenta anos, depois de Frederico, o Grande, ter voltado sua atenção para a integração e liquidação da Alta e Baixa Silésia, a fortaleza representou o envolvimento de Brandemburgo em redes de comércio internacional, as quais incluíam o transporte e a venda de escravos.[6]

Devido às aspirações de expansão do Reich, a Constituição de 1871 atribuiu ao Estado Imperial a tarefa de promover a colonização. Por volta de 1880, o público, em grande parte da classe média, promoveu a aquisição de colônias e a projeção do poder global como o meio mais eficaz de alcançar a coesão nacional e a propagação da cultura.[7] As ideias darwinistas sociais, que cresceram popularmente nas décadas seguintes à unificação, pressupunham uma luta global por sobrevivência entre os impérios mundiais, e somente o triunfo da Alemanha como potência hegemônica mundial poderia garantir a sua prosperidade e sobrevivência no longo prazo. Com certeza,

---

4. Ver THER, [s.d.], p. 53-6; KONTJE, 2004, p. 106-209. Sobre a história de pré-unificação da hostilidade de Bismarck e dos prussianos liberais em relação aos poloneses prussianos, ver BLANKE, 1981, p. 1-16.

5. ZANTOP, 1997; FENSKE, 1978, p. 337-83; MÜLLER, 1996/1997, p. 99-183; NARANCH, [s.d.], p. 21-40; FITZPATRICK, 2008, p. 27-72.

6. Sobre esse episódio, ver HEYDEN, 2001.

7. PERRAS, 2004, p. 7.

a construção da nação e do império transformou-se em tarefas múltiplas para todas as grandes potências europeias. Administrar ou adquirir territórios variados foi essencial para o *status* de potência mundial, assim como garantir a uniformidade cultural e a cívica, as quais foram cruciais para a modernização social e econômica. No entanto, esse dilema foi mais intenso na Alemanha, onde uma longa história de intervenção e contenção por parte dos Estados mais centralizados e poderosos e a emigração de milhões de alemães, especialmente para as Américas, incentivaram um nacionalismo que fundiu o orgulho e a agressão com a insegurança e o pessimismo.[8] A composição multiétnica do Segundo Império e a presunção do colonialismo na constituição imperial lançaram as bases para a sua distinção entre as grandes potências: a aspiração a um império continental maior e ultramarino. Embora Estados Unidos e Itália tivessem ambições semelhantes, a América permaneceu periférica às rivalidades da Europa continental até a Primeira Guerra Mundial porque o seu âmbito primário de influência permaneceu no hemisfério ocidental. A Itália não poderia igualar-se nem ao desempenho econômico da Alemanha nem à sua capacidade militar, apesar da sua própria industrialização rápida.[9]

A CONSOLIDAÇÃO ELUSIVA: OS LIMITES DA CONSTRUÇÃO DA NAÇÃO BISMARCKIANA

Ciente da situação precária da Alemanha Imperial, Bismarck interrompeu os projetos de consolidação e expansão nacional. Em vez disso, ele optou pela consolidação interna sob a liderança da Prússia, enquanto rejeitava à força a ampliação territorial.[10] E, para isso acontecer, alternou entre a negociação e a coerção para conter o que ele e seus aliados viam como forças nacionais de oposição e divisionistas que enfraqueceriam o Reich, interna e externamente. Embora muitas vezes eficazes no curto prazo, as tentativas de Bismarck de marginalizar aqueles a quem ele e seus aliados políticos rotulavam como "inimigos do Reich" aprofundaram as divisões internas e convenceram a muitos de que conflitos domésticos aumentavam a vulne-

---

8. Sobre a tensão entre a nação e o império, ver FRIEDRICHSMEYER; LENNOX; ZANTOP, 1998, p. 19; COOPER; STOLER, 1997, p. 22; e DICKINSON, 2008, p. 129-62. Sobre a insegurança da Alemanha, ver ELIAS, 1996, p. 3-8.

9. Ver GROSSE, 2005, p. 120; e principalmente sobre a extensa comparação entre a Itália e a Alemanha em KNOX, 2007, p. 58-139.

10. GALL, 1986, p. 40-1.

IMAGEM 1. Príncipe Otto von Bismarck, ca. 1875. Para manter o prestígio da força militar prussiana, cujas vitórias permitiram a unificação da Alemanha, Bismarck usava regularmente um uniforme do Exército como chanceler imperial e primeiro-ministro da Prússia.

rabilidade do Reich. O imperialismo veio à tona como meio para resolver esse problema.

Os desafios de Bismarck começaram com a oposição à unificação por parte da sua própria casta fundiária do Leste prussiano, a nobreza *Junker*, cujos compromissos com a monarquia Hohenzollern haviam ajudado na consolidação da Prússia nos séculos XVII e XVIII. Ao garantir um Estado Imperial que preservava a hegemonia prussiana e limitava a democratização, Bismarck amenizou o medo de grande parte dos *junkers* de que a absorção de uma Alemanha expandida enfraqueceria a sua influência política e social. Como a Prússia compreendia quase 60% do território do Império, o seu monarca Guilherme I tornou-se o imperador alemão, ou kaiser, e o Estado-Maior prussiano assumiu o comando do Exército Imperial, que por sua vez prestava contas somente ao imperador. Da mesma forma, os ministros federais, sendo a maioria de prussianos, considerando-se que mantinham cargos semelhantes nesse estado, deviam suas nomeações ao kaiser em vez de serem escolhidos entre os partidos dominantes no *Reichstag* Imperial. Como consequência, a responsabilidade ministerial significava obediência à Coroa e não ao Parlamento. O *Reichstag* não podia nem introduzir uma legislação nem ditar o momento, valor ou duração das dotações militares. Além disso, a Prússia dominou a Câmara Alta, o *Reichsrat*. Em vez de ser eleito democraticamente, o *Reichsrat* consistia em representantes designados dos 25 Estados alemães. Como a Prússia controlava mais de um quarto dos votos na Câmara Alta e Bismarck servia simultaneamente como o primeiro-ministro prussiano e chanceler imperial, o poder da Prússia era, não surpreendentemente, suficiente para bloquear emendas à Constituição Imperial.

No entanto, o poder da Prússia estava longe de ser absoluto. Embora reconhecesse a conquista de unificação, a Constituição Imperial apresentava os traços do passado da Alemanha como um conglomerado de entidades menores, resumindo-se a um tratado laboriosamente negociado entre os estados soberanos da Confederação Germânica.[11] Os estados federais mantiveram autonomia significante apesar da extensão da autoridade imperial nos setores da moeda, lei, transporte, justiça, saúde pública e bem-estar social. Os estados mantiveram suas legislaturas, dinastias governantes, e, nos casos da Saxônia, Baviera e Württemberg, até mesmo os exércitos, apesar de terem sido colocados sob o comando da Prússia. As artes, a religião e a educação também permaneceram prerrogativas do Estado. As implicações

---

11. CLARK, 2006, p. 557; LERMAN, 2004, p. 138-56.

da estrutura federal da Alemanha Imperial residiam mais claramente em seu sistema de geração de receita, em que os estados só mantinham o poder da tributação direta. A entrada de receita do Reich era limitada às contribuições dos estados, imposição de tarifas, taxas sobre os serviços e tributações indiretas sobre o consumo; inadequação que nos anos imediatamente anteriores à Primeira Guerra Mundial provocaria amargos debates a respeito de quem pagaria as contas para a construção de navios de guerra. Apesar da crescente identificação com o Reich alemão após 1871, expressa em comemorações que celebravam a nação como a extensão dos valores locais e regionais,[12] particularismos locais e regionais conviviam com o nacionalismo. Lealdades regionais aparentemente estabelecidas levaram os nacionalistas a temerem que a criação da Alemanha unificada tivesse feito pouco para superar as divisões que tornaram os alemães os joguetes das políticas de poder europeias desde antes da Guerra dos Trinta Anos. Além disso, a "pequena" (*kleindeutsch*) variante alemã de unificação que triunfou em 1871, depois de ter excluído a Áustria e outros enclaves etnolinguísticos alemães na Europa, não incluiu todos os alemães. Nascida da destruição prussiana da Confederação Germânica, a Alemanha Imperial foi essencialmente o produto de partição e secessão.[13] A "incompletude" de unificação e o medo de fragmentação interna seriam um tema recorrente que, no longo prazo, reforçariam o caso de expansão, especialmente depois de Bismarck ter saído de cena.

Devido ao seu potencial de expressar a vontade popular, o *Reichstag* expôs as falhas da sociedade imperial. Apesar dos limites constitucionais em seu poder, tornou-se o principal fórum para a mobilização política em todo o país, pois foi escolhido no sufrágio masculino universal em eleições que eram geralmente livres de irregularidades. Embora não pudesse introduzir uma legislação, que era prerrogativa do governo, podia debater seus méritos sob o escrutínio de uma mídia de massas em expansão. Minorias étnicas e religiosas e, finalmente, o movimento operário alemão, usaram o *Reichstag* como um fórum para favorecer seus interesses de uma forma que desafiou os esforços de nacionalização e homogeneização do Estado Imperial.[14] Com o triunfo nas eleições nacionais de 1873 do Partido Liberal Nacional, predominantemente protestante e um de dois dos partidos liberais que surgiram com

---

12. CONFINO, 1997, p. 97-209.

13. Ver as observações perspicazes de BLACKBOURN, 2003, p. 184-5.

14. Ibid., p. 201. Sobre os limites da capacidade do governo ao influenciar o Reichstag e manipular o eleitorado, ver ANDERSON, 2000.

a cisão do movimento liberal na década de 1860, a primeira fonte de conflito – a diferença religiosa – moveu-se para o centro do palco. Os nacionais-liberais e o antigo Partido Liberal, os progressistas, voltaram a apoiar Bismarck na sua "Batalha pela Cultura" (*Kulturkampf*) contra a Igreja Católica, uma campanha que fundia anticlericalismo, desprezo pela "superstição" e um nacionalismo protestante que considerava o catolicismo como um sinônimo de deslealdade, até porque a população católica incluía minorias étnicas.

Os protestantes formavam uma maioria considerável em relação aos católicos, compreendendo quase dois terços dos cidadãos do Império, e espalhavam-se de forma desigual entre a maioria luterana e a minoria calvinista ou reformada. Apesar dessa maioria, que por um lado pode ter trazido confiança em sua posição, os nacionalistas protestantes equipararam a luta contra o catolicismo com a resistência à dominação estrangeira. Assim, Martinho Lutero emerge como herói nacional por ter se rebelado contra a tirania da Igreja Católica Romana. O rei sueco Gustavo Adolfo, que lutou contra os exércitos do Sacro Império Romano durante a Guerra dos Trinta Anos, representou a promessa de 1517, um Reich protestante libertado de Roma e da França, o que mostrou, por fim, a restauracionista Paz de Vestfália de 1648.[15] A anexação da Alsácia e Lorena da França, combinada à grande população polonesa nas províncias orientais da Prússia e maiorias católicas em Baden, Baviera e na Renânia, exarcebou antagonismos confessionais e as tensões étnicas resultantes da herança colonial da Prússia. Convencido de que as simpatias católicas alinhavam-se com a Áustria e a França, os inimigos derrotados da Alemanha, e com o ultramontanista e antimodernista papa Pio IX, o governo expulsou as ordens religiosas católicas, removeu bispos refratários, impôs o controle de Estado sobre a nomeação e a formação do clero e decretou casamentos civis como obrigatórios. A intenção era punir o "atraso" católico, a irracionalidade e o internacionalismo como intrinsecamente opostos à nação alemã protestante, "progressiva" e "moderna". Os liberais opuseram-se aos jesuítas em especial, a quem eles suspeitavam de encorajar uma piedade feminina emocional e irracional por meio da confissão regular e de outras formas de devoção. A relação entre mulheres católicas e padres jesuítas desafiou a autoridade dos pais, cuja liderança patriarcal da lei imperial familiar havia consagrado e subscrito a influência perniciosa dos jesuítas na esfera pública.[16]

---

15. CRAMER, 2001, p. 97-120; Id., 2007, especialmente p. 51-93.

16. HEALY, 2003, p. 21-83 e 117-72; GROSS, 2004, p. 185-239.

Com certeza, as tensões diminuíram entre protestantes e católicos na décadas seguintes à unificação. A presença regular dos católicos às igrejas diminuiu ao longo do tempo, e os católicos que estavam no mundo dos negócios e das profissões, embora sub-representados na população em relação aos protestantes, impulsionaram-se à integração social e política de seus correligionários. No entanto, o *status* de minoria dos católicos e a defensiva da Igreja Católica continuaram a ser características da política alemã após a Segunda Guerra Mundial. Hostil ao liberalismo, por causa de seu secularismo, e à homogeneização burocrática imperial, que se recusou a permitir espaço para a distinção católica e as tradições locais, o nacionalismo dos católicos divergia fortemente da variante protestante. Em vez de o Reich protestante manter-se firme contra a tirania de Roma e dos Habsburgos, a visão católica da nação recordou a "grandeza" do Sacro Império Romano. O mesmo Gustavo Adolfo, venerado pelos protestantes, surgiu na perspectiva católica como a versão de Napoleão Bonaparte do século XVII, que disseminou os males do secularismo e da revolução contra a Constituição Imperial, a personificação da civilização alemã. Semelhante aos protestantes, os católicos acreditavam que a Paz de Vestfália fora desastrosa, pois marcou o início de mais dois séculos de fraqueza alemã e intervenção estrangeira. No entanto, para esta última, a tragédia estava na derrota das reformas que teriam modernizado e fortalecido o Sacro Império Romano.[17]

Após a morte do papa Pio, em 1878, os piores efeitos da Batalha pela Cultura diminuíram na maior parte da Alemanha. Ainda assim, medidas anticatólicas continuaram a ser impostas aos alsacianos e lorenos e aos 2,5 milhões de poloneses prussianos, sendo que a maioria estava concentrada na fronteira oriental da Prússia, onde, a partir da perspectiva do governo, a combinação de confissão e etnicidade propiciou "perigos" especiais à segurança alemã. Na Alsácia e Lorena, batalhas de campo ocorreram entre burocratas protestantes e a Igreja local sobre as fronteiras diocesanas, a instrução dos sacerdotes e o papel clerical na educação, que continuou até 1918. Na Polônia prussiana, os decretos que determinaram o alemão como língua de instrução nas escolas, para a realização de negócios nos tribunais e para a burocracia seguiram os decretos da Batalha pela Cultura, um ataque contra os poloneses que só se aprofundaria nos anos de 1880 em diante. Com o crescente número de trabalhadores agrícolas poloneses em grandes latifúndios e assalariados poloneses nas minas de carvão e fábricas do Ruhr,

---

17. SMITH, 1995, p. 61-78; CRAMER, 2007, p. 204-16.

a Batalha pela Cultura assumiu um duplo sentido com a defesa da cultura alemã contra a migração polonesa dos Impérios Russo e Austro-Húngaro.[18] Mesmo no restante da Alemanha, o conflito religioso solidificou uma poderosa subcultura católica, a potência política que se formou durante os avivamentos religiosos após a anexação da Renânia e da Vestláfia pela Prússia com as guerras napoleônicas, bem como as breves vitórias liberais durante as Revoluções de 1848.[19] O Partido do Centro, fundado em 1870 para representar os interesses de ambas as confissões religiosas, transformou-se como resultado do conflito com Bismarck a respeito da voz política dos católicos, reivindicando 80% do voto católico nas eleições de 1874 para o *Reichstag*. Uma exuberante piedade popular, centrada em aparições da Virgem Maria, conectou política e religião por meio dessa imagem de sofrimento nas mãos do Estado Imperial, que os católicos simultaneamente (e ironicamente) viam como protestante e secular.[20]

A religião unida à etnicidade foi apenas uma fonte de divisão. As classes foram outra. O emergente movimento de trabalho alemão constituía uma "ameaça" à ordem interna e coesão, mitigando temporariamente o ataque de Bismarck contra o catolicismo nos interesses de conter a Esquerda. Fundado em 1875 como o Partido Socialista dos Trabalhadores da Alemanha (subsequentemente renomeado Partido Social-Democrata, ou SPD – *Sozialdemokratische Partei Deutschlands* –, em 1890), os socialistas falavam por um proletariado cada vez mais urbanizado e um crescente número de assalariados industriais. Ao combinar objetivos políticos e sociais, o partido defendia a redistribuição da riqueza e da propriedade, a expansão dos poderes do *Reichstag* e a eliminação de franquias desiguais em legislaturas estaduais, especialmente na Prússia, onde a divisão do eleitorado entre as três classes beneficiou desproporcionalmente proprietários de latifúndios. Em 1878, respondendo a duas tentativas de assassinato contra o imperador por autores sem qualquer ligação conhecida com os socialistas, Bismarck lançou o que exageradamente descreveu como a "guerra de aniquilação" contra os "ratos no país".[21] Aprovada por uma conservadora maioria no *Reichstag*, a Lei Antissocialista introduzida por Bismarck baniu o partido

---

18. Sobre a Batalha pela Cultura e a luta étnica, ver TRZECIAKOWSKI, 1990; SILVERMAN, 1972, p. 71-110; BLANKE, 1981, p. 17-37; HAGEN, 1980, p. 128-31. Sobre o impacto do trabalho polonês, ver principalmente CONRAD, 2006, p. 150-3.

19. GROSS, 2004, p. 29-73; SPERBER, 1984, p. 39-98.

20. JEFFRIES, 2003, p. 17; BLACKBOURN, 1994, especialmente p. 76-99 e 202-49.

21. LERMAN, 2004, p. 181.

e proibiu reuniões e publicações socialistas. Embora a lei permitisse que os socialistas concorressem como candidatos às eleições parlamentares, a experiência da repressão criou uma subcultura social-democrata durável que sobreviveu com o fim da lei, em 1890. Ampliado por numerosas organizações culturais patrocinadas pelo partido, e construindo seu apoio principalmente dos bairros da classe trabalhadora, onde os estilos de vida e as práticas culturais distinguiam-se das classes médias,[22] o SPD tornou-se tanto reformista quanto revolucionário. O seu Programa de Erfurt de 1891, de inspiração marxista, previu a intensificação da luta de classes entre a burguesia e a classe trabalhadora, um conflito que inevitavelmente culminaria na derrubada do capitalismo. A segunda parte do programa, no entanto, enfatizava as necessidades no curto prazo, como melhores salários, melhores condições de trabalho e a reforma do sistema político, a começar com a eliminação do sistema eleitoral das três classes na Prússia.

Apesar da sensibilidade gradualista emergente no SPD, alemães das classes média e alta comumente viam os socialistas como traidores, ou "companheiros sem pátria". Inspirada no marxismo, a solidariedade do SPD com o proletariado internacional e sua visão de nação democratizada ameaçaram o nacionalismo e o sistema de dinastias burguesas da Alemanha Imperial. A introdução do seguro social por Bismarck na década de 1880 para cobrir doenças e acidentes, e, mais tarde, pensões e seguro por invalidez – todos supostamente com o intuito de permitir aos trabalhadores a participação no sistema imperial – fez pouco para atenuar as tensões sociais. O medo das classes proprietárias em relação ao socialismo confirmou o fato de que nenhum partido da classe média protestante havia alcançado um eleitorado significativo da classe trabalhadora. No entanto, com o tempo, jovens trabalhadores católicos foram cada vez mais atraídos ao SPD, e apenas o do Centro e, em menor intensidade, os partidos que representavam minorias nacionais ganharam a lealdade dos trabalhadores. A lealdade confessional permaneceu importante, mesmo entre os trabalhadores católicos na região do Ruhr, os quais, apesar do seu ressentimento pelos antipáticos sacerdotes e correligionários burgueses, formaram seus próprios sindicatos em oposição aos funcionários prussianos opressivos e sindicalistas anticlericais social-democratas.[23]

---

22. Isso fez que o SPD ganhasse cada vez mais votos dos artesãos, rentistas e funcionários do varejo. Ver SPERBER, 1997, p. 66-9.

23. BACHEM-REHM, 2004, p. 93-190.

O antissocialismo tornou-se lubrificante essencial à função política do Segundo Império durante a era de Bismarck, já que o chanceler lutou para forjar maiorias parlamentares leais ao governo. A hostilidade burguesa à Esquerda e à crescente demanda por proteção tarifária dos interesses industriais e agrícolas na sequência da longa recessão que veio à tona durante dois anos após a unificação levou à formação do cartel do "ferro e centeio", composto pelos nacionais-liberais e dois partidos, o dos conservadores livres e o dos conservadores, que articulavam os pontos de vista da indústria, dos interesses comerciais de grande escala e da agricultura, respectivamente. A combinação de antissocialismo e protecionismo amenizou a divisão religiosa, enquanto o Centro, que falava em nome dos interesses de camponeses católicos, juntou-se ao cartel de voto para a imposição de tarifas protecionistas sobre mercadorias estrangeiras. Enquanto tal aliança destruiu arduamente o potencial do Centro como oposição, os interesses econômicos comuns e o ódio da Esquerda fomentaram uma cooperação expediente.

O pragmatismo do Centro, no entanto, pouco fez para aliviar a pressão sobre as minorias étnicas, tampouco amenizou inteiramente as suspeitas protestantes de deslealdade católica. Na verdade, Bismarck intensificou seu ataque nos anos de 1880 contra "inimigos" étnicos, a começar pelos poloneses. Mais uma vez, ele contou com o apoio dos liberais, cujo anticlericalismo derivava não apenas da imagem de sacerdotes coniventes predando a vulnerabilidade das mulheres, mas também da visão de sacerdotes forçando a conversão dos cônjuges alemães em casamentos mistos. No entanto, a dificuldade especial da Batalha pela Cultura em regiões onde a etnicidade e a religião uniam-se demasiadamente não apenas falhou ao domar o nacionalismo das elites polonesas, mas também politizou as massas rurais polonesas em resistência. Isso, por sua vez, fez que o chanceler e seus aliados parlamentares impusessem novas medidas para punir essa incômoda minoria. Entre 1883 e 1885, o governo da Prússia, a mando de Bismarck, expulsou à força milhares de imigrantes recentes russos e polonoses galegos não naturalizados, um ato então sem precedentes em tempos de paz.[24] A repressão aos níveis do Reich e da Prússia, que começou com a Batalha pela Cultura, representou um afastamento do pragmatismo do governo prussiano quanto ao tratamento de indivíduos poloneses antes da unificação. Considerando que, antes, a Coroa prussiana respeitava a integridade da cultura e da língua polonesas, contanto que os poloneses permanecessem fiéis, ao acreditar que

---

24. HAGEN, 1980, p. 132-5; SMITH, 1995, p. 185-205.

as forças de mercado encorajariam as colônias alemãs a alterarem o equilíbrio étnico, o governo da Prússia pós-unificação interveio diretamente para suprimir a resistência, forçando a assimilação.[25]

Os poloneses não eram de forma alguma a única minoria étnica a ser submetida à subjugação colonial, que oscilou entre "civilizar" e marginalizar os colonizados. Além dos alsacianos e lorenos anexados após a Guerra Franco-Prussiana, os nacionalistas dinamarqueses de Schleswig do Norte, que a Prússia havia reivindicado à Dinamarca em 1864, foram considerados ao menos potenciais "inimigos do Reich". Nas novas fronteiras ocidentais, os esforços dos educadores alemães para nacionalizar os alunos da escola primária não foram tão diferentes daqueles dos franceses; de fato, os alemães muitas vezes provaram ser mais abertos às sensibilidades locais do que seus predecessores.[26] No entanto, com a migração mais bem-sucedida que ocorrera na Polônia prussiana, os colonos alemães, muitos dos quais financiavam, possuíam e gerenciam o desenvolvimento industrial, reuniram-se em Alsácia e Lorena entre 1871 e 1914. Os alemães dominaram as entidades estudantis de universidades provinciais, enquanto os administradores alemães impuseram leis excepcionais para manter as populações nativas sob controle.[27] Indiscutivelmente, porém, a hostilidade aos poloneses era mais densa. Embora os poloneses assimilados mantivessem a meta da política do governo, e casamentos entre poloneses e alemães nunca foram proibidos, os poloneses eram comumente estereotipados como primitivos e anárquicos, nadando na imundície e sendo incapazes (ou relutantes) de se livrarem da pobreza.[28] Essa arrogância desmentia as inseguranças associadas à história e à memória da bem-sucedida colonização alemã das regiões do Báltico, na Idade Média, e o declínio subsequente com a devastação da Peste Negra, a ascensão da comunidade polaco-lituana e sua derrota contra os Cavaleiros Teutônicos. As conquistas no século XVIII de Frederico, o Grande, e a criação do novo Império Alemão após 1871 compensaram parcialmente apenas pela perda de uma extensão muito maior de território.[29]

Em 1886, o governo da Prússia formou a sua nova Comissão de Liquidação a fim de instituir um programa de colonização que combateria a

---

25. CLARK, 2006, p. 579.

26. HARP, 1998, p. 19-105.

27. SILVERMAN, 1972, p. 60; GOSEWINKEL, 2001, p. 191-211.

28. THER, 2004, p. 137-41.

29. Sobre a história e a memória da colonização, ver DWORK; VAN PELT, 1996, p. 17-65.

fuga de alemães do Leste para as regiões industriais do Oeste. Diante de um problema incômodo com maiores consequências no longo prazo – a partida dos alemães – para outros lugares em busca de empregos com melhores salários e a garantia da agricultura em grandes propriedades sob o trabalho imigrante polonês –, o governo procurou, sem sucesso, conter a "polonização" da fronteira oriental. Embora seu programa priorizasse a compra de propriedades polonesas e a criação de aldeias exclusivamente compostas por camponeses alemães migrados, a necessidade de criação de lotes economicamente viáveis limitava o seu impacto. Apesar de ter recebido cerca de 130 mil alemães durante trinta anos, o que ultrapassou facilmente o número de colonos nas colônias ultramarinas da Alemanha,[30] eles não chegaram perto de se igualar ao número de alemães que se mudaram para o Oeste, cerca de 940 mil, entre 1886 e 1905.[31] O apoio à colonização veio da coalizão governista no Parlamento prussiano, particularmente dos nacionais-liberais, que eram tão dedicados quanto Bismarck em sua determinação de reverter o "declínio" da cultura alemã no Leste. Outras medidas para promover a germanização, incluindo o reforço do controle do Estado sobre a educação e a imposição da língua alemã nas escolas primárias e secundárias, tinham como objetivo diretamente o nacionalismo cultural polonês em regiões etnicamente polonesas. Embora o impacto do programa de colonização tenha sido mínimo, até porque alguns estados poloneses eram economicamente pressionados de forma severa o bastante pelo governo da Prússia para comprar sua parte, as iniciativas de Bismarck renderam dois resultados significativos. Ao promover a contestação étnica, elas ampliaram as tensões entre católicos alemães e poloneses. A fim de provar sua lealdade ao Império, os bispos católicos tornaram-se agentes da germanização entre seus fiéis poloneses. Além disso, embora limitadas a repor os alemães que haviam emigrado e impor a uniformidade linguística e cultural sobre os poloneses, esse fracasso das iniciativas imperiais alemãs enfraqueceriam a confiança na capacidade do Estado em forçar a assimilação. No futuro, isso incentivaria propostas de colonização mais agressivas para erguer uma barragem contra o "dilúvio eslavo". Se a germanização não fosse adotada, assim como mostraram essas prospostas, posteriormente medidas mais bruscas o fariam.[32]

---

30. CONRAD, 2006, p. 149.

31. Ver MAI, 2002, p. 16-22; BLANKE, 1981, p. 55-91.

32. HAGEN, 1980, p. 132-5; SMITH, 1995, p. 185-205; DWORK; VAN PELT, 1996, p. 48-50.

A suspeita das minorias não estava limitada às instituições do Estado. O antissemitismo gerou uma resposta populista, conforme as mudanças estruturais massivas na economia e a longa recessão foram encobertas pelos ataques do Estado aos poloneses. Na década de 1880, ao mesmo tempo que o governo da Prússia expulsou russos e galegos poloneses e estabeleceu o seu programa de colonização oriental, os demagogos da classe média baixa – entre eles Hermann Ahlwardt, Otto Böckel e o capelão da corte protestante Adolf Stöcker – desabafavam suas frustrações em relação à minoria judaica legalmente emancipada da Alemanha cada vez mais assimilada, urbanizada e próspera, bem como a entrada de judeus não assimilados dos Impérios Austro-Húngaro e Russo. Apesar de ganhar lugar no *Reichstag* na década de 1890, os partidos antissemitas centrados em uma única questão não sobreviveram por causa dos conflitos entre eles.[33] No entanto, a utilidade política do antissemitismo tornou-se irresistível para os principais partidos políticos que buscavam ampliar o seu apoio em massa. Se o antissemitismo demagógico e "conflituoso" de populistas como Böckel e Ahlwardt perdeu coesão organizacional, o Centro, os nacionais-liberais e principalmente os conservadores, cuja plataforma de 1892 quis recuar os direitos civis dos judeus, apelaram para o sentimento antijudaico populista de camponeses, artesãos e pequenos comerciantes, para quem o judeu personificava uma economia industrial cada vez mais concentrada que os deixava em desvantagem.[34]

A adoção do antissemitismo por lideranças políticas e pelo enorme grupo rural de pressão filiado ao Partido Conservador, a Liga Agrária, contribuiu para uma tendência mais ampla que caracterizou a Alemanha Imperial após a década de 1880, isto é, a sua aceitação à elite social e intelectual. Na década de 1870 e início dos anos 1880, o historiador mais conhecido da Alemanha, Heinrich von Treitschke, temendo as consequências culturais da imigração de judeus do Leste, exigiu a eliminação da distinção judaica por meio da assimilação, ainda que ele mesmo implicasse a tal impossibilidade. Em contraste, Treitschke reconheceu relutantemente que os poloneses eram capazes de germanização.[35] No entanto, se Treitschke apenas

---

33. O trabalho mais recente a examinar o destino dos partidos antissemitas é ZUMBINI, 2003. Entretanto, também são válidos LEVY, 1975; MASSING, 1949; e PULZER, 1988 [1964].

34. RETALLACK, 2006, p. 334-9.

35. Sobre Treitschke, ver SMITH, 2008, p. 171-4; e WEISS, 1996, p. 128-42. A análise ainda indispensável sobre a adoção do antissemitismo pela elite a fim de reunir uma base populista é de PUHLE, 1966.

insinuou a indelével diferença dos judeus, o inventor do termo "antissemitismo", o escritor Guilherme Marr, apresentou explicitamente os judeus, em 1873, como uma raça completamente diferente do que a dos alemães cristãos. Suas características perniciosas foram imutável e irrevogavelmente definidas pela raça. Os judeus eram menos importantes como indivíduos de carne e sangue, contudo, do que como a personificação dos sinais de degeneração econômica e cultural: o liberalismo de livre mercado e livre-comércio, o capital móvel internacional, o socialismo e, especialmente, a mistura racial, resultado do aumento de casamentos mistos, que os antissemitas acreditavam ameaçar a "pureza" alemã.[36] Embora os judeus da Europa Oriental (*Ostjuden*) recebessem a maior parte da atenção por sua aparência "oriental", apesar do fato de que a maioria consistia de transientes que procuravam emigrar para os Estados Unidos a partir de portos da Alemanha, a imigração de judeus do Leste tornou-se pretexto para a inclusão de judeus assimilados em um cruzada maior, de Direita, a fim de marginalizar e enfraquecer. O governo prussiano expulsou os judeus da Rússia e da Galiza, juntamente com os poloneses.[37] Ao contrário do sentimento antipolonês, que os estados imperial e prussiano orquestraram diretamente para atender seus fins políticos, o populismo inicialmente impulsionou o crescimento do antissemitismo. No entanto, a aceitação do antissemitismo entre as elites e principalmente a crença crescente de que ser judeu significava o oposto de ser alemão foram protestadas com um nacionalismo medroso e excludente, intensificado pelas raízes coloniais do núcleo prussiano da Alemanha Imperial e pela resistência obstinada à germanização homogeneizadora da sua população etnicamente variada.

O antissemitismo alemão não foi nem uma criação doméstica, nem exclusivamente austero. A enorme influência nos círculos burgueses das obras do francês racista Joseph Gobineau e do britânico Houston Stewart Chamberlain ressaltou a permutação transnacional de antissemitismo, que com a popularização do darwinismo redefiniu-se cada vez mais. *Pogroms** decorrentes do temor dos libelos de sague, como em Xanten, na Renânia, e na cidade de Konitz, na Prússia Ocidental, em 1900, sustentaram-se das

---

36. Embora a taxa de casamentos tenha sido inferior a 10% em 1900, uma indicação da endogamia judaica preservada, o aumento desse percentual foi suficiente para atrair a atenção dos antissemitas. Ver VOLKOV, 2006, p. 259.

37. WERTHEIMER, 1987, p. 9-41 e 43-74; ASCHHEIM, 1982, p. 59-79.

*. *Pogroms*: termo que designa violentos movimentos populares dirigidos contra determinada comunidade ou minoria étnica ou religiosa, e mais especificamente os judeus. (N.E.)

ondas de violência antissemita que eclodiram por toda a Europa Central e Oriental a partir da década de 1880 até a Primeira Guerra Mundial.[38] Comparativamente falando, os judeus alemães enfrentaram menos dificuldades jurídicas e sociais do que os judeus nos Impérios Austro-Húngaro e Russo, e eles presenciaram menos episódios de violência antissemita.

Além disso, quando ocorriam os surtos de violência, os judeus recebiam mais proteção policial das turbas antissemitas. Apesar da discriminação, que os manteve fora da oficialidade, do serviço público de alto escalão e de cargos acadêmicos de prestígio, os judeus em geral tiveram um elevado grau de integração social e política, especialmente nas cidades. O crescente mercado do espetáculo e entretenimento de massas após 1890 abriu as portas para os empresários e artistas judeus, ressaltando a abertura relativa da sociedade alemã pré-guerra em comparação ao que viria mais tarde após 1918 e, certamente, após 1933.[39] Também não havia qualquer causa célebre na Alemanha Imperial comparável ao Caso Dreyfus, na França, onde o antissemitismo ácido em torno do extraordinário julgamento e condenação de um oficial judeu alsaciano expôs amargas divisões políticas sobre a legitimidade da Terceira República e a "crise" da masculinidade francesa decorrente da derrota da França nas mãos da Prússia.[40]

No entanto, se essa hostilidade em relação aos judeus correspondeu a um preconceito antigo e global, e sua intensidade não chegou nem perto dos níveis da Primeira Guerra Mundial e suas consequências, sua aparência como a expressão das inseguranças da identidade nacional alemã fez dela algo potencialmente perigoso. Apesar de suas concepções divergentes da nação, protestantes e católicos uniram-se para lembrar, de fato solenizar, a violência comunal cristã contra os judeus que, entre 1350 e 1550, destruíram dezenas de assentamentos judaicos. Essas memórias, juntamente às lembranças mais recentes, e mais dolorosas, remetiam à invasão napoleônica e suas consequências: a confiscação das propriedades da Igreja, a eliminação da autonomia comunal e a emancipação legal dos judeus alemães cuja subordinação e exclusão as comunidades haviam regulado anteriormente.[41] O antissemitismo não só se tornou um "código cultural", isto é, um discurso que para a Direita antissocialista e antiliberal poderia conceituar as profundas divisões

---

38. Ver SMITH, 2002.

39. Ver VAN RAHDEN, 2008; OTTE, 2006.

40. Ver FORTH, 2004.

41. Ver SMITH, 2008, p. 74-114.

sociais e políticas alemãs em termos simplificados, mas uniu-se também à missão imperialista da Alemanha no exterior e aos seus rivais imperialistas, já que a Alemanha esforçava-se para alcançar o seu "lugar ao sol" global – rivais que se tornariam inimigos conforme a guerra se aproximasse. Já em 1893, o publicitário imperialista e antissemita Friedrich Lange, que influenciou profundamente o pensamento das principais figuras da radical Liga Pangermânica, nacionalista e imperialista, integrou o antissemitismo em sua campanha mais ampla pelo renascimento moral da nação por meio do "germanismo puro". Ele combinou as exigências pela homogeneização cultural e expulsão dos judeus da sociedade alemã com a busca pela autarquia, a expansão imperialista e, finalmente, a guerra como uma necessidade histórica para destacar a permanência global da Alemanha.[42]

O COLONIALISMO PRAGMÁTICO OU A EXPORTAÇÃO DA "GERMANIDADE": O IMPERIALISMO NO EXTERIOR E A APOSENTADORIA FORÇADA DE BISMARCK

Coerente com sua ênfase na consolidação interna, Bismarck buscou uma política externa que, embora tivesse promovido a hegemonia alemã na Europa Central e Ocidental, com uma força militar pronta para apoiá-lo,[43] enfatizou a preservação do Reich existente e da ordem dinástica intraeuropeia. A solidariedade conservadora e dinástica expressa na Liga dos Três Imperadores, que em 1873 juntou a Alemanha à Áustria-Hungria e à Rússia, foi resultado dos esforços de Bismarck para garantir a ambas que a Alemanha Imperial não estenderia suas fronteiras a fim de manter os alemães além do Reich.[44] Não obstante, em 1884 e 1885 as incursões do Estado para o imperialismo no exterior acompanharam o crescimento constante do sentimento nacional antipolonês e antijudaico, indicação de que a capacidade de Bismarck para separar a consolidação nacional da expansão estava diminuindo. As medidas antipolacas e a aquisição de colônias deveram-se muito à necessidade de Bismarck de manter coalizões parlamentares viáveis de partidos "nacionais" na Prússia e no Reich conforme a utilidade do antissocialismo temporariamente enfraquecia e as difíceis questões econômicas, especialmente a proteção tarifária para a agricultura, dividiam os

---

42. Ver VOLKOV, 2006, p. 115; ELEY, 1980, p. 53 e 246-7. Ver também DAVIS, 2005, p. 41-6.

43. Ver CANIS, 2004, p. 85-108.

44. GALL, 1986, p. 40-60; LERMAN, 2004, p. 208.

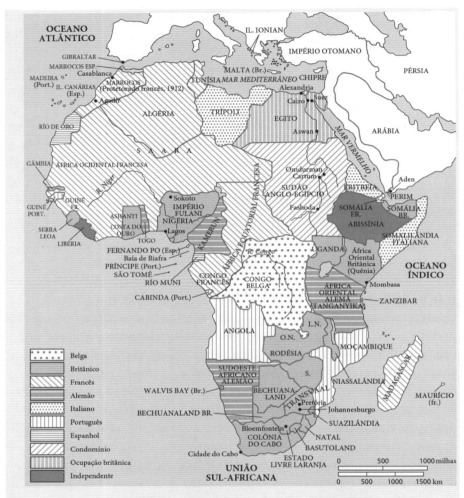

MAPA 2. A Repartição da África, ca. 1876-1894. Este mapa, indicativo da concorrência crescente entre os impérios europeus durante o último quarto do século XIX, também ilustra o próprio desejo da Alemanha de adquirir o seu "lugar ao sol". Além de suas possessões africanas (Sudoeste Africano e África Oriental, Togo e Camarões), a Alemanha adquiriu um arrendamento de 99 anos em Qingdao (Kiaochow), na Província chinesa de Shandong, bem como parte de Samoa e várias outras ilhas do Pacífico Sul.

nacionais-liberais.[45] A fim de reparar as perdas que os nacionais-liberais sofreram nas eleições legislativas nacionais de 1881, Bismarck procurou mais uma vez tirar proveito dos poderosos sentimentos nacionalistas burgueses que implicitamente uniram a repressão dos poloneses à aquisição

---

45. SPERBER, 1997, p. 180-9.

de colônias no exterior.[46] Tendo apreciado a popularidade da colonização no exterior no Partido Conservador Livre, que representava poderosos interesses comerciais, industriais e territoriais, e entre os nacionais-liberais, que viam a aquisição de colônias como um meio para seu sucesso eleitoral, Bismarck aproveitou a oportunidade para reconstruir uma coalizão de partidos "apoiados pelo Estado".[47] Além disso, ele simpatizava com interesses industriais, bancários e comerciais, acreditando que sua presença no exterior forneceria matérias-primas, mercados, postos de comércio e oportunidades de investimento. O interesse aparentemente repentino de Bismarck nas colônias não atesta o vasto esquema de adquirir colônias para compensar as crises econômicas domésticas, propagar tensões internas, enfraquecer o apelo da social-democracia ou estabilizar o sistema imperial, como já foi argumentado.[48] No entanto, o chanceler de fato entendeu o apelo do imperialismo justamente àqueles partidos e interesses, o que ele considerou essencial para um governo confiável. Tal união continuaria a consolidação do Império, enquanto marginalizava as minorias étnicas e de Esquerda, os "inimigos do *Reich*". A saúde debilitada do kaiser Guilherme levou a Bismarck outra questão que a aquisição de colônias poderia muito bem resolver. Temendo a iminente ascensão ao trono do príncipe Frederico e sua esposa inglesa Vitória, cujo liberalismo suspeito tinha o potencial de reforçar o sucesso eleitoral dos progressistas da Esquerda liberal, Bismarck calculou que o colonialismo no exterior aumentaria o nacionalismo alemão, manteria os partidos liberais divididos e ataria as mãos do novo kaiser com um maioria "nacional" confiável no *Reichstag*.[49]

A decisão de Bismarck foi sagrada para os aventureiros privados, empresários e aristocratas conservadores livres proeminentes, que estavam entre os membros da Sociedade Colonial Alemã, criada então há dois anos, e elementos pró-coloniais no Ministério das Relações Exteriores. Seguindo as atividades amplamente divulgadas do missionário e jornalista Friedrich Fabri, em Angola, e de empresários destemidos, como Adolf Lüderitz, no sudoeste da África, e Carl Peters, em Zanzibar, Bismarck colocou sob "proteção" imperial o porto de Angra Pequeña, no Oeste da África, bem como

---

46. Cf. CONRAD, 2006, p. 143-4.

47. STRANDEMANN, 1969, p. 140-59; e FITZPATRICK, 2008, p. 116-31.

48. WEHLER, 1969. A postura de Wehler manteve-se inalterada, com algumas modificações. Ver seu *Deutsche gesellschaftsgeschichte*, v. 3, Von der "Deutschen Doppelrevolution" bis zum Beginn des Ersten Weltkrieges 1849-1914 (1995, p. 980-90).

49. CANIS, 2004, p. 212-4.

o sudoeste da África, Camarões, Togolândia, a porção nordeste da Nova Guiné, várias ilhas da Micronésia e Melanésia e uma parte da África Oriental – tudo entre abril de 1884 e fevereiro de 1885. Além da surpreendente rapidez das iniciativas alemãs, que claramente afetaram Londres, o apoio aparente de Bismarck às táticas duvidosas de Carl Peters em Zanzibar e na África Oriental parecia um endosso *de facto* do desejo muito comum de Peters de desafiar as reivindicações britânicas no mesma região, um desejo que temporariamente serviu aos próprios objetivos nacionais de Bismarck. A convocação de Bismarck da Conferência de Berlim sobre o Oeste africano, em novembro de 1884, surgiu a partir de uma combinação de motivações. Além de evitar as rivalidades coloniais das relações desestabilizadoras intraeuropeias, estabelecendo esferas de influência que permitiriam mercados abertos e a facilidade de comércio entre as potências europeias, ele também procurou definir padrões "civilizados" para lidar com os povos africanos, cuja ausência de uma mesa de negociações significava seu rebaixamento legal até o *status* semelhante ao de uma criança. No entanto, o desejo de Bismarck de direcionar a atenção dos franceses para a África subsaariana, de forma a acalmar reivindicações francesas para o retorno da Alsácia Lorena e utilizar a França como um contrapeso ao poder britânico, foi igualmente importante.[50]

Na verdade, a agenda colonial relativamente modesta de Bismarck estava se tornando obsoleta. Numa época em que a inquietação dos povos colonizados e a necessidade insaciável de uma economia global de matérias-primas, mercados e mão de obra pressionaram outros estados europeus a impor um controle mais direto sobre os seus bens, Bismarck imaginou um colonialismo informal e barato, com a menor gestão estatal possível. As concessões comerciais em terras que ele apoiou operariam de forma eficaz o suficiente. Além disso, as perdas eleitorais dos progressistas, a recuperação surpreendente do antigo kaiser, a instalação de um governo conservador em Londres complacente aos interesses alemães e sobretudo a necessidade de impedir os Impérios Russo e Austro-Húngaro de chegarem aos Bálcãs reduziram o impulso para um expansionismo posterior.[51] No entanto, a atração de colônias para a classe média comercial e profissional evidenciou a fusão ressurgida da consolidação nacional e do imperialismo,

---

50. VAN LAAK, 2005, p. 66-7; GONG, 1984, p. 6; SIMO, 2005, p. 99; CANIS, 2004, p. 209-29; GALL, 1986, p. 140-6.

51. CANIS, 2004, p. 229.

DA CONSOLIDAÇÃO IMPERIAL ÀS AMBIÇÕES GLOBAIS | 45

que se tornaria apressada em relação aos objetivos limitados de Bismarck, suas providências aparentemente pouco agressivas e com sua suposta incapacidade de conter os "inimigos do Reich". Além de promover os seus benefícios comerciais, os imperialistas burgueses consideravam o colonialismo essencial para o desenvolvimento de um forte nacionalismo alemão como o antídoto para a fragmentação interna e a dissolução da identidade nacional por meio da emigração para as Américas. Portanto, assim como Friedrich Fabri, Carl Peters e outros ativistas afirmaram, adquirir suas próprias colônias a fim de habitá-las permitiria à Alemanha o desvio do excesso de população alemã para o exterior, além da difusão da língua e nacionalidade alemãs como uma forma de competir com seus rivais imperialistas, especialmente a Grã-Bretanha. As colônias possibilitariam a prosperidade econômica, intensificariam o orgulho nacional e mudariam o que Peters acreditava ser o cosmopolitismo de longa data dos alemães com uma consciência étnica viril, aprimorada pelas Forças Armadas, quando necessário. Ao contrário dos imigrantes alemães em direção às Américas, estes novos colonos manteram a sua identidade em vez de assimilar suas nações anfitriãs. Ao conservar sua integridade étnica, a língua e a cultura alemãs prevaleceram. De acordo com o *zeitgeist*[*] darwinista social e os pensamentos imperiais burgueses já antigos, Peters afirmou que a expansão promoveu a luta entre as nações pela superioridade global. Como isso já havia acontecido com o Império Britânico, a extensão do poder cultural e econômico alemão, internacionalmente, faria com que a Alemanha prosperasse e fortalecesse o orgulho nacional. No entanto, a Alemanha não se transformou em uma simples potência imperialista como outros, de acordo com Peters. Ela tornou-se mundialmente dominante. De acordo com a combinação de orgulho e medo que caracterizaram esses pensamentos nacionalistas alemães, Peters afirmou que o fracasso ao buscar o imperialismo seria desastroso, pois resultaria na extinção dos alemães como um povo.[52]

Embora disposto a fazer valer os interesses da Alemanha no exterior, Bismarck optou por negociar as reivindicações europeias incompatíveis sobre a África, o que a Conferência de Berlim deixara claro. Sua deferência em relação aos interesses comerciais de Hamburgo, que procuravam um *modus vivendi* com os britânicos, posteriormente culminou em uma cres-

---

[*]. Termo de origem alemã, amplamente empregado na filosofia hegeliana, cujo significado traduz-se por "espírito de uma época". (N.E.)

52. PERRAS, 2004, p. 31-99; STRANDMANN, 1988, p. 105-20.

IMAGEM 2. Carl Peters e Ramassan, seu servo africano, em 1894. Além de demonstrar o prestígio contínuo dos militares ao vestir o uniforme, a atitude de Peters indica a virilidade que era parte integrante dos pensamentos imperialistas alemães e crucial para a consolidação nacional.

cente impaciência com Peters, cujas aventuras imprudentes prejudicaram os interesses britânicos. A mais notável foi a incursão de Peters na província equatorial, entre 1888 e 1890, para resgatar o agente de origem alemã do quediva egípcio, Emin Pasha, quem o levante mahdista havia afastado. No entanto, este não foi um mero resgate. Em vez disso, Pasha tornou-se o instrumento de Peters para estabelecer a província como o núcleo da futura África Central Alemã (*Mittelafrika*), a vasta extensão territorial que equivaleria à rota britânica do Cabo ao Cairo. Inspirado pelas vitórias prussianas em Königgratz e Sedan, os ataques sanguinários de Peters sobre as populações indígenas, especialmente os Masai, perturbaram o chanceler. Peters recusou-se a subordinar sua missão à fiscalização do governo e prejudicou deliberadamente o acordo anglo-germânico contra anexações por trás da esfera de interesses da outra potência. Em meados da década de 1890, as aventuras de Peters deixaram de atrair o apoio nacional, ao passo que seu comportamento gerou o medo de que ele havia se "tornado nativo" de uma forma perigosa, tendo assassinado sua concubina africana e seu amante em um ataque de ciúmes. Alegando que havia se casado com a mulher de acordo com costumes "muçulmanos" e "africanos", Peters criou uma exaltação no Ministério das Relações Exteriores e no *Reichstag*, em especial no Centro, que condenou sua aparente união como um afronto à santidade do casamento. No entanto, por ora, a recusa de Bismarck em apoiar a expedição de Emin Pasha custou-lhe o apoio dos nacionais-liberais e conservadores livres, partidos fundamentais para a sua coalizão governamental.[53] O chanceler ficou, assim, com poucos meios para preservar sua posição, uma vez que mostrou sua incapacidade de conter os "inimigos do Reich".

Os resultados impressionantes das eleições de 1890 para o *Reichstag*, que geraram grandes crescimentos para os social-democratas, o Centro e os progressistas, desprezando de certa forma a coalizão governamental, causaram danos irreparáveis à posição de Bismarck. A derrota do chanceler agravou o já existente afastamento entre Bismarck e o novo kaiser Guilherme II. Tendo subido ao trono em 1888, após a morte de Guilherme I e o breve reinado de Frederico III, Guilherme teve pouca paciência com o poder que Bismarck havia desenvolvido durante o reinado de seu predecessor. Ao se ver como um governante moderno com o dom de explorar os meios de comunicação, ao contrário de seu avô, que raramente aventurava-se além de seu domínio prussiano, e de Bismarck, para quem a autoridade prussia-

---

53. PERRAS, 2004, p. 167.

na era fundamental, o novo kaiser não deixou de fazer valer suas prerrogativas reais nem de governar como um monarca nacional. Onde Bismarck falhara ao alcançar uma verdadeira integração nacional, Guilherme conciliou todos os partidos e facções, bem como permitiu que a Alemanha concretizasse o seu destino oportuno como potência mundial.[54] Confrontado aos ataques maciços por parte dos trabalhadores de Ruhr e da Renânia, o kaiser opôs-se à demanda de Bismarck pela renovação da lei antissocialista, bem como a introdução de uma lei ainda mais rígida juntamente à ameaça de um golpe contra o *Reichstag*, caso a legislação não aprovasse.[55] Ao contrário da abordagem *laissez-faire* de Bismarck em relação aos conflitos sobre gestão de trabalho e sua repressão direta aos social-democratas, o kaiser optou por utilizar o Estado não apenas como um mediador, mas também como o instrumento de inspeções do trabalho e de uma legislação protetora. Ele esperava que tais medidas diminuíssem a atração dos trabalhadores ao socialismo, que, como as eleições deixaram claro, nem a lei antissocialista, nem o inovador programa de seguro social de Bismarck conseguiram conter.[56] Entretanto, a saída de Bismarck garantiu mais do que apenas divisões sobre a política social. Caracterizou o surgimento de um imperialismo mais agressivo no exterior e ao Leste das fronteiras do Reich. Dada expressão nos altos comandos do governo, especialmente o kaiser, que reuniu os projetos de expansão e integração nacional – mobilizando a classe média instruída, comercial e industrial –, o imperialismo também progrediu pelo seu próprio esforço quanto às práticas do Exército alemão, divulgou os fundamentos científicos de classificação humana e influenciou a semiologia de uma cultura de massas emergente.

DESAFIANDO OS "IMPÉRIOS MUNDIAIS": A ALEMANHA IMPERIAL NA ERA GUILHERMINA

Poucas semanas após a renúncia de Bismarck, o governo imperial arruinou um dos elementos-chave da política externa bismarckiana ao permitir que o Tratado de Resseguro com a Rússia terminasse. Ao garantir que a Alemanha ajudaria a Rússia caso fosse atacada pela Áustria-Hungria e, que a Rússia apoiaria a Alemanha se sofresse um ataque da França, o tratado protegia a Alemanha contra a ameaça de uma guerra de duas frentes.

---

54. Ver CLARK, 2006, p. 587-92.

55. Para mais detalhes sobre a queda de Bismarck, ver RÖHL, 2001, p. 200-305.

56. CANNING, 1996, p. 134-7.

Embora os interesses incompatíveis da Rússia e Áustria-Hungria tivessem criado uma enorme pressão sobre a Liga dos Três Imperadores, mesmo antes da renúncia de Bismarck, organizaram os interesses do próprio governo imperial, liderados por uma poderosa facção antirrussa do Ministério das Relações Exteriores; o confidente mais próximo de Guilherme e chefe do Estado-Maior, Philipp Eulenberg, o conde Alfred von Waldersee e o novo chanceler do kaiser, Leo von Caprivi, juntos apressaram o fim do trata-do.[57] Confrontos econômicos e conflitos de imigração entre a Alemanha e a Rússia sem dúvida contribuíram para a decisão do governo de eliminar o tratado. Tarifas protecionistas para proteger a agricultura alemã, que continuou a refletir a influência política dos latifúndios, provocaram tarifas retaliatórias por parte da Rússia contra bens manufaturados alemães. O retorno nada cortês da mão de obra agrícola polonesa para a Rússia após a colheita, resultado do compromisso de limitar sua presença à estação de crescimento, apenas agravou a indignação dos russos.[58]

Mas outras cautelas também foram tomadas. O proeminente historiador da Rússia Theodor Schiemann, germano-báltico, levado de sua terra natal pela russificação czarista, influenciou o Estado-Maior alemão a intensificar o seu planejamento de guerra contra o império czarista. A ansiedade sobre o crescente poder financeiro e militar da Rússia constituiu motivação significativa, ao passo que Waldersee, em especial, estava convencido de que os banqueiros judeus, incluindo o próprio assessor financeiro de Bismarck, Gerson Bleichröder, haviam projetado aumentos significativos nos fluxos de capitais alemães para o Império Russo.[59] Além disso, a estratégia de Bismarck para assegurar que a Alemanha, a Áustria-Hungria e a Rússia não iniciariam um conflito nos Bálcãs, região volátil que o Concerto da Europa pós-napoleônico não havia levado em conta, permaneceu nos bastidores. A Alemanha comprometeu-se inteiramente à Tríplice Aliança juntamente ao Império Austro-Húngaro e à Itália.[60] A consequência não se fez esperar: vozes antialemãs em São Petersburgo incentivaram a Rússia a transformar seus laços econômicos com a França em uma aliança política e militar, o que Bismarck fez grande esforço para evitar.

---

57. CECIL, 1989, p. 188-90. Sobre o impacto da tensão entre a Rússia e a Áustria-Hungria, ver CLARK, 2006, p. 552-3.

58. BERGHAHN, 2005, p. 256-7.

59. PADDOCK, 2006, p. 232-4; RÖHL, 2001, p. 210. Sobre a importância da mobilidade transfronteiriça de alemães étnicos além das fronteiras do Reich, ver DICKINSON, 2008, p. 150-4.

60. RÖHL, 2001, p. 342.

50 | IMPÉRIO NAZISTA

Para compensar as relações desgastantes entre Rússia e Alemanha, o sucessor de Bismarck e novo chanceler de Guilherme, o oficial militar de carreira e chefe do almirantado Leo von Caprivi, trabalhou para garantir a harmonia anglo-germânica. Caprivi concordou em ceder uma parte de Zanzibar para a Grã-Bretanha em troca da ilha de Helgoland, no Mar do Norte, como parte de seu maior, e essencialmente fútil, objetivo de consolidar uma aliança anglo-germânica. No entanto, além da fúria com que círculos imperialistas responderam à notícia do acordo, frustrados com o que eles viam como a estagnação da Alemanha como potência colonial, o objetivo fundamental do pacto pouco fez para contrabalançar a determinação indisfarçável do novo imperador de ultrapassar o Império Britânico e construir uma grande Marinha para sustentá-lo.[61] O desejo da Grã-Bretanha de se reposicionar diante do aumento da concorrência global e da assertividade alemã, personificado em apelos plebiscitários de Guilherme ao público em geral e na realização de demonstrações rituais populares da proeza naval alemã, contribuiu para o posterior isolamento diplomático da Alemanha.[62] Isso abalou o equilíbrio continental de poder, que se mostrou cada vez mais incapaz de assimilar os interesses das grandes potências da Europa e as ambições claramente expressas de seus adversários.

O entusiasmo entre as classes médias comerciais e profissionais reforçaram a predileção do imperador de ampliar a Marinha imperial e desafiar as regras de alto-mar da Grã-Bretanha. Em 1895, após o fracasso do aventureiro britânico Leander Starr Jameson ao derrubar o governo boêr da República de Transvaal e de expandir a influência econômica britânica no Sul da África, Guilherme parabenizou o presidente do Transvaal e expressou simpatia pelos bôeres, que fomentavam a opinião pública britânica contra a Alemanha. Se indicativo da diplomacia impressionantemente incompetente do kaiser, que neste caso não seria o único episódio, o apoio de Guilherme aos bôeres provou-se internamente popular, especialmente entre os funcionários, acadêmicos, religiosos, profissionais e empresários. Mesmo os trabalhadores social-democratas, que eram conhecidos por oposição ao colonialismo, compartilharam do sentimento antibritânico que a Guerra dos Bôeres criou.[63] Até o final da década, imperialistas da classe média haviam formado a Liga da Marinha, o primeiro de vários grupos importantes

---

61. CANIS, 2004, p. 385-6.

62. RÜGER, 2007, p. 198-250.

63. EVANS, 1990, p. 174-6.

IMAGEM 3. Visita do kaiser Guilherme II a bordo do S.M.S. Hansa II, ca. 1899. Para o kaiser, a Marinha juntou-se aos projetos imperiais da política e coesão nacional.

de pressão imperialista, com uma adesão que atingiu 300 mil, sendo o número de afiliados ainda maior.[64]

Ao contrário do Exército, que foi percebido como sendo mais prussiano do que alemão, uma Marinha, na visão de Guilherme, uniria as tarefas de consolidação nacional e a extensão global de influência alemã conhecida como "política mundial" (*Weltpolitik*). Ao se tornar uma instituição genuinamente nacional ligada ao objetivo mais amplo de um império marítimo, uma Marinha poderosa fortaleceria tanto os partidos "nacionais" quanto isolaria ou cooptaria aqueles com maior probabilidade de resistir a ela – o SPD, os progressistas da Esquerda liberal e o Centro. A indisposição do governo de apoiar Carl Peters após o escândalo de seu "casamento" resultou diretamente da fúria que isso criou no Centro, votos de que precisava para garantir um futuro programa naval.[65] Mais importante, ao contrário do Exército, que manteve o seu caráter prussiano, a Marinha iria unificar uma socie-

---

64. ELEY, 1980, p. 70.
65. PERRAS, 2004, p. 230.

dade fragmentada dividida por ideias concorrentes da nação, que o kaiser prosseguiu por meio de espetáculos populares, tais como lançamentos de navios e revisões de frota que uniram os símbolos regionais e idealizaram histórias na ficção coerente de unidade alemã.[66] A Marinha resolveria o problema que havia surgido durante o confronto da Alemanha com a Grã--Bretanha sobre a independência do Transvaal, ou seja, a incapacidade de manter uma afinidade com os inimigos da Grã-Bretanha com grandes navios, numerosos o suficiente para desafiar os britânicos. Finalmente, a Marinha se tornaria um instrumento fundamental na resposta da Alemanha para mudar rapidamente as realidades internacionais. Com a expansão da economia americana, a ascensão do Japão e a crescente tendência das grandes potências europeias de afastar a concorrência submetendo seus impérios com altas tarifas, a Alemanha precisava de novos instrumentos para competir em um ambiente transformado.[67]

Em 1897, o kaiser nomeou Alfred Tirpitz como o ministro da Marinha que, como devoto do estrategista naval americano Alfred Thayer Mahan, acreditava que sem uma Marinha forte como um impulso contra seus rivais marítimos e instrumento de expansão colonial, a Alemanha não poderia se tornar uma potência global. Semelhante a Carl Peters, ao repetir o temor de aniquilação escondido na promessa de ascensão, Tirpitz ligou o império à sobrevivência nacional. O fracasso da Alemanha ao competir com seus rivais imperialistas faria que ela voltasse a ser um país agrário dividido e dominado novamente por seus vizinhos.[68] Além de verificar os franceses e os russos, a teoria do "risco" de Tirpitz considerava ter uma frota grande o suficiente para ameaçar a Grã-Bretanha e obrigá-la a fechar sua própria costa, servindo assim como um meio eficaz de extrair concessões coloniais. Esperava-se que o alcance da Marinha fosse impressionante. Ela ancoraria a nova presença da Alemanha no Extremo Oriente, iniciada no mesmo ano com a apreensão da baía de Jiaozhou chinesa e a aquisição de um arrendamento de 50 quilômetros em torno deste, na costa Sul da Península de Shandong, claramente em retaliação pelo assassinato de dois padres católicos alemães. Depois de uma hábil campanha publicitária, Tirpitz conduziu um projeto de lei naval através do *Reichstag* com um orçamento grande o suficiente para construir 19 navios de batalha

---

66. RÜGER, 2007, p. 140-64; CANIS, 1999, p. 223-56.

67. CLARK, 2000, p. 130-8.

68. SCHECK, 1998, p. 13-4.

e 32 cruzadores, usando o assassinato dos padres como meio para se sobrair sobre o Centro, que havia sido previamente pacífico em relação à construção naval. Uma segunda lei de apropriações navais ainda maior navegou através do *Reichstag*, no curso do crescimento do sentimento antibritânico acompanhado da vitória britânica na Guerra dos Bôeres.[69] O imperialismo continuaria a enfrentar a oposição, se não o princípio, necessariamente, mas pelo menos algumas de suas consequências, especialmente do Centro, de partidos social-democratas e alguns progressistas. No entanto, um padrão alternativo foi surgindo: a oposição nunca foi forte o suficiente para minar a convicção generalizada, e defendida especialmente entre os setores influentes das classes médias, de que a Alemanha merecia ser uma potência global.

A busca da Alemanha Imperial por seu "lugar ao sol", conforme denominou o secretário de Estado do Ministério das Relações Exteriores Bernhard von Bülow, trouxe importantes consequências devido à escala de suas ambições e à maneira provocativa com que essas afirmações avançaram – provocações que não foram de modo algum limitadas à manipulação infeliz da arte da diplomacia por parte do kaiser. O programa de alto risco de Tirpitz para pesados navios de guerra não foi o único a enfraquecer as perspectivas de melhora das relações anglo-germânicas, mesmo o forte apoio do kaiser aos bôeres. Como o programa de construção naval alemã levou os britânicos a acelerar a sua própria expansão naval, que incluía seus Dreadnaughts, o governo foi forçado a uma corrida naval aparentemente interminável em que nenhum montante das despesas poderia garantir a superioridade alemã em alto-mar. Além disso, a concorrência comercial alemã na Ásia, no Oriente Médio, na África e na América Latina, com a sua afirmação autoconsciente de que a Alemanha vinha ultrapassando a Grã-Bretanha economicamente, cada vez mais desafiou a confiança da Grã--Bretanha na capacidade de manter sua hegemonia global. Mesmo os projetos de infraestrutura, como a ferrovia Berlim-Bagdá, visivelmente empreendidos para promover o "progresso" como membro de um consórcio internacional, alienaram os britânicos, que perceberam uma ameaça alemã ao Canal de Suez e ao Golfo Persa.[70] As árduas tentativas da Alemanha em 1905 e 1911 de enfraquecer o controle francês do Marrocos e estender os seus interesses comerciais na África do Norte, provocando a Entente

---

69. CECIL, 1989, p. 316-7 e 335.

70. VAN LAAK, 2004, p. 93-4.

Cordiale anglo-francesa no processo, confirmaram o desejo dos britânicos e franceses de resolver suas diferenças coloniais enfrentando uma ameaça comum. Agora em conjunto, a assertividade do governo imperial destruiu a chave da política externa de Bismarck, o isolamento diplomático do adversário da Prússia na guerra final de unificação; ainda implicitamente ou não, este era o ponto. Evidentemente as ambições estratégicas e modestas de Bismarck já não estavam em consonância com a perspectiva dos imperialistas guilherminos, para quem a alternativa à política mundial foi a fraqueza e o declínio.

As iniciativas alemãs na Europa tornaram-se igualmente polêmicas. Além de incentivar o temor britânico de que a Alemanha aspirava a hegemonia continental ao modo de Napoleão, elas multiplicaram os focos de tensão com o Império Russo. No auge dos conflitos em curso sobre o protecionismo, a imigração e a política financeira, as imagens negativas da Rússia nos meios de comunicação alemães, divulgadas como "asiáticas", "despóticas" e ameaçadoras, aumentaram o nervosismo do governo czarista sobre a intervenção alemã no sudeste da Europa, o que levou a Rússia a aprofundar seus laços econômicos e militares com a França. Em 1904 e 1905, o kaiser tentou concluir uma nova aliança com a Rússia, a fim de neutralizar a aliança franco-russa que as partes haviam selado dez anos antes. No entanto, as negociações não acabaram em nada porque a Alemanha não iria abandonar o seu desejo de alcançar a supremacia continental.[71] A penetração econômica e comercial alemã na Europa foi substancial, alcançando três quartos de todas as exportações por volta de 1914.[72] Isso incluía *joint ventures* na França, Bélgica e Luxemburgo e o florescente comércio com a Escandinávia, a Romênia e principalmente o Baixo Danúbio e a Turquia. Após a renúncia de Bismarck, a abertura comercial, ferroviária, bancária e militar da Alemanha ao Império Otomano, que o Chanceler de Ferro havia começado, resultou no aumento da presença alemã. No início do século XX, as relações alemãs com os otomanos enfatizaram iniciativas educacionais, econômicas e culturais em vez de ocupação ou anexação, pois havia vantagens estratégicas ao parecer mais consensual e menos intrusiva do que os rivais ocidentais da Alemanha. Muitos no Ministério das Relações Exteriores e proeminentes intelectuais públicos, como Paul Rohrbach, simpatizavam-se com os esforços dos otomanos ao reafirmar a soberania, lembrando

---

71. McLEAN, 2003, p. 119-42; PADDOCK, 2006, p. 214-43.

72. BLACKBOURN, 2003, p. 253-4.

a própria história da Alemanha como o joguete de estrangeiros. No entanto, por mais "benignas" que fossem, as concessões do mercado alemão e a influência militar alemã sobre os otomanos desesquilibraram as relações com a Grã-Bretanha, a França e a Rússia.[73]

Embora a Rússia gastasse seu dinheiro emprestado dos franceses na compra de produtos alemães, a atividade alemã em uma região onde os czares há muito tempo consideravam vital para a segurança da Rússia tornou-se cada vez mais explosiva, especialmente quando o poder econômico e militar convergia. Assim, em 1913, a missão do general Otto Liman von Sanders, que foi enviado a Constantinopla para reconstruir e "germanizar" o Exército otomano como um potencial aliado na guerra contra a Rússia após seus fracassos desastrosos na Primeira e Segunda Guerra dos Bálcãs, fortaleceu a determinação da Rússia de controlar os Dardanelos.[74] Definitivamente "cercada" por uma aliança composta por antigos adversários, amargamente em conflito uns com os outros devido a reivindicações coloniais, a Alemanha permaneceu com apenas um aliado confiável, o Império Austro-Húngaro. Internamente assolada por profundos conflitos interétnicos, exacerbados pelo pan-eslavismo da Sérvia, a Áustria-Hungria era sem dúvida a mais rápida no gatilho das grandes potências europeias nos anos que antecederam a Primeira Guerra Mundial. Ao procurar capitalizar na derrota turca pela Itália no Norte da África, a Áustria-Hungria precipitou uma crise internacional em 1908 ao anexar as antigas províncias otomanas da Bósnia e Herzegovina. Bem antes de julho de 1914, seu Estado-Maior já havia contemplado uma guerra preventiva contra os sérvios. A ironia da situação da Alemanha foi inevitável: tendo alcançado a unificação ao separar os Habsburgos, a alegação da Alemanha sobre tornar-se potência mundial teve como efeito a vinculação de suas fortunas à mesma dinastia.

Em função da sua importância econômica, o que excedeu em muito o valor dos bens da Alemanha no exterior, a disseminação de sua influência industrial e comercial na Europa reforçou a reivindicação da Alemanha à preeminência continental, desejo que o próprio kaiser explicitamente enunciou no início de seu reinado, sendo exatamente o que os rivais da Alemanha temiam. No entanto, esse desejo não foi de forma confinado aos altos comandos do Estado. A tendência de Guilherme de reforçar sua

---

73. Sobre as atividades da Alemanha no Império Otomano, ver TRUMPENER, 1968, p. 3-20; e mais recentemente FUHRMANN, 2006, p. 142-382; e novamente FUHRMANN, 2011.

74. KRAMER, 2007, p. 102-3.

posição popular, explorando o potencial plebiscitário dos meios de comunicação, mais tarde legitimou e intensificou o imperialismo burguês, o que contribuiu para a queda de Bismarck. Igualando-se ao impulso da política mundial exemplificada pela Associação Colonial, Liga da Marinha, Sociedade Colonial e Liga Imperial contra a social-democracia, como também pelos grupos antissemitas que viam as colônias como antídoto para a sua incapacidade de privar os judeus de seus direitos no país, outros grupos de pressão ansiavam pela expansão do domínio continental alemão. A Liga Pangermânica e a Liga das Marchas Orientais, esta última mais conhecida pela sigla "*Hakatisten*", que combina os nomes de seus fundadores, não pouparam em criticar o governo caso parecesse muito tímido ou disposto a se comprometer em declarar interesses imperiais alemães.

Fundada assim como a Liga Geral Alemã, em 1891, e liderada inicialmente por um colaborador próximo de Carl Peters, a Liga Pangermânica foi reorganizada em 1894, sob a liderança mais eficaz de Ernst Haase. O antagonismo em relação ao Tratado Helgoland-Zanzibar de Caprivi incitou a fundação da Liga. Os pangermânicos criticavam veementemente a suposta hesitação do governo em expandir as posses coloniais da Alemanha no exterior. A disposição de Caprivi de permitir aos proprietários de imóveis contratarem mais trabalhadores poloneses sazonais, contanto que estes voltassem à sua terra natal após a colheita, tornou-se a *raison d'être* da Hakatisten, fundada no mesmo ano que a reconstituição dos pangermânicos. Apesar da mitificação de Bismarck como a antítese da fraqueza pós-bismarckiana do governo imperial,[75] ironicamente à luz das circunstâncias em torno da retirada do Chanceler de Ferro, ambos os grupos de pressão implicitamente rejeitaram a alegação de Bismarck de que a Alemanha era uma potência "saciada". Em vez disso, ela estava prestes a emergir como atuante importante entre os impérios mundiais. A confiança no poder militar e econômico da Alemanha motivava tais alegações. No entanto, a insegurança crônica embutida no nacionalismo alemão era no mínimo importante. Obcecados pela vulnerabilidade estratégica da Alemanha em comparação a outros impérios – Grã-Bretanha, Estados Unidos e, principalmente, Rússia –, os pangermânicos e a *Hakatisten* repensariam os fundamentos da política externa alemã. Como patrono ostensivo dos eslavos, o Império Russo mantinha um proeminente destaque devido ao "dilúvio"

---

75. FRANKEL, 2005, p. 29-42. Sobre o impacto da queda de Bismarck na personalização da política nos meios de comunicação e sua imagem cada vez mais negativa do kaiser, ver KOHLRAUSCH, 2005, p. 102-18.

do Leste alemão da imigração polonesa da Galícia austríaca e da Rússia, à dependência de grandes latifúndios na Prússia Oriental para o trabalho agrícola polonês e à crescente taxa de natalidade polonesa. De acordo com os pangermânicos, que na primeira década do século XX mudaram a definição etnocultural de germanidade para uma definição racial e biológica, a imigração atenuou a colonização prussiana do Leste. Juntos, os pangermânicos e a *Hakatisten* procuraram promover assentamentos alemães, proibir completamente o fluxo de trabalho barato polonês e deportar poloneses da Prússia para os Estados Unidos.[76]

Como antídoto para o "dilúvio" polonês e no papel de protetores das comunidades alemãs além das fronteiras do Reich ameaçadas pela "russificação" ou "hungarização" (as obsessões de nacionalização dos estados vizinhos),[77] os pangermânicos permaneceram na frente ao insistir pela consolidação continental dos alemães étnicos em um plano de ação. Na visão deles, o Segundo Império, apesar de toda a habilidade de Bismarck de torná-lo realidade, constituiu apenas a primeira etapa da realização de um verdadeiro "Estado nacional". Uma expansão que unisse as divisões étnicas e políticas era agora necessária. O novo Reich incluiria não só o Império Alemão já existente, mas também os territórios polonês e báltico, as terras dos Habsburgos, Romênia, Suíça, Luxemburgo, regiões falantes do flamengo da Bélgica e a Holanda. Às vésperas da Primeira Guerra Mundial, o líder pangermânico Heinrich Class, que havia sido eleito para o cargo em 1904, pedia a expulsão dos judeus estrangeiros e a cidadania de segunda classe para o restante, bem como a limpeza étnica da Alemanha de regiões conturbadas nas fronteiras orientais, uma inovação desagradável que a Primeira Guerra Mundial e suas consequências só intensificariam.[78] Para abordar a obsessão comum quanto às consequências da emigração, a Liga insistiu pelo apoio das comunidades alemãs no exterior, incluindo a preservação da sua cidadania, para que dessa forma não perdessem sua identidade.[79]

Os pangermânicos personificaram um imperialismo que, seguindo os pensamentos primitivos dos nacionalistas na pré-unificação, tornou-se cada vez mais bidimensional. Além de promover a expansão continental, eles

---

76. CONRAD, 2006, p. 134-7; WALKENHORST, 2007, p. 80-165.

77. NARANCH, 2005, p. 34.

78. FRYMANN, 1912, p. 75-6; WALKENHORST, 2007, p. 252-80.

79. Além de WALKENHORST, 2007; ver CHICKERING, 1984, p. 74-101; SMITH, 1986, p. 83-112; SWEENEY, 2010; SMITH, 2008, p. 208-10; HERING, 2003, p. 110-219.

também apoiavam a política mundial, defendendo postos de abastecimento, concessões comerciais e industriais na Ásia Menor, mais linhas subsidiadas de navios à vapor e a presença alemã na baía de Jiaozhou. Apesar de seu impressionante crescimento econômico até então, de acordo com os pangermânicos, a Alemanha não iria sobreviver nem prosperar, a menos que adquirisse um império proporcional à sua importância econômica. No entanto, ao articular um tema que surgiria com maior força após a Primeira Guerra Mundial, quando a França enfraquecesse e vários estados fracos sucessores na Europa Oriental tornassem-no mais plausível, os pangermânicos, e especialmente Heinrich Class, priorizaram mais uma dimensão do que a outra.[80] Eles alegaram que o aumento do espaço vital alemão na Europa foi o pré-requisito para a expansão do império ultramarino da Alemanha. Além de aumentar os recursos econômicos da Alemanha, o que seria essencial para competir com seus rivais imperialistas, a aquisição desse espaço significaria a expulsão dos poloneses e a revitalização da etnia alemã por meio da colonização. Isso repetiria as conquistas que antes haviam lançado as bases para o surgimento da Prússia e da Áustria como grandes potências, os assentamentos alemães medievais em terras eslavas e ao longo da costa do Mar Báltico. Ao ponderar a perda de milhões de colonos alemães para os Estados Unidos, que contribuíram para a ascensão da América como potência mundial, embora tenham sacrificado sua língua e cultura no processo, Class trouxe uma questão contrafatual: "O que teria acontecido se esses milhões permanecessem unidos à sua terra natal e, em seguida, [fossem] usados em uma maravilhosa e bem planejada colonização do antigo solo alemão na Europa Oriental? Sem dúvida a posição dominante do Germanismo (*Deutschtum*) teria sido assegurada por todo o tempo".[81] A ideia de Class provaria-se extremamente durável.

Embora seu tamanho fosse aparentemente insignificante – seus membros nunca passaram dos 22 mil – a Liga Pangermânica desfrutou de uma influência desproporcional a suas estastísticas.[82] Sua base de apoio na classe média politicamente ativa e bem relacionada, seus laços com os meios de comunicação, suas interseções com outras organizações nacionalistas, incluindo a Liga Agrária e seus 300 mil membros, ampliavam a sua influên-

---

80. Ver SMITH, 1986, p. 110; e WALKENHORST, 2007, p. 182-225.

81. CLASS, 1914, p. 440. Sobre os planos expansionistas pangermânicos, ver também STOAKES, 1986, p. 39-41.

82. BERGHAHN, 2005, p. 215.

cia. Os funcionários públicos e os professores do ensino secundário, que se imaginavam como os portadores da cultura alemã e a personificação da autoridade do Estado, desempenharam um papel sobretudo proeminente. Da mesma forma, a Liga das Marchas do Leste, com 50 mil membros distribuídos entre pastores protestantes, professores e funcionários do governo que residiam na Prússia Oriental, desmentiu sua associação relativamente pequena com qualquer influência substancial no governo prussiano.[83] Embora tenha surgido em resposta a um revés no imperialismo estrangeiro e projetado muito de sua liderança inicial, incluindo Carl Peters, da Sociedade Colonial, a principal contribuição para o imperialismo alemão dos pangermânicos e da *Hakatisten* foi a articulação de um Leste alemão dominado, o qual recriava uma nação ampliada nitidamente em termos raciais e biológicos, uma política isenta de elementos estrangeiros. A Alemanha não apenas dominaria economicamente, como também instituiria políticas populacionais baseadas em hierarquias raciais construídas de acordo com as diferenças supostamente imutáveis, objetivo que já não era mais a germanização dos poloneses, mas sim a sua remoção física.[84]

Da mesma forma que os antissemitas, os quais definiam a "germanidade" (*Deutschtum*) contra a sua negação – o "judeu" –, os nacionalistas radicais logo descobriram "o judeu" como algo útil para explicar o que eles viam como competição global entre impérios pela sobrevivência.[85] De fato, o surgimento do antissemitismo racial e biologicamente fundamentado, juntamente às atitudes coloniais e estratégias dominantes impostas a outras minorias étnicas, poliram a lente pela qual os alemães viam seus povos sujeitos no exterior.[86] Além disso, o que surgiu primeiramente como um "código cultural" no direito de descrever os males sociais domésticos, a urbanização, a ascensão da social-democracia e a democratização, o antissemitismo discursivamente expandiu-se a fim de personificar os rivais imperialistas da Alemanha. Para os pangermânicos, a expansão continental foi o antídoto para o funcionamento insidioso do "judaísmo internacional" que impossibilitava a Alemanha de assumir seu legítimo lugar entre as potências mundiais. A exigência pangermânica do espaço vital à custa da ida dos eslavos para o Leste, para que então a população alemã tivesse espaço

---

83. HAGEN, 1980, p. 175; CHICKERING, 1984, p. 114-5.

84. SWEENEY, 2010.

85. BERMAN, 1998, p. 133.

86. CONRAD, 2004, p. 126-7; SMITH, 2008, p. 167-210; DICKINSON, 2008, p. 134-5.

para crescer e prosperar, seria a chave para combater os judeus, bem como os poloneses. A limpeza étnica dos eslavos daria à Alemanha os recursos para contrabalançar o poder britânico e seu complemento, o "espírito judaico global", como os primeiros passos para mais colonização no exterior. A noção de guerra preventiva contra a Rússia não era simplesmente o plano do Estado-Maior ou até mesmo da elite governante. Os pangermânicos promoveram a ideia na década anterior à Primeira Guerra Mundial, com medo do crescimento da população eslava, da rapidez da industrialização russa graças a empréstimos franceses e da penetração russa nos Bálcãs. A fundação da Liga do Exército pelo pangermânico August Keim, em 1913, que teve uma presença significativa em cidades de guarnição, representou a mudança na ênfase da construção de forças terrestres alemãs contra a ameaça no Leste.[87] Mesmo se a imprensa alemã, incluindo publicações conservadoras, não apoiasse uma guerra preventiva, cada vez mais divulgaria o Império Russo como alienígena – como "asiático", portanto, não tendo nada em comum com a Europa.[88]

Como a imagem de Bismarck, o qual os nacionalistas consagraram como modelo de tenacidade e ousadia durante as guerras de unificação, as táticas militares alemãs refletiram a combinação de agressividade e pavor de pensamentos imperiais pós-unificação. Como exemplo da experiência prussiana com os *francs tireurs*, atiradores de guerrilha franceses que perseguiam linhas de fornecimento e transporte após a suposta vitória "decisiva" da Prússia em Sedan, o Exército baseou-se no que considerava uma doutrina militar adequada: em caso de guerra, o inimigo deveria ser totalmente destruído. Suas práticas de extirpar guerrilheiros franceses a fim de derrotar o adversário antes que a mediação estrangeira pudesse tirar a Prússia da sua vitória levaram radicalmente a medidas punitivas – atirando em guerrilheiros suspeitos, mutilando prisioneiros e arrasando cidades em um cenário de "matar ou morrer" –, que não encontraram qualquer justificação em leis internacionais.[89] As vitórias militares da Prússia, embora mais contingentes e menos impressionáveis do que pareciam ser aos observadores contemporâneos,[90] inspiraram as campanhas assassinas e racialmente

---

87. WEISS, 1996, p. 120; COETZEE, 1990, p. 3-43.

88. PADDOCK, 2006, p. 214-43.

89. HULL, 2005, p. 110-30.

90. Ver WAWRO, 2003, que sugere que a vitória da Prússia deveu-se mais ao fraco desempenho dos franceses do que à sua própria superioridade militar.

motivadas de Carl Peters contra as vilas Masai na África Equatorial, na década de 1880. Para ele, a colonização exigia a construção da hierarquia "natural" de colonizadores alemães sobre os negros africanos, cuja resistência seria superada pela força militar, já santificada por ter estabelecido o poder continental da Alemanha. Os antissemitas, que tiveram Peters como um visitante frequente de seus círculos, defenderam a violência contra os africanos, que além de possuirem características semelhantes como os judeus, proporcionavam um alvo de compensação pelo fracasso de sua campanha nacional de desqualificar e expulsar os judeus.[91]

A doutrina militar de aniquilar o inimigo transitou sobre a gestão das colônias alemãs no exterior durante a Era Guilhermina, a começar na África Oriental alemã, onde o confronto entre a Força de Proteção Alemã e a tribo Hehe foi praticamente constante entre 1890 e 1898. Ao evoluir da punição seletiva para a aniquilação total utilizando a fome como arma, cerca de 150 mil indivíduos da tribo Hehe foram mortos.[92] O caso do Sudoeste Africano alemão tornou-se ainda mais notório. Em 1894, a combinação do trabalho missionário com o potencial para a extração de matérias-primas, as condições climáticas adequadas para a agricultura e a competição por terras pelos bretões e africânderes tinha convencido o governo imperial de estender o controle direto sobre a colônia para então estabelecer colônias alemãs às custas dos povos indígenas hereró e nama. Os colonos, de acordo com o plano do Gabinete Imperial Colonial Alemão, deveriam se tornar o posto avançado da "germanidade", organizando as comunidades rurais fundamentadas nos valores do trabalho árduo, da frugalidade, da família patriarcal e da unidade étnica. Por sua vez, as propriedades dos colonos tornariam-se a alternativa para uma metrópole dividida pelo conflito social. A idealização de "agricultores" alemães independentes, que mesclavam "virtudes" burguesas e aristocráticas, previu a regra paternalista dos colonos sobre os "nativos". As comunidades alemãs coloniais, dessa forma, serviriam como o antídoto para a democratização doméstica social-democrata. Na medida em que esses valores expressavam a visão utópica de um novo tipo de ordem social, uma sociedade racialmente privilegiada, eles dependiam da expropriação brutal de terras nativas, facilitada pela peste bovina que dizimou os rebanhos dos hererós, da destruição da cultura tribal e da economia pecuária dos nativos e da construção de um sistema de

---

91. DAVIS, 2005, p. 111-28.
92. MORLANG, 2006, p. 80-108.

62 | IMPÉRIO NAZISTA

apartheid que visava a criação de recursos fundamentados na mão de obra submissa e barata dos africanos.[93]

Quando, em 1904, os hererós decidiram revidar atacando os agricultores alemães que haviam invadido sua terra e matado os colonos, em sua maioria homens, o kaiser imediatamente impôs a tarefa de suprimir a revolta ao Estado-Maior. A liderança militar, após ter planejado a demissão do governador colonial, Theodor Leutwein, por sua suposta lassidão em relação aos nativos, nomeou virulentamente o general racista Lothar von Trotta, veterano da Guerra Franco-Prussiana, cujo histórico de crueldade incluía o massacre brutal em uma revolta na África Oriental, em 1896, e sua participação na repressão da Rebelião dos Boxers na China, em 1900. Sob as ordens de Trotta, que desprezou a preferência de Leutwein por mobilizar os africanos como mão de obra, as Forças de Proteção Alemãs realizaram uma campanha perversa com duração de três anos contra os hererós e namas. As táticas militares alemãs incluíam deixar seus cativos em quarentena no deserto de Omaheke, envenenando seus poços de água, deportá-los para outras colônias alemãs e aprisionar os sobreviventes em campos de concentração com pouco ou nenhum suprimento. O campo de concentração em Shark Island, fora da cidade costeira de Lüderitz, tornou-se, para todos os efeitos práticos, um campo de extermínio cujas vítimas sucumbiram à fome e à doença. Na visão de Trotta, os "nativos" tiveram de ceder, da mesma forma que os índios tiveram de desaparecer em favor dos euro-americanos e, em grande medida, ele conseguiu. Nem as mulheres nem as crianças foram poupadas. No mínimo, cerca de 60% desses povos morreram.[94] Para aqueles que sobreviveram, seu modo de vida foi destruído. Com raras exceções, os "nativos" não eram autorizados a possuir terras, reproduzir gado ou criar cavalos. Confinados às demarcações designadas com não mais do que dez famílias cada, tornaram-se trabalhadores forçados para os colonizadores. Embora menos divulgada do que a Guerra dos hererós pelo fato de ter sido realizada localmente, em vez de iniciada em Berlim, e também por ter a participação de mercenários nativos em vez de alemães, a supressão da milenar e transtribal Revolta dos Maji-Maji, no Sul e no Oeste de Tanganyika, resultado de tentativas alemãs de forçar os

---

93. Sobre o Sudoeste Africano alemão, ver as obras ainda indispensáveis de BLEY, 1996 [1968]; e DRESCHLER, 1996 [1966]; e o mais recente, ZIMMERER, 2004; e WALTHER, 2002. Outras obras focam nas visões coloniais dos ocupantes e nas dinâmicas sociais entre eles, como em KUNDRUS, 2003; STEINMETZ, 2007, especialmente p. 75-239.

94. HULL, 2005, p. 30.

camponeses africanos a trabalharem nas plantações alemãs de algodão e ceder seus direitos de caça, custou ainda mais vidas de africanos. Ao usar a espoliação das colheitas e a apreensão do gado para induzir a fome no centro geográfico da rebelião, 300 mil morreram, a maioria por inanição.[95]

Como os crimes nazistas cresceram bastante na história da Alemanha, encontrar semelhanças entre a guerra colonial imperial e a limpeza étnica e o genocídio nazista posterior parece irresistível. Embora a matança dos hererós e namas tenha sido menos centralizada e burocratizada do que a "solução final" do regime nazista, a obsessão com a "segurança militar" e o ódio do inimigo garantiram um efeito genocida. A aversão aos hererós em particular, que os alemães compartilharam com outros europeus e que acabaram com as possibilidades de um confronto menos violento,[96] aparentemente igualou-se ao ódio aos judeus do regime nazista, aumentando a probabilidade de resultados mortais. De uma forma que revelava os libertos, se rudimentares e superficiais, as associações que uniam povos malvistos no país e no exterior, os alemães na Namíbia muitas vezes equiparavam a suposta esperteza e astúcia dos hererós a "furiosos comerciantes judeus".[97] Posteriormente, a exploração sistemática de mão de obra nativa e a construção de um sistema de *apartheid*, a atração de veteranos de destaque das campanhas africanas para o Partido Nazista após a Primeira Guerra Mundial e os medos persistentes e incômodos da mistura racial poderiam ter constituído um alicerce de experiências que moldariam o Terceiro Reich. Além disso, a guerra na África conduziu o pensamento popular no país de forma insidiosa, aprofundando a legitimidade do imperialismo e, junto a ele, as noções de supremacia cultural e racial alemã, que os nacionais-socialistas também aproveitaram. As ações homicidas do Exército, assim tem-se argumentado, romperam um tabu contra o genocídio que voltaria a assombrar.[98]

No entanto, a Alemanha Imperial não era a Alemanha Nazista. Apesar do horror das guerras alemãs na África, a repressão imperial alemã das revoltas coloniais não diferiram significativamente das campanhas violentas de outras potências colonizadoras durante o século XIX, que visava tanto a

---

95. Sobre a rebelião e as consequências para o domínio alemão, ver SUNSERI, 2001, p. 31-51; ILIFFE, 1979, p. 82-165; e KUSS, 2006, p. 209-47.

96. Ver STEINMETZ, 2007, p. 124-33.

97. Ibid., p. 183.

98. Ver principalmente ZIMMERER, 2004, p. 49-76; Id., 2003, p. 1.098-119; e Id., 2004, p. 10-43. Ver também MADLEY, 2005, p. 429-64.

64 | IMPÉRIO NAZISTA

destruir a independência econômica dos povos indígenas ou, se necessário, retirá-los por completo a fim de garantir a competitividade das metrópoles em uma economia moderna mundial.[99] De fato, as práticas militares que o Exército da União implantou durante a Guerra Civil Americana, que derivou das experiências de sua liderança na luta contra as guerras indianas, mostraram uma crítica irônica do desempenho do Exército prussiano durante a Guerra Franco-Prussiana. Convidado a conhecer o Estado-Maior prussiano, incluindo Helmut von Moltke, o general americano Philip Henry Sheridan, um observador do conflito franco-prussiano, expressou espanto ao que viu ser o tradicionalismo do Exército prussiano. Ao se basear no seu próprio passado colonizador, que ele e seu compatriota William Tecumsah Sherman posteriormente visitaram na Confederação, Sheridan recomendou que os prussianos se envolvessem em guerra "total" e fizessem os civis franceses sofrerem até a rendição de seu governo.[100] A conduta do Exército alemão na África, que obviamente era mais radical do que Sheridan observou durante as duas décadas anteriores, aderiu a um padrão comum.

Além disso, um pequeno número de soldados alemães envolvidos na Namíbia perderam destaque em relação aos milhões mobilizados na frente oriental durante a Segunda Guerra Mundial. A competição por espaço e recursos entre os países industrializados, à contribuição da Alemanha, adotou uma "missão civilizadora" juntamente à exploração, que custou para trazer o "progresso" aos colonizados por meio da evolução educacional, da assistência médica avançada e do desenvolvimento da infraestrutura.[101] E, embora a necessidade de mobilização de mão de obra indígena fosse comum às administrações coloniais, tanto no Sudoeste Africano quanto no Leste nazista, a limpeza étnica assumiu prioridade em áreas que o regime nazista havia designado para colonização até que os esforços da guerra mundial tornassem a exploração do trabalho imperativa a todos, exceto para os judeus. Finalmente, a turbulenta política partidária da Alemanha Imperial e as divisões sociais deixaram espaço para a oposição à política colonial mas também para a reação bem mobilizada contra ela, que via o imperialismo tanto como o cumprimento da promessa da Alemanha quanto como um meio de subjugar os "inimigos do Reich". Por outro lado,

---

99. O livro de Klein e Schumacher acima citado, que inclui as guerras coloniais alemãs com outros na era do alto imperialismo, é sugestivo sobre o assunto. Ver também GERWARTH; MALINOWSKI, 2007, p. 444-50; STEINMETZ, 2007, p. 69-70; e SCHALLER, 2008, p. 311.

100. HOWARD, 2001, p. 380; SCHIVELBUSCH, 2001, p. 38-9.

101. VAN LAAK, 2004, p. 142-6.

a ditadura centralizada e infinitamente mais repressiva do Terceiro Reich legitimou o nacionalismo radical ao não permitir tal espaço para os opositores mais prováveis. O regime nazista foi o produto de um amplo acordo forjado pela derrota militar, pela descolonização forçada da Alemanha e pela crise econômica após a Primeira Guerra Mundial, que ansiou pela solidariedade étnica e pela destruição dos "inimigos" que não compartilhavam dos fundamentos políticos ou raciais.

Certamente, durante o período guilhermino, o apelo político do imperialismo aos partidos "de apoio ao Estado" apresentou desafios formidáveis aos seus adversários. Ao contrário de Bismarck, cuja exploração do imperialismo para forjar coalizões de confiança criou expectativas que excederam a capacidade do Chanceler de Ferro de satisfazê-las, o imperialismo mais agressivo de Guilherme primeiramente pagou os dividendos. A determinação do governo imperial de construir uma Marinha maior como resultado, em parte pela necessidade de identificar as questões nacionais que consolidariam o império contra seus cidadãos supostamente menos confiáveis, social-democratas, católicos e minorias. Até mesmo muitos progressistas da Esquerda liberal abandonaram o seu anti-imperialismo de antes. Em 1893, os progressistas de fato dividiram-se em dois partidos, um que continuava a se opor ao imperialismo, enquanto o outro apoiava a política mundial defendida como sendo crucial para elevar o caráter global da Alemanha e construir a unidade étnica nacional.[102] Como consequência, o governo foi capaz de estimular o primeiro projeto de lei Marinha por meio do *Reichstag*, em 1898, sobre a oposição do Centro e do SPD, igualando e taxando ambos como traidores do Reich.

A exploração impudente do imperialismo mostrou-se quando, em 1900, o kaiser nomeou como chanceler o defensor ardoroso da política mundial, Bernhard Bülow, e ainda mais após os social-democratas terem tido desempenho admirável nas eleições regionais e nacionais de 1903. Para Bülow, a política mundial era crucial para forjar a unidade nacional, ligando o kaiser à nação e minando os partidos que, segundo ele, incitavam a divisão.[103] Na verdade, o valor do imperialismo como arma contra os "inimigos do Reich", especialmente durante e depois da guerra no Sudoeste Africano, começava a se revelar. Forçado a convocar novas eleições parlamentares,

---

102. HEWITSON, 2004, p. 150-1; SMITH, 1978, p. 146-7; KURLANDER, 2006, p. 38-46.

103. Sobre as ideias de integração nacional de Bülow, ver LERMAN, 1990, p. 20-9; e WEHLER, 1995, p. 1.139-41.

em 1907, à luz da oposição do Centro e dos social-democratas ao projeto de lei de apropriações do governo para cobrir a supressão dos levantes africanos e compensar os colonos por suas perdas,[104] Bülow desencadeou um ataque frontal contra ambas as partes, acusando-os de traição por estarem bloqueando o caminho da missão imperial alemã. O resultado foi o "Bloco Bülow", composto pelos dois partidos conservadores, os liberais-nacionais e os liberais de Esquerda simpáticos ao imperialismo. Bülow admitia a necessidade de se criar um Gabinete Colonial independente e mais profissional sob o comando de Bernhard Dernburg, que enfatizava a modernização de infraestrutura e o tratamento relativamente gentil dos povos indígenas.[105] Independentemente disso, a nova maioria infligiu uma grande derrota da oposição, especialmente os social-democratas, que sofreram uma calúnia semelhante à que ecoou dez anos antes quando o projeto de lei da Marinha foi aprovado. Como a eleição despertou a afronta anticatólica e anticlerical da Batalha pela Cultura, o Centro freou suas críticas à administração colonial alemã e moderou sua posição em relação à política colonial, a fim de polir suas credenciais como um partido de apoio ao Estado. As perdas do SPD fortaleceram o controle de sua minoria de defensores coloniais, que acreditavam nos empregos dos trabalhadores protegidos pelo imperialismo e garantiam a competitividade da Alemanha contra seus rivais, como também contribuíram para a decisão do partido de votar pelos créditos de guerra em 1914.[106]

O sucesso do Bloco Bülow deveu-se muito à aceitação do imperialismo de segmentos consideráveis da população alemã. Sem dúvida, a atração por possessões coloniais provavelmente não foi idêntica à atenção dos britânicos e franceses. Uma parcela importante da elite acadêmica revelou profunda apreciação das histórias e culturas que demonstravam a presença de perspectivas alternativas.[107] No entanto, o imperialismo dificilmente não atingiu o público alemão. Como os mitos nacionalistas foram integrados na promoção da alfabetização mesmo antes da unificação, contos da coloniza-

---

104. LOWRY, 2006, p. 244-69.

105. VAN LAAK, 2005, p. 85.

106. Sobre a eleição de 1907, ver HEYDEN, 2003, p. 97-102, e SPERBER, 1997, p. 240-54. Sobre os católicos e o socialismo em relação ao imperialismo, ver HEWITSON, 2004, p. 151-4.

107. Ver BLACKBOURN, 2004, p. 321-2; e a brilhante análise de estudiosos orientalistas de Suzanne L. Marchand, *German Orientalism in the Age of Empire: Religion, Race, and Scholarship*, 2009, especialmente p. 333-86.

ção alemã medieval durante a Idade Média legitimaram o imperialismo.[108] A penetração sutil do conhecimento colonial em geral e do darwinismo social especificamente ancorou a legitimidade do imperialismo de uma forma que expressou a constância das visões burguesas do poder global ampliado da Alemanha sob a turbulência do debate político. O racismo e a expansão territorial tornaram-se normativos a um nível que nem o insignificante valor econômico das colônias ultramarinas da Alemanha, nem o seu crescente isolamento diplomático, não importa o quão preocupante para um público letrado, poderiam refutá-los. Da sublime posição acadêmica à ficção popular, e até mesmo à publicidade que seduzia os consumidores alemães, as ideias e os símbolos do imperialismo foram disseminados e recebidos. Além de acobertar os difíceis relacionamentos da Alemanha com outras potências europeias, também aumentaram a pressão para uma base mais restrita e excludente de cidadania.

Os antropólogos, acostumados a popularizar suas conclusões analisadas a partir de partes e moldes de corpos e de crânios de colônias da Alemanha, especialmente após a guerra no Sudoeste Africano, incentivaram os alemães a se verem como racialmente distintos de judeus e outras raças. Tal atitude complementou os estudos etnográficos das crianças nas escolas alemãs, iniciando-se na década de 1870, os quais promoviam a identificação das diferentes características físicas entre alemães e judeus.[109] Com a teoria de que os povos colonizados definiam-se como "naturais", separados da história, e de que os corpos eram objetos de estudo privados de subjetividade, antropólogos e etnógrafos nos anos de 1890 lançaram hierarquias raciais que negavam a humanidade àqueles definidos como racialmente distintos. Um dos principais objetivos do imperialismo, o estabelecimento de colônias de povoamento que preservassem e projetassem a "germanidade", incentivou a proximidade entre a antropologia e a eugenia, em que a reprodução da comunidade tornou-se essencial para a preservação da pureza étnica, uma nova ordem social que cada vez mais assumia a dissimilaridade absoluta entre alemães e "outros", racialmente.[110]

Longe de ser a ideologia dos intelectuais antissemitas e racistas, o darwinismo social influenciou a elite política da Alemanha a tal ponto que ela

---

108. KNOX, 2007, p. 54-5.

109. ZIMMERMAN, 2004, p. 204-12.

110. Id., 2001, p. 241-2; GROSSE, 2003, p. 179-97; Id., 2000, p. 18-192; e FITZPATRICK, 2008, p. 160-76.

68 | IMPÉRIO NAZISTA

estava disposta a aceitar a guerra não só como consequência da luta entre os impérios mundiais, mas também como o meio de superar a "decadência" do urbanismo, do materialismo, do socialismo e da mistura racial. Se o darwinismo social era comum em toda a Europa, ele assumiu uma intensidade especial na Alemanha, uma vez que expressava de forma tão clara o dilema do nacionalismo alemão, o conflito entre a arrogância e o pessimismo e o orgulho no potencial alemão juntamente ao medo de que a luta poderia ser perdida. Além disso, os avanços tecnológicos, científicos e médicos da Alemanha, que juntos contribuíram para a mais avançada economia da Europa, designaram uma base distintamente moderna para o racismo através do tratamento de todos os tipos de problemas sociais: o alcoolismo, a criminalidade, a delinquência, o desemprego crônico e a doença mental. A começar na primeira década do século XX, os cientistas acadêmicos alemães, a classe médica e os burocratas do bem-estar social, com medo dos deslocamentos estruturais da industrialização, das numerosas favelas urbanas da classe trabalhadora e da migração transnacional de mão de obra estrangeira, falaram abertamente de instituir a "purificação" racial ou a "higiene racial", por meio de meios "positivos" e "negativos" para prevenir a transmissão de genes defeituosos, incluindo a eutanásia aos "impróprios". Embora o movimento de eugenia não fosse poderoso o suficiente para ganhar a aprovação de legislação a fim de implementar seus objetivos, o esforço para sustentar as hierarquias raciais no império colonial da Alemanha aprofundou a ansiedade sobre a aptidão biológica da população suficiente para atribuir medidas "protetivas" às mulheres da classe trabalhadora e garantir a sua saúde materna. No entanto, os imperialistas também se preocupavam com a exposição próxima a doenças mortais, especialmente da Europa Oriental, aumentando seu desejo de promover a higiene "alemã" para afastar os efeitos nocivos do contato com povos racialmente perigosos.[111] O regime nazista avançaria ainda mais ao postular a necessidade de purificação racial *antes* que o regime pudesse embarcar em guerra. No entanto, a obsessão crescente com a regeneração biológica e a aquisição do espaço vital como crucial para isso fincaram raízes no âmbito do Segundo Império.

As ideias darwinistas sociais não se limitavam às ciências naturais ou sociais. Além de ser divulgada na imprensa, a literatura popular tornou-se mais um meio para legitimar o imperialismo e seus conceitos subjacentes

---

111. WEINDLING, 2000, p. 3-42. Sobre as continuidades de eugenia, ciência racial e ciência hereditária na Alemanha Imperial e no Terceiro Reich, ver EHRENREICH, 2007, p. 14-32.

da guerra racial. A ficção popular na Era Guilhermina descrevia os poloneses como racialmente diferentes dos alemães. Os chamados romances da Marca Oriental (*Ostmarkromanen*) representavam mulheres polonesas de pele escura sedutoras e desconfiadas, cujas conquistas sexuais inevitavelmente polonizavam (ou seja, contaminavam) os heróis alemães loiros, fortes e jovens, porém ingênuos. As definições para esses romances, o incivilizado "Leste selvagem", onde prevaleciam a sujeira, a decadência e uma predominante natureza selvagem, ludibriavam seus protagonistas em um pântano de decadência.[112] A ficção popular após a Guerra dos hererós explicitamente justificou os campos de concentração do Exército e os programas de extermínio por meio de termos darwinistas sociais. Supostamente incapazes de construir assentamentos permanentes, de cultivar a terra ou de estabelecer raízes, os nativos mereciam render-se aos colonizadores. Semelhante ao judeu, que se tornou o oposto inflexível do alemão, os africanos tornaram-se o "outro". No romance popular de Gustav Frenssen, *Peter Moor's Fahrt nach Süd-West* (*A jornada de Peter Moor no Sudoeste Africano)*, a eliminação da ameaça negra serviu como pano de fundo para o reconhecimento do herói, sendo a sua realização pessoal baseada na identificação com a comunidade étnica alemã (*Volksgemeinschaft*). As visitas do herói aos assentamentos alemães e suas residências imaculadas e bem-cuidadas, com donas de casa alemãs exemplares, contrastavam com a sujeira, a nudez e a miséria de africanos.[113] Monumentos para as tropas alemãs decadentes tanto nas colônias como na metrópole encarnavam pressupostos semelhantes sobre os sacrifícios necessários dos soldados alemães para avançarem com o triunfo da civilização sobre os negros.[114]

Além disso, o surgimento de uma cultura de massa, alimentada pela produção de bens de consumo e pela crescente sofisticação da publicidade, contribuiu para normalizar o conhecimento colonial e incentivar a aceitação do imperialismo. Além de serem demonstrações de poder, lançamentos de navios e análises navais no Mar do Norte tornaram-se espetáculos públicos e destinos de turistas, mesmo se então os participantes interpretassem tais rituais de forma diferente do que o pretendido pelo Gabinete Naval de Tirpitz.[115] No começo da década de 1880, os espetá-

---

112. THER, 2004, p. 140; KOPP, 2005, p. 76-96.

113. REAGIN, 2007, p. 67-8.

114. BREHL, 2003, p. 86-96; ZELLER, 2003, p. 192-208.

115. RÜGER, 2007, p. 93-139.

culos populares (*Völkerschauen*), que exibiam os povos exóticos que realizavam rituais "autênticos" e produziam artesanato "nativo" para venda, tornaram-se parte integrante das visitas populares e da classe média a passeio a zoológicos e exposições industriais. Baseando-se nos modelos mais antigos de shows de horrores e de surpresas, essas manifestações populares compunham um turismo virtual e sensacionalista que incentivaram o pensamento dos "nativos" como radicalmente diferente. A publicidade dos bens de consumo, parcialmente adaptada a partir das imagens de shows de menestréis negros da América do Sul, compunha imagens raciais cada vez mais estereotipadas de africanos primitivos, completa com ossos nos narizes, saias de grama e lábios grossos, por sua vez, subordinados aos seus supervisores coloniais brancos.

A simpatia generalizada pelos bôeres em seu conflito com os britânicos – os "primos teutônicos", como Heinrich von Treitschke os descrevia – tornou-se um assunto de mercado de massas cultivado pela imprensa ilustrada. No entanto, como envolvia diretamente a "defesa" de colonos alemães contra os "selvagens", a guerra no Sudoeste Africano acarretou sobretudo na proliferação de publicidade comercial que mostrava a inferioridade africana, juntamente à sua justificativa implícita pela repressão violenta e pela exploração do trabalho "nativo". E como também a cultura de massas comercializada transcendeu a política partidária, e até mesmo as divisões de classe, de região e de religião para impor uma nova identidade nacional, a de "consumidor", seu racismo comercial poderia muito bem ter popularizado o imperialismo de forma ainda mais eficaz do que os grupos de pressão da classe média, incluindo a Sociedade Colonial, cujo tráfico de mercadorias coloniais não conseguiu se adaptar ao exotismo visual e ao sensacionalismo. O significativo impacto das imagens comercializadas desmentiu a relativa escassez do benefício econômico das colônias da Alemanha.[116] Ao distinguir visualmente os alemães das "raças inferiores" e mascarar a violência dos colonizadores com sugestões da benevolente missão "civilizadora" da Alemanha, a publicidade de massas fez a sua parte ao unir os desejos pelo império e a construção da identidade nacional alemã. A disseminação da cultura de massas reforçou a tendência entre os etnógrafos e os antropólogos a abandonar uma compreensão prévia, mais cosmopolita e humboldtiana, de uma humanidade comum e, em vez disso, abraçar visões de "alteridade", que além de tornar as hierarquias raciais

---

116. CIARLO, 2003, p. 186-223.

como biologicamente justificáveis, postulavam a diferença racial reconheci-damente como menos humana.[117]

No entanto, apesar de sua aceitabilidade anunciada, o imperialismo per-maneceu como uma fonte de divisão. Ao deixar de lado os social-democra-tas, cuja maioria continuava a se opor, o imperialismo criou discórdia entre os partidos "de apoio ao Estado". Embora pudesse haver o apoio à política mundial no Partido Conservador, os agricultores prussianos e os *junkers*, especialmente, lutaram com unhas e dentes contra as apropriações navais devido às suas implicações potencialmente negativas pelos seus privilégios. Os déficits crescentes associados ao plano de Tirpitz aumentaram a urgência da reforma das finanças que teriam permitido ao Reich, em vez de apenas os Estados, a taxação direta. O pacote de reformas proposto apresentado ao *Reichstag* em 1909 prejudicou as baixas tributações dos agricultores prussia-nos, e o contra-ataque do Partido Conservador trouxe a renúncia de Bülow. Além disso, o imperialismo dividiu os nacionalistas radicais no governo. Grupos de pressão que operavam fora do Parlamento atacaram o governo imperial incessantemente por sua musculosidade e liderança insuficientes, fosse contra os socialistas, os católicos, os judeus e os poloneses ou sobre-tudo contra os estrangeiros rivais da Alemanha.[118] Assim, em 1905, Bülow aumentou as esperanças dos imperialistas quando ele convenceu o kaiser a fazer uma visita dramática em Tânger para interromper um dos resultados da Entente Cordiale entre a Inglaterra e a França, um protetorado fran-cês sobre o Marrocos. No entanto, um furor público aconteceu quando na Conferência de Algeciras, convocada em 1906 para neutralizar o perigo de uma guerra entre a Alemanha e a França, o isolamento diplomático da Ale-manha pouco fez para se mostrar devido à arrogância de Guilherme.

Em 1911, o secretário das Relações Exteriores Alfred von Kiderlin--Wächter, com o apoio do sucessor de Bülow como o chanceler Theobald von Bethmann-Hollweg, tentou pela segunda vez quebrar a Entente anglo--francesa enviando navios de guerra alemães ao porto marroquino de Aga-dir. Ao envolver os pangermânicos como agitadores, o governo imperial teve como objetivo forçar os franceses a concessões. Novamente forçado a recuar, uma vez que o risco de guerra surgia, o próprio governo desacredi-tou dos mesmos grupos a quem tinha confiado o apoio.

---

117. PENNY, 2001, p. 131-219.

118. Ver especialmente HEWITSON, 2004, p. 61-84.

A própria tendência do kaiser a desacreditar em si mesmo contribuiu para a relação contenciosa entre os nacionalistas radicais e o governo imperial. No despertar do fracasso em Algeciras, um dos assessores mais próximos de Guilherme, Philipp Eulenberg, sobre o qual houve boatos de ter sido indiferente à expansão da Marinha, viu-se abalado por acusações de homossexualidade suficientes para forçar sua renúncia.[119] Em 1908, entrevistas do kaiser com o jornalista americano William Bayard Hale e mais tarde com sir Edward Stuart Wortley para o britânico *Daily Telegraph*, em que Guilherme oscilava entre ataques jingoístas sobre os ingleses e profissões de amizade para conquistar o público britânico, desencadearam uma tempestade de críticas em todo o espectro político. O tumulto forçou Bülow a retirar seu apoio do kaiser, apesar de ter vetado os artigos antes que fossem para a imprensa. Tendo enfurecido a imprensa conservadora e nacional-liberal, que condenava as tentativas incompetentes de Guilherme para acalmar os britânicos, os comentários mais ofensivos do kaiser tiveram como consequência adicional aprofundar o isolamento internacional da Alemanha.[120] E tendo assiduamente cortejado os meios de comunicação desde o início de seu reinado, Guilherme inadvertidamente pôs em cheque a sua aptidão como imperador quando a imprensa nacionalista e imperialista tornou-se encorajada a morder a mão que o acarinhasse.[121] A tentativa do kaiser de fusão da política mundial e da integração nacional explodiram à sua frente.

O impacto do imperialismo chegou ao auge entre 1904 e 1914, ao passo que guerras coloniais no exterior e conflitos com as minorias em casa ameaçavam alterar o significado e a aplicação da cidadania alemã. No exterior, o senhorio de colonos alemães e soldados sobre os africanos e ilhéus do Pacífico deveria ser garantido por meio do *apartheid*, exercido principalmente pela proibição de casamentos mistos no Sudoeste Africano alemão, em 1905, na África Oriental alemã, em 1906, e na Samoa alemã, em 1912. Apesar de o desconforto em relação aos casamentos entre colonos alemães e mulheres africanas ter crescido mais acentuadamente ao longo da década anterior, as guerras dos hererós, namas e maji-majis, definidas pela Alemanha como "guerras raciais", minaram a suposição outrora comum entre os colonos de que as relações entre homens alemães

---

119. HULL, 1982, p. 109-45.

120. WINZEN, 2002, p. 19-91.

121. KOHLRAUSCH, 2005, p. 229-63.

e mulheres nativas não comprometeriam a hierarquia racial. A proibição de casamentos mistos privou os filhos mestiços dos seus direitos à herança, bem como o direito à cidadania alemã. Por sua vez, os colonos alemães foram pressionados a se redefinirem como uma nova elite racial não contaminada pela miscigenação, absorvendo a mitologia do lar alemão econômico, autossuficiente, higiênico e racialmente puro. Os colonos alemães que se casaram com africanos foram negados ao direito de voto nas assembleias coloniais. Feministas alemãs, ansiosas para avançar com suas reivindicações de cidadania, lideraram o caminho para encontrar esposas alemãs aos colonos do sexo masculino, que se tornariam parceiros na construção de uma elite racial de famílias de agricultores que atenuariam as divisões de classe nas colônias.[122] Embora, no início do século XX, as relações inter-raciais tenham se tornado um problema para todos os impérios coloniais europeus,[123] o sistema de privilégio racial e de segregação que a administração colonial alemã aprimorou após a Guerra dos hereró, que negaria a cidadania a qualquer pessoa com pelo menos uma gota de sangue africano, assim como no Sul dos Estados Unidos, foi distintivo em sua austeridade.

Para os nacionalistas radicais e imperialistas do Partido Conservador e do Partido Nacional-Liberal no *Reichstag*, assim como nas Ligas das Marchas Orientais e Pangermânica e na Sociedade Colonial externamente, o espectro da miscigenação levou à exigência de a cidadania do Reich ser limitada aos brancos.[124] A obsessão com a migração dos poloneses para as minas e fábricas de Ruhr, o afluxo de trabalhadores agrícolas poloneses da Rússia e da Galiza para trabalhar em fazendas da região oriental do Elba e os refugiados judeus dos *pogroms* convergiram com o pavor da "guerra racial" no exterior. Por volta de 1908, o desejo do governante Bloco Bülow de punir o Centro por sua crítica da política colonial alemã, bem como a resistência polonesa à imposição do alemão como língua de instrução nas escolas e a subvenção patrocinada pelo Estado de colonos alemães no Leste, gerou decretos que justificaram a expropriação definitiva das terras polonesas e a imposição de outras medidas discriminatórias que minaram o

---

122. WILDENTHAL, 2001, p. 79-171.

123. Ver STOLER, 2002.

124. Ver GOSSWINKEL, 2001, p. 214-18; e seu artigo comparativo "Citizenship in Germany and France at the Turn of the Twentieth Century: Some New Observations on an Old Comparison" (2007, p. 27-39).

princípio da igualdade perante a lei.[125] O impacto cumulativo de tais medidas resultou na nova Lei de Cidadania do Reich, de 1913. Embora contrária aos desejos fervorosos da Direita radical, a lei ficou aquém da definição de cidadania biológica e preservou a possibilidade de naturalização para os casos excepcionais em que o serviço militar, em especial, pudesse permitir a um não cidadão tornar-se um; a cidadania não era mais definida por residência, mas pela "comunidade de descendência".[126] Esse critério biológico, que não prevaleceu, foi devido aos socialistas, ao Centro e aos progressistas, que em debates sucessivos no *Reichstag* opuseram-se às leis antimiscigenação. Apesar de revelar a sua própria ambivalência em relação às relações inter-raciais, os católicos confirmaram a santidade do casamento, enquanto os socialistas defenderam um tratamento humano baseado nos direitos humanos universalmente aplicáveis. Ironicamente, apesar das eleições parlamentares de 1912, que produziram um deslocamento para a Esquerda, a nova lei de cidadania agora considerava como legítima a intervenção do Estado em uma instituição anteriormente sacrossanta, ao mesmo tempo que confirmava a existência de uma oposição que era forte o suficiente para resistir à imposição das regras coloniais em casa.[127]

DE "UM LUGAR AO SOL" PARA A SEMEADURA DAS NUVENS DA TEMPESTADE: A ALEMANHA E A ABORDAGEM DA PRIMEIRA GUERRA MUNDIAL

Se o debate sobre a lei de cidadania testemunhou o modesto sucesso da oposição do Partido do Centro do Partido Social-Democrata, as eleições de 1912 provocaram uma reação furiosa dos nacionalistas radicais. A conquista eleitoral do SPD ameaçou a posição privilegiada do Exército na constituição imperial na medida em que o partido pediu pelo fim dos gastos militares e pela reconciliação com a Grã-Bretanha e a França. Ele também pressionou para a democratização, para a eliminação da franquia de três classes na Prússia e para a tolerância por culturas e línguas minoritárias. Apesar dos sinais claros de que muitos líderes social-democratas procuravam obter ganhos do partido por meios legais e parlamentares, a mar-

---

125. O Bloco Bülow presumiu que o Centro era politicamente dominante em regiões de língua polonesa, mas não era. O efeito da retórica e da prática anticatólica do Bloco foi unir os nacionalistas poloneses e a Igreja. Sobre esse resultado na Alta Silésia, ver BJORK, 2008, p. 128-73.

126. WILDENTHAL, 2001, p. 1-171; BLACKBOURN, 2003, p. 334; GOSEWINKEL, 2001, p. 310-27.

127. SMITH, 1998, p. 107-23.

ginalização dos "inimigos do Reich" falhou mais uma vez. Apoiados por poderosos sindicatos que ganhavam benefícios substanciais por seus membros assalariados, os social-democratas tornaram-se o pior pesadelo dos nacionalistas radicais. No ano seguinte, os ganhos parlamentares do SPD permitiram a formação da maioria no *Reichstag* suficiente para aprovar uma lei para latifundiários fiscais. Isso incentivou uma variedade de grupos de pressão que iam desde a Liga Pangermânica aos empregadores associados à indústria pesada e líderes dos partidos Conservador e Nacional-Liberal para formar o "Cartel de Estados Produtores". Ao defender uma política externa agressiva e até mesmo a guerra como um meio para alcançar os objetivos imperialistas, e uma mudança na Constituição para eliminar o *Reichstag*, o Cartel manifestou certo desencanto com a fraqueza do governo imperial e as inadequações do kaiser como líder, que tinha crescido de forma evidente desde o escândalo Eulenberg e o "Caso do *Daily Telegraph*". Para o Cartel, apenas o uso da força a fim de preservar a sobrevivência do mais apto garantiria o lugar da Alemanha como potência mundial e ampliaria o legado de Bismarck. Se a militância de Direita não foi o principal estímulo para as políticas de risco condutoras, esta pouco fez para desencorajar o Exército e a liderança civil a andar beirando o precipício. Como o clima internacional se agravou, em julho de 1914, após o assassinato do arquiduque Francisco Ferdinando, herdeiro do trono austro-húngaro, na cidade bósnia de Sarajevo, o governo imperial pôde encontrar algumas justificativas para a repressão, como o seu aliado febril e agressivo buscou a vingança pelo assassinato contra um Estado cuja própria independência ameaçava a sobrevivência da Monarquia Dual.

De fato, em 1º de agosto de 1914, o Estado-Maior alemão, liderado por seu chefe Helmut von Moltke, lançou uma guerra preventiva contra a França e a Rússia para remediar as consequências da perseguição da Alemanha no exterior e no império continental, muitas vezes incoerente e sem priorização.[128] Cercado por inimigos cuja força numérica, reformas militares, construção de estradas de ferro e programas de rápido rearmamento logo se tornariam mais do que um jogo para a Alemanha e seu aliado, o Exército alemão optou pela provocação, acreditando que a vitória seria mais provável assim que um ataque fosse lançado. O Estado-Maior calculou que, ao derrotar a França primeiro, e, em seguida, voltar sua atenção para a Rússia, antes que esta se mobilizasse completamente, o Reich conseguiria escapar

---

128. MOMBAUER, 2001, p. 182-226.

de seu "cerco" e evitar uma guerra longa e debilitante que, no final, deixaria a Alemanha em ruínas.[129] Embora beneficiando-se das contas orçamentais de 1912 e 1913, que ampliaram o tamanho do Exército, o desvio de longo prazo das receitas fiscais para a Marinha e o próprio desejo do corpo de oficiais de preservar a sua confiança política e exclusividade social dificultaram o Exército de forma suficiente a colocá-lo em uma desvantagem estratégica em relação aos seus inimigos. Assim, a pressa com que Moltke agiu transformou o que era uma questão corruptora, porém ainda local – o ultimato da Áustria-Hungria à Sérvia após o assassinato de seu arquiduque – em uma guerra mundial.[130]

Cada uma das grandes potências da Europa, que se esforçaram para garantir a coesão nacional mantendo impérios multiétnicos, mereceu pelo menos uma parcela de culpa pela eclosão da guerra, a começar pelo governo russo, que iniciou uma mobilização parcial por medo de que, se não corresse o risco de guerra, a Rússia teria fatalmente seu prestígio destruído, incitando uma revolução.[131] O império multinacional austro-húngaro, cuja sobrevivência foi vista pela liderança como tão ameaçada pelo nacionalismo sérvio, que elaborou seus planos da destruição de Belgrado e a partição da Sérvia duas semanas antes de o arquiduque ser assassinado, carrega ainda mais responsibilidade.[132] Mesmo a Grã-Bretanha, aparentemente os beligerantes relutantes, que muitas vezes escapa da culpa por resistir aos adversários à sua hegemonia global, havia implantado uma força expedicionária na França e na Bélgica já em 1908. Ao mesmo tempo, começava o planejamento para um bloqueio antialemão.[133] Tendo assimilado noções darwinistas sociais do conflito global entre nações e raças ao longo de décadas, a maioria dos líderes políticos e militares das grandes potências europeias aceitou a inevitabilidade da guerra. A questão era quando e como isso se tornaria uma grande guerra. Mesmo com a recusa da Alemanha ao conter a Áustria-Hungria, de fato a sua aposta durante a crise de julho, que a Áustria-Hungria poderia impor um fato consumado antes que seus inimigos reagissem, mostrou-se decisiva. O colapso do Império Austro-Húngaro te-

---

129. Ver HULL, 2005, p. 159-81. Uma grande preocupação para o Estado-Maior alemão foi a aprovação da Duma, em junho, de grandes aumentos no tamanho do Exército russo, que teriam sido realizados em 1917. Ver MOMBAUER, 2001, p. 172.

130. MOMBAUER, 2007, p. 78-95.

131. Ver WILLIAMSON JR.; MAY, 2007, p. 335-87, para um breve parecer do estudo acadêmico.

132. FROMKIN, 2004, p. 260. Ver também a avaliação de KRAMER, 2007, p. 69-113.

133. MORROW, 2004, p. 25.

ria deixado Berlim totalmente isolada.[134] A ofensiva de espírito do Plano Schlieffen, embora com modificações de Moltke anteriores às originais, colocou a Alemanha nas portas do canal belga que ameaçavam diretamente Londres e o estuário do Tâmisa. Se o chanceler e o Estado-Maior não permanecessem sob a ilusão de que o apoio à Áustria-Hungria levaria a uma guerra europeia, tendo Guilherme aderido à esperança desesperada de que, apesar do "cheque em branco", seu governo manteve apoio ao aliado, uma guerra geral poderia ser evitada.

Devido à centralidade do eixo formado pela Alemanha e a Áustria-Hungria para a eclosão da guerra, os historiadores uma vez enfatizaram o "desvio" alemão das democracias liberais do Ocidente. Ao fazê-lo, eles se voltaram ao poderoso sentimento de distinção da Alemanha mantido por intelectuais alemães do século XX, que, ao louvarem o "caminho particular" da Alemanha (*Sonderweg*), condenavam "a pérfida Albion" como a nação "materialista" de comerciantes dominados pelo "espírito judaico". No entanto, é importante comparar a Alemanha a outro império emergente, os Estados Unidos. No momento de suas guerras de unificação nacional (a Guerra Civil Americana tendo impedido a desintegração do país), a rapidez da industrialização em ambas as nações e a magnitude de suas ambições imperiais, sob as quais o domínio continental forneceria as bases para o imperialismo no exterior, Alemanha e Estados Unidos assemelhavam-se um ao outro. O sumo sacerdote do poder naval global, Alfred Thayer Mahan, não encontrou público mais devoto do que na Alemanha, entre eles o kaiser e Alfred Tirpitz. Como a Alemanha, os Estados Unidos usaram sua Marinha para desafiar os interesses britânicos, embora o hemisfério ocidental fosse o seu foco principal.[135] O expansionismo comercial americano na Europa Central e na América Latina provou ser uma fonte crônica de irritação para os britânicos durante o século XIX e início do século XX, especialmente com a construção e a fortificação americana do Canal do Panamá.

Havia também grandes semelhanças nas tensões entre o império e a construção da nação. Se a colonização do continente americano, em detrimento dos povos indígenas, amenizou o desejo por novas terras de uma população branca etnicamente diversa, em contraste aos nacionalistas ra-

---

134. Sobre a disposição do governo alemão e do Exército, ver HEWITSON, 2004; e KRAMER, 2007, p. 90-4.

135. Ver MITCHELL, 1999.

dicais alemães que procuravam proteger sua própria etnia, a conquista do "Oeste selvagem" era tão essencial para a vitalidade americana como transformar o "Leste selvagem". Na verdade, o notável geógrafo da Lípsia e pangermânico Friedrich Ratzel, que primeiro inventou o termo *"Lebensraum"* (espaço vital), reconheceu a semelhança de seu próprio trabalho com a tese da fronteira de Frederick Jackson Turner, que atribuía a distinção americana à sua conquista de grande parte da América do Norte.[136] Além disso, a obsessão pela "miscigenação" firmou a segregação de Jim Crow após a Guerra Civil no Sul, bem como a implantação alemã do trabalho africano depois das guerras coloniais. A cidadania era parcialmente definida em ambos os casos – regionalmente, no caso do Sul e, colonialmente, no caso da Alemanha – tornando os Estados Unidos e a Alemanha pioneiros entre as potências imperialistas. A visão de uma guerra total contra os índios "selvagens" influenciou tanto o Exército colonial alemão no Sudoeste Africano quanto a supressão cruel americana da Insurreição Filipina em 1899, que tirou a vida de aproximadamente 200 mil filipinos, novamente um lembrete de que a conduta da Alemanha Imperial de suas guerras coloniais não distinguia o Segundo Império de outros.[137]

Por volta de 1914, no entanto, o império ultramarino americano foi "limitado" à América Latina, às Filipinas e às suas incursões comerciais na Ásia, e não obstante as tensões entre a Grã-Bretanha e os Estados Unidos, os esforços de Bernhard von Bülow para forjar uma aliança antibritânica entre a Alemanha e os Estados Unidos não conseguiram romper a dependência estratégica americana sobre a Marinha britânica.[138] A noção compartilhada da superioridade racial anglo-saxã cada vez mais unia as elites americanas e britânicas, o que incentivou os americanos a apoiarem o Raj britânico na Índia e o lado britânico na Guerra dos Bôeres. Os britânicos apoiaram a guerra americana contra a Espanha.[139] O relacionamento da Alemanha com a Grã-Bretanha, por outro lado, teria um efeito diferente. A perspectiva da queda da França e da Bélgica para a Alemanha, que teria colocado os alemães no Canal Inglês, resultou na ameaça mais direta ao Império Britânico, enquanto a oposição a envolvimentos estrangeiros assegurava que os Estados Unidos se mantivessem formalmente neutros até o conflito

---

136. BLACKBOURN, 2006, p. 294.

137. Além de GERWARTH; MALINOWSKI, 2007, p. 444-5, ver SCHUMACHER, 2006, p. 109-44.

138. Sobre as avaliações de Bülow em relação aos Estados Unidos, ver POMMERIN, 1986, p. 71-303.

139. HIXSON, 2008, p. 92-3.

submarino irrestrito da Alemanha e as promessas ao México de restaurar seus territórios perdidos após a guerra de 1846.[140] Para o grande azar da Alemanha Imperial, os seus principais concorrentes estavam por perto.

No final, o Estado-Maior não tinha estômago para uma negociação ou para a articulação de objetivos mais limitados, temendo que nada menos do que a aniquilação do inimigo, antes que este a destruísse, resultaria na destruição total da Alemanha. E o governo, que mantinha a prática de atiçar o entusiasmo dos alemães "leais", teve suas opções circunscritas, não menos importante, pela crença do sucessor de Bülow Bethmann-Hollweg de que os alemães e os eslavos eram destinados de alguma forma a se envolverem em uma "luta racial" pela sobrevivência.[141] Mesmo se o dogma de aniquilar o inimigo estava enraizado na cultura e na prática militar alemã, muito de seu poder estava nas qualidades do nacionalismo burguês de um modo geral, penetrando tanto na variante protestante ou católica, apesar de suas diferenças evidentes. Ao se basear em narrativas profundamente religiosas de promessas e de tragédia oriundas da ideia do pacto da Alemanha como o povo escolhido de Deus e da sua experiência histórica de derrota e divisão, o nacionalismo alemão atingiu uma miscelânea explosiva da vontade de poder e do medo da dissolução.[142] As demonstrações públicas do poder militar, como os seus orçamentos navais irrefeáveis e espetáculos marítimos explanados, dedicaram mais atenção à mitigação das divisões internas do que ao desenvolvimento de objetivos coerentes e atingíveis.[143]

Em 1871, quando a vitória militar em crise internacional aliviou as divisões internas, o governo imperial e o Estado-Maior passaram a seguir a mesma lógica. Se não fosse a motivação imediata para mergulhar em guerra, a fim de atacar antes de os inimigos da Alemanha tornarem-se insuperáveis, a aposta do governo imperial manteria um importante subproduto. A vitória que esperavam fervorosamente e que viria a acontecer reuniria os alemães ao redor do trono e enfraqueceria a pressão de reforma do sistema imperial para beneficiar os "inimigos do Reich".[144] Em vez disso, a guerra que o Estado-Maior antecipou e a liderança política tolerada provocariam o que os nacionalistas mais temiam, a derrota do Império Alemão e a perda

---

140. FERGUSON, 1999, p. 54-5 e 163-4.

141. MOMBAUER, 2001, p. 152-3.

142. CRAMER, 2007, p. 215-6.

143. RÜGER, 2007, p. 162-3.

144. CHICKERING, 2004, p. 8.

de suas colônias adjacentes e no exterior. A guerra e a derrota radicalizaram padrões que emergiram durante o Segundo Império, a ambiçãode poder mundial e a busca de uma nação coesa definida pela homogeneidade étnica. Embora os nacional-socialistas lamentassem a incompletude da unificação de Bismarck e destacassem as falhas da política interna e externa da Alemanha Imperial, baseariam-se em legados do Segundo Império, mesmo quando catalogassem seus fracassos.

capítulo 2

DA DOMINAÇÃO À CATÁSTROFE: A ALEMANHA IMPERIAL DURANTE A PRIMEIRA GUERRA MUNDIAL

No verão de 1914, o império ultramarino colonial alemão foi classificado como o terceiro maior em extensão territorial e o quinto em população em comparação aos outros sete impérios europeus e aos Estados Unidos.[1] Sua influência havia crescido no Sul da Europa e no Oriente Médio, uma prova de sua avidez para tornar mais flexível seu formidável poder econômico e militar. Entretanto, internamente persistia a preocupação torturante de que a Alemanha permanecesse territorialmente incompleta, fragmentada e desunida, além de sempre ameaçada por seus rivais europeus. Muitos fatores prejudicaram as ambições hegemônicas da Alemanha: divisões de classe e religiosas, que expressavam diferentes concepções de nação, a incapacidade do Estado para subjugar e assimilar minorias étnicas e o cerco de inimigos que desafiavam a posição da Alemanha no exterior e no continente. Sendo assim, a guerra prometia uma solução para muitos. Ela estimulava os nacionalistas, que viam a convocação à guerra como uma oportunidade para unificar a nação de forma permanente e demonstrar a superioridade da Alemanha naquilo que foi rapidamente entendido como uma batalha pela sobrevivência entre civilizações: a Alemanha contra o Oriente eslavo e o Ocidente latino. A transcendente "comunidade" alemã (*Volksgemeinschaft*) acabaria por triunfar sobre a rebeldia interna e seus adversários decadentes e materialistas.[2] Embora implícita no surgimento da política de massas que redefiniu o início do Segundo Império na década de 1880, a expectativa de guerra de uma "comunidade" de alemães coesa e homogê-

---

1. WILDENTHAL, 2001, p. 2.
2. BREUNDEL, 2003, p. 29-92; CRAMER, 2006, p. 272-3.

nea capaz de cumprir seu papel providencial de completar a nação seria a contribuição mais sólida do conflito para a imaginação imperial alemã nos anos seguintes.

Certamente uma visão menos beligerante e apocalíptica competiria mais tarde com a visão de nacionalistas e imperialistas radicais. Dada a expressão institucional do Partido Social-Democrata, do Centro e do Partido Progressista reunificado, essa visão previa uma paz moderada sem incorporações forçadas e a imposição de um Estado totalmente constitucional. Uma nação democratizada substituiria o semiautoritário sistema guilhermino. No entanto, os defensores do nacionalismo radical, militantemente imperialista, autoritário, antissemita e populista, viriam a dominar a política alemã durante o conflito até que as privações e o cansaço da guerra que os acompanhavam abrissem mais espaço para a oposição colocar suas reivindicações. Todavia, ainda assim o nacionalismo radical sofreu apenas uma derrota temporária. O início turbulento da República de Weimar incentivaria o ressurgimento de uma "comunidade" imaginada exclusiva, purificada de seus inimigos políticos e raciais. Somente uma "comunidade" homogênea poderia expandir as fronteiras da Alemanha, concretizar as aspirações alemãs de potência mundial e superar as várias fragilidades da democracia constitucional pós-guerra, a crise econômica crônica, a divisão interna e a submissão da Alemanha à Entente.

PRIMEIRAS VITÓRIAS E SONHOS IMPERIALISTAS: OS OBJETIVOS DE GUERRA DA ALEMANHA

Conforme as notícias sobre a crise de julho se intensificavam, a habilidosa e autojustificada narração do governo imperial sobre os eventos que antecederam a guerra levaram multidões patrióticas para as ruas, algumas delas cantando o hino imperial, *Deutschland über alles* (*A Alemanha acima de tudo*). Os relatórios de mobilização do Império Russo em 31 de julho – aos quais seguiria, poucos dias depois, a declaração da Alemanha de emergência e suas declarações posteriores de guerra contra a Rússia, França e Grã--Bretanha – trouxeram voluntários ávidos para se alistar no serviço militar, arrebatados pelo fervor patriótico e convencidos de que a guerra seria curta. Seus números entusiásticos incluíam o jovem austríaco pangermânico que havia saído de Viena recentemente e imigrado para a Alemanha. Adolf Hitler vibrou com a notícia na Odeonplatz de Munique, convicto de que a guerra daria sentido à sua vida, servindo a causa da nação alemã étnica, algo que a Monarquia Dual não poderia fazer.[3] Tendo rejeitado a terra natal, Hitler antecipou uma tendência que cresceria mais intensamente na "zona de destruição" do colapso imperial e do conflito étnico da Europa Central e Oriental após a Primeira Guerra Mundial, isto é, a alienação de alemães étnicos para além das fronteiras do Reich das nações onde viviam.[4] Tal entusiasmo não era de forma alguma restrito a artistas aspirantes desanimados. Além de pintar telas maniqueístas e apocalípticas que retratavam a guerra como uma batalha entre o "heroísmo" alemão e o "materialismo" da Entente, ou, no caso da Rússia, o "despotismo", os intelectuais viram a unidade de agosto de 1914 através da lente de ressurreições anteriores da Alemanha, das consequências da Guerra dos Trinta Anos, da batalha de Leipzig contra os exércitos de Napoleão em 1913 e da Guerra Franco-Prussiana em 1870.[5] Apesar de receoso quanto ao impacto das dificuldades da guerra, o proeminente historiador Friedrich Meinecke, de Freiburg, não resistiu e consagrou o conflito como uma oportunidade para a regeneração nacional por meio do idealismo renovado, de uma noção mais forte de solidariedade na comunidade e de sacrifício pessoal para um bem maior.[6]

Na verdade, as proclamações entusiásticas de "comunidade" camuflavam o potencial de marginalização e perseguição de "inimigos" que tal nacionalismo abarcava, visto que os jornais publicavam rumores sobre espiões estrangeiros que conspiravam para envenenar a água potável.[7] Além disso, as multidões vinham desproporcionalmente de um eleitorado reduzido, composto pelas classes urbanas média e alta e, sobretudo, por intelectuais e fraternidades de estudantes universitários. As diversas manifestações pacíficas organizadas por mulheres e democratas receberam pouca atenção da imprensa, assim como demonstrações concretas de inquietação, que incluíam a retirada apressada de poupanças dos bancos, a estocagem de alimentos e tentativas aflitas de conseguir dispensa do serviço militar. O entusiasmo com a guerra repercutia negativamente em áreas rurais porque os camponeses sabiam que o início das hostilidades iria privá-los de trabalho e dos animais, assim como de safras maduras para a colheita. Diante da perspectiva de perder filhos, maridos e irmãos para a frente de batalha,

---

3. KERSHAW, 1998, p. 87-90; HAMANN, 1996, p. 573-4.

4. ENGEL, MIDDELL, 2005, p. 5-38.

5. Ver CRAMER, 2007, p. 225.

6. CHICKERING, 2007, p. 72-3.

7. WILDT, 2007, p. 30.

as mulheres rurais expressavam pessimismo e incertezas que nem a propaganda nacionalista nem as imagens ameaçadoras do inimigo eram capazes de amenizar.[8] No entanto, as afirmações do governo de que a Alemanha teria se mobilizado em defesa própria contra seus inimigos, sobretudo a Rússia, e de que não procurara nenhum ganho territorial, deram origem a um mito bidimensional que, durante algum tempo, conteve a oposição à guerra. A Alemanha foi a vítima do "cerco" agressivo da Entente. Em resposta, os alemães sacrificaram-se coletivamente para defender sua pátria, deixando de lado as profundas divisões de classe, regionais, religiosas e étnicas que há muito tempo lhes atormentavam. Em 4 de agosto, logo após o anúncio da Alemanha de declaração de guerra contra a França, o kaiser Guilherme, aproveitando a oportunidade para reconstruir sua frágil posição popular, proclamou que a "paz da fortaleza" ou a "paz cívica" (*Burgfrieden*) agora prevalecia, criando uma nova comunidade étnica durante a guerra que deixaria no passado a divisão interna. O kaiser não reconhecia mais os partidos, somente os alemães.

A dissidência interna desmoronava à medida que a aparente abrangência do mito, com sua imaginada vitimização e sacrifício comuns a todos, encorajava as pessoas "de fora" a dar apoio à guerra, a fim de superar sua marginalização política. O conflito deu a judeus e católicos a oportunidade de demonstrar o seu patriotismo. Mais de 10 mil homens judeus alistaram-se imediatamente após o início da guerra, uma fração dos 96 mil que serviriam de fato. As elites católicas comparavam esse chamado às armas aos sermões cruzados medievais do papa Urbano II.[9] Assim como os socialistas faziam em outros lugares, com exceção da Rússia e da Itália, os social-democratas alemães abrandavam seu internacionalismo proletário, professado há muito tempo, para se juntar a outros partidos no *Reichstag* e autorizar créditos de guerra. Os sindicatos afiliados ao Partido Social-Democrata suspenderam as greves, embora a proclamação do estado de emergência que impôs a lei marcial tivesse deixado claro que a coerção, e não apenas o consentimento, também contribuía para o declínio da resistência da Esquerda. Embora também os social-democratas debatessem internamente de forma fervorosa a reação do partido, o apoio da fração do *Reichstag* ao esforço de guerra caracterizou-se por sua convicção de que a Alema-

---

8. Para obras recentes que questionem a proporção do entusiasmo da guerra na população alemã, ver VERHEY, 2000, p. 12-114; GEINITZ, 1998; e ZIEMANN, 2007, p. 15-27.

9. Ver WILDT, 2007, p. 31-2, e MÜLLER, 2005, p. 18.

nha estava lutando uma guerra defensiva contra o Império Russo, o regime mais autoritário da Europa, compartilhando, assim, pressupostos culturais sobre a Rússia "asiática" que vigoravam há muito. Os social-democratas, com exceção de sua ala radical, a qual acreditava que a revolução surgiria das cinzas do capitalismo imperialista, esperavam que a reforma constitucional, incluindo a eliminação da franquia de três classes, na Prússia, seria a recompensa pelo seu patriotismo e lealdade à Coroa. Além disso, as vitórias alemãs "libertariam" o proletariado em terras inimigas, conforme a escatologia da guerra prometera a vitória definitiva dos trabalhadores dentro e fora da Alemanha.[10]

Contrária à propaganda do governo imperial, a guerra do Estado-Maior era "defensiva" apenas segundo a lógica de uma guerra preventiva desencadeada contra os inimigos, sobretudo a Rússia, a qual Moltke acreditava que, dentro de poucos anos, superaria a Alemanha em capacidade industrial, mão de obra, malha ferroviária e armamento. Além disso, apesar de estarem inicialmente reticentes sobre os objetivos da Alemanha no início do conflito, o governo e os militares logo começaram a formular objetivos que se estendiam muito além da contenção "defensiva" de inimigos perigosos. Em vez disso, a guerra da Alemanha transformou-se em uma disputa para alcançar o domínio sobre o continente europeu, uma ampla rede de colônias ultramarinas e supremacia econômica global, ambições diversificadas que tinham sido populares entre as classes médias por muito tempo. Para alguns, o domínio continental equivaleria a um império informal, uma união aduaneira dominada pela Alemanha e não anexações territoriais. Apesar da visão da Liga Pangermânica de um império formal, as regiões orientais que deveriam ser utilizadas para a reprodução racial e a reinstalação dos alemães étnicos acabariam por se mover para o centro do discurso imperialista de guerra, beneficiando-se das fortes ligações entre pangermânicos importantes, encabeçadas pelo seu líder Heinrich Class, e pela indústria pesada. Para os pangermânicos, a guerra mundial foi uma "guerra racial".[11]

Embora a avaliação de Moltke e Bethmann-Hollweg sobre a atual posição estratégica da Alemanha e os próximos prospectos tenham propiciado a motivação principal para apoiar o ultimato da Áustria-Hungria à Sérvia, o precoce progresso dos exércitos alemães no campo de batalha incentivou

---

10. CHICKERING, 2007, p. 76.

11. SWEENEY, 2006; MÜLLER, 2005, p. 19.

o avanço de objetivos específicos. A intensidade com que os objetivos foram articulados variou de acordo com a sorte dos alemães na frente de batalha. As vitórias incitavam visões de um império, enquanto que contratempos levaram o chanceler Bethmann-Hollweg a buscar uma paz separada para dividir a Entente, apesar de negar publicamente objetivos hegemônicos ou anexionistas que perturbariam a "paz de fortaleza" nacional. Por três razões, entretanto, o expansionismo definiu os debates entre as lideranças civis e militares para o período do conflito. O primeiro e mais óbvio, no Leste central, Leste e sudeste da Europa, composto das diversas nacionalidades dos impérios alemão, russo, otomano e austro-húngaro, tornou-se um enorme teatro. O encolhimento do Império Otomano, os desígnios do Império Russo nos Bálcãs, as divisões étnicas da Áustria-Hungria (que o expansionismo sérvio ameaçava) e as ambições econômicas e geopolíticas da Alemanha não só geraram a guerra, em primeiro lugar, como também foram responsáveis pelo subsequente impacto negativo da guerra, instigando as ambições territoriais alemães até que a Alemanha quase não tivesse escolha a não ser assinar o acordo de armistício. Em segundo lugar, quanto mais o conflito durasse e surgissem mais adversidades sofridas pelos civis, mais "necessários" tornavam-se os ganhos territoriais, em especial para os militares nacionalistas e radicais, a quem a busca do império era primordial para manter a ética na frente interna, protelando uma reforma no país e garantindo que as tropas alemãs continuassem lutando. Em terceiro lugar, sem considerar os méritos intrínsecos de garantir um império expandido para além da Europa, enfraquecer a Entente, do ponto de vista da Alemanha, significava uma oportunidade para explorar a vulnerabilidade das possessões ultramarinas da Grã-Bretanha e dos mercados financeiros.[12] Além disso, a decisão da Comissão da Defesa Imperial britânica de atacar imediatamente possessões marítimas da Alemanha com o auxílio das tropas de seus aliados e colônias significava que o império ultramarino da Alemanha iria se tornar, seguramente, um teatro.[13]

A princípio, o ataque alemão no Oeste pegou a Entente desprevenida, apesar da inferioridade numérica do Exército alemão. Ao modificar o famoso memorando de 1906 do então chefe de gabinete, Alfred von Schlieffen, que, para compensar a vulnerabilidade alemã em uma guerra de duas frentes, propôs o movimento aniquilador de flanqueamento da Direita na

---

12. STRACHAN, 2003, p. 70.

13. FÖRSTER, 2003, p. 244.

DA DOMINAÇÃO À CATÁSTROFE | 87

França por meio da violação da vulnerabilidade belga e holandesa, Moltke ignorou parcialmente a Holanda para encurtar suas próprias linhas de suprimento. Apesar disso, a necessidade de uma Holanda neutra ao lado da Alemanha, podendo servir como um canal para o comércio exterior no caso de um bloqueio britânico, mostrou-se ainda mais importante para Moltke, assim como sua crença de concentrar suas forças na fortaleza em Liège antes que os belgas pudessem atrasar o avanço alemão.[14] Embora desacelerado pela sabotagem belga e francesa quanto às ferrovias, pressionado para cumprir com exatidão a tabela de horários da invasão e privado de forças que haviam sido desviadas para o sudoeste a fim de evitar uma invasão francesa da Alemanha através da Alsácia, o ataque teve êxito suficiente. Até o final da primeira semana de agosto, os exércitos alemães tomaram Liège após uma brutal resistência belga e muitas mortes alemãs, enquanto os exércitos britânicos e franceses lutavam para consolidar suas posições. Depois de ocuparem Bruxelas em 20 de agosto, colocando a Força Expedicionária francesa e a britânica em plena retirada, as tropas alemãs entraram logo depois na França.

No entanto, a mobilização russa inesperadamente rápida trouxe contratempos iniciais para os alemães do Leste, de modo que Moltke, então confiante da vitória na França, desviou duas tropas do Exército da Frente Ocidental para reforçar o Oitavo Exército alemão na Prússia Oriental.[15] Sob o comando do general Paul von Hindenburg, de 68 anos, a quem se pediu ajuda apesar de sua aposentadoria, e o chefe de gabinete de Hindenburg, Erich Ludendorff, que corajosamente reivindicou o crédito pela vitória em Liège, os alemães aproveitaram-se das mensagens de rádio não codificadas e da comunicação precária entre as forças russas para conquistar uma grande vitória perto dos Lagos Masurianos no final de agosto. Ludendorff e Hindenburg, o último tendo sido promovido para marechal de campo, assumiram o *status* de heróis nacionais míticos por sua vitória na campanha oriental, a qual já havia sido definida como uma "luta racial". Embora satisfeito por deixar a gestão do seu Exército a Ludendorff, Hindenburg

---

14. STRACHAN, 2001, p. 179. Sobre o debate do Plano Schlieffen, ver ZUBER, 2002; e a réplica de Isabel V. Hull em *Absolute Destruction: Military Culture and the Practices of War in Imperial Germany* (2005, p. 160-5). Ao considerar que Zuber vê o memorando de Schlieffen defendendo uma guerra defensiva em função das deficiências estratégicas da Alemanha, Hull vê uma estratégia "aniquiladora" que, apesar das modificações posteriores de Moltke e outros, era consistente com a prática militar alemã desde a Guerra Franco-Prussiana.

15. MOMBAUER, 2001, p. 243-9.

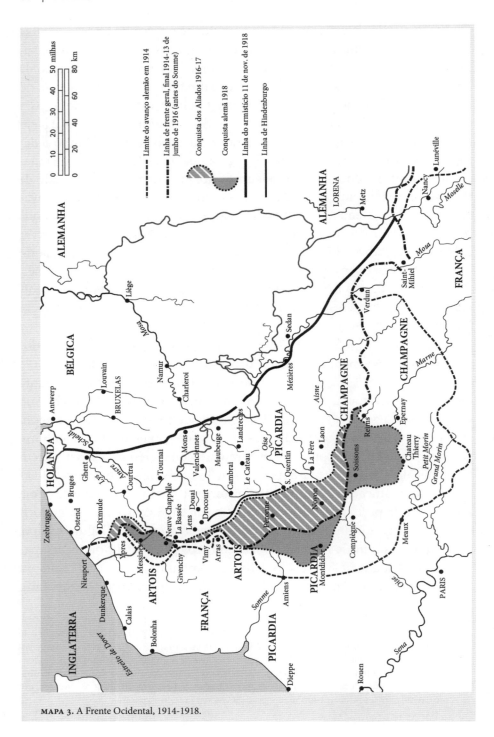

MAPA 3. A Frente Ocidental, 1914-1918.

DA DOMINAÇÃO À CATÁSTROFE | 89

habilmente explorou o anseio popular por um líder verdadeiramente nacional, o que Guilherme não conseguiu se tornar, um líder que pudesse transcender as divisões internas da Alemanha Imperial e identidades locais.[16] "Sua" derrota do inimigo eslavo, o "dilúvio asiático", subscreveu seu estado emergente. Em prol do consumo doméstico, Hindenburg deu à vitória o nome da aldeia de Tannenberg, como uma vingança tardia pela derrota polonesa-lituana dos Cavaleiros Teutônicos quinhentos anos antes. Se a vitória polonesa e lituana, em 1410, havia significado o trágico declínio da ordem monástica da cruzada alemã, a vitória sobre a Rússia, em 1914, anunciou então o ressurgimento triunfante do poder alemão.[17] Porque a vitória icônica de Hindenburg e de Ludendorff na frente oriental contrastava acentuadamente com o que se tornou um impasse no Oeste; sua estatura reforçaria demandas nacionalistas radicais por anexações territoriais.

As rápidas vitórias da Alemanha no Ocidente durante o primeiro mês das hostilidades, que prolongaram a esperança de que a guerra acabasse logo, estimularam a articulação dos expansivos objetivos do pós-guerra. Sob a pressão dos militantes imperialistas dos partidos Nacional-Liberal e Conservador, da indústria pesada e da antiga burocracia – muitos deles relacionados à Liga Pangermânica –, Bethmann-Hollweg criou o seu "Programa de Setembro", durante a segunda semana de setembro de 1914, quando as forças alemãs pareciam já estar prestes a alcançar Paris. O oportunismo político determinou que o programa fosse mantido em segredo, já que Bethmann-Hollweg, consciente do seu potencial explosivo, não queria prejudicar a "paz da fortaleza" ao irritar o Partido Social-Democrata, a ala Esquerda do Centro e os progressistas, que defendiam uma paz negociada e uma reforma constitucional. Sua disposição para aprovar créditos de guerra dependia da alegação do governo imperial de que se tratava de uma guerra defensiva e que provavelmente diminuiria na mesma proporção dos avanços militares alemães, além do que era apropriado para uma estratégia limitada. Bethmann estava particularmente preocupado com os social-democratas, na medida em que o apoio inicial do partido à guerra afastara temporariamente a oposição dos trabalhadores de indústrias relacionadas à guerra, nas quais o trabalho era, obviamente, crucial para a produção de armamentos.[18]

---

16. PYTA, 2007, p. 93.

17. STRACHAN, 2003, p. 334.

18. CHICKERING, 2004, p. 61-2.

IMAGEM 4. Foto do marechal Paul von Hindenburg (à esquerda) e seu chefe de gabinete, o general Erich Ludendorff, tirada em 1916. Ao aparentemente reverter a retirada alemã do Leste, no final da Idade Média, a Batalha de Tannenberg (1914) promoveu Hindenburg ao *status* de herói nacional. Além de ampliar seu poder político, Hindenburg e Ludendorff lideraram demandas nacionalistas radicais de anexações territoriais significativas.

Embora mais condicional e menos ambicioso que as propostas alternativas da Liga Pangermânica e de industrialistas importantes, o Programa de Setembro propôs um império que teria alcance suficiente para acabar permanentemente com a vulnerabilidade histórica da Alemanha.[19] Na Europa, ele previa "segurança para o Reich alemão a Leste e a Oeste por todo o tempo que se possa imaginar". A França e a Rússia seriam destruídas como grandes potências; no caso da Rússia, empurrando-a na medida do possível para longe da fronteira oriental da Alemanha e "rompendo sua dominação sobre os povos vassalos não russos". Como Bethmann-Hollweg queria conservar as anexações definitivas ao mínimo possível, de modo que mantivesse a possibilidade de uma paz separada com a Grã-Bretanha e evitasse a incorporação de povos subalternos em proporção maior do que ele poderia controlar, o programa ainda previa uma abundância de ganhos. Supunha também que a dominação econômica e militar da França e da Bélgica, o controle alemão da costa belga e da bacia de Longwy-Briey, rica em minerais, a anexação de Luxemburgo e uma união das alfândegas da Europa Central garantiriam o futuro da Alemanha como um eixo industrial, tecnológico e financeiro. Além disso, o programa previa a subordinação da Holanda, da Escandinávia, da Áustria-Hungria, da Itália e da Romênia. A fim de transformar o continente em um mercado para as exportações industriais, a Alemanha construiria um império africano central que se estenderia desde a costa Leste até a Oeste, incorporando as colônias francesas e portuguesas, a África Equatorial Francesa, Angola, Moçambique, Togo, Daomé, Senegal e Gâmbia. Embora o Programa de Setembro tenha sido menos preciso sobre o que os ex-territórios da Rússia se tornariam – caso a Polônia, a Curlândia no Golfo de Riga, a Lituânia, a Ucrânia e a Finlândia se tornassem estados satélites ou se fossem anexadas definitivamente –, incorporou, apesar de tudo, a demanda dos pangermânicos por assentamentos campestres na Europa Oriental e a exploração de insumos da região. Por fim, o programa pressupunha a influência alemã continuada sobre a Turquia, enquanto a ferrovia de Berlim a Bagdá permitiria que a Alemanha estendesse suas ambições para o Oriente Médio e Ásia.[20]

Até o final de 1914, Bethmann-Hollweg foi obrigado a engavetar o Programa de Setembro, visto que as previsões de uma vitória rápida haviam se mostrado precoces, e a ala Esquerda dos social-democratas recusou-se a

---

19. Para o memorando de Class, ver HERING, 2003, p. 134-5; e SMITH, 1986, p. 168-85.

20. FISCHER, 1967, p. 103-10.

apoiar os créditos de guerra adicionais. Como resultado, o chanceler procurou aproveitar a vitória de Hindenburg e Ludendorff na Prússia Oriental para concluir uma paz separada com a Rússia, o que, no mínimo, aliviaria a pressão sobre a Frente Ocidental. Entretanto, apesar de conter elementos imperialistas liberais, como uma união aduaneira da Europa Central, o Programa de Setembro não poderia ser considerado nem uma "União Europeia" defensiva, em resposta ao envolvimento britânico na guerra, como um registro recente sugere,[21] nem meramente uma expressão da euforia temporária da vitória. Além de sua inaceitabilidade para a Entente, que faria o que fosse necessário para defender seus próprios impérios, a existência do Programa testemunhava a favor das aspirações imperialistas que superaram significativamente as dos outros beligerantes; aspirações que a prestidigitação de Bethmann não conseguia ocultar. O Programa de Setembro foi muito além dos objetivos de guerra dos britânicos – que incluíam a apreensão de colônias africanas da Alemanha e reivindicações substanciais à custa do Império Otomano – e também em relação aos dos franceses, que buscavam a recuperação da Alsácia e da Lorena, a anexação do Sarre, e a criação de estados satélites na margem esquerda do Reno.[22] Não há dúvida de que os planos de guerra tenham sido diferentes dos ganhos reais possibilitados pelas vitórias militares longe do alcance da Alemanha, o que ficou evidente sobretudo no início, quando a Alemanha perdeu suas participações na África e no Extremo Oriente. As ambições imperialistas anglo-francesas, por sua vez, especialmente às custas do Império Otomano, teriam também suas próprias consequências. No entanto, longe de deter os sonhos alemães de império, o fato de uma guerra curta alongar-se tornou o império mais atraente para aqueles que ansiavam por ele. Um Reich expandido seria a recompensa apropriada para vencer inimigos estrangeiros na batalha das civilizações.

VITÓRIAS EVANESCENTES
E RESPONSABILIDADES DE LONGO PRAZO, 1914-1915

Embora tenha causado satisfação em curto prazo, o triunfo da Alemanha na Batalha de Tannenberg e as vitórias iniciais no Oeste camuflaram sérios problemas logísticos, que dificultaram sua capacidade de nocautear a

---

21. FERGUSON, 1999, p. 168-73.
22. BLACKBOURN, 2003, p. 360-4; STEVENSON, 2004, p. 112.

Entente. A rapidez do avanço alemão, apesar da Bélgica e da França, que fora calculada com base em um calendário rígido, fatigante e irrealista, minou a comunicação eficaz entre os cinco Exercitos invasores, complicou o abastecimento das tropas e tornou difícil o transporte de artilharia, na melhor das hipóteses. Além disso, a tentativa de Moltke de solucionar esses problemas, isto é, para mover um exército para o sudeste e atacar as forças britânicas e francesas em retirada, adiou o cerco planejado de Paris. Como resultado, as forças da Entente reagruparam-se no rio Marne, no Leste de Paris, paralisando o avanço dos alemães durante as duas primeiras semanas de setembro. Os movimentos subsequentes de flanqueamento de Moltke, uma tentativa desesperada de recuperar a iniciativa, não obtiveram êxito, de modo que a Frente Ocidental tornou-se uma trilha de mais de 700 quilômetros de trincheiras desde a Bélgica até a fronteira com a Suíça, em que exércitos antagônicos entrincheiraram-se para um conflito que se tornaria o pior pesadelo do Estado-Maior, uma guerra de duas frentes de desgaste que a Alemanha não tinha sido preparada para travar. Tentativas periódicas feitas por cada um dos lados ao longo dos quatro anos seguintes para romper a linha do Exército inimigo tiveram êxito temporariamente, no máximo, gerando impasses sangrentos e mortes quase insondáveis de ambos os lados. A Alemanha invadiu a Bélgica de fato e tomou o controle das regiões industrializadas cruciais do nordeste da França. No entanto, a Batalha do Marne mostrara-se suficientemente decisiva para forçar Moltke a abandonar a sua versão modificada do Plano Schlieffen. Exposto a ataques crescentes de seus rivais, que foram motivados por suas próprias expectativas de uma vitória rápida e culparam-no pela incapacidade de chegar a Paris, Moltke fora substituído como chefe do Estado-Maior por Erich von Falkenhayn, o ministro de Guerra prussiano.[23] Mesmo pior do ponto de vista alemão, o resultado da batalha encorajou a Itália, o elo mais fraco da Tríplice Aliança, a abandonar as Potências Centrais para a Entente. À Itália foram prometidas grandes concessões territoriais: províncias austro-húngaras com grandes populações italianas, incluindo o Tirol do Sul e Trentino, a costa da Dalmácia e até mesmo a Anatólia Ocidental. Assim, a calorosa esperança do governo imperial durante o verão de 1914 de que a sua repetição moderna da façanha romana em Canas subjugasse a França antes que a Rússia se mobilizasse, e de que a Grã-Bretanha não honrasse seu compromisso com a Entente, desmoronou como um castelo de cartas.

---

23. MOMBAUER, 2001, p. 250-71.

94 | IMPÉRIO NAZISTA

Complicando ainda mais as coisas para os alemães, o Exército austro-húngaro, enfraquecido pela direção da maioria de suas tropas para atacar a Sérvia, saiu-se mal contra os exércitos russos na província Habsburg da Galiza. Até o final de 1914, o Alto Comando alemão temia que a Monarquia Dual sofresse um colapso completo. Mesmo a vitória dos Potências Centrais sobre a Sérvia no ano seguinte não teria ocorrido sem a contribuição relutante das forças alemãs. Esse desenvolvimento mostrou a tendência mais evidente das Potências Centrais, além de ter recursos inferiores aos da Entente, ou seja, a propensão para buscar agendas separadas em vez de coordená-las em conjunto. Mesmo a exigência mais básica de uma aliança em tempos de guerra, isto é, a partilha de informações, não era algo com que se pudesse contar. Somente no dia em que a Alemanha declarou guerra contra a Rússia o chefe suplente do Exército alemão sugeriu ao adido militar alemão em Viena que a Áustria-Hungria e Alemanha coordenassem suas mobilizações.[24] O chefe austro-húngaro, Franz Conrad Graf von Hötzendorf, não soube da gravidade da derrota alemã no Marne até o final de outubro de 1914.[25]

A decisão do Império Otomano, em novembro de 1914, de se aliar às Potências Centrais poderia muito bem ter dado à Alemanha dois benefícios estratégicos: tropas adicionais que poderiam ser usadas contra o Império Britânico no Oriente Médio, onde os alemães não poderiam poupá-los, e rotas terrestres para a Ásia Central e para a África, através da Anatólia. Entretanto, o nacionalista e revolucionário Comitê para União e Progresso turco, que agora governava o império, prosseguiu com sua própria agenda para libertar os turcos na região do Cáucaso e mais a Leste até a Pérsia e o Afeganistão. Certamente, os exércitos alemães e austro-húngaros haviam se reunido em 1915 para conquistar suas maiores vitórias da guerra sob Falkenhayn. Eles apoderaram-se da maior parte da Galícia e da capital polonesa Varsóvia em agosto de 1915 e tomaram a capital da Lituânia, Vilna, na segunda semana de setembro. Até o final da guerra, as tropas alemãs ocuparam a Polônia russa, a Lituânia e partes da Ucrânia. Além da decisão da Bulgária de ficar do lado das Potências Centrais para recuperar a Macedônia, a qual havia sido perdida na Segunda Guerra Balcânica, a defesa aprimorada do Império Otomano, graças à ajuda alemã, permitiu aos turcos, em abril de 1915, que infligissem uma derrota desastrosa so-

---

24. DEIST, 2003, p. 249.

25. MOMBAUER, 2001, p. 251.

bre os exércitos e forças britânicas na Península de Galípoli, no Estreito de Dardanelos. Por fim, as forças combinadas da Áustria-Hungria, Bulgária e Alemanha derrotaram a Sérvia no final de 1915, abrindo assim uma ligação direta entre Berlim e Constantinopla. Apesar dessas conquistas, o avanço das Potências Centrais no território russo esgotou a provisão de gás à medida que os exércitos russos conseguiam estabelecer novas frentes. No Oeste, os exércitos alemães permaneceram atolados nas trincheiras, o que tornou o problema da vulnerabilidade estratégica da Alemanha sem solução.

O comando dos mares da Entente, que abrangia 59% da tonelagem de navios a vapor do mundo, agravou o dilema das Potências Centrais. Suas marinhas proibiram o acesso da Alemanha a rotas comerciais oceânicas e a desligaram de seus mercados comerciais e colônias do exterior. No final de 1914, a Alemanha perdeu seu domínio sobre a ponte da baía de Jiaozhou e seu arrendamento chinês. Ela cedeu suas ilhas do Pacífico ao Norte do equador para os japoneses, os quais, quando a guerra eclodiu, alinharam-se à Entente a fim de ganhar controle sobre a Manchúria e a Mongólia Interior e estender sua influência no Pacífico. Na África, os britânicos imediatamente ocuparam Togo. Apesar da falta de reforços da metrópole, as forças de defesa alemãs na África forçaram a Entente a enviar recursos militares consideráveis, exatamente aquilo que os estrategistas alemães esperavam. Assim, foi preciso uma longa campanha em 1915 das tropas sul-africanas para subjugar o Sudoeste Africano alemão e um empenho igualmente dificultoso para arrancar Camarões no mesmo ano. Embora seus inimigos exagerassem sobre as proezas do comandante alemão na África Oriental, Paul von Lettow-Vorbeck, a distribuição feita por ele dos 5 mil combatentes Askari para dar início a uma guerrilha permitiu que o território permanecesse nas mãos dos alemães até o fim da guerra.[26]

Ainda assim, nem a obstinação de Lettow-Vorbeck nem a inépcia dos britânicos em Galípoli recompensaram pelas vantagens marítimas da Entente. Embora o efeito negativo do bloqueio britânico da costa do Mar do Norte da Alemanha tenha sido limitado durante os dois primeiros anos da guerra, suas etapas iniciais resultaram em uma queda de 25% na produção agrícola. Organizar a escassez de estoque de produtos básicos como trigo e batata gerou inquietação entre as mulheres de classe média e baixa e as trabalhadoras urbanas, cujos protestos não podiam ser ignorados pelo

---

26. STEVENSON, 2004, p. 200-1; MORROW JR., 2004, p. 58-60; e SMITH, 1978, p. 221-4.

governo.[27] O bloqueio naval e a superioridade da Entente, impedindo que a Alemanha obtivesse alimentos de fontes alternativas no exterior, trouxeram a possibilidade de um estrangulamento econômico mais grave e extremo sofrimento aos civis, à medida que a guerra se estendia. A Alemanha dependia de importações para ovos, laticínios, peixe, carne e ração animal, e grande parte dos grãos vinha da Rússia, que já era um país inimigo. O enfraquecimento estratégico da Alemanha e seus recursos inferiores para lutar em uma guerra com várias frentes intensificaram o pessimismo de Falkenhayn, o qual foi intensificado pela perda catastrófica de 80 mil homens em novembro de 1914, no que se tornaria a primeira das três batalhas pelo controle da cidade flamenga de Ypres e arredores. Mesmo ao contrário de Falkenhayn, que propôs uma paz separada com a Rússia para dividir a Entente, a linha dura dentro do comando alemão, com destaque para os "heróis" de Tannenberg, Hindenburg, Ludendorff e o campeão da política mundial, Alfred Tirpitz, obteve vantagem. Esse desenvolvimento foi reforçado pela recusa contínua da Entente em aceitar a oferta de Bethmann de um acordo negociado favorável à Alemanha. Depois dos avanços contra a Rússia em 1915, Hindenburg e Ludendorff emergiram como os anexionistas mais comprometidos no serviço militar, junto a Tirpitz, que pediu uma ofensiva submarina total contra o comércio aliado para romper o impasse no Ocidente.

Eles não estavam sozinhos. Para muitos industriais, funcionários do Estado e para a classe média instruída, a perspectiva de aquisições territoriais permanentes encontrou ampla aceitação na crença de que a Alemanha simplesmente não podia competir com outros impérios mundiais sem a expansão. Como uma continuação para a justificativa fervorosa de intelectuais alemães em outubro de 1914 para a condução brutal das Forças Armadas alemãs na Bélgica, sua resposta à acusação do intelectual francês Romain Rolland, de professores universitários, artistas e escritores foi lançar outra petição no início de 1915, que exigia anexações no Leste e no Oeste europeu.[28] No mínimo, eles exigiam a dissolução do Império Habsburgo e a incorporação da Alemanha e da Áustria, afirmando que a unificação de Bismarck, a "menor unificação alemã", apesar de uma necessidade histórica em 1871, agora requeria ampliação. O entusiasmo da

---

27. CHICKERING, 2004, p. 41. Apesar de questionar o impacto do bloqueio por si só, Alan Kramer ressalta de outra forma o problema alimentar da Alemanha: KRAMER, 2007, p. 154-5.

28. JELAVICH, 1999, p. 44-5.

elite acadêmica associou-se aos objetivos de guerra e à reforma doméstica de uma forma que deixou em dúvida a legitimidade da constituição federalizada de Bismarck. Se discordavam sobre a natureza do sistema que substituiria a monarquia germano-prussiana, os intelectuais concordavam que a guerra tivesse proporcionado a oportunidade de criar uma nação firmamente revitalizada e unificada, em vez de um império abalado por conflitos regionais, étnicos, religiosos e de classe. Mesmo os intelectuais moderados, como o líder dos progressistas nacionais, Friedrich Naumann, que após a explosão inicial do fervor nacionalista no início da guerra limitou suas requisições de anexações e defendeu um sistema político constitucional inteiro no país, idealizaram um império africano expandido, uma união alfandegária voluntária construída no modelo britânico de império informal e colônias alemãs em detrimento da Rússia, sobretudo na região do Báltico com o seu passado hanseático.[29]

Depois que Hindenburg e Ludendorff assumiram o comando supremo do Exército, em agosto de 1916, propostas de anexação e de expansão para o Oriente cresceram com ainda mais veemência, agora incluindo reclamações permanentes para a Lituânia e a Curlândia, além de um sistema global de bases navais. Ao contrário de Bethmann-Hollweg, que acreditava que a dominação continental alemã com um mínimo de anexações na Europa e colônias adicionais na África poderia ser negociada com a Grã-Bretanha, anexionistas rígidos próximos a Hindenburg e Ludendorff buscavam a derrota completa da Grã-Bretanha.

A OCUPAÇÃO ALEMÃ
E A CRIAÇÃO DE UM IMPÉRIO CONTINENTAL

As debilidades econômicas e militares das Potências Centrais, como reflexo nos custos da guerra em vidas e equipamentos militares, propiciaram um forte incentivo para implantar práticas coloniais nas regiões ocupadas pela Alemanha, com destaque para a extração de matérias-primas e para a apropriação brutal de mão de obra. Ao contrário dos britânicos e dos franceses, a Alemanha não podia contar com recursos de suas colônias no exterior, que já seriam escassos o bastante mesmo sem as batalhas alastrando-se pela África e a dominação da Entente no mar.[30] Além disso, o fracasso do Exér-

---

29. GERWARTH, 2005, p. 24-7; BREUNDEL, 2003, p. 98-102 e 221-39; KRAMER, 2007, p. 29.

30. VAN LAAK, 2004, p. 172.

cito alemão para subjugar a França, cujas consequências já haviam sido evidentes no final de 1914, produziu um impulso mais vigoroso para perseguir políticas de ocupação draconianas, que enfraqueceram as poucas perspectivas existentes para uma paz negociada, apesar de inúmeras sondagens de paz ao longo de 1915 e 1916 do presidente americano Woodrow Wilson e do papa Bento XV. Na Frente Ocidental, os exércitos alemães haviam sofrido 500 mil baixas, e um terço disso no Oriente. A Batalha do Marne consumiu sozinha mais munições por dia do que os exércitos alemães haviam utilizado durante toda a Guerra Franco-Prussiana.[31] Os crescentes custos monetários, materiais e humanos da guerra dificultavam a organização econômica no país, onde os militares tomavam a iniciativa. Todos os aspectos da economia nacional seriam direcionados a atender as iniciativas de guerra, para alocar eficientemente recursos cruciais (incluindo alimentos), deslocar tropas adicionais e encontrar novas fontes de trabalho a fim de substituir os homens que haviam sido enviados para a frente. Esses mesmos custos também dificultavam a bem-sucedida exploração de recursos das Forças Armadas na Europa ocupada pelos alemães.[32]

Dentro da Alemanha, os militares aumentaram seu poder em virtude da lei prussiana sobre o estado de sítio, de 1851, que havia sido incorporada na Constituição Imperial de 1871. Além de cuidar do recrutamento militar e da provisão das tropas, os comandantes distritais adjuntos do Exército assumiram a responsabilidade pelo transporte, pela censura e pela manutenção da ordem pública. Mesmo sem essa disposição constitucional específica, assim como a autonomia quase completa do controle civil dos militares, a inflação da guerra sobre o valor dos conhecimentos militares tornou a liderança civil ainda menos propensa do que o habitual para desafiar o Estado-Maior.[33] No entanto, como as jurisdições militares colidiram-se com as das autoridades civis, conflitos e confusão levaram a ineficiências óbvias. Apesar da pressa com que foi realizada, a gestão das indústrias de guerra mostrou-se mais eficaz porque as indústrias alemãs altamente concentradas não envolviam grandes necessidades para se organizar partindo do zero. Sob a direção do presidente da AEG, Walter Rathenau, a Seção de Materiais de Guerra do Ministério de Guerra da Prússia estipulou 25 corporações de materiais de guerra, cada uma para uma específica matéria-prima,

---

31. CHICKERING, 2004, p. 30 e 35.

32. DEIST, 2003, p. 252.

33. HULL, 2005, p. 202.

DA DOMINAÇÃO À CATÁSTROFE | 99

bases que retirariam das empresas o que cada uma gastaria. O aumento dos lucros das empresas e a centralização de aquisições e alocações garantiram que a produção de munições permanecesse adequada.[34]

Manter suprimentos alimentares suficientes e acessíveis foi outra história. A escassez começou com a interrupção do bloqueio da importação de manteiga, carne e ovos, além de uma redução significativa no fornecimento de trigo. A necessidade de fornecer suprimentos aos soldados da frente e aos trabalhadores nas cidades, cujos níveis de energia tinham de ser satisfeitos para atender às metas de produção, levou à introdução de controles de preços de *commodities* agrícolas. Como esses controles mostraram-se mais eficazes na redução da produção agrícola do que na manutenção do fornecimento estável de alimentos básicos, o governo impôs um racionamento. Isso e as boas colheitas de 1914 e 1915 amenizaram um pouco as dificuldades, mas a imposição posterior do governo de preços máximos no setor primário, que foi incorporado em sua economia de compulsão (*Zwangswirtschaft*), rendeu poucos resultados positivos. A insuficiência da safra que aumentou a desnutrição e a árdua resistência dos camponeses e latifundiários contra os controles do governo levou a batalhas campais entre os inspetores do governo e produtores agrícolas, ao passo que aumentava o descontentamento civil em relação às políticas de racionamento inconsistentes e reacionárias do governo.[35] Em suma, as condições no país não ajudaram a desencorajar os militares de explorarem territórios ocupados da Alemanha, o que os manuais militares já haviam autorizado, em todo caso. Se a brutalidade do Exército oposto e a exploração de civis na Europa não se equipararam à agressão genocida de Lothar von Trotta contra os hererós e namas, a semelhança entre suas práticas em tempos de guerra e o colonialismo não foram apenas coincidência, levando-se em conta a lógica do tudo ou nada que impulsionou os planos da guerra alemã logo no início.

A ocupação da Bélgica e da França permitiu a aplicação de métodos extraídos das guerras de unificação e campanhas coloniais subsequentes. Os elementos do nacionalismo alemão e a combinação de arrogância e de desespero que deu início à guerra preventiva da Alemanha levaram, não

---

34. Ver a extensa introdução de Guilherme Deist e a coleção complementar de documentos em DEIST, 1970. Para um bom resumo dos primórdios da mobilização no país, ver CHICKERING, 2004, p. 35-46.

35. DAVIS, 2000, p. 24-113.

IMPÉRIO NAZISTA

surpreendentemente, ao exagero de perigos apresentados por civis logo que o Exército migrou para território estrangeiro. Como o sucesso do Plano Schlieffen modificado por Moltke dependia da rapidez de movimento a fim de cumprir prazos precisos, a exaustão das tropas, o poder letal de novas armas assustadoras, a sabotagem e até mesmo a modesta resistência do Exército belga estimularam contramedidas brutais de soldados alemães contra os civis. Elas incluíam a destruição de propriedade, o uso de escudos humanos, a tomada de reféns, a imposição de punições exemplares e execuções em massa de homens, mulheres e crianças. Comparáveis às medidas draconianas que o Exército austro-húngaro aplicou contra civis sérvios, os soldados alemães, com total apoio de seus superiores, mataram 6 mil civis belgas apenas entre agosto e setembro de 1914.

Em parte, as memórias institucionais de franco-atiradores e o *levée en masse* (levante em massa) de republicanos franceses para resistir aos invasores alemães durante a Guerra Franco-Prussiana motivaram a conduta alemã em 1914. Somou-se também a fusão de "inimigos" domésticos, coloniais e belgas segundo o pensamento da liderança militar alemã. O equilíbrio de atiradores belgas supostamente invisíveis e a vileza dos hererós, bem como insurreições de socialistas e minorias étnicas no país, fundamentavam a crença – até mesmo aos soldados comuns de infantaria – de que eles passavam por uma guerra de aniquilação. À luz dessa convicção, os militares viram a observação dos cânones do direito internacional como um luxo inacessível. Além disso, por causa da filiação confessional dos valões dominantes, falantes de língua francesa, o anticatolicismo contribuiu significativamente para a carnificina. As principais unidades protestantes que invadiram a Bélgica expressaram um medo mórbido de padres belgas "ultramontanos" que fomentavam a rebelião, comprovando o impacto profundo e prolongado da Batalha pela Cultura. Alternativamente, o governo imperial, mediado pelo líder da Liga do Exército, August Keim, que foi nomeado governador da província de Limburg, apoiou o movimento nacional flamengo protestante para enfraquecer a influência francesa e assegurar a dominação alemã no futuro.[36]

A exploração econômica prosseguiu como uma tendência natural de fantasias pangermânicas e darwinistas sociais, o que influenciou o corpo

---

36. HORNE; KRAMER, 2001, p. 89-174; COETZE, 1990, p. 110. Ver também LIPKES, 2007, especialmente p. 563-74, na qual se destaca o papel central do nacionalismo arrogante e do militarismo.

de oficiais em cidades-fortaleza antes da guerra. A infraestrutura econômica da Bélgica foi destruída completamente ou demolida para beneficiar a ocupação. No início de 1915, o comando alemão começou a deportar trabalhadores belgas para a Alemanha por ordem dos industriais para compensar a defasagem de mão de obra no país. Quando os belgas resistiam, autoridades alemãs de ocupação cortavam a assistência de obras públicas a fim de criar desemprego, na crença de que esse ato pressionaria homens belgas a agirem de acordo com o que esperava o serviço militar. Com o fracasso desse plano, a ocupação construiu uma cerca eletrificada de 300 quilômetros ao longo da fronteira belga-holandesa para impedir a fuga. A política oficial do Exército alemão exigiu a requisição forçada de recursos com seus resultados previsíveis de desnutrição e doenças entre os civis belgas. Não fosse pela Comissão para o Alívio da Bélgica (CRB, sigla em inglês), liderada por Herbert Hoover e pela relutância ocasional do governador geral alemão Moritz von Bissing em violar o direito internacional, provavelmente a fome teria sido generalizada. Os alemães aplicavam táticas semelhantes no Norte da França ocupado, assim como na Alsácia e na Lorena, populações que há muito eram suspeitas de simpatia pró-francesa. As massas de trabalhadores coagidos pelo Exército alemão e a destruição e remoção de capital industrial impeliram Hoover, usando uma metáfora colonial, a descrever a França ocupada pelos alemães como um grande campo de concentração. Indústrias e terras agrícolas no Norte da França foram totalmente destruídas.[37]

As condições no Oriente ocupado pelos alemães, uma vez que a frente havia se assentado depois do outono de 1915, tornaram-se comprovadamente piores. A falta de atenção e de alívio paliativo de fontes estrangeiras, intensificada pela retirada da autoridade civil russa, transferências brutais de população e práticas de "terra arrasada"* do Exército russo, sem dúvida contribuíram para isso. Os ocupantes, no entanto, garantiram que vidas que já tinham sido desgraçadas iriam piorar ainda mais. Inicialmente, os alemães transmitiram uma simpatia condescendente aos poloneses, os quais eles viam como as vítimas do czarismo. Entretanto, com base em preconceitos anteriores contra as minorias étnicas, as atitudes alemãs transformaram-se no temor de uma grande extensão de território pré-histórica

---

37. KRAMER, 2007, p. 41-7.

*. A tática de "terra arrasada", empregada pelos russos para conter a invasão napoleônica no início do século XIX, consiste em destruir todo e qualquer recurso que possa ser útil à instalação do inimigo em dado ambiente, tornando-o hostil. (N.E.)

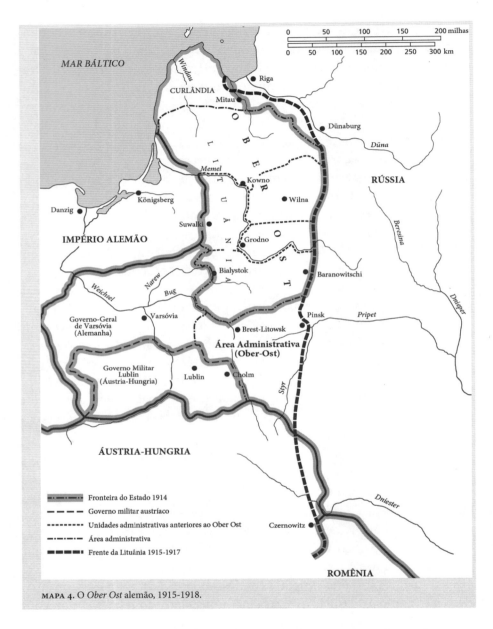

MAPA 4. O *Ober Ost* alemão, 1915-1918.

e assustadora, com suas florestas desgrenhadas e não regularizadas e sua miscelânea confusa de grupos étnicos, cujas múltiplas identidades lembravam os invasores dos particularismos que prejudicaram sua própria nação. Para lidar com o medo dos ocupantes, Ludendorff foi além da extração de trabalho e recursos para introduzir a transformação massiva da terra e de seu povo com base no padrão cultural alemão, que não levava muito em consideração as realidades e sensibilidades locais. O domínio alemão foi muito hostil na Polônia, que foi colocada sob uma administração civil separada. Os poloneses inspiravam há muito tempo as concepções estereotipadas e arrogantes de eslavos desordenados, impuros, incultos e "primitivos", enquanto seu território havia estimulado os nacionalistas radicais a idealizá-la como espaço útil para os colonos alemães logo que a limpeza étnica foi instituída. Mas na Curlândia, na Lituânia e em partes da Rússia Branca – o *Ober Ost* (Comando Supremo do Oriente), que Ludendorff colocara sob o controle direto das Forças Armadas e fora do alcance da supervisão civil –, a ocupação manteve um programa de regulação, manipulação e intervenção com a mínima consideração para os "nativos". Ao começar como significado simbólico da Batalha de Tannenberg, o *Ober Ost* foi concebido como a renovação e a implementação de um precedente histórico, a migração alemã para o Oriente e a conquista dos cavaleiros teutônicos da costa do Mar Báltico.[38]

De fato, as políticas alemãs de ocupação imperial no Oriente frequentemente simularam uma complexidade instrumentalista que o "avanço para o Leste" (*Drang nach Osten*) nazista só atingiria menos de trinta anos mais tarde, violência que excederia qualquer coisa desferida pelos beligerantes da Primeira Guerra Mundial. Embora estivessem confusos pela mistura da população que enfrentavam, os alemães permitiram certo grau de distinção étnica por meio da construção de escolas e da encenação de produções culturais com os atores, compositores e dramaturgos locais. Abrir espaço para a expressão cultural das línguas faladas localmente faria os "nativos" apreciarem sua "libertação" do Império Russo e sua imposição de políticas de russificação. A ocupação esperava que tais práticas também facilitassem a transmissão de valores culturais alemães, como a limpeza, a obediência à autoridade, a disciplina e o trabalho árduo. Ironicamente, essa política estendia-se aos judeus, que além de enfrentarem menos repressão do que sob os czares, também presidiam a revitalização da cultura iídiche. À medida que os exércitos alemães avançavam para o Leste durante o verão de 1915, percebeu-se a importância dos soldados alemães judeus como intérpretes e negociadores de transporte e suprimentos, enquanto a administração alemã do *Ober Ost* representava desproporcionalmente judeus e protestantes.[39] A tentativa

---

38. LIULEVICIUS, 2000, p. 12-112 e 151-75.

39. Ibid., p. 113-50; KLEMPERER, 1996, p. 466; STRACHAN, 2003, p. 148.

alemã de aprofundar a autoidentificação étnica atendia sua estratégia mais ampla de evitar que a Rússia recuperasse o controle e facilitasse uma posição segura para a Alemanha.[40] Comparadas ao Terceiro Reich, as operações da Alemanha Imperial no Oriente foram positivamente benignas.

No entanto, a mistura contraditória de manipulação e repressão debilitava o que a solidariedade pró-alemã pode ter cultivado. O comando *Ober Ost* instituiu um sistema de identificação ineficiente porém invasivo; emitiu proibições de viajar, em um esforço obsessivo de limitar a propagação de "contágio"; coagiu a mão de obra a modernizar os projetos de Ludendorff, como a construção de estradas e a construção de postes telegráficos, e expropriou os imóveis de um modo que mesmo a mera subsistência tornou-se difícil. Ludendorff alcançou um de seus objetivos, uma colônia autossuficiente que iria, por sua vez, suprir o Reich com recursos, principalmente grãos, mas isso aconteceu a um custo terrível. Para a Lituânia sozinha, as estatísticas de requisição foram surpreendentes: 90 mil cavalos, 140 mil gados e 767 mil porcos. A ocupação transferiu para a Alemanha recursos avaliados em mais de 338 milhões de marcos, enquanto importava menos de 78 milhões.[41] Assim como na Bélgica e na França, os homens foram forçados a servir, sendo que muitas das vítimas frequentemente estavam desmoronando e morrendo de desnutrição e doenças. Deportações punitivas, aliviadas pela necessidade de uma quantidade módica de um devido processo legal, eram uma ocorrência habitual.

Elevar a resistência às práticas coloniais da ocupação alemã no *Ober Ost*, o que alimentaria o nacionalismo étnico que atormentaria os pacificadores aliados mais tarde, exigiu, segundo a perspectiva alemã, contramedidas ainda mais duras. Embora tenha sido malsucedida ao conseguir uma população dócil e um fluxo adequado de trabalhadores – as medidas dos militares provocaram revoltas antigermânicas –, a ocupação consolidou percepções e comportamentos que voltariam com um vigor ainda mais devastador durante o Terceiro Reich. A experiência dos alemães com a resistência popular confirmou estereótipos raciais alemães que consideravam os eslavos preguiçosos, sujos, atrasados, incapazes de criar um Estado que funcionasse ou uma civilização avançada, além de uma fonte perniciosa de doença. As tentativas das autoridades alemãs de conter a propagação da tifo para que não contaminasse os ocupantes motivaram a introdução das

---

40. ROSHWALD, 2001, p. 116-25; STRACHAN, 2003, p. 148-50.

41. LIULEVICIUS, 2000, p. 73.

DA DOMINAÇÃO À CATÁSTROFE | 105

técnicas bacteriológicas dos trópicos, consolidando um padrão que os nazistas levariam ao extremo.[42] Em vez de olhar para o lugar como sendo
composto de povos com histórias e culturas complexas, ainda que subde-
senvolvidos, os quais poderiam ser manipulados para se submeter à benevolência alemã, o Leste evoluiu, na visão dos alemães, em um projeto com
potencial para realizar a visão pangermânica de um vasto espaço propício
para os efeitos civilizatórios do germanismo. Era para ser um local para a
implementação da visão utópica de fazendas modernas, estradas e administração eficiente, possível graças ao investimento de um povo superior.
Em 1917, no entanto, a missão transformadora de Ludendorff de elevar
seus súditos, para que eles pudessem ganhar as bênçãos da cultura alemã,
recuava em favor de planos de expulsões definitivas para abrir caminho aos
soldados agricultores alemães, os quais, seguindo o padrão dos colonizadores alemães medievais, tornariam a terra produtiva e a defenderiam com
as próprias mãos.[43]

Pior ainda, campos alemães de prisioneiros de guerra tornaram-se laboratórios de antropólogos físicos para adaptar as técnicas mais sofisticadas
de diferenciação racial e hierarquização entre os próprios europeus, técnicas que eles mais uma vez confortavelmente aplicaram aos povos exóticos
no exterior. Influenciados pela radicalização dos objetivos de guerra, que
definiam ainda mais os inimigos da Alemanha como os "outros" ameaçadores, os apreensores detinham o poder absoluto sobre seus cativos. Devido
à diversidade dos prisioneiros, cujos números incluíam tropas coloniais
asiáticas e africanas juntamente a europeus de exércitos inimigos, reduzida
a importância da cor da pele, os antropólogos alemães partiram significativamente das normas disciplinares do pré-guerra. Anteriormente, quando
os antropólogos eram menos dispostos a atribuir diferentes características
raciais de outros europeus, apesar da crescente tendência do pré-guerra de
caracterizar a Rússia como "asiática", acabava-se a guerra por mais que as
reservas permanecessem. Enquanto a administração do *Ober Ost* ampliou
a colonização de eslavos além das fronteiras da Polônia prussiana, antropólogos alemães documentavam as características físicas de prisioneiros
inimigos, marcando especialmente os capturados na frente oriental como
racialmente inferiores.[44]

---

42. WEINDLING, 2000, p. 298-304.

43. LIULEVICIUS, 2000, p. 158-9.

44. EVANS, 2003, p. 198-229.

106 | IMPÉRIO NAZISTA

Se a gestão de seus territórios era difícil, a ocupação imperial alemã ficou muito aquém do genocídio infligido em seus próprios assuntos por seu desesperado aliado, o Império Otomano. Ao alegar no mínimo 800 mil vítimas – número que possivelmente tenha dobrado –, o massacre dos armênios foi um presságio da "solução" do próprio regime nazista para os problemas de desintegração imperial, da competição étnica, de conflitos e visões políticas divergentes do pós-Primeira Guerra Mundial na Europa; aliás, o próprio Hitler teria reconhecido isso quando lançou o ataque alemão à Polônia.[45] As ambições imperiais da Alemanha em longo prazo e sua necessidade curto prazo para um aliado em seu desempenho no Oriente Médio foram decisivas na ligação de suas fortunas para os novos líderes do Império Otomano, o Comitê Turco da União e Progresso (CUP). Bem antes de sua entrada na guerra ao lado dos alemães, as vozes dentro da CUP aspiravam à criação de uma política étnica e religiosamente homogênea. Um tipo diferente de império iria compensar as derrotas otomanas na guerra da Líbia de 1911 ou nas Guerras dos Bálcãs de 1912 e 1913, para não mencionar o apoio das grandes potências à independência de súditos cristãos do império. Ao contrário do Império Otomano, os elementos mais extremos dentro do CUP já não acomodariam os que não fossem turcos. Incapaz de expulsar a população grega por meio de negociação antes da guerra eclodir, o CUP deportou milhares de gregos no interior da Anatólia para serem usados como mão de obra forçada até o momento em que a limpeza étnica pudesse ser realizada.[46] De fato, as capacidades militares otomanas foram postas em questão. No início de 1915, os russos derrotaram o Exército otomano em Sarikamis, no Cáucaso, perto da fronteira russo-turca, e até mesmo a vitória do império em Galípoli foi fortemente derivada do apoio alemão. No entanto, a virtude estratégica otomana como um Estado-cliente por meio do qual os alemães pudessem tirar os ingleses da Índia era atraente. Ele prometia uma futura posição alemã no Oriente Médio por conta da Grã-Bretanha.

O fechamento dos Dardanelos à Entente após Galípoli encorajou o CUP a "resolver" o seu "problema" armênio. Sua suspeita quanto ao sentimento pró-russo dos armênios, seu revanchismo de longa data, na sequência da derrota otomana nos Bálcãs, os anos de ressentimento em intervenções bri-

---

45. Ver os trabalhos de AKÇAM, 2004 e 2006.

46. KRAMER, 2007, p. 147-8. O grau de etnonacionalismo no CUP permaneceu contestado. Sobre o argumento de que os Jovens Turcos permaneceram "otomanistas" na concepção, ver SUNY, 2009, p. 934.

tânicas e francesas e, acima de tudo, a derrota decisiva da Rússia das forças turcas na Anatólia Oriental, onde os otomanos perderam quase 80 mil soldados, provocaram o genocídio. Na primavera de 1915, na sequência de uma rebelião de armênios na execução do Exército otomano de cinco de seus líderes, os tiroteios e pilhagens começaram seguidos pela deportação de armênios para suas províncias árabes da Síria e Mosul. Confinados em campos de trânsito, sem comida ou água, forçados para o deserto ou passagens em montanhas, baleados e espancados ao longo do caminho por turcos e curdos, a escala da expulsão, a qual em última análise estendia-se a toda a península da Anatólia, foi suficiente para demonstrar a intenção do governo, o extermínio puro e simples de uma minoria incômoda.

O genocídio horrorizou os alemães na Turquia, os quais inadvertidamente tornaram-se testemunhas oculares. Entre eles estavam civis como o pastor pró-armênio Johannes Lepsius e oficiais militares e consulares, como Max von Scheubner-Richter, que mais tarde juntou-se ao Partido Nazista, sendo um de seus membros mais antigos, e até mesmo se envolveu com o intelectual público profundamente racista, Paul Rohrbach, que considerava os armênios capazes de cultura, ao contrário dos hererós, cuja eliminação ele tolerou enquanto esteve em serviço no Sudoeste Africano.[47] No entanto, por não possuir nem as competências linguísticas nem o conhecimento local que poderiam tê-los advertido contra a aceitação da alegação do CUP de que os armênios representavam uma perigosa quinta coluna, o embaixador alemão e os oficiais militares alemães ligados ao Exército turco aceitaram a explicação oficial das autoridades turcas de que a "necessidade militar" faria as deportações necessárias. Apesar dos esforços de Lepsius em documentar o crime, a opinião pública alemã demonstrou pouca simpatia para com os armênios.[48] Se os representantes da Alemanha Imperial no Império Otomano não ajudassem o CUP no planejamento do genocídio, uma vez comumente afirmados, o pensamento militar alemão, que há muito havia reconhecido o abuso de civis como parte integrante da guerra, assegurou uma resposta inconsistente e incoerente. Mais precisamente, se a campanha do CUP contra os armênios comprometesse o valor dos otomanos como um aliado, privando a economia das habilidades comerciais e de alfabetiza-

---

47. Sobre Rohrbach, ver SMITH, 2008, p. 193-8 e 204.

48. A literatura sobre o genocídio armênio é vasta. Além de Akçam, ver HULL, 2005, p. 263-90; LIEBERMAN, 2006, p. 98-114; ANDERSON, 2007, p. 80-111. A visão de DADRIAN, 1996, de que o governo alemão participou no planejamento do genocídio, foi convincentemente refutada por BLOXHAM, 2005, p. 115-33.

ção de uma minoria importante e os recursos desviados de sua contribuição para a guerra, o próprio objetivo da guerra da Alemanha, o reforço da sua estatura global e o alcance imperial invariavelmente descartariam a sua intervenção em nome das vítimas do CUP. Na verdade, o imperialismo liberal que acusou atividade alemã no Império Otomano desde a primeira década do século XX, proveniente da crença alemã de que a experiência comum de intervenção estrangeira vinculava o Reich aos otomanos. Assim como no passado, os franceses haviam permanecido no caminho das aspirações da nação alemã, por isso os franceses e os britânicos bloquearam o caminho otomano à modernidade e à consolidação nacional.[49]

Guerra total, medidas desesperadas e fim do Segundo Império

Apesar dos recursos gerados por sua ocupação, as deficiências da Alemanha expuseram a futilidade de longo prazo de ampliar seu império com os lucros de guerra. Em 1916, no terceiro ano do conflito, as dificuldades acumuladas vividas por civis, a administração do Comando Supremo cada vez mais intrusiva, a gestão draconiana da vida civil e o debate amargo e interrelacionado sobre objetivos de guerra e reforma política começaram a minar a "paz de fortaleza". Os partidos em que a crítica das práticas imperialistas poderia ser encontrada, o Centro, os social-democratas e os progressistas tornaram-se mais ativos no *Reichstag* conforme as privações internas e o derramamento de sangue no exterior desgastavam o seu eleitorado, que pedia mais pela paz e pela saciação da fome do que por anexações. Ao possuir menos alimentos, recursos naturais e mão de obra do que a Entente, além de lutar ao lado de aliados que possuíam bases industriais menores, sofrendo grandes tensões internas e traçando objetivos de guerra em desacordo com a Alemanha, a guerra do Segundo Império aproximou-se do colapso, ao contrário do pensamento positivo de nacionalistas radicais. Embora o governo imperial e os grupos de pressão nacionalistas radicais conseguissem sufocar as vozes que favoreciam uma paz moderada e a reforma interna para os dois primeiros anos da guerra, os adversários de anexações agora tornavam-se mais competitivos.

O ano de 1916 exemplifica o significado de "guerra total", um termo que captura os enormes sacrifícios na vida humana que o governo alemão

---

49. FUHRMANN, 2006, p. 109-382.

e os militares estavam preparados para fazer a fim de evitar a derrota. Esperando que os exércitos austro-húngaros segurassem as forças russas no Oriente, Falkenhayn planejou uma ofensiva contra a França, que ele acreditava ser o elo mais fraco da Entente. Ao atacar a fortaleza na cidade de guarnição francesa de Verdun, em fevereiro, Falkenhayn esperava dizimar as tropas francesas e forçar a França a pedir a paz e isolar os britânicos. No entanto, apesar do forte bombardeio da artilharia alemã que permitiu aos militares tomar a posse temporária do Forte Douaumont, o resultado foi a furiosa resistência francesa e um massacre de nove meses que, ao custo de 750 mil mortos em ambos os lados, produziu um ganho líquido de pouco menos de 3 quilômetros. Além de ter de mobilizar forças para a sangrenta Batalha do Somme, iniciada em julho, Falkenhayn teve de desviar tropas para esquivar-se da ofensiva russa no Oriente enquanto a Áustria-Hungria deslocava suas tropas para a fronte italiana. O impasse naval entre a Alemanha e a Grã-Bretanha, que ressaltou a inadequação do caro projeto marítimo de Tirpitz, mostrou-se inconclusiva. Incapaz de patrulhar além do Mar do Norte, tanto para interceptar o transporte comercial como para romper o bloqueio britânico, os alemães optaram pela guerra submarina irrestrita durante a primeira queda do conflito. No entanto, afundar navios sem aviso gerou protestos internacionais furiosos em resposta. O torpedeamento do *Lusitania*, em 1915, que implicou na perda de civis americanos a bordo, ameaçou trazer os Estados Unidos para a guerra. A decisão do governo imperial e especialmente do kaiser de suspender os ataques enfureceu Tirpitz, cuja insubordinação fez Guilherme removê-lo do cargo de secretário de Estado no Ministério da Marinha. Embora as perdas britânicas excedessem as da Alemanha, a grande batalha naval ao largo da Península de Jutlândia, em maio de 1916, não conseguiu quebrar o bloqueio.

Em agosto, a entrada da Romênia ao lado da Entente, ocasionada pela ofensiva russa e pelo acordo da Entente para a anexação da Transilvânia pela Romênia da Hungria, abriu outra frente, a qual a Alemanha teria de enfrentar. Crescentes críticas de Falkenhayn do alto comando do Exército forçaram o kaiser a remover seu chefe de gabinete. As reservas de Bethmann-Hollweg contra a guerra submarina irrestrita, o que só aumentaria a lista de inimigos da Alemanha, tornaram-se cada vez mais neutralizadas. Os substitutos de Falkenhayn escolhidos por Guilherme, o marechal Hindenburg e o general Ludendorff, mostraram-se importantes. Embora o kaiser, com razão, desconfiasse tanto dos potenciais rivais que pudessem deslocá-lo como a "tribuna do povo" – na verdade, Hindenburg veio para personificar o "espírito de 1914" melhor do que o kaiser –, sua base de poder no Oriente, a ofensiva fracassada de Falkenhayn e descontentamentos populares deixaram-no com pouca escolha. O surgimento dos "heróis" de Tannenberg como ditadores militares virtuais ocultou a autoridade de Guilherme, trouxe exigências mais onerosas sobre os civis para produzir e sacrificar mais, aprofundou os conflitos internos sobre os objetivos da guerra e colocou em questão a sobrevivência do sistema de Bismarck.[50]

Confrontado por impasses no campo de batalha que pressagiavam dificuldades para o futuro da Alemanha, o novo Comando Supremo procurou a mobilização total da economia para aumentar a produção além do que os recursos de guerra militarmente supervisionados haviam realizado até então. O Programa de Hindenburg e a subsidiária Lei do Serviço Auxiliar, modelados em iniciativas utópicas de Ludendorff no *Ober Ost*,[51] previram enormes aumentos de munições, artilharia e metralhadoras na primavera de 1917 a serem realizados através do projeto que adicionaria 3 milhões de trabalhadores de ambos os sexos, com idades entre 17 e 60 anos. Sob a liderança do general Guilherme Groener, que se viu como mediador neutro entre a indústria, o Estado e os militares, o Ministério da Guerra da Prússia centralizou a aquisição e a distribuição do trabalho. Em termos comparáveis aos projetos de trabalho na Europa ocupada pelos alemães, a Lei do Serviço Auxiliar atingiu mais do que apenas pura fantasia. A tentativa de apagar a realidade da mão de obra insuficiente com a visão militarizada de uma "comunidade" alemã abnegada e a crença do Comando Supremo em um ato compensatório de arbítrio introduziu um elemento claramente fascista em seus programas. No entanto, ao contrário das condições nas zonas ocupadas, Hindenburg e Ludendorff enfrentaram repetidos desafios às suas autoridades na alocação de trabalhadores, alimentos e matérias-primas por parte das autoridades civis no Reich e de burocracias estatais. Além disso, eles tiveram de fazer concessões a uma oposição cada vez mais ativa no *Reichstag*, mesmo quando demonizavam, como os "inimigos internos", os trabalhadores em greve e as mulheres que se ressentiam a ser convocadas para trabalhar nas indústrias de guerra.[52] Em vez de ganhar

---

50. Sobre o registro documental das insuficiências de Guilherme como comandante e sua influência enfraquecida após os dois primeiros anos da guerra, ver AFFLERBACH, 2005, e o seu resumo "Wilhelm II as supreme warlord in the First World War" (2003, p. 209-10); e também PYTA, 2007, p. 91-113.

51. LIULEVICIUS, 2000, p. 55.

52. KNOX, 2007, p. 227; MÜLLER, 2002, p. 223-37.

o consentimento unânime e entusiasta do *Reichstag* ao Programa de Hindenburg como o Comando Supremo antecipou, o Partido Social-Democrata, o Centro e os partidos progressistas conseguiram modificações significativas na Lei do Serviço Auxiliar. Em resposta à aprovação o projeto de trabalho, os trabalhadores conquistaram o direito de representação no distrito militar e comitês de fábrica que alocavam trabalhadores – comitês que também tiveram disputas sobre a gestão de trabalho. Além disso, como nem industriais nem o governo podiam se dar ao luxo de aliená-los, os trabalhadores nas indústrias de munições ganharam o direito à negociação coletiva e o reconhecimento legal dos contratos dele decorrentes. Em vez de produzir a economia militarizada e hierárquica que Hindenburg e Ludendorff esperavam, o resultado foi um duplo dilema. O Programa de Hindenburg não só falhou em conseguir trabalhadores suficientes e aumentar significativamente a produção relacionada com a guerra, mas também encorajou a coalizão de centro-esquerda do *Reichstag*, deu voz às lideranças sindicais e gerou protestos populares contra o agravamento das condições materiais e um comando supremo que prometia o autoritarismo contínuo e a guerra sem fim.

Embora a oscilação da Esquerda nas eleições de 1912 tenha gerado um contra-ataque nacionalista radical no Cartel de Estados Produtores, a nova maioria de centro-esquerda teria o potencial para aumentar a influência do *Reichstag* quando as circunstâncias o justificassem. Apesar das pesadas baixas no campo de batalha e da impopularidade da censura, no entanto, as vitórias de 1915 silenciaram a oposição até que a escassez de alimentos, a inflação e desgastantes dias úteis crescessem muito. A guerra desencadeou uma base de esforço nacional, principalmente por organizações de mulheres que reformularam a cultura política do *Kaiserreich* em uma direção menos elitista e mais populista.[53] No entanto, tais demonstrações de compromisso popular desapareceram quando os governos imperiais e estaduais mostraram-se cada vez mais incapazes de assegurar um fornecimento adequado de alimentos. Ataques bem organizados sobre questões simples, organizadas pelo Partido Social-Democrata, começaram na primavera de 1916 e compreenderam o contexto imediato para as revisões à Lei do Serviço Auxiliar, mas também apontaram dificuldades crônicas que zombaram da "paz da fortaleza". A inflação, decorrente da emissão do governo de dinheiro de papel e não de ouro, bem como sua incapacidade de regular salá-

---

53. FRITZSCHE, 1998, p. 34-66.

rios e lucros e sua decisão de financiar os custos crescentes da guerra com a venda de artifícios de guerra, em vez de aumentar os impostos, atingiram fortemente assalariados e trabalhadores de colarinho branco.[54] Trabalhadores qualificados em indústrias relacionadas com a guerra saíram-se melhor por causa de seu poder de barganha. Independentemente disso, os preços mais elevados para as necessidades básicas, habitação, combustíveis, sabão e roupas, bem como o desaparecimento de carne, gorduras e manteiga, as desigualdades no sistema de racionamento e os alimentos de baixa qualidade aparentemente intermináveis aumentaram a insatisfação popular, especialmente entre os trabalhadores de pequenas lojas que não recebiam os altos salários daqueles em fábricas de munição. Nas palavras de um historiador, "a escassez era o que predominava na cozinha. Assim, a mesa de jantar tornou-se o local de uma provação diária. Alimentos surgiam em uma monotonia cada vez mais desagradável e em porções decrescentes, o que transformou o termo 'tempo de paz' (*friedensmässig*) em uma medida de opulência".[55] A moral sofreu mesmo em regiões agrícolas, como o Sul da Baviera, onde o abastecimento de alimentos manteve-se adequado, apesar de os militares terem se apropriado de animais de tração e do declínio da forragem e de fertilizantes artificiais. Mulheres camponesas, forçadas a lidar com a ausência de parentes do sexo masculino, sofriam de exaustão e da saúde em declínio, enquanto eles lutavam pela fazenda com ajuda mínima. Sua tendência no início da guerra de interpretar a perda de parentes do sexo masculino como a "vontade de Deus" diminuiu com a crescente convicção de que o conflito foi a criação de egoístas e sinistros aproveitadores da guerra que se beneficiavam à custa dos pobres.[56]

No inverno de 1916 e 1917, uma crise confrontou o governo imperial quando o clima excepcionalmente frio que dizimou a cultura da batata levou a malogros sucessivos em garantir comida. Como resultado, os alemães foram forçados a comer um tipo de nabo mais resistente ao clima, que era normalmente usado como forragem animal. Além de provocar conflito nas cidades com alocação de rações, as carências e as medidas tomadas para saná-las produziram uma amarga divisão entre a cidade e o campo. Em 1914, o governo instituiu sua Economia Controlada, que impôs limites de preços das mercadorias agrícolas a fim de proteger os consumidores

---

54. FELDMAN, 1997, p. 25-51.

55. CHICKERING, 2007, p. 266.

56. ZIEMANN, 2007, p. 155-66.

urbanos da disparada dos preços e dos alimentos. Apesar de um grande fracasso, a nova política enfraqueceu a posição privilegiada dos grandes e pequenos agricultores, que haviam se beneficiado dos altos preços induzidos artificialmente para proteção tarifária do pré-guerra. Além do congelamento de preços, os produtores agrícolas ressentiam-se dos oficiais militares e policiais locais que apreenderiam gado e grãos, e dos juízes que impuseram pesadas multas para os agricultores que não cumpriam ordens. Os consumidores urbanos acostumaram-se a culpar os camponeses pela acumulação e pelos preços exorbitantes do mercado negro, enquanto os camponeses, em troca, reclamavam que suas rações alimentares ficaram aquém das dos trabalhadores relacionados à industria da guerra.[57] A divisão urbano-rural persistiria após 1918 porque as divisões políticas da República de Weimar reproduziram os conflitantes interesses econômicos de consumidores urbanos e produtores rurais.

Manifestações ligadas a alimentos lideradas por mulheres urbanas tornaram-se ocorrências regulares, indicativas da confiança reduzida no governo e da crescente autoafirmação vinda de baixo.[58] O declínio da disponibilidade de alimentos afetou desproporcionalmente aqueles que estavam menos empenhados no esforço de guerra. As taxas de mortalidade para os jovens e idosos aumentaram de forma alarmante. Assim como nos pacientes de asilos e hospitais que, além da classificação na parte inferior da hierarquia na atribuição de mantimentos, não podiam nem acumular comida quando o fornecimento era permitido, nem viajar para a zona rural do país em expedições de forrageamento. Como resultado, de acordo com uma estimativa, mais de 70 mil pacientes morreram de fome, doenças e negligência.[59] A descartabilidade serviria como um precedente sinistro para o futuro, já que a escassez iria incentivar a hierarquização dos cidadãos de acordo com a sua capacidade de produzir para a "comunidade" *Volk*. Dados comparativos de Londres, Paris e Berlim ressaltaram a "crise demográfica" que afligia a Alemanha entre 1917 e 1919. Enquanto Berlim comparava-se favoravelmente a Londres e Paris na expectativa de vida dos seus cidadãos antes de agosto de 1914 e durante os dois primeiros anos da guerra, as "mortes em excesso" na cidade, especialmente entre bebês, crianças e mulheres de

---

57. Sobre o impacto da Economia Controlada, ver MOELLER, 1986, p. 43-67; SCHUMACHER, 1978, p. 33-84; FLEMMING, 1978; e o recente ZIEMANN, 2007, p. 166-81.

58. DAVIS, 2000, p. 137-218.

59. BURLEIGH, 1994, p. 11.

todas as idades, posteriormente mostraram a incapacidade do governo imperial de manter a saúde pública, tendo um impacto nocivo. Os flagelos de sarampo, gripe e tuberculose também tiveram seu preço.[60]

O campo de batalha inverte-se, e a crise no abastecimento nas casas fortaleceu o caso para a retomada da guerra submarina irrestrita contra aliados e o transporte neutro. Em fevereiro de 1917, Ludendorff, apoiado por um kaiser relutante, comprometeu-se a isso, sabendo que os Estados Unidos, depois de terem previamente aprovado a independência da Bélgica e rejeitado a Europa Central Alemã, denominada como hostil aos seus interesses econômicos, provavelmente entrariam na guerra em apoio à Entente.[61] Em uma tentativa desajeitada de atar as mãos dos Estados Unidos, declararam guerra à Alemanha, e esta incentivou o México a atacar os Estados Unidos em troca de recuperar o Texas e o Novo México. Embora apostando que submarinos fossem afundar navios aliados suficientes para minar o bloqueio, a decisão de Ludendorff trouxe, em abril, a declaração de guerra americana, exacerbando o obstáculo estratégico da Alemanha e abrasando também as divisões políticas internas. A enorme capacidade produtiva americana e a perspectiva de novas tropas americanas na Europa para apoiar a Entente tornaram a derrota alemã cada vez mais provável.[62]

Apesar das modificações do *Reichstag* à Lei do Serviço Auxiliar, os ataques continuaram em 1917 e 1918. As queixas expressas nelas cresceram cada vez mais politicamente, movendo-se além das questões básicas às exigências de uma paz negociada imediata, sem anexações e de uma reforma constitucional interna. Em abril de 1917, após a Revolução de Fevereiro na Rússia e a derrubada do czar Nicolau II, a radicalização dos trabalhadores da indústria aprofundou as divisões dentro do Partido Social-Democrata, as quais haviam sido agravadas diante da questão de continuar financiando a guerra. O partido foi formalmente dividido entre o Partido Social-Democrata da Alemanha (MSPD), que defendeu o apoio ao governo como um meio de ganhar as reformas políticas, e o Partido Social-Democrata Independente (USPD), que se recusou a endossar créditos de guerra e foi contra a Lei do Serviço Auxiliar. Até mesmo o USPD foi assolado pela divisão entre aqueles que buscavam a reforma constitucional e os espartacistas, que a chamaram de revolução anticapitalista. A preferência de Wilson por

---

60. WINTER, 1997, p. 487-523.

61. POMMERIN, 1986, p. 344-76.

62. CLARK, 2000, p. 235-6.

uma Alemanha democrática como uma parceira de negociação e a ameaça do contágio pela revolução na Rússia levaram a coalizão reformista no *Reichstag* a empurrar a sua própria agenda. Composta pela Maioria Socialista, pelo Centro, incluindo o seu único líder imperialista, Matthias Erzberger, e pelos progressistas, que abandonaram seu imperialismo devido ao descontentamento popular, a aliança aprovou uma resolução em julho de 1917 que pedia a paz sem anexações ou reparações. Ao fazê-lo, ela retirou seu apoio do sitiado Bethmann-Hollweg, cuja tática entre a reforma e a reação, negociando paz e anexações, não conseguiu convencer a Esquerda ou a Direita de sua sinceridade.

Na verdade, as propostas de Bethmann-Hollweg para o *Reichstag*, assim como as próprias tentativas desesperadas do kaiser em sua Mensagem de Páscoa em abril de 1917 a fim de pacificar trabalhadores inquietos com a promessa de eliminar a desigualdade e a discriminalidade dos direitos nas três classes da Prússia, geraram uma nova contraofensiva da Direita. A demissão de Bethmann-Hollweg e sua substituição pelo impassível, mas eficaz burocrata prussiano, Georg Michelis, instigado pelo Comando Supremo logo após a resolução de paz do *Reichstag*, demonstraram hostilidade por parte da Direita com as acomodações do chanceler ao *Reichstag* e sua posição menos belicosa em submarinos de guerra. Além disso, a determinação do Comando Supremo em anexar o *Ober Ost* e a tentativa de Ludendorff em garantir mão de obra suficiente, recursos e terras para assentamentos alemães levaram, em agosto de 1917, à formação do Partido da Pátria Alemã (*Deutsche Vaterlandspartei*). Como uma organização de coordenação fundada por Alfred Tirpitz e Wolfgang Kapp, a nova associação reuniu os grupos radicais nacionalistas e grupos de pressão imperialistas, camponeses e grupos de interesse de classe média baixa, acadêmicos, industriais, especialmente na indústria pesada, proprietários de imóveis, funcionários públicos, anexionistas militantes das Forças Armadas e as principais vozes dos partidos conservadores e liberais. Como o Cartel de Estados Produtores no pré-guerra, o Partido da Pátria desafiou a legitimidade do *Reichstag*. No entanto, sua sofisticada implantação de propaganda moderna representaria um marco importante se fosse instável no desenvolvimento de uma Direita populista, obcecadamente racista.[63]

---

63. BREUNDEL, 2003, p. 149-50. Ao rejeitar as prévias caracterizações acadêmicas do partido como "pré-fascista", HAGENLÜCKE (1997, p. 248-71 e 388-411), sugere que seu sucesso temporário na mobilização de amplos círculos eleitorais não conseguiu esconder a ineficiência no longo prazo do populismo da Direita antes da guerra.

Embora dominadas por líderes radicais nacionalistas antes da guerra, as plataformas do novo partido incorporaram apelos populistas em uma tentativa de aproveitar a politização em massa que a guerra gerou. Além de incluir mulheres antiemancipacionistas, que pediam por um fórum público para articularem sua visão de valores fundamentais da nação, a onda populista combinou uma desconfiança da monarquia por serem muito medrosos na busca da vitória no exterior e na contenção do reformismo interno. Ela também aprovou um expansionismo ilimitado pelas duras realidades da posição militar alemã.[64] Assim como radicalizou temas populares na Direita desde 1890, atualizados por suas percepções das fontes de situações difíceis da Alemanha em tempos de guerra, o racismo biológico inequívoco do Partido da Pátria atraiu eugenistas que defendiam a esterilização e outros meios de erradicar características indesejáveis do *Volk*. Ao rejeitar a reforma constitucional, propôs, nas palavras de um historiador, uma "síntese bonapartista da vitória militar e ditadura militar popular".[65]

O Partido da Pátria abriu uma hostilidade permanente em relação aos judeus, que personificava o socialismo, o reformismo democrático, a paz sem anexações, o materialismo e a especulação. As metas do partido incluíam "aproveitadores" corporativos, como o industrialista Walter Rathenau e o magnata dos transportes Albert Ballin, "preguiçosos" que evitaram o serviço militar, judeus da Europa Oriental, cuja imigração alemães judeus supostamente teriam ajudado, e a imprensa, que espalhou o "veneno" democrático ou socialista. Era a expressão mais evidente de um antissemitismo cada vez mais ativo que, até o final de 1916, provocou os militares a fazer um censo dos judeus, em essência para justificar o mito de judeus "preguiçosos". As diversas antipatias do partido demonstraram o colapso do mito comunal de 1914 e a adoção de uma visão de "comunidade" racial excluída, livre dos indesejáveis e "inimigos", que tiveram "raízes" colocadas antes de 1914 entre nacionalistas radicais.[66] Ao agir em nome de inimigos estrangeiros da Alemanha, os judeus conspiraram para destruir a parte interna política e biologicamente. A trilogia de sucesso espetacular de Artur Dinter, *Sins against the Blood* (*O pecado contra o sangue*), tendo seu primeiro volume lançado em 1917, poderosamente reforçou os temores generaliza-

---

64. HARVEY, 2004, p. 155; VAN LAAK, 2004, p. 178-80.

65. SCHECK, 1998, p. 67.

66. HOFFMANN, 1997, p. 89-104; BREUNDEL, 2003, p. 283-4. Sobre a radicalização do antissemitismo durante a guerra e depois, ver JOCHMANN, 1988, p. 99-170.

dos de contaminação. A história construída pelo veterano de guerra que se tornaria um dos primeiros membros do Partido Nazista melodramaticamente mudou o conto trágico de um inocente herói alemão que se casou com uma mulher de origem judaica. Embora a esposa do herói fosse cristã, o fato de se converter não garantiria nenhuma imunidade contra o desastre de o primeiro filho do casal reproduzir as características horrivelmente judaicas de sua mãe. O legado de contato sexual do herói com uma judia o perseguiu, apesar de ter uma mulher ariana como sua segunda esposa, pois sua união produziu um monstro. *O pecado contra o sangue* chegou a quinze edições e 1,5 milhão de leitores.[67]

O Partido da Pátria não conseguiu intimidar o *Reichstag*, que aprovou outra resolução em outubro para abolir o direito discriminatório na Prússia. No entanto, a fraqueza militar da Rússia e a derrubada do czarismo em fevereiro de 1917 proporcionaram ao Comando Supremo uma oportunidade de ouro para ancorar permanentemente o controle alemão da Europa Oriental. Depois de já ter declarado um futuro reino polonês, em novembro de 1916, uma entidade sem independência ou integridade territorial visível, Bethmann-Hollweg proclamou a criação de estados satélites na Curlândia e Lituânia, em abril de 1917, em um comando impulsivo. Embora em quantidade menor do que a anexação definitiva que Ludendorff exigiu e com a promessa de renunciar tentativas de germanizar povos locais, Ludendorff nem sacrificou suas ambições, nem sua visão expansiva de um império oriental, recursos que garantiriam o poder alemão no futuro. Além de oferecer terras para assentamentos alemães, a Curlândia e a Lituânia iriam fornecer comida e trabalho para uma futura guerra contra a Grã-Bretanha e os Estados Unidos. Os planos detalhados da frente do Ministério do Interior do *Ober Ost*, Guilherme Freiherr von Gayl, cujas experiências anteriores incluíam o direcionamento da Sociedade Colonial da Prússia Oriental, mapearam fortificações alemãs, guarnições, assentamentos e uma união aduaneira para unir as economias dos novos Estados fronteiriços com a Alemanha.[68] Ao unir o governador e o comandante supremo das Forças Armadas no mesmo gabinete, as novas entidades responderiam apenas ao imperador.

A derrubada dos bolcheviques do governo provisório russo, em novembro de 1917, cujo Comando Supremo havia auxiliado indiretamente para

---

67. ESSNER, 2002, p. 32-4.

68. LIULEVICIUS, 2000, p. 202.

devolver o líder bolchevique Vladimir Lenin a São Petersburgo em um vagão de trem lacrado no início daquele ano, prometeu transformar os sonhos alemães em realidade. Os exércitos bolcheviques não puderam suportar o avanço alemão que, em fevereiro de 1918, moveu-se de Riga para Tartu e Reval, colocando São Petersburgo em risco. O Tratado de Brest-Litovsk entre a Alemanha e a União Soviética foi assinado em 3 de março de 1918, no qual os alemães impuseram punições ao novo governo bolchevique. Além de incentivar a Finlândia, os Estados Bálticos e a Ucrânia a se retirarou da Rússia e se tornarem estados clientes da Alemanha, os soviéticos foram forçados a ceder partes da Polônia e Bielorrússia e três distritos armênios do Cáucaso para a Turquia. O tratado essencialmente restaurava as fronteiras da Turquia de antes de 1879, deixando aos armênios um destino miserável nas mãos de seu inimigo. Ao todo, a Rússia perdeu 1 milhão de quilômetros quadrados de território, 50 milhões de sua população, quase todo o seu carvão e petróleo, três quartos de seu minério de ferro, metade de sua indústria e um terço de suas ferrovias e terras agrícolas. Se o tratado exigiu o compromisso de quase 1 milhão de tropas alemãs para policiar os territórios, reduzindo assim o número que poderia ser enviado para a Frente Ocidental, ainda assim revelou a maneira pela qual a guerra traduziu o exagerado pangermanismo em realidade. Os movimentos de independência que se proliferaram após a fragmentação do Império Russo, especialmente da Lituânia, foram brutalmente reprimidos. Os militares colocaram alemães do Báltico à frente das administrações locais, introduziram a censura e lançaram a germanização nas escolas. Entre Brest-Litovsk e o armistício, a Alemanha instalou um "governo fantoche" na Ucrânia, subvertendo um movimento de independência da Ucrânia que a ocupação Austro-húngara havia apoiado. Embora o Exército alemão estivesse mal posicionado para gerenciar a enorme extensão de território sob seu controle, suas ambições testemunharam a maneira pela qual o anexionismo prosperou durante as últimas fases da guerra.[69] O Tratado de Bucareste com a Romênia, assinado em maio de 1918, demonstrou bem o triunfo temporário do imperialismo alemão. A derrota da Romênia, após a ocupação alemã ter extraído grandes quantidades de grãos romenos e levado à falência da economia romena, lançou as bases para um pacto que permitiria o acesso alemão ao petróleo romeno por noventa anos, garantindo o suprimento adicional de combustível para o império do futuro.[70]

---

69. HAGEN, 2007, p. 87-106.

70. HAMLIN, 2009, p. 451-71.

DA DOMINAÇÃO À CATÁSTROFE | 119

Encorajado pelo acordo de Brest-Litovsk, Ludendorff lançou um ataque inovador no Oeste, na primavera de 1918, por acreditar que um grande e vitorioso ataque final – feito com nada menos que 192 divisões – preservaria o sonho de hegemonia continental alemã e enfraqueceria o reformismo interno. O contra-ataque da Entente e o fracasso subsequente da ofensiva de primavera, que até o final de junho custou à Alemanha mais de 900 mil feridos, expôs o vazio do plano de Ludendorff. Até o final da primeira semana de agosto, a revitalização das forças da Entente, reabastecida por um afluxo de 250 mil americanos a cada mês, alemães alistados desmoralizados e oficiais suficientes para incentivar a sua rendição, puxaram o tapete de Ludendorff e abriram caminho para o impulso dos Aliados através das linhas alemãs.[71] A busca turca pelas ambições panturcas no Cáucaso, que deixou a Mesopotâmia aberta às forças da Entente, o colapso do Exército austro-húngaro e a retirada da Bulgária da guerra deixaram os alemães mal expostos no Oriente. No entanto, se o Segundo Império não sobrevivesse ao colapso militar e nacional, a influência dos anexionistas em círculos de alto nível e controle militar da informação persistiriam.

No final de setembro de 1918, a situação desintegrante no campo de batalha exigiu que Ludendorff propusesse a formação de um governo composto pelos partidos reformistas do *Reichstag*, os progressistas, os social-democratas e os do Centro. Isso solicitaria um armistício que permitiria que o Exército desse uma pausa para se reagrupar para a "luta final" (*Endkampf*), uma revolta popular apocalíptica chefiada por militares no Ocidente, uma evocação da resistência contra Napoleão. Na realização de um renascimento nacional para seguir a catástrofe militar iminente, Ludendorff procurou proteger o Exército da aniquilação de modo que ele poderia ser usado para evitar uma revolução interna no estilo russo que iria destruir o poder dos militares. Ele também esperava extrair condições favoráveis da Entente, não queria uma repetição dos acontecimentos na Rússia. A Alemanha iria manter seus ganhos de Brest-Litovsk, ajustar a fronteira franco-alemã a favor da Alemanha e impor a suserania alemã na Bélgica.[72] Se ele não pudesse ganhar essas concessões, Ludendorff fundamentou, social-democratas, católicos e progressistas assumiriam a desagradável responsabilidade de aceitar a derrota. Em 4 de outubro, o kaiser

---

71. KRAMER, 2007, p. 269-71. Sobre o colapso moral do Exército alemão no Oeste, ver WATSON, 2008, p. 184-231.

72. HULL, 2003, p. 251; Id., 2005, p. 310-1.

MAPA 5. O Leste alemão após o Tratado de Brest-Litovsk, em março de 1918. Ganhos consideráveis da Alemanha Imperial, aos custos da União Soviética, seriam difíceis, mesmo depois de sua derrota em desacreditar nas ambições expansionistas que foram fundamentais para o esforço de guerra alemão.

nomeou um novo chanceler, o príncipe Max von Baden, cuja oposição à guerra submarina irrestrita, o Comando Supremo acreditava, lhe permitiria negociar os termos armistícios favoráveis com o presidente Wilson. Ele assumiu o poder com o apoio de uma coalizão reformista que, em troca de sua participação, exigiu que os ministros fossem extraídos dos principais partidos do *Reichstag*.

No entanto, eventos superaram as intrigas de Ludendorff. O príncipe Max e a maioria do *Reichstag* fizeram seus próprios populares *levée en masse* para defender a integridade do território alemão, na esperança de que as facções de paz nas nações da Entente levariam seus governos a concluir uma paz justa e não anexionista. No entanto, no final de outubro, o príncipe Max foi forçado a propor um armistício com base nos quatorze pontos do presidente americano, e não apenas por causa dos contínuos avanços dos Aliados no Oeste. Indicativo de cansaço de guerra popular generalizado, marinheiros descontentes na cidade portuária do norte de Kiel rebelaram-se contra as ordens de seus oficiais de atacar os ingleses no mar, em uma última batalha desesperada. Sua revolta lançou uma revolução em todo o país, onde trabalhadores e soldados, inspirados pelo modelo soviético, comprometeram o controle do governo sobre os acontecimentos. Depois de um longo debate sobre um plano iniciado pelo Comando Supremo, que teria sido palco da morte heroica do kaiser para salvar a honra do Exército, Guilherme abdicou e fugiu vergonhosamente para a Holanda.

Por sua vez, o príncipe Max entregou a chancelaria do Reich a Friedrich Ebert, o líder maioral socialista. Ironicamente, o governo provisório planejou um levante popular de autodefesa nacional contra o apelo de Ludendorff para um armistício imediato. Embora abortado pela pressão dos acontecimentos, a coalizão governista enfrentou posteriormente uma ofensiva nacionalista radical, que acusou os "marxistas, pacifistas e judeus" de apunhalarem a Alemanha pelas costas.[73] As condições dos Aliados pareciam apenas justificar esse ponto de vista: a Alemanha foi obrigada a retirar seus exércitos do Leste do Reno, repudiar o Tratado de Brest-Litovsk e render a sua frota. Para assegurar a cooperação da Alemanha, o bloqueio aliado permaneceu em vigor.

A capacidade dos militares de moldar a interpretação pela qual o público alemão veria a derrota militar deveu-se à inabilidade da coalizão do centro-esquerda em pressionar por reformas estruturais após a abdicação do kaiser. A oposição dos progressistas e do Centro com a socialização dos meios de produção reforçou a própria relutância da Maioria Socialista em transformar a economia ou a desafiar as lideranças econômicas, militares e burocráticas existentes. Se o kaiser não tivesse abdicado, a Maioria Socialista teria aceitado uma Monarquia Constitucional. Seus líderes, Ebert

---

73. Sobre esse episódio e o descrédito final do kaiser, ver GEYER, 2001, p. 459-527; e KOHLRAUSCH, 2005, p. 302-85.

e Philipp Scheidemann, esperavam que a mudança social fundamental e a socialização da economia iriam evoluir após a instituição de uma democracia liberal, em que os socialistas atrairiam votos suficientes para uma maioria parlamentar. Nesse ínterim, Ebert concluiu um acordo em 10 de novembro com o sucessor de Ludendorff como chefe de gabinete do Comando Supremo, Guilherme Groener, que prometeu que o Exército iria apoiar o novo governo e manter a ordem em troca de proteção do governo do Exército de reformas que degradariam as condições dos oficiais. Vários dias depois, um acordo entre o líder sindical social-democrata Karl Legien e o industrial Hugo Stinnes assegurou o reconhecimento dos sindicatos por parte dos empregadores, a negociação coletiva e a jornada de oito horas em troca do abandono da socialização. Concessões do MSPD, no entanto, dividiram o movimento sindical e deixaram no lugar instituições e líderes com pouca motivação para apoiar o governo, além do medo de uma revolução mais radical. Na verdade, a vontade da Maioria Socialista de garantir o Exército contra a reforma estrutural permitiu a sua utilização como uma força contra a revolução popular, e especialmente a revolta dos espartacistas, que no início de 1919 foram sumariamente esmagados. A Revolução Russa tornou-se um conto preventivo para a nova coalizão, que temia a possibilidade de sucumbirem a um golpe no estilo bolchevique, como a República Russa. A maioria socialista, principalmente, preferiu uma mudança ordenada, sob a liderança do partido para um conselho espontâneo e de difícil controle dos trabalhadores e de soldados que brotaram em novembro de 1918 após o motim em Kiel.

A aversão do governo provisório à revolução implicava ainda outra consequência. As ambições expansionistas que eram tão centrais à condução da guerra da Alemanha não seriam desacreditadas apesar da derrota e do cansaço popular em relação à guerra. Antes da Convenção Constitucional, em fevereiro de 1919, Ebert se queixou de que as negociações de paz em Paris haviam abandonado os Catorze Pontos de Wilson. A Alemanha, segundo ele, estava sendo forçada a ceder territórios que ocupava, e as propostas econômicas de pacificadores professavam um pouco mais de "escravidão".[74] Além disso, milhares de soldados deixados de lado pelo armistício encontraram um novo propósito na "zona destruída" do pós-guerra que foi a Europa Oriental. Liderados por seus oficiais a quem declaravam a sua única fidelidade, ex-soldados uniram-se em unidades paramilitares conhe-

---

74. WIETZ, 2007, p. 32.

cidas como *Freikorps* e se tornaram pistoleiros inspirando-se nos piratas (*freebooters*) da Guerra dos Trinta Anos. Além de dar uma ocupação aos ex-soldados após o colapso do Segundo Império, a *Freikorps* tornou-se uma tropa de choque antimarxista dentro e fora do país. Internamente, o ministro da Defesa da Maioria Socialista, Gustav Noske, autorizou a formação de unidades paramilitares em 4 de janeiro de 1919, para auxiliar o Exército a sufocar os espartacistas e matar seus líderes, Karl Liebknecht e Rosa Luxembourg. No Oriente, unidades da *Freikorps*, muitas vezes organizadas pelos alemães do Báltico, que Ludendorff havia colocado como chefes de administrações locais durante os meses finais da guerra, assumiram armas contra o Exército Vermelho, que, após a renúncia do Governo Provisório alemão de Brest-Litovsk, foi para o Ocidente a fim de recuperar os territórios russos perdidos. Derramando sangue desenfreadamente, homens da *Freikorps* adotaram identidades múltiplas. Imaginavam-se de várias formas como os cruzados na "Marcha para o Leste" (*Drang nach Osten*), tradição dos Cavaleiros Teutônicos, ou como colonizadores semelhantes aos colonos europeus que dominaram o "Oeste selvagem" e a África. Ao atuar fora do drama do nacionalismo alemão, eles se imaginaram como os últimos heróis do baluarte contra a "inundação" bolchevique e certa aniquilação. Se eles tivessem tido sucesso em destruir os seus inimigos, os piratas iriam colher sua recompensa, uma enorme extensão sem fronteiras abertas a eles para a conquista e colonização.[75]

Noske, um membro da ala imperialista do Partido Social-Democrata que atingiu a maioridade na década antes da guerra, cresceu decididamente inconfortável com o violento e grosseiro colonialismo das unidades da *Freikorps* no Báltico, que em sua opinião exageraram a sua missão defensiva que lhes foi atribuída.[76] No entanto, os interesses da Alemanha e da Entente convergiram no desejo de bloquear a expansão do bolchevismo para o Oeste. Incapaz de deter a invasão dos "vermelhos", a Entente subscreveu materialmente a independência dos movimentos no Báltico e olhou para o outro lado enquanto a *Freikorps* explorava os termos do acordo de armistício, o que permitiu que as tropas alemãs permanecessem no Oriente como um antibaluarte soviético. Por sua vez, o Governo Provisório viu a

---

75. LIULEVICIUS, 2000, p. 227-46. Sobre a obsessão da *Freikorps*, foi pioneira a obra de Klaus Theweleit, *Männerphantasien*, v. 1, *Frauen, fluten, körper, geschichte*, e v. 2, *Männerkörper: Zur psychoanalyse des weissen terrors* (1977, 1979). A tradução em inglês é *Male Fantasies*, v. 1, *Women, Floods, Bodies, History*, e v. 2, *Male Bodies: Psychoanalyzing White Terror* (1987, 1989).

76. Ver a biografia de NOSKE, 1920, p. 175-85.

Freikorps como uma moeda de troca útil na paz em curso nas negociações em Paris.[77] Só o sucesso dos exércitos da Lituânia e da Letônia em repelir o avanço da *Freikorps* ao território da Prússia, depois de ter contribuído ao impedirem o avanço bolchevique, causou a desmobilização da *Freikorps*. Mesmo a assinatura do Tratado de Versalhes, em junho de 1919, não propiciou uma conclusão de suas aventuras orientais. Os legados do *Ober Ost*, de Brest-Litovsk e da *Freikorps*, que alimentavam diretamente o golpe de Estado do início da República de Weimar, manteriam vivas a demanda dos anexionistas do *Lebensraum* no Oriente.

A República de Weimar foi formalmente criada em junho de 1919 como uma democracia liberal, com a liberdade civil constitucionalmente protegida, direitos iguais de voto para todos os seus cidadãos, a igualdade entre homens e mulheres e a responsabilidade ministerial para o *Reichstag*. Sua constituição estipulou extensas provisões sociais de bem-estar como direitos, sem dúvida, as mais progressistas da Europa.[78] No entanto, sua coalizão de governo foi selada com um duplo dilema: o entrincheiramento de grande parte da liderança de Guilherme e um tratado que ratificou o término do Segundo Império e sua substituição por uma nação republicana territorialmente truncada.[79] Assinado sob pressão durante o mesmo mês em que a República nasceu, o Tratado de Versalhes foi uma catástrofe para a maioria dos alemães, não só para os nacionalistas radicais. Ele tirou da Alemanha 10% da sua população e 13% de seu território, incluindo a Alsácia e a Lorena, Schleswig do Norte, Memel, Posen, grande parte da Prússia Ocidental e a Alta Silésia.[80] O Sarre foi colocado sob um mandato de quinze anos, enquanto o porto báltico de Danzig, com sua população predominantemente alemã, tornou-se uma "cidade livre" sob a supervisão da Liga das Nações, cercada pelo novo Estado polonês. A Renânia foi desmilitarizada. Embora os ajustes territoriais de Versalhes tenham perdido importância em comparação a Brest-Litovsk e mantido o núcleo do Reich bismarckiano intacto, a descolonização forçada de grande parte do território prussiano e a perda da Alsácia sobre Lorena implicaram na negação diplomática da longa história de pré-unificação da Prússia como uma potência colonial.

---

77. Sobre as contribuições do antibolchevismo para o acordo de paz no pós-guerra, é indispensável a obra de MAYER, 1967, ver especialmente p. 284-343.

78. Ver WEITZ, 2007, p. 32-3.

79. THER, 2004, p. 145.

80. STRACHAN, 2003, p. 353.

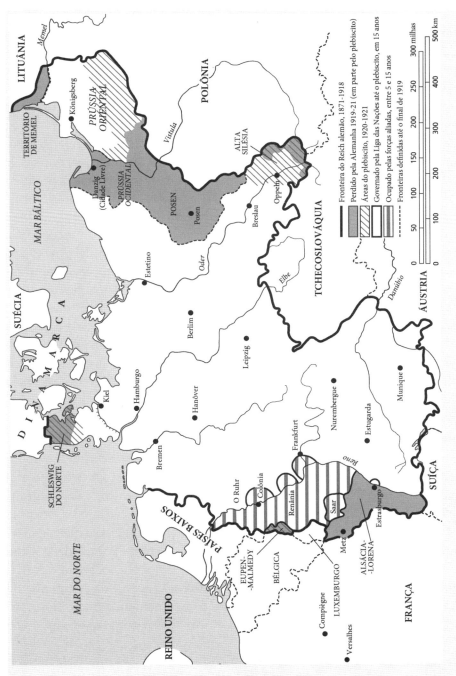

MAPA 6. A Alemanha após o Tratado de Versalhes. Para a maioria dos alemães, o acordo em Versalhes, ou a "paz imposta", representou a subjugação colonial de seu país pela Entente.

126 | IMPÉRIO NAZISTA

Para adicionar essas indignidades, o tratado reduziu drasticamente o tamanho do Exército alemão, renomeado como *Reichswehr,* para uma força defensiva de 125 mil homens com um corpo de 2.500 oficiais. Para evitar a perda de seus navios para os britânicos, o almirantado alemão afundou parte de sua Marinha no Scapa Flow, na costa da Escócia. Apesar da desintegração do Império Austro-Húngaro, o desejo da Assembleia Nacional da Áustria em Viena de se unir com a Alemanha, bem como o do governo de Weimar de fundir as duas nações, não deu em nada. Recusando-se a acatar o argumento de que a anexação da Áustria oficializaria a República ao enraizá-la ao passado da Alemanha pré-1871,[81] os Aliados opuseram-se a isso, porque a Alemanha ampliada ameaçaria a França. Além da cessão do território prussiano, o artigo 32 do tratado tirou a Alemanha de suas colônias ultramarinas, o que as colocou sob mandatos da Entente. De acordo com os vencedores, a conduta "incivilizada" da Alemanha como uma potência colonial privou-a da autoridade moral que definia uma nação "civilizada". Nem plenamente soberana, nem mesmo "europeia" aos olhos da Entente, a Alemanha tornou-se aos olhos de muitos alemães não mais do que uma colônia de vencedores. A cláusula do tratado chamada "culpa de guerra", que forneceu a base legal para forçar a Alemanha a pagar reparações, foi apenas a última de uma série de humilhações que a removeu do posto de grandes potências. Mesmo o gabinete de Weimar tendo reconhecido o papel do governo imperial no início da guerra com base na sua análise de documentos do gabinete no exterior, Ebert e Scheidemann mantiveram suas reservas privadas para não se indispor com o Exército, o serviço público, e a opinião da classe média.[82]

O choque dos termos de paz resultou de mais do que censura, embora tenha escondido da visão popular a extensão do colapso do Exército alemão na Frente Ocidental e a fraqueza de seus aliados no Leste e sudeste. Sem dúvida, a ingenuidade da delegação alemã em relação a Paris, liderada pelo conde Ulrich von Brockdorff-Rantzau, a qual acreditava que ele fosse concordar com os termos consistentes com os Catorze Pontos de Wilson, contribuiu com a sua parte para a indignação do público alemão.[83] A maneira pela qual Versalhes contradisse o aparente sucesso da Alemanha na realização dos seus projetos imperialistas provou ser ainda mais importante. A adoração do público a Paul von Lettow-Vorbeck, que com o apoio da

---

81. GERWARTH, 2005, p. 35.

82. KLOTZ, 1999, p. 57-9; KNOX, 2007, p. 235-6.

83. Ver MACMILLAN, 2001, p. 460-67.

IMAGEM 5. General Paul von Lettow-Vorbeck levando suas tropas ao desfile para celebrar o seu regresso ao país. Semelhante ao "triunfo" em Brest-Litovsk, as forças de proteção da África Oriental aparentemente não abatidas, sob o comando de Lettow-Vorbeck, sustentaram o mito de uma Alemanha militarmente invicta.

administração colonial alemã na África Oriental e de nativos Askaris levou a guerra contra os britânicos, sul-africanos, franceses, belgas e portugueses no Quênia, manteve viva a visão de colônias africanas após a rendição hostil e relutante de Lettow-Vorbeck duas semanas após o armistício. Sancionado pelo governo provisório, Lettow-Vorbeck recebeu um desfile triunfal pelo Portão de Brandemburgo, em Berlim, em março de 1919. Ao desafiar a acusação da Entente de uma Alemanha "incivilizada", ele personificou o corajoso e inflexível herói masculino cujos dons intrínsecos de liderança heroica ganharam a lealdade de seus soldados africanos.[84] O repúdio do Governo Provisório com a bonança da Alemanha, o Tratado de Brest-Litovsk, não havia feito nada para desencorajar comandantes alemães no Oriente quanto a seguir os seus sonhos de colonização, especialmente porque a prioridade do governo, derrotando o bolchevismo, tinha preferência sobre a renúncia do colonialismo. Após o seu regresso do Báltico, as unidades da *Freikorps*, aparentemente disciplinadas, à primeira vista sustentavam o mito dos homens alemães invictos traídos por marxistas, judeus e "inimi-

84. VAN LAAK, 2004, p. 197; MASS, 2006, p. 34-9.

gos" internos pacifistas.[85] Toleradas por um tempo pelo Entente como um baluarte contra a marcha para o Oeste dos exércitos de Lênin, a missão da *Freikorps*, ao mesmo tempo antibolchevique e imperialista, seria manter as ambições coloniais continentais vivas sob a República de Weimar.

A contradição entre as "vitórias" aparentemente conquistadas no campo de batalha e o humilhante tratado de paz da Entente tiveram forte impacto devido à ocupação francesa da Renânia. A implantação de cerca de 40 mil soldados franceses, que incluía tropas coloniais francesas do Magrebe, da África Ocidental Francesa, de Madagascar e de outras do sudeste da Ásia, surgiu para derrubar a hierarquia "normal" dos europeus sobre os indígenas colonizados. Já um problema durante a guerra, quando os britânicos e franceses jogaram tropas coloniais contra as linhas alemãs, o que confirmou a superioridade da Alemanha sobre o Oeste aos olhos dos intelectuais alemães,[86] a presença de "bestas subumanas" em solo alemão significou a degradação hedionda da cultura alemã. Embora a incidência de agressões sexuais contra mulheres alemãs geralmente envolvessem soldados brancos, o pavor do contato sexual entre as tropas coloniais francesas e mulheres alemãs levantou a iminência da contaminação racial, infectando o coração da família e da nação alemãs, contaminação que transbordou os diques do *apartheid*, reforçando a política colonial da Alemanha.[87] A imprensa alemã descreveu o "horror negro no Reno", como sendo responsável por ter desencadeado as "hordas bárbaras" e "selvagens" na população alemã, em que as mulheres alemãs apareciam alternativamente como vítimas de estupro ou de instigadores perigosos de degeneração sexual. O clamor não se limitou à imprensa, também surgiu a partir de grupos de mulheres que se estendiam de social-democratas até a extrema Direita. Enquanto os grupos conspiratórios dos cidadãos espionavam seus vizinhos para monitorar violações da "honra" alemã, gangues de jovens abordavam mulheres suspeitas de flertes sexuais, rasgando suas roupas, cortando seus cabelos e desfilando-as pelas ruas para submetê-las ao escárnio público. Os limites raciais foram transgredidos ou, mais precisamente, a percepção deles uniu o pessoal ao político. A subjugação da Entente enfraqueceu os homens alemães, tornando-os incapazes de proteger e defender suas mulheres e sua nação. Para a extrema Direita, a situação representava nada menos que a "judaização"

---

85. LIULEVICIUS, 2000, p. 243.

86. JELAVICH, 1999, p. 45-6.

87. Ver FITZPATRICK, 2008, p. 477-503; e POLEY, 2005, p. 151-247.

IMAGEM 6. "O horror negro" (1918/1933). A mulher, vítima aterrorizada, e o atacante negro aparecendo neste cartaz que descreve a ocupação francesa da Renânia sintetizaram a subjugação colonial da Entente Alemã e a "contaminação" racial alegada dele decorrente.

(*Verjüdung*) da Alemanha. "Uma revolução judaico-marxista" capitulou os inimigos estrangeiros, que agora ameaçavam a integridade racial da nação, misturando raças.[88]

---

88. CAMPT; GROSSE; FARIA, 1998, p. 208-14; WILDT, 2007, p. 256-7; LEBZELTER, 1985, p. 37-58; MASS, 2006, p. 76-120 e 198-9.

130 | IMPÉRIO NAZISTA

Apesar do nascimento turbulento da República de Weimar, as visões de um Império Alemão revivido e ampliado, ancorado na experiência de guerra global e nas políticas de ocupação da Entente, tinham poucas chances de serem promulgadas. Como a mais radical delas propôs um espaço vital alemão racialmente purificado no continente europeu, essas visões não podiam nem ser alcançadas sem guerra nem dentro dos termos da paz do pós-guerra, desde que a Entente impusesse isso a eles, e os pragmáticos de Weimar seguissem as regras para revisá-los. Em suma, o colapso da República de Weimar e o surgimento do radicalmente imperialista Partido Nacional-Socialista não foram predeterminados. Havia a possibilidade de que a Alemanha fosse evitar o caminho do Império Otomano e mais tarde a Turquia, onde o genocídio durante a guerra e as enormes transferências de população no pós-guerra de turcos e gregos substituiriam noções mais tradicionais de dominação imperial construídas sobre a diversidade religiosa e a étnica dos povos.[89] No entanto, a fragilidade dos estados sucessores do pós-guerra no Leste e sudeste da Europa, que transformaram alemães étnicos em minorias, a economia mundial instável, que atingiria profundamente a Alemanha, e a decadente ameaça de intervenção da Entente incentivariam o surgimento de um movimento empenhado em atacar o sistema estatal europeu e colocar no lugar uma nova ordem racial.

---

89. Sobre a importância da predefinição do Tratado de Lausanne, em 1923, em que os Aliados reconheceram a soberania da República da Turquia e revogaram o tratado de paz com o Império Otomano, ver LENINGER, 2006, p. 9-10; e WEITZ, 2008, p. 1.313-43, e especialmente, p. 1.333-8.

capítulo 3

DE COLONIZADOR A "COLONIZADO": A REPÚBLICA DE WEIMAR, 1918-1933

O rebaixamento da Alemanha de grande potência com aspirações globais a uma República selada pela derrota e pela descolonização sustenta a instabilidade dos primeiros anos da República de Weimar. Em 13 de março de 1920, Walther von Lüttwitz, general do *Reichswehr* a serviço do Ministério da Defesa, e Wolfgang Kapp, um proprietário de terras prussiano, oficial do Estado e cofundador do Partido da Pátria, anexionista, lançaram uma tentativa de golpe (*putsch*) contra o governo de Weimar. Enfurecidos pela dissolução formal do *Freikorps*, a qual havia sido ordenada relutantemente pelo ministro da Defesa social-democrata Gustav Noske sob pressão da Entente, Kapp e Lüttwitz recorreram a um diversificado grupo de rebeldes para pôr em prática seus intentos. Entre eles estavam combatentes bálticos revoltados, agora alojados nas colônias militares nas províncias na Prússia Oriental, cujo apoio financeiro vinha de simpatizantes, tanto da indústria pesada e das grandes propriedades agrícolas quanto de elementos dissidentes do serviço público e militar. O general Erich Ludendorff, que ajudara a selar a Coalizão de Weimar com o opróbrio da derrota, contribuiu significativamente com o planejamento do golpe. Tivessem os conspiradores êxito, ele se tornaria ministro da Defesa. Além dos motins contra a "paz imposta" pela Entente e contra a República que havia sucumbido a ela, os putschistas buscavam restaurar o constitucionalismo autoritário do Reich de Bismarck, ainda que permanecessem divididos quanto a quem assumiria o governo após o golpe.[1]

---

1. Ver a introdução de KÖNNEMANN; SCHULZE, 2002, p. xvii, e a extensa documentação que se segue.

A princípio, o governo de Weimar pareceu não ter forças para resistir à contrarrevolução. Quando o enigmático chefe de Estado do *Reichswehr,* Hans von Seeckt, recusou-se a disparar contra os soldados que estavam do lado dos putschistas, o governo recuou primeiro a Dresden, há tempos um reduto social-democrático, e depois a Stuttgart. Como resultado, a brigada *Freikorps* de Hermann Ehrhardt, acompanhada por Ludendorff, pôde ocupar Berlim em segurança quando Kapp assim ordenou. Entretanto, o revés provou-se temporário, e o também diversificado eleitorado convergiu para salvar a República. Manifestações em massa da classe trabalhadora e resistência armada, uma greve geral invocada pelos sindicatos Socialista e Cristão (este último livremente filiado ao Centro), a recusa de oficiais não comissionados e de suas tropas em incontáveis guarnições ao seguir seus superiores leais a Kapp e a ameaça de uma intervenção francesa a Oeste puxaram o tapete do *putsch.* Despertando novamente os temores de uma revolução popular que forçara os remanescentes do Governo Imperial a dissolver a Monarquia em primeiro lugar, os protestos contra o golpe persuadiram a maior parte da burocracia ministerial, o Banco Central do Reich e, especialmente, o Exército, a se opor aos conspiradores.[2] Diferentemente da fascista Marcha sobre Roma dois anos mais tarde, quando as classes média e alta italianas se uniram a Mussolini, colocando-o como a única garantia efetiva de seus interesses face à crise econômica e ao conflito na gestão do trabalho, a relativa força da Esquerda, a divisão tática entre os contrarrevolucionários e a ameaça de intervenção estrangeira evitaram a imposição de um regime nacionalista e imperialista radical na Alemanha.[3]

Ambições imperialistas frustradas no Oriente, levadas à tona pelo *putsch* de Kapp, intensificaram a pressão sobre a coalizão de Weimar para conter a revolução no país e resistir à propagação do Bolchevismo a Oeste. Apesar de inepto, o *putsch* de Kapp não teria, em absoluto, acontecido caso a coalizão de Weimar não tivesse implementado a *Freikorps* contra os espartacistas e assembleias de trabalhadores e soldados, e contra o Exército Vermelho nos Bálcãs. Com o apoio tácito de Noske, uma coalizão de contrarrevolucionários russos, conhecidos como "brancos", alemães bálticos e unidades da *Freikorps* lutando em nome da bandeira imperial russa e sob liderança do autointitulado aventureiro Pavel Bermondt-Avalov, atacou Riga no ou-

---

2. MOMMSEN, 1996, p. 81-4; GEYER, 1984, p. 129. Como KÖNNEMANN; SCHULZE, 2002, p. ix, apontam, o *putsch* teria êxito se não houvesse encontrado resistência popular.

3. Para um argumento similar a respeito da significância da ameaça de intervenção estrangeira, ver KNOX, 2007, p. 399.

tono de 1919. Ao buscar o sonho de restaurar regimes nacionalistas conservadores na Alemanha e na Rússia, os contrarrevolucionários sucumbiram à resistência letã e lituana e ao bombardeio aéreo britânico. A prisão das forças de Bermondt, que privaram Kapp de mão de obra adicional, afetou o êxito do *putsch*. Ironicamente, apesar do fracasso dos exércitos soviéticos em retomar terras perdidas em Brest-Litovsk, a perspectiva de uma restauração russo-germânica conjunta morreu junto à campanha de Berdmondt. Embora enredado em uma guerra civil interna e isolado internacionalmente, o governo de Lênin sobreviveu devido às divisões entre seus adversários contrarrevolucionários e a sua própria eficácia militar. Todavia, na Alemanha, os putschistas de Kapp e seus aliados deixariam duráveis e venenosos legados. Desencadeando uma orgia de violência contra civis indefesos após o desastre de Bermondt, veteranos da *Freikorps*, enraivecidos por seu fracasso em conquistar a terra a eles prometida, mantiveram vivas imagens de vastos espaços para a colonização alemã e puseram em prática a política de violência que, ainda que em escala limitada, caracterizaria Weimar em tempos de crise.[4]

Em casa, os contrarrevolucionários difundiram seu ódio à República por meio da brutalidade e da propaganda, que incluía a disseminação do infame e antissemita documento forjado *Os Protocolos dos Sábios de Sião*. Esse documento, atado ao imaginário conspiratório dos reacionários russos antes da Primeira Guerra, revelava o plano secreto dos rabinos sionistas para assegurar a dominação mundial promovendo conflitos sociais e revoluções. Após a guerra, a narrativa conspiratória dos *Protocolos* foi vista por um grande público como uma convincente explicação para a convulsão social, a instabilidade econômica e a catastrófica dissolução do Segundo Império. O folheto apareceu em 33 edições alemãs só em 1933.[5] Apesar do fracasso dos putschistas de Kapp em manter o controle do governo nacional em Berlim, tiveram êxito em erigir o governo do Estado da Baviera, derrubando o primeiro-ministro Johannes Hoffmann. Um novo regime, sob liderança do monarquista Gustav von Kahr, permitiu o florescimento do radicalismo contrarrevolucionário e do antissemitismo, possibilitando o aparecimento de novos movimentos políticos, inclusive o nacional-socialismo.

As eleições do *Reichstag* em junho de 1920, as primeiras desde que a Constituição de Weimar entrara em vigor, expôs a fragilidade da coalizão de

---

4. KELLOGG, 2005, p. 78-108; ver LIULEVICIUS, 2000, p. 227-46; EKSTEINS, 1999, p. 76-80.

5. FRIEDLANDER, 1997, p. 94.

centro-esquerda, apesar de essa ter sobrevivido ao episódio de Kapp. Havendo triunfado em janeiro de 1919 com 75% dos votos para a assembleia que criaria uma nova constituição, a Coalizão de Weimar, composta por social-democratas, pelos progressistas reconstituídos, conhecidos agora como Partido Democrata (DDP), e pelo Centro, caiu para combinados 48% dos votos. Os partidos de oposição à República progrediram significativamente. Os comunistas, unidos aos social-democratas independentes, ocuparam 88 cadeiras. Na Direita, o Partido Popular Nacional Alemão (DNVP), o sucessor pós-guerra dos partidos Conservador e Conservador Livre, aumentou seu número de 44 cadeiras em 1919 para 77 em 1920. Além do antissocialismo visceral que jazia sob a superfície dos partidos Democrático e do Centro, o que levou os votos da classe média à direita, a humilhação de Versalhes selou a coalizão de Weimar com a aura da derrota e com a aparente colonização por estrangeiros, da qual ela nunca se recuperou.[6] Embora o "sistema Weimar", como os opositores à República o chamavam, tenha sobrevivido até 1933, quando os nazistas desmantelaram-no, apoiados por seus aliados conservadores, a nociva mistura de graves problemas econômicos, conflito social, nacionalismo excludente e ambição não retribuída por poder mostrariam-se de difícil extinção mesmo no melhor dos tempos.

Colonização e confronto:
VIOLÊNCIA POLÍTICA E CRISE ECONÔMICA

A desgastada economia de Weimar, à qual os pagamentos de reparação contribuíram apenas parcialmente, permitiu que os alemães atribuíssem a fraqueza econômica ao que eles compreendiam como a subjugação colonial da Entente. Em contraste à estabilidade de preços e às altas taxas de crescimento anual do *Kaiserreich*, especialmente durante a década anterior à Primeira Guerra Mundial, a República lutou com as consequências da guerra perdida e com a instauração da paz.[7]

No momento em que as garantias constitucionais no novo sistema político expandiram as oportunidades de expressão política, essas mesmas oportunidades dificultaram a manutenção da legitimidade da República. Vindo a existir como resultado da fadiga da Guerra, do colapso militar e

---

6. Sobre as eleições e seu significado, ver JONES, 1988, p. 67-80.

7. FERGUSON, 2001, p. 38.

da frustração popular com a inabilidade do governo imperial em suprir as necessidades materiais mais básicas, a República de Weimar receberia pouca liberdade por parte de um público mobilizado e expectante. Ela teve de amortecer, também, as consequências da perda de territórios periféricos do Reich, particularmente de importantes regiões industriais como Lorena e, por fim, o terço oriental da Alta Silésia. O Sarre, sob administração da Liga das Nações por quinze anos, estava atado por dois lados. Apesar de os oficiais franceses terem tomado conta das minas alemãs, eles se recusavam a pagar benefícios aos acidentados, pensões e a sustentar veteranos e viúvas de guerra, o que ficou por responsabilidade do governo de Weimar.[8] Além disso, a República lidou com o declínio acentuado nas produções industrial e agrícola que teve início durante a guerra, assim como com o rompimento de redes de relações comerciais por causa da perda de territórios que eram parte da Alemanha.

A inflação, cujas origens repousam no alto endividamento ao qual se submeteu o governo imperial para lutar na guerra, foi mais um dos encargos. Apenas em 1915 os preços subiram mais do que em todos os 45 anos anteriores juntos, e, ao final de 1918, o Reichsmark, a moeda corrente, havia perdido três quartos do seu valor em 1913.[9] A derrota militar acabou com os meios pelos quais a Alemanha confidencialmente pretendia pagar suas dívidas: a exploração de territórios conquistados e as reparações impostas a seus inimigos vencidos. Apesar de, sem dúvida, ter ajudado a criar pleno emprego, a inflação saiu de controle entre os anos 1920 e 1923. Conscientes de sua tênue legitimidade, os governos de Weimar recusaram-se a elevar taxas para financiar os pagamentos de reparações e elevaram os salários dos servidores públicos. Os custos das pensões para veteranos inválidos e dependentes viúvas e órfãos de soldados falecidos aumentaram rapidamente, assim como os incentivos fiscais a empregadores que contratassem soldados desmobilizados.[10] Em janeiro de 1923, tropas francesas e belgas ocuparam Ruhr, principal distrito industrial da Alemanha, para confiscar carvão, suspeitando que o governo de Weimar estava deliberadamente destruindo o valor de sua moeda corrente para se esquivar de suas obrigações. Como resposta ao apelo de Berlim contra a cooperação com a ocupação, a resistência passiva tomou vida própria, unindo alemães de diversas classes,

---

8. BLACKBOURN, 1995, p. 332-3.
9. BESSEL, 1993, p. 31.
10. Sobre inflação, o trabalho definitivo é de FELDMAN, 1997.

envolvendo até mesmo 50 mil mineiros poloneses. A contínua inflação e as contramedidas punitivas dos ocupantes, que incluíam apreensões de folhas de pagamento e barreiras alfandegárias que bloqueavam a importação de alimentos dos campos ao redor, tiveram impacto na queda dos salários reais, na crescente desnutrição e na própria solidariedade antifrancesa. Em setembro de 1923, a resistência passiva entrou em colapso, e não apenas porque o governo central reconheceu que a espiral inflacionária tornava sua posição insustentável. Sua adesão às demandas dos empregadores de aumentar a jornada de trabalho desmoralizou os trabalhadores de Ruhr, que haviam sido parte da resistência em defesa da República.[11]

Em dezembro de 1923, a taxa de câmbio oficial disparou para 4,2 trilhões de marcos para 1 dólar americano. O acordo de estabilização entre o governo de Weimar e a Comissão de Reparação da Entente, conhecido como Plano Dawes por causa do banqueiro americano responsável pelo trato, pôs fim à hiperinflação ao vincular a moeda alemã ao ouro e renegociar os pagamentos de reparações de acordo com uma nova escala. Em contrapartida, França e Bélgica retiraram suas tropas, privando os franceses da Renânia independente do Estado tampão que haviam almejado. Não obstante, a hiperinflação deixou seus efeitos desmoralizantes. Ela teve um impacto prejudicial sobre lojistas e artesãos, além de minar os meios de subsistência e o capital cultural dos trabalhadores assalariados e profissionais que não conseguiam se manter com a desvalorização da moeda. Destruiu as modestas economias dos aposentados e de outros com renda fixa. Ao punir credores e premiar devedores, sejam de altos ou baixos valores, a inflação erigiu a economia moral dos empréstimos. Isso possibilitou os que tinham estômago para apostas, como o industrial Hugo Stinnes, a adquirir vastas fortunas enquanto causavam estragos dentro da anteriormente sólida e respeitável classe média. O dinheiro perdeu seu valor como meio de troca e como expressão previsível da interação social, tornando-se um instrumento de especulação para aqueles que lucravam, aparentemente, sem esforços.[12] Sentimentos de impotência e dolorosas percepções da desintegração social eram palpáveis. Os zeros que sempre se multiplicavam, como colocado pelo *Berliner Illustrirte Zeitung*, forçaram os alemães a investir enorme energia em compras cotidianas antes que o valor de seus recursos declinasse mais

---

11. FISCHER, 2003, p. 49-219.

12. Sobre o impacto cultural da inflação, que está presente em revisões recentes sobre a questão do impacto negativo da inflação, ver WITTIG, 2001; GEYER, 1998, especialmente p. 319-28.

IMAGEM 7. Fila de consumidores em frente a uma mercearia em Berlim, 1923. Filas de consumidores ansiosos para comprar as necessidades básicas antes que o valor da moeda diminuísse ainda mais eram comuns durante a hiperinflação que acompanhou a ocupação de Ruhr. Para muitos alemães, elas eram as consequências de uma paz injusta e da fraqueza da República de Weimar.

ainda. "Não há muito a acrescentar. Isso tritura diariamente os nervos: a insanidade dos números, o futuro incerto, o hoje e o amanhã tornam-se duvidosos novamente durante a noite. Uma epidemia do medo, necessidade despida: as filas dos clientes, há tempos uma visão inusitada, mais uma vez formam-se em frente às lojas, primeiro na frente de uma, e então na frente de todas. Nenhuma doença é tão contagiosa quanto esta."[13]

Além disso, a repentina deflação que resultou da introdução de um novo e mais seguro marco trouxe impostos e taxas de juros mais altos a muitos a quem inflação havia beneficiado. O impacto na agricultura era especialmente nítido, e o custo de empréstimo mais elevado e a necessidade pagar impostos na moeda corrente corroíam a liquidez dos fazendeiros. A deflação incentivou os empregadores a cortar gastos e impor outras eficiências sob a rubrica da "racionalização". A crescente concentração de indústrias, por sua vez, contribuiu no aumento do desemprego estrutural, que atingiu mais duramente os jovens trabalhadores. A jornada de oito horas por

---

13. GRONER, 1995, p. 63.

dia, que os trabalhadores industriais ganharam em 1918 como provisão do acordo de Stinnes-Legien, era agora coisa do passado. Tão logo chegou o fim de 1923, mais de um quarto de todos os sindicalistas estavam sem emprego.[14] Na realidade, a economia de Weimar não era pior do que a do restante das nações europeias no período pós-guerra. Ao contrário, era um tanto mais forte, apesar de suas perdas territoriais, porque poucas batalhas haviam ocorrido em solo alemão. Os governos de Weimar evitaram pagar a maior parte das reparações que ostensivamente deviam.[15] Apesar das queixas alemãs sobre sua subjugação colonial em relação aos vencedores, nem a burocracia de Weimar nem seu sistema político foram impostos por agentes externos, e o *status* legal da cidadania alemã não estava comprometido. Ainda, na perspectiva de muitos alemães, a explicação para as dificuldades econômicas podia ser reduzida a uma única e totalmente abrangente causa: as punições territoriais e as exações fiscais da Entente, e a covarde redenção do "sistema Weimar" a elas. Embora continuasse um "império" pelo nome (a República permanecera com o nome "Reich Alemão"), a Alemanha havia perdido suas possessões coloniais ultramarinas e continentais. Uma classe de compradores marxistas, liberais, pacifistas, e, especialmente, judeus que haviam feito o jogo dos "colonizadores" e que projetaram e lucraram com a catástrofe de 1918, estava agora no poder.

O nacionalismo ferido, o imperialismo frustrado e a crise econômica polarizaram o clima político e aguçaram a propensão à violência extraparlamentar. Batalhas campais ocorreram entre unidades da *Freikorps* e a Esquerda durante e depois do *putsch* de Kapp, enquanto cada lado lutava pelo controle de cidades industriais. Associações de veteranos nacionalistas, sendo "os capacetes de aço" (*Stahlhelm*) a maior, com 300 mil membros, articularam o repulsivo antirrepublicanismo e o antissemitismo de ex-soldados, enquanto criavam conspiratórias "ligas de combate" para lutar contra oponentes políticos. Embora com menor alcance que as horríveis batalhas entre revolucionários e contrarrevolucionários na Hungria na região dos Bálcãs, a violência política que havia sido incomum antes da Primeira Gerra Mundial tornou-se rotina mais tarde.[16] Grupos conspiratórios de Direita tinham como alvo o assassinato de figuras políticas de destaque, notavelmente aquelas que eram associadas mais intimamente à "humilhação" da

---

14. BESSEL, 1993, p. 164.

15. BERGEN, 2009, p. 45.

16. Sobre a contrarrevolução transnacional, ver GERWATH, 2008, p. 175-209.

DE COLONIZADOR A "COLONIZADO" | 139

Alemanha. A primeira vítima a cair foi Matthias Erzberger, ministro de Finanças, líder do partido de Centro, e imperialista no pré-guerra. Em agosto de 1921, o sombrio grupo terrorista "Operação Consul" assassinou Erzberger porque esse advogara uma solução negociada à guerra e assinara o armistício em novembro de 1918. Como apoiaram a independência lituana no último ano da guerra como líder do partido de Centro no *Reichstag*, os administradores de *Ober Ost* ressentiram-se por Erzberger haver desafiado os planos de criação de protetorados alemães e de terras para assentamentos de alemães.[17]

Além disso, a proliferação de unidades de Direita de "defesa" nas fronteiras ocidentais redefinidas na Alemanha, que contava com a proteção clandestina do *Reichswehr*, personificava a mais profunda hostilidade contra a recém-independente Polônia. A disputa mais controversa ocorreu na Alta Silésia, dividida em 1921 depois de um plebiscito acompanhado por um conflito polarizador e sangrento entre nacionalistas poloneses e unidades da *Freikorps* comissionadas pelo governo de Weimar.[18] Como a *Freikorps*, as forças de "proteção da fronteira" atraíram um grande número de homens nascidos entre 1900 e 1910, os quais eram jovens demais para terem lutado na guerra mas velhos o bastante para terem absorvido os valores marciais, o imaginário imperial e a hostilidade dos mais idosos em relação aos "criminosos de novembro" –, marxistas, judeus e pacifistas que apunhalaram a Alemanha pelas costas.[19] Alemães dos Bálcãs e emigrantes russos brancos continuaram suas atividades contrarrevolucionárias associando-se ao ex-putschista Hermann Ehrhardt. Em junho de 1922, a Organização C de Ehrhardt assassinou o ministro do Exterior Walter Rathenau em plena luz do dia. Dois meses antes, as negociações de Rathenau com a União Soviética resultaram no Tratado de Rapallo, o qual, além de normalizar relações entre a República de Weimar e o governo soviético, renunciou às reivindicações territoriais e financeiras de cada um dos signatários. O judaísmo de Rathenau, já uma questão para nacionalistas radicais e antissemitas durante a guerra, transformou-se na explicação para suas ações e na justificativa para seu assassinato. O ministro do Exterior, dizia a Direita, estava impondo o bolchevismo na Alemanha. Semelhante em suas posições, em resposta ao assassinato de Erzberger, "respeitáveis" círculos

---

17. LIULEVICIUS, 2000, p. 201 e 209-10.

18. BJORK, 2008, p. 255-8.

19. WILDT, 2002, p. 53-60.

da Direita que evitavam a violência contrarrevolucionária não mantiveram em segredo sua simpatia pelos assassinos.[20]

Ataques paramilitares iam além daqueles contra líderes políticos, como Rathenau, ou contra esquerdistas proeminentes, como Rosa Luxemburgo, assassinada em Berlim em 1919 por unidades da *Freikorps*, e líderes da breve República de Munique, como Kurt Eisner e Gustav Landauer. Coletivamente, os judeus tornaram-se alvos dos ataques organizados, tanto polêmicos como violentos, que, em contraste à Alemanha Imperial, haviam crescido rapidamente como um fenômeno maciço que não evaporou após a estabilização. Uma vez que o número de judeus havia disparado, resultado da decisão tomada no período da guerra de transferir trabalhadores judeus habilidosos para a capital de trabalhar em indústrias de armamentos, assim como o fluxo pós-guerra de refugiados advindos da Polônia e da Rússia, os putschistas de Kapp apelaram por um *pogrom*, que só foi evitado pela intervenção de grupos defensores dos judeus. Centenas de judeus da Europa Oriental se encontraram sepultados e maltratados em campos de concentração em consequência da tentativa de golpe. Embora o Segundo Império concedesse igualdade legal aos judeus, foi Weimar que facilitou sua entrada em carreiras de prestígio no serviço público, no corpo diplomático e na academia, o que a discriminação pré-guerra lhes havia negado. Os judeus pareceram se beneficiar da República odiada e personificaram, assim, a derrota e o domínio estrangeiro. Ao reiterar a conexão entre judeus e adversários da Alemanha que emergiu durante o *Kaisereich*, o antissemita de Leipzig, Heinrich Pudor, afirmou que somente os *pogroms* seriam o suficiente para destruir uma República que ele acreditava ter sido instalada pela "judiaria internacional". "Domínio mundial: alemão ou judaico-inglês!"[21]

Condenados como beneficiados pela guerra ou mandriões que fugiam do serviço militar, os judeus foram acusados de lucrar com a desgraça econômica.[22] Em novembro de 1923, perversos ataques aos judeus da Europa Oriental, que eram aglomerados no gueto de Berlim, o Scheunenviertel, surgiram como o bode expiatório da hiperinflação, e os judeus tornaram-se a válvula de escape à raiva dos desempregados, famintos e desiludidos berlinenses das classes operárias, cuja condição os socialistas do governo da

---

20. KELLOGG, 2005, p. 176-7; WEITZ, 2007, p. 99-110.

21. Sobre Podor, ver WALTER, 1999, p. 28.

22. BAJOHR, 2006, p. 185-6; GEYER, 1998, p. 280-8.

cidade fracassaram em melhorar. Os desempregados em Berlim percebiam os imigrantes judeus da Europa Oriental como responsáveis pelo aumento absurdo dos preços e como aproveitadores, apesar do empobrecimento geral do Scheunenviertel. Eles agiram em resposta aos estereótipos cada vez mais infiltrados dos refugiados pós-guerra, particularmente judeus, como consumidores libertinos de alimento e moradia escassos.[23]

Espancamentos, saques e motins em massa, agravados pela lentidão da reação policial, expuseram a eficácia do bode expiatório judaico para as dificuldades econômicas e para a frustração política, mesmo em um forte reduto de Esquerda como Berlim.[24] Contudo, ataques antissemitas violentos surgiram por toda Alemanha, não apenas em Berlim. Resultaram na destruição de negócios judaicos, no roubo de suas propriedades e em danos físicos a incontáveis judeus. O grau relativamente alto de integração dos judeus nos anos pré-guerra tornou-se coisa do passado.[25]

Como os tumultos de Scheuenviertel tornaram claro, a violência política não estava restrita aos paramilitares secretos e não tão secretos da Direita radical. Os Comunistas (KPD), um partido de massa com 350 mil membros, que, depois das eleições de 1920 absorveram a maioria dos social-democratas independentes, atacaram a República pela Esquerda, condenando-a como uma democracia burguesa que servia aos interesses do capitalismo em larga escala. Ao acreditar na eficácia da revolução armada aos moldes bolcheviques, seus líderes desprezaram a Maioria Socialista por terem esses colaborado com empregadores e militares, solidificando a cisão dentro do movimento trabalhista que emergira primeiramente durante a Guerra. A força paramilitar do KPD, a Liga da Frente Vermelha de Combate, organizava regularmente insurreições locais nas ruas das vizinhanças de classes operárias e em gabinetes de bem-estar social, onde se reposicionou após sua expulsão das fábricas, das minas e dos chãos de fábrica durante a crise da hiperinflação e da ocupação de Ruhr. Embora a divisão de cadeiras dos comunistas no *Reichstag* diminuísse gradativamente, seu eleitorado subiu após 1930 por causa do desemprego em massa – um eleitorado unido pela experiência comum da privação, da fome e da busca sem fim por trabalho. Ao exemplificar a dureza masculina e o confronto violento

---

23. MAURER, 1986, p. 128-33.

24. LARGE, 2002, p. 123-40.

25. Ver WILDT, 2007, p. 72-80. E especialmente sobre a venenosa mistura do antissemitismo com os conflitos na fronteira com a Polônia, RAHDEN, 2008, p. 231-42.

dos inimigos, os comunistas compartilhavam de uma característica com seus inimigos da Direita: a atração pela mobilização militar.[26] Contudo, a violência da classe operária não precisou da sanção dos socialistas ou dos comunistas para explodir em ataques espontâneos a questões como a proteção do próprio território ou a expressão de sua própria masculinidade, uma vez que as dificuldades econômicas privaram a juventude da classe operária do caminho natural do respeito-próprio: um trabalho.[27]

A maior e mais consistente ameaça, entretanto, emergiu do alto serviço público, do Judiciário, das Forças Armadas e dos empregadores, cujos membros optaram por uma difícil trégua com o sistema Weimar, para eles única alternativa ao bolchevismo. Os partidos em grande parte protestantes, especialmente o Partido Popular Nacional Alemão e o Partido Popular Alemão, falaram por seus interesses. Apesar de seu movimento à direita após sua derrota em 1920, os Democratas (DDP) encolheram gradativamente até a insignificância. Com boa performance nas eleições de 1920, o DNVP expandiu sua delegação a 99 cadeiras em 1924, tornando-se o maior partido depois dos social-democratas. Em uma sucessão de gabinetes "burgueses" entre 1924 e 1928, o DNP juntou-se ao DVP e ao Centro com uma maioria parlamentar que poderia governar sem os socialistas. Apesar de os comunistas parecerem ameaçadores às classes médias alemãs, a posição das elites militares, empresariais e academicamente treinadas no alto comando da economia e do Estado garantiu-lhes recursos abundantes para protegê-los do radicalismo da Esquerda. E, embora desejando jogar pelas regras da democracia parlamentar, toleravam a violência se, em sua visão, as circunstâncias a autorizassem. Assim, durante e após o *putsch* de Kapp, os conservadores e os nacionalistas radicais criaram os "Esquadrões de Emergência", fortificados pelo amplo e discricionário poder policial que mantinha minas, fábricas e grandes propriedades agrícolas funcionando durante as greves. O Stahlhelm e outras unidades paramilitares, como a Ordem da Juventude Alemã, tornaram-se uma "autoajuda" da classe média para limpar as ruas dos esquerdistas, mostrando que a Direita não deixaria a proteção de seus interesses nas mãos das forças policiais usuais.[28] A tolerância ao uso de força extralegal estendeu-se também em relação aos judeus. O DNVP evitou publicamente *pogroms* como a política da sarje-

---

26. WEITZ, 1997, p. 100-279.

27. SWETT, 2004, p. 232-85.

28. Sobre a Saxônia como exemplo primordial, ver SCHUMANN, 2009, p. 2-107.

DE COLONIZADOR A "COLONIZADO" | 143

ta, o que resultou na dissidência de sua ala mais extremista e antissemita em 1922. Contudo, seu prazer pouco oculto em relação ao assassinato de Rathenau e seu objetivo explícito de expulsar judeus oriundos da Europa Oriental obscureceram a distinção entre o antissemitismo violento e o "não violento". O efeito no longo prazo da violência da Direita era enfraquecer a confiança pública na habilidade da República em manter a ordem.[29]

A aristocracia e, mais notavelmente, a nobreza *Junker* mostraram-se as mais implacáveis, decididamente mais do que empregadores, acadêmicos ou funcionários públicos. O fim da monarquia, os termos do acordo de paz e as dificuldades econômicas afetaram o cerne da identidade nobre. Mesmo antes de 1914, a posição econômica enfraquecida de proprietários agrícolas do Leste de Elbian e a divisão crescente do *status* entre os *junkers* e os grandes senhores de terras do sudoeste, íntimos à cultura grande burguesa do Salão e da Corte de Berlim, geraram uma hostilidade em relação ao "mamonismo" e ao "materialismo" da burguesia industrial, financeira e educada "judaica" e aos nobres que se associassem a ela. Bem antes da guerra, muitos *junkers* haviam se desiludido com o kaiser, cuja conduta violava os valores que reivindicaram deter. A associação de Guilherme com Philipp Eulenberg ofendeu particularmente as noções dos *junkers* de masculinidade e de comportamento marcial. A recusa do kaiser em sacrificar sua vida na batalha à frente de suas tropas e seu humilhante voo aos Países Baixos deixaram muitos desorientados. A Revolução de Novembro e as limitações de Versalhes quanto ao tamanho do Exército e de seu corpo de oficiais eliminaram uma das carreiras primárias para o *junkers*, enquanto os nobres, em geral, viam o fim de seu ponto de apoio no serviço público. A Constituição de Weimar aboliu os privilégios da aristocracia, antes legalmente válidos, incluindo grandes propriedades para o usufruto. Como resultado, os nobres desempenharam um papel proeminente no putschismo do início da República, seja como proprietários agrícolas que treinaram tropas da *Freikorps* e armazenaram armamentos para o *putsch* de Kapp, seja como veteranos experientes das "guerras raciais" na África e de batalhas sangrentas nos frontes ocidentais e orientais. Estarrecidos pelas investidas bolcheviques contra as aristocracias russa e báltica e pela execução do czar e de sua família, eles rapidamente uniram-se à *Freikorps* e a outras formações armadas. Antibolchevistas e antissemitas em seu âmago, os nobres mais jovens tornaram-se viciados em violência como o antídoto à derrota mili-

---

29. WALTER, 1999, p. 41-51.

tar, à aparente covardia do kaiser e ao republicanismo "pacifista-judaico--bolchevique". Ao contrário dos mais velhos, abandonaram o monarquismo pela esperança de um revolucionário, mas autoritário, "Terceiro Reich" construído com base em um líder carismático e na supremacia "natural" da aristocracia, cada vez mais definida por termos raciais e biológicos.[30]

Se as elites oscilavam entre a não tão amigável cooperação e a oposição antirrepublicana, o populismo nacionalista radical tornou-se o mais distinto e singular aspecto da política de Weimar. Enquanto as classes médias profissionais e comerciais carregaram a bandeira do imperialismo e do antimarxismo antes da guerra, uma mistura heterogênea de ocupações das classes média e média baixa e um campesinato mobilizado em resposta à economia controlada vieram à tona mais tarde, radicalizados pela guerra, derrota e crise econômica. Sujeitos aos partidos burgueses nos primeiros anos da República, os interesses populistas revelaram-se de difícil acomodação porque não tinham influência sobre a liderança dos partidos e, portanto, não poderiam ser facilmente satisfeitos. Além disso, a importância política da Esquerda foi crucial ao surgimento do populismo de Direita. Mesmo quando os social-democratas não eram parte do Gabinete, que foi o caso entre 1920 e 1928, quando a coalizão burguesa governou, o papel de liderança do SPD no governo da Prússia e sua posição no *Reichstag* permitiram a aprovação da legislação do seguro social, da compensação de desemprego e a extensão dos direitos dos trabalhadores nos chãos de fábrica.

O nacionalismo excludente e o imperialismo explícito dos estudantes universitários contribuíram significativamente para a potencial explosão do antirrepublicanismo e de sua diversidade na sociedade, a irônica consequência da democratização do ensino superior da República. Determinada a ampliar o acesso a diplomas universitários à juventude das classes média baixa e operária, a expansão em Weimar de oportunidades na área da educação beneficiou precisamente esse grupo, isto é, jovens nascidos entre 1900 e 1910, que foram criados com histórias de heroísmo de guerra e de sacrifício, apenas para, no fim das contas, revoltarem-se. Visto que, em 1914, 60 mil estudantes povoaram as universidades alemãs, o número aumentou para 87 mil em 1921, saltando para 104 mil uma década mais tarde. O número dos estudantes que procuravam estudar Direito, caminho cru-

---

30. MALINOWSKI, 2004, p. 198-282. Embora não tão economicamente abalados após 1918 como os *junkers*, muitos entre a alta aristocracia rivalizavam com a nobreza menor em sua hostilidade contra Weimar. Ver PETROPOULOS, 2006, p. 50-96.

DE COLONIZADOR A "COLONIZADO" | 145

cial para o serviço público, compunha uma parte desproporcional das matrículas universitárias. Os crescentes números de universitários graduados dificilmente conseguiam alguma colocação na fraca economia nacional, o que, por sua vez, frustrou as ambições de mobilidade social. As propensões dos estudantes ao nacionalismo radical ficaram evidentes no início da República, uma vez que eles estavam entre os primeiros a se unirem à brigada *Freikorps* que reprimiu os esquerdistas nas cidades, confrontou os poloneses na Alta Silésia e desafiou os franceses na Renânia. Alegorias da "colonização" da Alemanha pela Entente deram forma ao discurso de estudantes radicais, tais como Werner Best, futuro representante de Reinhard Heydrich no escritório central da segurança do Reich da SS (*Schutzstaffel* ou Força da Proteção) e agente da ocupação alemã na França e na Dinamarca. Defendendo a resistência armada à ocupação do Ruhr, Best tomou como modelo a resistência irlandesa à ocupação inglesa. Uma batalha armada decisiva contra os ocupantes, ele insistia, significaria também um ataque contra os derrotistas e traidores que se renderam à "paz imposta" de Versalhes e optaram pela resistência passiva contra os franceses e os belgas. Além disso, os estudantes nacionalistas radicais impuseram os "parágrafos arianos" nas constituições dos grupos estudantis, incluindo o de sua união nacional, o *Hochschulring*, recriado a partir de normas supostamente mais democráticas após a guerra. Comprometidos a uma ideologia *völkisch* radicalizada pelo estabelecimento de fronteiras do acordo de paz após a guerra, em que os laços imutáveis da biologia e da raça eram mais importantes que a imposição de fronteiras artificiais pela Entente, estudantes de Direita comprometeram-se fervorosamente a excluir os judeus, os quais eles consideravam estrangeiros em relação aos alemães. Os estudantes nacionalistas radicais transformaram-se no sinal de uma futura ditadura antissemita quando os filiados a um movimento cujas raízes jazem na turbulência pós-guerra do Sul da Alemanha, os nacionais-socialistas, tornaram-se maioria em associações estudantis nacionais.[31]

Como consequência da Revolução de Novembro, a capital bávara de Munique, cercada por um Estado com uma população conservadora e marjoritariamente camponesa, para a qual os judeus personificavam os males da Economia Controlada e da convulsão política, tornou-se o principal centro contrarrevolucionário e um atrativo transnacional aos contrarrevolucioná-

---

31. WILDT, 2002, p. 72-89; HERBERT, 2001, p. 29-87 (a analogia de Best aos irlandeses é encontrada na p. 75). Ver também INGRAO, 2003, p. 144-59.

146 | IMPÉRIO NAZISTA

rios austríacos, húngaros e alemães.[32] Tendo gerado uma revolução mais radical do que em qualquer outro lugar, que em fevereiro de 1919 assumira a forma soviética de um "conselho da República", Munique tornava-se um atrativo para direitistas traumatizados pelo bolchevismo dos esquerdistas urbanos, muitos dos quais eram judeus. Os saqueadores bávaros e as unidades do Exército de Württemberg e da Prússia suprimiram impiedosamente o Conselho da República ao final da primavera de 1919, assassinando seus líderes Kurt Eisner, Gustav Landauer e Ernst Toller. Não obstante, a Baviera continuou sendo um viveiro do extremismo da Direita, protegida com benevolência pelo ministro presidente conservador, Gustav von Kahr, e pelo amparo do *Reichswehr* a agitadores nacionalistas radicais e a unidades paramilitares contrarrevolucionárias.[33] A imigração de judeus do Leste Europeu despertou grande ira, na qual o antissemitismo inferior demandava ações punitivas de cima. Em 1920, o governo de Kahr decretou a expulsão de todo judeu recém-chegado ou sua contenção em campos de concentração até que sua expulsão pudesse ser organizada.[34]

De seu poleiro na cidade bávara de Bamberg, Heinrich Class e seus tenentes pangermânicos reuniram-se novamente para dar início ao "renascimento racial", no qual o Estado democrático "alienígena" seria destruído, e os não germânicos, especialmente judeus, seriam expulsos. Além de buscar a ampliação do Exército e a anexação de Áustria, os pangermânicos exigiam os territórios bálticos, a Hungria Ocidental e a Alsácia-Lorena para o estabelecimento de alemães. Ao afirmar o que se transformaria em um importante tema da política de Weimar, os pangermânicos censuraram a estagnação de milhões de alemães étnicos como minorias em Estados sucessores dominados por maiorias eslavas. Julgando os alemães étnicos como os portadores da influência cultural e econômica alemã no Oriente, insistiram que a Alemanha devia agir como sua protetora até que pudessem ser reincorporados ao Reich.[35] Munique tornou-se um refúgio para veteranos do *putsch* de Kapp, incluindo o coronel Hermann Ehrhardt e o general Ludendorff após seu breve exílio na Suécia. Os pangermânicos e sua prole,

---

32. Sobre o antissemitismo e a raiva do campesinato bávaro em relação aos comerciantes de gado e pretensos aproveitadores judeus, ver ZIEMANN, 2007, p. 186-91; GEYER, 1998, p. 182-6. Ver, por exemplo, GERWARTH, 2008, p. 177.

33. GEYER, 1998, p. 112-29.

34. WALTER, 1999, p. 97-110.

35. JOCHMANN, 1963, p. 10-24. Sobre os pangermânicos na República, ver HERING, 2003, p. 344-488.

a Federação Alemã Nacionalista de Proteção e Oposição, e uma série de outros grupos de Direita, inclusive a Sociedade Thule, predecessor dos nacional-socialistas, mantiveram também uma forte presença. A um público simpatizante, transmitiram sua plataforma de expansionismo ocidental, a recuperação e a extensão do império ultramarino, a purificação eugênica *Volk* e o antissemitismo.

A crise no Sul alemão abriu as portas a uma carreira permanente para o condecorado veterano austríaco de guerra e pangermânico convicto, Adolf Hitler, a quem o serviço militar salvou da frustração do fracasso profissional e da marginalização social. Hitler transformaria-se na personificação do anseio nacionalista radical por curar a incompletude do Reich de Bismarck por meio de um Império Alemão expandido, definido pela demonização de "inimigos" externos e internos e pela exclusão de pessoas racial e biologicamente "inferiores". Contudo, ao contrário dos líderes pré-guerra de grupos de pressão nacionalistas radicais, Hitler podia se comunicar mais eficazmente com as plateias populares, e ele veio de fora do Reich. Além do seu grande poder de apelo aos alemães comuns, incorporou a solução à crise da etnicidade alemã percebida pelos alemães do Reich, evidente entre as minorias alemãs nos Estados sucessores da "zona fragmentada" ou entre os cidadãos de uma República mutilada e subjugada.

O começo da vida de Hitler testemunhou as forças centrífugas de divisões étnicas e de classe no Império Austro-Húngaro. Como uma criança na escola primária, uma história ilustrada da guerra Franco-Prussiana, os contos da Guerra dos Bôeres e as histórias de aventura do Oeste americano de Karl May se tornaram a paixão de Hitler, um fascínio que ele nunca abandonou. Aspirante a artista e arquiteto que nunca poderia ser admitido na Academia de Belas Artes de Viena, Hitler esforçou-se para ganhar a vida pintando cartões-postais para turistas. Simultaneamente, emergiu como um animal político. Ao adotar o credo do pangermânico austríaco Georg Ritter von Schönerer, que abraçou o antiliberalismo, o antissocialismo e, especialmente, o antissemitismo, Hitler compartilhou o ódio de Schönerer aos Habsburgos, que haviam presidido a derrota da Áustria em 1866 e sua exclusão do Reich alemão. Ele desprezava a social-democracia austríaca e a fragmentação étnica da capital austro-húngara, manifestada em debates parlamentares conduzidos em uma cacofonia das línguas dignas, a seu ver, à torre de Babel. O prefeito de Viena, cristão socialista e antissemita, Karl Lueger, muito provavelmente causou a maior impressão. Embora o

148 | IMPÉRIO NAZISTA

pietismo católico e a lealdades aos Habsburgos de Lueger repelissem Hitler, os apelos demagógicos de Lueger aos "pequenos do povo", em contraste à política liberal austríaca restrita aos notáveis, confirmaram a habilidade de Lueger em traduzir a ideologia da Direita em sucesso político. A plataforma do prefeito por reformas sociais e políticas a fim de satisfazer seu eleitorado transformou palavras em ações. Dito isso, o início da vida de Hitler personificava o ressentimento dos nacionalistas alemães na Áustria--Hungria pré-guerra, ameaçados pela expansão dos direitos políticos, civis e culturais dos outros povos submetidos à Monarquia Dual.[36]

Uma herança modesta da propriedade de seu pai permitiu a Hitler migrar em 1913 a Munique, que era, a seu ver, uma verdadeira cidade germânica e um alívio à heterogênea "Babilônia de raças" que tanto o incomodava em Viena. Antes de se alistar a um regimento bávaro na eclosão da Primeira Guerra Mundial, vendia seus cartões-postais, consumia vorazmente literaturas darwinistas sociais e antissemitas, intensificando os preconceitos despertados por seus anos em Viena. Como um mensageiro na Frente Ocidental, Hitler serviu com a distinção, recebendo a primeira classe da Cruz de Ferro. Em novembro de 1918, ao se recuperar em um hospital militar de um ataque de gás da mostarda perto da cidade belga de Ypres, Hitler soube do armistício. Como alegou mais tarde em seus discursos políticos e em sua autobiografia *Minha Luta* (*Mein Kampf*), os marxistas, os pacifistas e, especialmente, os judeus que fomentaram a revolução agiram como quinta coluna da Entente. Retornando a Munique depois de sua liberação, Hitler trabalhou como propagandista e um informante do *Reichswehr*. Sua tarefa? Hitler foi designado para doutrinar as tropas bávaras contra o bolchevismo e estabelecer ligações com organizações de Direita para determinar qual delas receberia o apoio financeiro das Forças Armadas.

No curso de seus deveres, Hitler juntou-se no outono de 1919 ao incipiente Partido dos Trabalhadores Alemães, que havia sido fundado por Anton Drexler, um serralheiro que pertencia ao Partido da Pátria. Procurando atrair os trabalhadores da Esquerda, a ideologia do DAP fundiu o nacionalismo militante e o antissemitismo a um "socialismo" que, seguindo o economista pangermânico Gottfried Feder, atacava a "escravidão dos juros" e o capital móvel e improdutivo, enquanto defendia o imperialismo. O sucesso de Hitler como um orador demagogo, com técnicas que ele pra-

---

36. Sobre os primeiros anos de Hitler, ver HAMANN, 1997, especialmente p. 337-503; KERSHAW, 1998, p. 3-105.

DE COLONIZADOR A "COLONIZADO" | 149

ticava assiduamente, atraiu aderentes às reuniões do partido em salões de cerveja. Ao se especializar nos ataques ao "capitalismo judeu" que explorou trabalhadores por meio da especulação no mercado de ações e da manipulação dos preços, os talentos oratórios de Hitler logo lhe concederam a liderança do partido, cujo nome foi mudado no início de 1920 para Partido Nacional-Socialista dos Trabalhadores Alemães (NSDAP). Coerente com seu nome, que funde o nacionalismo radical e o "socialismo" dos vínculos comuns de etnia, o programa de 25 pontos do partido foi redigido durante o mesmo ano: o movimento nazista combinava reforma social e interação com imperialismo. A plataforma clamava por uma Alemanha expandida por colônias, pelo fim da cidadania dos judeus, pela proteção da classe média, pelo confisco dos lucros de guerra, por reformas territoriais, pelo fim da "escravidão dos juros", por participação nos lucros aos assalariados e por um forte governo autoritário.[37] Além de atacar o Tratado de Versalhes e justificar as exigências alemãs em Brest-Litovsk, os comícios do partido eram caracterizados por ataques virulentos aos marxistas e aos judeus, os quais supostamente minavam a frente civil por dentro. Ao apoiar sua retórica inflamada em seu próprio grupo paramilitar, as Tropas da Tempestade (SA), os encontros nazistas tornaram-se ocasiões turbulentas e sangrentas nas quais os assassinos do partido atacavam oponentes políticos. Frequentemente descrevendo o NSDAP mais como um "movimento" em vez de um partido, por causa da última bofetada do parlamentarismo ineficaz e estéril, o aparecimento de Hitler foi uma política nacionalista radical emblemática no pós-guerra. Além de seu apelo populista às "massas", Hitler, como outros novos líderes contrarrevolucionários, surgia de fora da classe média alemã e da elite aristocrata.[38]

Enquanto sua visão tomava forma, a fusão de Hitler de judeus e bolcheviques em um único inimigo se justapôs à conexão que ele traçara entre o judeu e o capital móvel internacional que se escondia por trás das maquinações da Entente. Reforçado por sua convicção de que os judeus alimentaram a Revolução de Novembro, incluindo a Munique soviética,[39] o antissemitismo de Hitler desenvolveu-se principalmente como resultado de sua longa interação com refugiados alemães bálticos. Entre eles esta-

37. NOAKES; PRIDHAM, 1983, p. 14-6.

38. GEYER, 1998, p. 105-6.

39. Ver as notas sobre o discurso de Hitler em Munique, em 3 de novembro de 1919 (n. 65) em JÄCKEL; KUHN, 1980, p. 92.

vam Alfred Rosenberg e Max von Scheubner-Richter, membros da mesma fraternidade de duelo em Riga e veteranos da intervenção letã que haviam escapado de Munique seguindo o *putsch* de Kapp, e cuja organização, a Reconstrução (*Aufbau*), contribuiu financeira e ideologicamente com o movimento nazista. Hitler rejeitaria o objetivo da Reconstrução de colaboração entre Rússia e Alemanha após a derrubada da República de Weimar e do regime soviético, porque isso sacrificaria as conquistas alemãs em Brest-Litovski.[40] No entanto, a Reconstrução forneceu ao líder nazi uma explicação conspiratória e abrangente para vitimização da Alemanha no momento: a conspiração judaica internacional por trás dos gêmeos maus, o capitalismo financeiro e o bolchevismo. Com sua origem, embora não exclusivamente, no tratado antissemita *Os Protocolos dos Sábios de Sião*, levados para a Alemanha pelos refugiados antissoviéticos, o imaginário dos alemães bálticos e de seus compatriotas russos brancos fundiu-se ao nacionalismo *völkisch* de Hitler e se tornou o diagnóstico da condição da Alemanha e a subsequente justificativa para livrar o *Volk* de um povo parasita, "destruidor de culturas". Imaginado como um poderoso perigo cósmico desmascarado pela doença da revolução, o judeu personificava as agitações da guerra e suas consequências, a destruição dos impérios terrestres conservadores, a escravização da Alemanha pela Entente e a "permanência" dos alemães étnicos nos estados sucessores de domínio eslavo.[41] Como um alemão que estava além das fronteiras do Reich, Hitler e seus associados bálticos revelaram em que grau a Alemanha poderia ser imaginada nova. Ele não tinha nenhuma intenção de restaurar a essência bismarckiana de 1871, apesar de venerar a audácia de Bismarck. Nem sua Alemanha seria simplesmente uma nação-Estado purificada de "outros", particularmente judeus, embora essa fosse a primeira etapa. Mais do que isso, a nova Alemanha transformar-se-ia em um império racialmente puro com seu centro de gravidade às custas da Rússia. Ao contrário de outros impérios na história, este asseguraria sua sobrevivência no longo prazo por meio do princípio da homogeneidade étnica.[42]

Apesar de sua reputação como um agitador populista da ralé, Hitler e o movimento nazista desenvolveram contatos com elite da Baviera. Condu-

---

40. Ver KERSHAW, 1998, p. 247; e STOAKES, 1986, p. 4-29 e 64-87.

41. Estudiosos do genocídio têm crescentemente focado em narrativas apocalípticas que surgem na intersecção de psicopatologia coletiva e aflições sociais agudas, tendo os *Protokolls* como exemplo primordial. Ver LEVENE, 2005, p. 129-35.

42. KERSHAW, 1998, p. 152-3; KELLOGG, 2005, p. 109-65; KNOX, 2007, p. 341-2; e HITLER, 1922, p. 769-75. Sobre a característica dos impérios, ver MAIER, 2006, p. 19-111.

DE COLONIZADOR A "COLONIZADO" | 151

zido por Ernst "Putzi" Hanfstaengel, o filho educado em Harvard de um negociante de arte de classe média alta, e pelo aventureiro comercial Kurt Lüdecke, que fora arrebatado pelo senso de missão de Hitler, por sua habilidade de agitar as massas e seu suposto toque popular, Hitler ganhou o apoio financeiro da família de Beckstein, do círculo de Wagner em Bayreuth, do magnata do aço Fritz Thyssen, de ricos imigrantes russos associados à Reconstrução e de outros tantos aristocratas cujo apoio, muitas vezes em moeda forte, complementava as inscrições de membros e as taxas de entrada às reuniões do partido.[43] Embora essa combinação da influência do elite e do séquito popular geralmente caracterizasse os partidos burgueses até o final dos anos 1920, o NSDAP era significativamente diferente em dois aspectos. Primeiramente, apesar da aspereza plebeia do movimento nazi, o carisma de Hitler atraiu o apoio dos endinheirados, os quais, caso contrário, teriam optado por outro grupo político. Contudo, eles raramente estavam entre os confidentes mais próximos de Hitler, apesar da habilidade de Hitler em cativá-los com seu amor a Wagner e com seu agradável antirrepublicanismo. Segundo, as alianças do Partido Nazista com as elites, que se tornariam cruciais após 1930, não permitiram que as últimas ditassem os termos de sua parceria. Influente o bastante para explorar o valor de Hitler como uma arma na busca de interesses comuns, os conservadores não eram poderosos o bastante para alcançar o que o NSDAP conseguiria mais tarde: um amplo movimento que fosse forte o bastante para tentar o poder.

A decisão do governo de Weimar no outono de 1923 em dar um basta à resistência passiva contra a ocupação do Ruhr, uma "rendição" aos olhos de nacionalistas radicais, encorajou Hitler a tentar um *putsch* militar. Para isso, imitou a Marcha em Roma de Benito Mussolini em outubro do ano anterior e o golpe bolchevique em outubro de 1917.[44] Em novembro, no aniversário da odiada Revolução de 1918, os nazistas lançaram uma tentativa amadora e desorganizada de golpe em conjunto com uma instável "liga de combate", composta por uma série de grupos e líderes de Direita. Entre eles estavam o general Ludendorff, Max von Scheubner-Richter, e o conde Rüdiger von der Goltz, cujas unidades *Freikorps* haviam se unido ao ataque de Bermondt em Riga. Incapaz de ganhar o apoio de Kahr e do *Reichswehr* para uma marcha em direção a Berlim, o *putsch* desmoronou após uma ba-

---

43. KERSHAW, 1998, p. 186-91; D'ALMEIDA, 2007, p. 30-46.

44. Ver KELLOGG, 2005, p. 193-216.

talha sangrenta com a polícia da Baviera, que custou a Scheubner-Richter sua vida. A desintegração do *putsch* acabou como um tumulto antissemita. Com os livros de endereço em mãos, a SA e outros grupos de Direita tiraram os judeus de suas residências e das ruas, confinando-os na adega do salão de cerveja como reféns.[45] Preso e condenado por traição enquanto seu partido era banido, Hitler obteve uma curiosamente leve sentença de cinco anos em uma prisão de segurança mínima, na qual permaneceu menos de um ano. Ao proclamar seu patriotismo alemão como o motivo para o *putsch*, sua alegação soou agradável a um juiz conservador e arrebatou a atenção nacional. O tratamento relativamente gentil que os putschistas de Direita receberam contrastou fortemente com a supressão rápida e implacável dos levantes comunistas em Hamburgo, na Saxônia e na Turíngia no mesmo ano e com a remoção forçada dos governos social-democratas legitimamente eleitos nesses estados.

De qualquer maneira, as funestas falhas das tentativas de golpe de Kapp e de Munique testemunharam o esgotamento do putschismo em geral. Devido às divisões internas da Entente, inimigos de guerra da Alemanha não puderam agrupar tropas o bastante para ocupar a Alemanha e reforçar diretamente os termos de Versalhes, deixando, assim, espaço de manobra para a Alemanha na condução de sua política externa e financeira. Ainda assim, a ocupação do Ruhr ressaltou a aguda vunerabilidade da Alemanha. A ocupação do Ruhr e a possibilidade de perder a Renânia incentivaram o *Reichswehr* mais uma vez a dar seu qualificado apoio à República em vez de assumir o risco de uma guerra civil e de um desmembramento territorial que ele provavelmente não conseguiria impedir. De sua parte, Hitler subsequentemente mudou suas táticas para alcançar o poder. Apesar da violência ideológica e tática inerente ao NSDAP, personificada mais claramente por seu grupo paramilitar SA, Hitler buscaria tomar as rédeas do poder por meios legais. Transformaria o Partido Nazista em uma máquina eleitoral capaz de ganhar a maioria no *Reichstag*, o que desmantelaria o "sistema de Weimar". Colocando grande importância na unidade do partido e na necessidade de evitar coalizões que se desintegrariam sob o peso de conflitos internos da pressão externa – os principais responsáveis pela falha do *putsch* de Munique –, Hitler proibiu os membros do Partido Nazista de pertencerem a outras organizações nacionalistas radicais. Ele buscaria alianças somente a partir de uma posição de poder. Embora os contatos em

---

45. WALTER, 1999, p. 111-42.

DE COLONIZADOR A "COLONIZADO" | 153

Munique de Hitler houvessem oferecido exposição valiosa e apoio financeiro ao Partido Nazista, a experiência de Munique de Hitler ressaltou a importância de definir os termos sob os quais aceitaria apoio de elementos externos ao partido.

O breve período de Hitler na confortável fortaleza de Landsberg, fora de Munique, que, ao contrário das prisões regulares, permitia que os internos recebessem visitas ilimitadas e evitava a atribuição de trabalho, concedeu-lhe a oportunidade de ditar sua vida e filosofia a seu representante Rudolf Hess, e codificar suas ideias sobre o formato político da Alemanha no futuro.[46] Em certo grau, Hitler continuou aderindo às ideias austríacas pangermânicas que havia assimilado durante sua juventude. Apesar de áspero crítico da Monarquia Dual que, a seu ver, privilegiava os laços de dinastia em detrimento dos nacionais, os comentários de Hitler sobre a guerra associavam a ocupação dos Países Baixos, da Bélgica e da Iugoslávia, em particular de Belgrado, à história recente do Império Habsburgo. Os comícios anuais do Partido Nazista em Nurembergue adotaram a insígnia da cidade do fim do século XVIII, anterior à dissolução do Sacro Império Romano por Napoleão em 1806.[47] Além disso, suas reflexões noturnas durante a Segunda Guerra Mundial revelaram súa admiração pelas obras de engenharia do Império Romano e pelas habilidades políticas dos britânicos, que governaram a Índia com poucos administradores e oficiais próprios. Não obstante, em seus discursos antes do *putsch*, em sua autobiografia *Mein Kampf* e subsequentemente em seu *segundo livro*, escrito em 1928 mas jamais publicado,[48] Hitler exigia mais do que apenas a revisão das fronteiras da Alemanha pós-guerra e rejeitava a parceria entre Alemanha e Rússia que os alemães bálticos e os exilados russos vislumbravam antes do *putsch* de Munique. Ao contrário do imperialismo do Segundo Império, o expansionismo de Hitler dava prioridade ao espaço vital do Leste em detrimento da aquisição de colônias ultramarinas.

Na visão de Hitler, a política externa imperial alemã após Bismarck e toda a burguesia imperialista que lhe deu forma, inclusive os pangermânicos, comprometeram-se fatalmente por sua aliança com um "cadáver de um Estado", o Império Habsburgo eslavo, o qual havia permitido a diluição

---

46. WACHSMANN, 2004, p. 38.

47. HAMANN, 1997, p. 156-60. Sobre a importância do simbolismo do Sacro Império Romano para a história alemã, ver BERMAN, 2011.

48. WEINBERG, 2003.

de sua essência alemã. Além disso, a Alemanha tolerou o "crescimento de um novo poder eslavo às margens do Reich", a saber, a Rússia, cujos interesses opuseram-se ao aliado moribundo da Alemanha e que a envolveu em uma guerra desastrosa. A política colonial e comercial da Alemanha Imperial, que Hitler ridicularizou como "pacífica conquista econômica do mundo", uma solução pobre a seu cerco por poderes hostis, sacrificou o que provavelmente havia sido seu primeiro objetivo. No lugar de suas tentativas tépidas e malsucedidas de colonização interna, ela deveria ter buscado novas terras ao Leste para o estabelecimento de um "saudável campesinato" como um baluarte do germanismo e da preservação do *Volk*. Ao interpretar mal as motivações do imperialismo pré-guerra, Hitler queixou-se que o Segundo Império abandonara o heroísmo pelo comercialismo. Ele falhara em repetir as virtudes prussianas, honradas pelo tempo, de autopreservação e autossacrifício que foram determinantes para sua grandeza nacional. Ao contrário, saiu em uma busca vazia e desastrosa pela prosperidade econômica separada da revitalização étnica. Como autonominado porta-voz dos alemães presos para além das fronteiras do Reich, Hitler ridicularizou as demandas pela restauração das fronteiras alemãs de 1914 e pela restituição das colônias ultramarinas. Tais ambições limitadas permaneceram atadas às políticas falidas do passado, promoveram o declínio interno da Alemanha e ignoraram aquilo que seria essencial à revitalização racial: novas terras na própria Europa. Depois do modelo estabelecido pelos Cavaleiros Teutônicos séculos antes, que conquistaram à espada "o céspede para o arado alemão e o pão de todo dia para a nação", o território expandido da Alemanha viria às custas da Polônia e da Rússia.[49]

Em seu *Segundo Livro*, Hitler ressaltava ainda a futilidade do colonialismo ultramarino do pré-guerra. Por terem beneficiado os interesses comerciais e ignorado a sobrevivência do *Volk* alemão, as colônias marítimas do Segundo Império eram demasiado remotas e indesejáveis quanto ao clima para assentamentos permanentes. Alemanha e Grã-Bretanha também entraram em conflito quando o Governo Imperial careceu de uma Marinha com poder suficiente para lidar com as consequências.[50] Como alternativa, Hitler propôs um acordo com a Grã-Bretanha que dividiria o globo entre as duas potências. Caso os britânicos aceitassem o acordo de domínio alemão continental, a Grã-Bretanha manteria seu império e dominaria os

---

49. HITLER, 1971, p. 126-56.

50. WEINBERG, 2003, p. 77-8.

altos-mares. Ao contrário dos casos precedentes de colonialismo europeu, que evoluíram da lógica de uma expansão da economia capitalista global,[51] a visão de Hitler da colonização alemã demandava o afastamento da economia interconectada, uma tendência que a Grande Depressão intensificaria mais tarde. Essa visão também aceitava como "dado" que a guerra acompanharia necessariamente a busca por territórios adicionais.

Certamente, ainda em 1920, Hitler seguiu Heinrich Class em defesa da recuperação das colônias ultramarinas para assentamentos, mercados e extração de matérias-primas, além da busca por expandir a Alemanha na Europa, especialmente no Oriente.[52] Além disso, a experiência pré-guerra de colonização na África, parcial e indiretamente, deu vida a suas concepções. Na prisão familiarizou-se com as teorias geopolíticas do final do século XIX do geógrafo pangermânico Friedrich Ratzel. Ao conceber a geografia como expressão da cultura dos povos, Ratzel colocava os limites políticos como inerentemente inconstantes e antinaturais. Perito em migração, acreditava que esse movimento contínuo e a expansão dos impérios definia a história humana. A procura das mais altas culturas por espaço causava a destruição das inferiores, minando tradições e sociedades nativas. Devoto de Alfred Thayer Mahan, Ratzel defendia o poder naval como um meio de obter espaço vital e aprovava a colonização alemã do Sudoeste da África, com a esperança de que a raça branca se espalhasse com sucesso por todo o mundo à custa dos povos nativos. A ligação com a África foi colocada em evidência também por meio de figuras importantes para a história do início do movimento nazista, entre elas Hermann Göring, cujo pai havia sido o primeiro governador colonial do Sudoeste Africano. O comandante do *Reichswehr* na Baviera, Franz Xaver Ritter von Epp, então chamado "libertador de Munique" por causa de seu papel na repressão da revolução bávara, que participara do genocídio dos hererós, contratou Hitler originalmente como um informante do Exército após sua liberação do hospital militar.[53] Após a queda da França, Hitler veria a aquisição de colônias ultramarinas com olhos estratégicos.

Entretanto, vislumbres do Leste como fonte da revitalização e expansão alemãs forneceram a mais imediata influência, especialmente porque Hitler

---

51. Sobre a relação entre os assassinatos dos colonos nas fronteiras e a extensão do domínio europeu, ver WOLFE, 2006, p. 387-409.

52. STOAKES, 1986, p. 30-3 e 54.

53. MADLEY, 2005, p. 432-5 e 450-3; SMITH, 2008, p. 182-8; RÜGER, 2007, p. 212-3.

ficava mais obcecado pela ameaça de um expansionismo bolchevista em direção à Alemanha.[54] Resultado das correntes tensões nas fronteiras polonesas, da obsessão pós-guerra com abandono dos alemães do Reich fora das fronteiras de Weimar e dos mitos históricos das ocupações medievais germânicas e dos Cavaleiros Teutônicos, as visões de Hitler beberam intensamente da popularidade da ficção sobre a expansão de fronteiras americanas, dos sonhos do anexionismo do período da guerra, da bonança provisória de Brest-Litovsk e do irredentismo no pós-guerra, que negava a existência independente de povos eslavos biológica e culturamente inferiores. Nesse imaginário, o neologismo de Ratzel, *Lebensraum*, o espaço geográfico que os povos necessitavam para uma continuidade saudável, tornou-se a justificativa central, legitimada pela academia, durante a década de 1920 para o deslocamento imperialista de populações eslavas e judaicas do Leste. A "humilhação" de Versalhes, a colonização da Entente, "o horror negro no Reno" e uma democracia liberal ineficaz e estrangeira seriam substituídos por uma Alemanha livre de fronteiras inconvenientes e de aspirações nacionalistas não alcançadas do passado. A expectativa do espaço vital continental contrastava visivelmente com o ceticismo dos racistas *völkisch* do pós-guerra em relação ao colonialismo ultramarino. Uma vez que as colônias no exterior aproximavam intimamente as raças superior e inferior, aumentavam o perigo de mistura racial.[55]

O geógrafo do pós-guerra Karl Haushofer, de Munique, apresentado a Hitler por seu aluno Rudolf Hess e pelo especialista em agricultura do nazismo Walther Darré, reiterou a declaração de Ratzel a respeito da maleabilidade das fronteiras políticas no que concerne à necessidade e aos interesses do *Volk* por espaço vital.[56] A ascensão dos Estados Unidos à potência mundial durante e após a Primeira Guerra Mundial reforçou a reinvindicação por *Lebensraum* continental. Como explicou Hitler, o tamanho dos estados europeus era "absurdamente pequeno em comparação a sua influência em colônias, comércio exterior etc." em contraste à "União Americana que tem como base seu próprio continente e toca o restante do mundo somente com sua Cúpula. E disso vem a imensa força interna desse Estado e a fraqueza da

---

54. STOAKES, 1986, p. 115-21.

55. VAN LAAK, 2005, p. 118-9.

56. LIULEVICIUS, 2000, p. 247-72; BURLEIGH, 1988, p. 13-39. Ver também BLACKBOURN, 2006, p. 293-4. Ao contrário de Hitler, Haushofer desejava que a Alemanha se tornasse uma potência mundial por meios pacíficos. Ver STOAKES, 1986, p. 140-70.

maioria dos poderes coloniais europeus".[57] Como argumentaria anos mais tarde, Hitler afirmava que a colonização dos Estados Unidos, com suas dimensões continentais, que consumiu muito do dinheiro da nata dos povos nórdicos da Europa, era o modelo mais próximo da combinação de vasto mercado interno, prosperidade material e reprodução biológica que o *Lebensraum* ofereceria à Alemanha.[58]

O imperialismo de Hitler, uma fusão de limpeza racial, expansionismo colonial, contrarrevolução contra o "bolchevismo judaico" e autarquia, era uma amálgama do revanchismo radical nacionalista no período posterior à guerra. Ao rejeitar a criação multiétnica habsburga e abominar a mistura racial como contrária às leis de natureza, nem a assimilação forçada ou a "germanização" de povos submissos nem os vários meios do cooptação ou autonomia deixariam Hitler satisfeito, uma vez que ele não vislumbrava nada menos que uma expansão para o bem da homogeneidade racial e a expulsão ou destruição de raças inferiores. *Lebensraum* seria para a Alemanha o que as expansões de fronteira foram para a América: o início de uma potência global.[59] O fim das dinastias de Habsburgo, de Romanov e de Hohenzollern seriam a oportunidade de alcançar esse objetivo. A conquista do *Lebensraum* significaria também a destruição da "cultura destrutiva" judaica, os agentes do hibridismo político e racial que minara internamente a integridade racial do *Volk* e cuja mobilidade transnacional permitira que se tornassem parasitas "no corpo de outros povos. [...] Sua disseminação é um fenômeno típico a todos os parasitas; ele procura sempre uma nova terra para alimentar sua raça".[60] Não obstante, o fim da ocupação do Ruhr, a estabilização e a falência do putschismo permitiram a estável manutenção da República e adiaram planos grandiosos, cuja implementação provavelmente demandaria uma guerra. Certamente, nem o objetivo minimalista de rever o acordo de Versalhes nem os sonhos do império seriam abandonados. Contudo, o meio de recuperação preferido do Império Alemão pré-guerra seria a negociação com antigos inimigos da Alemanha. Por sua vez, o contexto mais amplo para a negociação seria a reintegração da Alemanha a uma ordem econômica liberal e internacional.

---

57. HITLER, 1971, p. 129.

58. WEINBERG, 2003, p. 107-9.

59. GREGOR, 2005, p. 98. Sobre a influência do Ocidente americano sobre os geógrafos alemães, principalmente Ratzel e os nacionais-socialistas, ver BLACKBOURN, 2006, p. 293-309.

60. HITLER, 1971, p. 302-5.

Revisionismo, colonialismo e grande potência política: a estabilização de Weimar, 1924-1930

O período entre o fim da hiperinflação e o começo da Grande Depressão, que se estendeu a 1930, quando o último gabinete de maioria parlamentar caiu, só não propiciou uma trégua tênue. Embora a entrada de empréstimos e investimentos americanos tenham lançado os alicerces para as recuperações modestas e episódicas de 1924, 1925 e 1927, a economia de Weimar permanecia selada por sérios problemas estruturais, tais como o alto desemprego, um setor primário fraco e baixa produtividade industrial.[61] O acordo de reparações incentivou industrialistas e agricultores, assim como os partidos que os representavam, a apoiarem a República formando uma série de gabinetes burgueses que excluíam o SPD até 1928. Contudo, nas eleições nacionais as preferências dos eleitores tenderam à Direita, e os eleitores da classe média subdividiram-se entre partidos menores com interesses especiais, o resultado de um impacto irregular da reforma monetária. Além de enfraquecer os partidos protestantes burgueses, o DNVP, o DVP e, em menor grau, o Centro, essa fragmentação radicalizaria suas lideranças em um esforço de ampliar seus círculos eleitorais.[62] O vencedor das eleições presidenciais de 1925 confirmou esse movimento do eleitorado em direção à direita. O sucessor do social-democrata Friedrich Ebert, que morrera repentinamente enquanto estava envolvido em processos criminosos por difamação contra jornais de Direita que o haviam acusado de traição, foi ninguém menos que o marechal Paul von Hindenburg, vencedor da Batalha de Tannenberg. Para alguns, ele personificava o passado imperial da Alemanha. Para muitos outros, seu *status* como *símbolo* da identidade alemã transcendia o Segundo Império e a República. Hindenburg foi transformado em um *Führer* (líder) carismático que, incorporando a vontade do *Volk*, manteve-se acima dos interesses congenitamente competitivos que caracterizaram a política parlamentar.[63]

Não obstante, a estabilização incentivou muitos que eram antes opositores a fazer as pazes com a República. O partido antirrepublicano mais agressivo, o DNVP, entrou no governo em 1925 e novamente em 1927 para promover com mais eficácia os interesses de seus círculos eleitorais. Gran-

---

61. JAMES, 1986, p. 110-61 e 190-282.

62. WINKLER, 1998, p. 285-305; MAIER, 1976, p. 481.

63. PYTA, 2007, p. 461-76. Sobre o eleitorado de Hinderburg, ver CARY, 1990, p. 179-204; FALTER, 1990, p. 225-41.

des proprietários agrícolas do Leste prussiano, que prontamente empregavam veteranos da *Freikorps* contra seus trabalhadores grevistas, apoiaram as coalizões burguesas das quais o DNVP participou. Ganharam, em troca, o reestabelecimento do valor pré-guerra das tarifas sobre grãos e de generosos programas de ajuda para contrabalancear a fraqueza da agricultura no Leste prussiano. Embora quisesse aceitar ministérios na maioria dos gabinetes de Weimar, o Partido Popular Alemão (DVP) o fez apenas porque sua liderança pragmática escolhera buscar o antissocialismo e o revisionismo por meios menos conflituosos, convencido de que a fraqueza militar da Alemanha não deixara alternativa plausível. Além disso, a estabilização limitara o espaço para a restauração da Alemanha como uma grande potência. O compromisso e a negociação diplomáticos, embora limitados a reverter os termos do Tratado de Versalhes, tornariam-se agora centrais para preservar a unidade do Reich contra um desmembramento maior. Ainda, a intervenção econômica americana pelo Plano de Dawes havia reduzido a perspectiva de maior intervenção militar externa. A esse respeito, a cessão de direitos que o plano proporcionava fora crucial. Se a Alemanha fosse pagar suas reparações, o faria somente para garantir a estabilidade do marco. Contudo, a cessão de direitos carregava um perigo escondido ao encorajar alemães a pedir capital americano para financiar sua recuperação. No fim, o serviço da dívida comercial e a facilitação das importações tornaram-se prioridade sobre o pagamentos das reparações.[64] O influxo de empréstimos e de investimento americanos intensificou o anseio por consumo daqueles que haviam lucrado com a hiperinflação uma vez personificada. Mediado em muitos casos por meio dos produtos americanos e dos filmes de Hollywood, o consumo começou a deixar de ser associado à especulação "judaica", ainda que a aquisição de bens além das necessidades básicas estivesse fora do alcance da maioria dos alemães. Um futuro de possibilidades começou a competir com a experiência dominante da escassez.

O político Gustav Stresemann do DVP tornou-se o protagonista durante a recuperação de Weimar, primeiro ao encabeçar a "grande coalizão", que se estendeu do DVP, da Direita, ao SPD, da Esquerda, a qual acabou formalmente com a resistência passiva à ocupação do Ruhr e engendrou a estabilização do marco. Após a queda do gabinete em decorrência dos efeitos prejudiciais da estabilização em muitos círculos eleitorais de classe média, Stresemann serviu como ministro do Exterior em gabinetes burgueses

---

64. RITSCHL, 2002, especialmente p. 120-7.

subsequentes, os quais negociaram o adiamento dos pagamentos das reparações e garantiram o apoio financeiro americano, enquanto obstinadamente buscavam a revisão do acordo de paz após a guerra. O papel de Stresemann na estabilização da República foi, em muitos modos, surpreendente. Sua relativa moderação tinha origem em seu apoio ao Partido da Pátria no período da guerra e em sua posterior condenação do Tratado de Versalhes. Coerente com a alegoria da colonização da Alemanha por seus inimigos, descreveu os vencedores como um "cartel anglo-americano" que resultou efetivamente na "egipcianização" da Alemanha. Durante a guerra, Stresemann defendera a anexação da Bélgica, da costa francesa, do Marrocos e de um grande território ao Leste para que a Alemanha fosse capaz de competir com o poder emergente dos Estados Unidos.[65] No entanto, o *putsch* de Kapp e a agitação decorrente da hiperinflação forçaram Stresemann a aceitar a República de Weimar como a única alternativa a uma revolução marxista, ao putschismo e a uma guerra civil. Convicto da transitoriedade dos acordos pós-guerra por causa das crises sociais face aos vencedores e do medo que a Aliança tinha da União Soviética, o que, acreditava, poderia ser utilizado pela Alemanha a seu favor, Stresemann buscou meios de cooperação internacional que expandiriam o espaço de manobra da Alemanha e permitiriam seu retorno ao grupo de grandes potências europeias. O caráter imprescindível da Alemanha como o motor econômico da Europa e seu lugar entre os três maiores poderes industriais, junto à Grã-Bretanha e aos Estados Unidos, contribuíram também para a sua crença em um país com um poder de influência que valeria a pena desenvolver.[66] Ao aceitar o Plano de Dawes, que se utilizou da relutância da Grã-Bretanha em apoiar mais medidas rigorosas por parte da França e do desejo americano de ceder o direito do pagamento de reparações caso a Alemanha se comprometesse com a estabilização do marco, Stresemann permitiu a restauração da soberania alemã sobre o polo industrial da Renânia-Vestfália e levou o anti-republicano DNVP ao governo.

Os Tratados de Locarno de dezembro de 1925 foram a realização mais significativa da política externa de Stresemann. Em troca, para garantir a soberania alemã e a igualdade como um parceiro de negócios entre as nações europeias ocidentais, os quais pavimentaram a estrada para admissão

---

65. TOOZE, 2006, p. 4.

66. WRIGHT, 2002, p. 146-9; TOOZE, 2006, p. 3-8. Para uma leitura de Stresemann que sugere que seu republicanismo era mais de princípios do que pragmático, ver KURLANDER, 2006, p. 262-3.

IMAGEM 8. Gustav Stresemann em Genebra, em ocasião da admissão formal da Alemanha na Liga das Nações em 1926. Da Esquerda para a Direita: Stresemann, o Secretário do Exterior britânico Austen Chamberlain, o ministro do Exterior francês Aristide Briand e o secretário de Estado Karl von Schubert do Ministério das Relações Exteriores da Alemanha. A assinatura de Stresemann do Tratado de Locarno e a adesão da Alemanha à Liga demonstraram o desejo alemão de negociar revisões ao Tratado de Versalhes.

da Alemanha à Liga das Nações no ano seguinte, o país declarou a inviolabilidade de suas fronteiras ocidentais. Certamente Locarno envolveu acordos dolorosos, notavelmente a perda permanente da Alsácia-Lorena à França. Apesar dos árduos esforços de Stresemann, o acordo não estipulou a evasão de tropas francesas da Renânia, o que só ocorreu cinco anos mais tarde. De qualquer forma, uma retirada imediata não teria nenhum efeito de amenizar a angústia em relação ao "horror negro", o legado irreversível de que as crianças afro-alemãs personificavam a poluição racial imposta pela Entente.[67] Não obstante, Locarno manteve intocado o tratado que Rathenau assinara com a União Soviética em Rapallo em 1922. Sob o disfarce das relações diplomáticas restauradas, dos acordos de comércio e do abandono das exigências de reparações de cada um dos lados contra o outro, Rapallo permitiu que o *Reichswehr* fosse treinado na União Soviética, em violação às limitações de Versalhes à capacitação de defesa militar alemã. Embora Stresemann desencorajasse uma discussão sobre uma aliança de maior al-

---

67. CAMPT, 2004, p. 58-60.

cance com a União Soviética contra a Entente, porque temia que o Exército soviético "exportasse" o comunismo a Oeste, a existência do acordo enfraqueceu a perspectiva de uma possível entente franco-soviética. Além disso, a Alemanha ganhou novamente o tácito *status* de grande potência, e abriu portas às discussões sobre a restauração de seu império ultramarino. O tratado acabou com a ideia de inidoneidade moral que se tinha da Alemanha como potência colonial, a justificativa para o artigo 22 do acordo de Versalhes. Embora a Alemanha prometesse não alterar suas fronteiras com a Polônia e com a Tchecoslováquia por meio da força, o acordo de Locarno claramente deixava-as em aberto para futuras negociações. Como um indício da fraqueza militar frente a seus vizinhos e da contraprodutividade do putschismo, que criava maior ameaça de intervenção estrangeira do que a inibia, a busca de Stresemann por um entendimento direto com a França partiu essencialmente da prática diplomática do Segundo Império. Embora vilanizado pela Direita como um emblema da subordinação alemã aos poderes estrangeiros, o acordo de Locarno proporcionou uma breve e inquieta trégua ao antagonismo de durante e após a guerra.[68]

A possibilidade de uma revisão futura vinculada às fronteiras orientais aplicava-se também ao império marítimo da Alemanha. Alguns observadores, incluindo o jornalista e pacifista de visão aguçada Carl von Ossietsky, reconheceram que a perda das colônias alcançou uma bênção disfarçada, porque a Alemanha não precisou defendê-las de seus inimigos ou confrontar os crescentes movimentos nacionais coloniais de libertação no pós-guerra que atormentavam outros impérios europeus.[69]

Não obstante, o anseio em recuperar e expandir possessões ultramarinas da Alemanha atraiu um sonoro seguidor. Em 1918, ex-oficiais coloniais fundaram a Liga do Reich de Colonos Alemães. Reorganizada em 1920, a Sociedade Colonial Alemã (DKG) superou sua fraqueza financeira durante a hiperinflação para organizar um congresso em 1924 em comemoração ao quadragésimo aniversário de fundação do império ultramarino alemão. Em 1926, a DKG possuía 250 filiais e mais de 30 mil membros. Além de sua Liga das Mulheres, a DKG organizou também seu Comitê da Juventude para disseminação da "ideia colonial" entre os jovens. Outras organizações coloniais também floresceram, todas convergindo sob a proteção da Força-Tarefa Colonial do Reich (*Kolonialen Reichsarbeitsgemeinschaft*, ou Korag).

---

68. MOMMSEN, 1996, p. 214-5.

69. VAN LAAK, 2004, p. 213.

O movimento colonial de Weimar apresentava um grande número de ex-oficiais coloniais e interesses financeiros envolvidos com o império, incluindo o ubíquo Paul von Lettow-Vorbeck, cuja distinção advinha do fato de ter permanecido invicto no campo de batalha na assinatura do armistício. Muitos dos que buscavam a recuperação do império ultramarino da Alemanha, entretanto, remodelaram cada vez mais seu colonialismo, passando de uma administração formal do território a um desenvolvimento infraestrutural e tecnológico através de parcerias entre a indústria privada e agências do governo. Juntamente à implantação de médicos que eliminariam doenças tropicais, a influência global da Alemanha e sua "missão civilizadora" seriam asseguradas. As ambições dos colonialistas não pararam por aí. Eles concebiam a África como um centro de oportunidades para os desempregados e, mais grandiosamente, como um meio de salvação da Alemanha e da Europa. Engenheiros alemães sonhavam em construir represas em Gibraltar e em Galípoli para diminuir o nível do Mediterrâneo, uma façanha que permitiria a construção de pontes, para conectar África e Europa. Tal projeto permitiria a exploração mais eficiente dos recursos e garantiria a autarquia, de forma a acabar com o perigo de futuros bloqueios.[70]

Embora ágil, bem organizado e articulado, o movimento colonial de Weimar teve pouco apelo popular. Ainda manteve uma presença forte no *Reichstag* que atravessou todos os partidos, com exceção dos comunistas. Seu centro de gravidade jazia especialmente no DVP, cujo círculos eleitorais acadêmicos, comerciais e industriais de classe média estavam comprometidos com o revisionismo colonial. A União Colonial Interpartidária, criação do ex-governador da África Oriental Alemã, Heinrich Schnee, que se tornara a principal voz colonialista do DVD, atingiu do DNVP ao SPD.[71] Na Exposição e Semana Colonial de Berlim em 1935, Stresemann, como principal discursista, fez saber sua crença na necessidade de expansão da Alemanha, uma vez que lhe faltava espaço suficiente.[72] No entanto, agora favorecendo um imperialismo liberal, uma expansão comercial ultramarina, mais do que uma anexação de territórios, Stresemann procurou minar a hegemonia "antinatural" da França no continente por meio de alianças com os novos estados da Europa Oriental e do renascimento na Europa Central de uma zona de "livre-comércio" dominada pela Alemanha. Uma vez que o apoio inglês

---

70. VAN LAAK, 2005, p. 125-6; Id., 2004, p. 202-17, 237-42 e 248-53.

71. SCHMOKEL, 1964, p. 1-14; WILDENTHAL, 2001, p. 172-85.

72. FRIEDRICHSMEYER; LENNOX; ZANTOP, 1998, p. 16.

e americano para aquele objetivo entrasse em vigor, Stresemann acreditava que a obtenção de uma África Central alemã seria possível.[73]

A relativa fraqueza militar e diplomática alemã, a hostilidade interna a Versalhes e as preferências particulares de Stresemann definiram sua posição em relação às fronteiras orientais da Alemanha após a guerra. Tendo assumido confiantemente no começo da década de 1920 que a Polônia não sobreviveria a suas próprias divisões étnicas e de classes, Stresemann teve de ser mais obsequioso após o golpe de Estado do ex-general Josef Piłsudski como presidente da Polônia em 1926 e a restauração de sua estabilidade política doméstica. Stresemann preferiu seguir objetivos alemães por meio da negociação em vez do confronto e usar a Liga das Nações como sua mediadora. Contudo, sua intervenção em nome das minorias alemãs, que incluía apoiá-los financeiramente, e o *lobby* para a devolução de Danzig e da metade do Norte do Corredor Polonês à Alemanha eram inaceitáveis aos poloneses, os quais estavam igualmente determinados a preservar seus territórios ocidentais, "polonizar" minorias étnicas ou coagi-los à emigração. Pressionados pelas políticas de assimilação forçada do governo polonês, aproximadamente 575 mil alemães emigraram ao Reich entre 1918 e 1926, temendo a falência econômica e se tornando apátridas.[74] Embora Stresemann considerasse compensar a Polônia por sacrificar aqueles territórios, suas ambições mais amplas, uma economia alemã influente expandida pelo continente, em que as comunidades étnicas alemãs seriam cruciais como mercado para bens manufaturados da Alemanha e uma fonte de matérias-primas, provavelmente não seriam alcançadas na tensão dos conflitos étnicos na Europa Central e Oriental do pós-guerra.[75]

Além disso, a busca pacífica de Stresemann por alcançar seus alvos tornar-se-ia cada vez mais difícil de vender àqueles que haviam visto que ele jogara pelas regras da Entente para conseguir de volta o *status* de grande potência da Alemanha. O *Reichswehr*, que teve de se reformular sob os termos do Tratado de Versalhes, tornou-se um uma força ofensiva menor, porém mais letal, visto pelo Estado-Maior como capaz de mobilizar um *levée en masse* popular contra inimigos externos. Continuou a desenvol-

---

73. SMITH, 1986, p. 201-2.

74. MAZOWER, 2008, p. 37; LUTHER, 2004, p. 33.

75. Sobre as políticas de Stresemann, principalmente em relação aos alemães étnicos, ver LUMANS, 1993, p. 24-5; LUTHER, 2004, p. 34-5; BLANKE, 1993, p. 130-1; e o recente, FINK, 2004, p. 295-316.

ver seu plano de guerra contra a Polônia durante toda a década de 1920, pondo a recuperação dos territórios perdidos à frente da devolução do Sarre, da anexação da Áustria e da remilitarização da Renânia. De fato, o plano do Exército significou uma primeira estratégia de rearmamento, uma vez que as inspeções *in-locu* da Entente cessaram em janeiro de 1927, muito antes da morte de Stresemann e do colapso econômico que levaria a ordem internacional liberal à falência.[76]

Apesar dos *lobbies* que defendiam a restituição das colônias ultramarinas, ocorrera um perceptível esclarecimento das prioridades. A experiência abrasadora da guerra e a perda dos territórios ultramarinos colocaram a ideia de um império continental como um antídoto, mesmo com as proeminentes reivindicações da África. A popularização da geopolítica na década de 1920, uma consequência de sua posição nas universidades alemãs durante a era de Weimar, testemunhou o sentimento da classe média educada por uma Europa dominada pela Alemanha. Auxiliados por novos campos de estudo, tais como os Estudos Orientais (*Ostforschung*) e Pesquisas Culturais e de Povos Nativos (*Volks-und Kulturbodenforschung*), que se imaginavam interconectadas às populações germânicas que supostamente clamavam por inclusão no Reich expandido,[77] geopolíticos tinham peso político o bastante para limitar o espaço de manobra de Stresemann, mesmo que ele estivesse disposto a aceitar a manutenção da Polônia e de suas fronteiras pós-guerra. Enquanto outros continuavam a sintetizar colônias ultramarinas e o *Lebensraum* oriental, os geopolíticos proeminentes, entre os quais estava Karl Haushofer, acreditavam que as realidades presentes haviam impossibilitado tentativas um tanto arriscadas de reaver as colônias perdidas da Alemanha, preferindo a isso um bloco continental de poderes revisionistas que resistiriam ao colonialismo anglo-saxão. Ao aderir às visões do darwinismo social da competição, biologicamente determinada, entre os estados por supremacia, vislumbravam a expansão como complementar à sofisticação cultural e tecnológica da Alemanha e à sua necessidade de válvulas de escape para sua superpopulação. A maioria dos peritos em geopolítica, entretanto, estava investida fortemente de uma visão do espaço como expressão da unidade da cultura e da raça, e todos produziram mapas e estudos acadêmicos que justificavam as reivindica-

---

76. LEITZ, 2004, p. 63; KNOX, 2007, p. 286-90. Sobre as concepções do *Reichswehr* da sua missão durante o período entreguerras de militarizar a sociedade, ver GEYER, 1984, p. 118-53.

77. BURLEIGH, 1988; FAHLBUSCH, 1994, p. 49-263; WIPPERMANN, 2007, p. 70-3.

ções territoriais da Alemanha contra seus vizinhos. Estavam de tal forma sobrecarregados pelo medo quase obsessivo, agravado pelo acordo de paz após a guerra, do cerco do inimigo à Alemanha, que justificaram, por sua vez, uma expansão agressiva e unilateral. Finalmente, sustentaram que a Alemanha estava destinada a ocupar o supostamente desocupado Leste, ao mesmo tempo que segregaria as raças inferiores que lá viviam. Somente um futuro que começasse com a eliminação da Polônia, a criação "antinatural" de Versalhes, poderia evitar que a Alemanha fosse esmagada, por um lado pelo capitalismo ocidental, por outro pelo bolchevismo.[78]

A teoria geopolítica certamente cruzou as fronteiras na política, atraindo o DDP e até mesmo alguns social-democratas. Ela ressoou entre os líderes empresariais que estavam menos interessados em suas implicações étnico-políticas do que na possibilidade de criação de uma zona de comércio integrada dominada pela Alemanha na Europa Central e Sul-Oriental que fosse resistente ao bloqueio.[79] Contudo, a difusão da geopolítica provou-se especialmente intensa dentro do DVP, do DNVP e do Partido Nazista, o qual tornou-se mais vociferante depois de 1928, enquanto a economia alemã se enfraquecia. Assim, ao condenar a "burguesia nacionalista alemã" e Stresemann, principalmente por sua suposta covardia, Hitler invocou as forças dirigentes do espaço e da luta. Somente a "judiaria internacional", que não apenas causara a Grande Guerra, mas lucrara também com ela, disse ele, recebera bem a política externa baseada em princípios burgueses, a diplomacia como a arte do possível e a restauração das fronteiras instáveis de 1914. "As fronteiras alemãs de 1914", afirmou Hitler em 1928, no auge da influência de Stresemann, "eram fronteiras que representaram algo tão inacabado como o são as fronteiras dos povos sempre. A divisão do território em terra é sempre o resultado momentâneo de uma luta e de uma evolução que não está de forma alguma terminada, mas que continua naturalmente em progresso. É estupidez simplesmente tomar as fronteiras de um determinado momento na história de um povo e estabelecê-las como uma marcação política".[80] Se Hitler não estimava o passado de Stresemann como um anexionista no período da guerra, sua visão de mundo, entretanto, não diferia fundamentalmente: Stresemann procurou criar um mercado conti-

---

78. LIULEVICIUS, 2000, p. 255; BURLEIGH, 1988, p. 22-39; MURPHY, 1997, p. 191-202, 218-23 e 225-7.

79. VAN LAAK, 2005, p. 127-9; Id., 2004, p. 224-7.

80. WEINBERG, 2003, p. 95-6 e 121-2.

nental expandido aos moldes do Norte-americano para aumentar o poder econômico da Alemanha, enquanto se usava da influência americana para conter os ingleses e os franceses. A América do Norte influenciou Hitler de outra maneira. A expansão significaria a remoção dos povos nativos, principalmente eslavos e judeus, os quais dariam espaço aos assentamentos alemães e completariam o projeto que havia sido deixado incompleto: um regime que abrangeria todos os alemães étnicos. Ao contrário de Stresemann, que acreditava que a autarquia resultaria na "morte econômica" de uma nação que dependesse da exportação de bens manufaturados e da importação de matérias-primas, Hitler via o *Lebensraum* como a defesa contra a "morte econômica" as quais resultara exatamente da integração da Alemanha a uma economia global e como fonte da revitalização racial.[81]

Como revelaram as observações de Hitler, a visão de uma Alemanha ampliada alimentou-se dos mitos da vitimização alemã pós-guerra pela Entente promovidos pelos intelectuais imperialistas. Assim, o longo e generosamente ilustrado volume de Paul Rohrbach, *A Alemanha em crise*, publicado em 1926, condenava a posição arriscada dos milhões de alemães na Europa além das fronteiras do Reich. Tendo como objetivo educar a juventude alemã, despertar as elites educadas da Alemanha e mudar a opinião estrangeira, Rohrbach lamentou a maneira pela qual o acordo de Versalhes proibira os alemães de Danzig e da Áustria de retornar ao "lar", ao Reich, enquanto o restante havia sido abandonado ao bolchevismo, como na União Soviética, ou ao *status* de minoria nos estados sucessores. Necessitados de representação eficaz e submissos às medidas inflexíveis projetadas para assimilá-los à força e eliminar sua cultura, os alemães étnicos sofreram com as decisões equivocadas dos agentes de paz.[82] Uma vez que as feridas de Versalhes ainda eram cortes profundos, a popularização do imperialismo foi indiscutivelmente maior do que sob o Segundo Império, começando com a nostalgia colonial mediada pela ficção. O romance mais popular era, tranquilamente, *Volk ohne Raum*, de Hans Grimm, publicado pela primeira vez em 1926. Por volta de 1935, havia vendido mais de 300 mil cópias. Intimamente associado com a Sociedade Colonial e com o Partido Popular Nacional Alemão, Grimm articulava em seu caráter a missão alemã de estabelecer no ultramar seu *Volk,* particularmente na África, e de suplantar a Grã-Bretanha como potência imperial dominante no mundo.

---

81. TOOZE, 2006, p. 9. Ver as observações de Stresemann em SUTTON, 1940, p. 252-3.

82. ROHRBACH, 1926.

A aquisição e o estabelecimento de espaço vital permitiriam que os alemães restabelecessem sua ordem social. Recuperariam seus valores espirituais e culturais e, ao oferecerem oportunidade para a sua população em excesso, eliminariam as divisões de classe que induziram trabalhadores ao socialismo. De modo perturbador, as novelas históricas de Grimm sobre o Sudoeste Africano antes da guerra, publicadas em 1929, deixavam transparecer sua aprovação do genocídio de von Trotta, como se este tivesse sido necessário para eliminar a contradição do colonialismo de assentamento do pré-guerra entre preservar o *apartheid* e permitir que homens colonos exercessem seu domínio sobre mulheres nativas.[83]

A Liga Colonial das Mulheres e as associações das donas de casa, que se proliferaram durante o período de Weimar, promoveram a família e a economia doméstica como expressões da germanidade cultural e biológica que atravessaram limites políticos contemporâneos. Imaginavam que os alemães étnicos, fossem presos na Polônia ou na Tchecoslováquia, ou permanecidos no Sudoeste Africano sob domínio da África do Sul, manteriam sua identidade por meio de limpíssimas famílias alemãs.[84] As associações de mulheres nacionalistas filiadas ao DNVP e ao DVP, obcecadas pelo "enegrecimento" do Oeste, pela "luta de fronteira" no Oriente e pelo resgate dos companheiros alemães presos na Polônia, promoveram a criação de assentamentos rurais como baluartes racialmente seguros contra a "inundação polonesa".[85] Tais esforços complementaram aqueles do Ministério das Relações Exteriores e das numerosas associações voluntárias, sendo a mais proeminente delas a Associação para o Germanismo no Exterior (*Verein für das Deutschtum in Ausland*, ou VDA), que defendia os interesses de aproximadamente 3 milhões de alemães do Reich nos territórios cedidos e de milhões de outros alemães étnicos por toda a Europa, principalmente nos estados sucessores não alemães.[86] Os filmes de temática colonialista, produzidos por empresas comerciais que envolviam oficiais coloniais aposentados, complementaram a ficção popular. Os grupos revisionistas coloniais patrocinaram coletivamente o filme produzido pela UFA em 1926, *História Mundial e História Colonial* (*Die Weltgeschichte als Kolonialgeschichte*), para fazer *lobby* pelo retorno do Império Alemão, reivindicando,

---

83. LENNOX, 2005, p. 63-75.

84. WILDENTHAL, 2001, p. 175-8; REAGIN, 2006, p. 72-109.

85. HARVEY, 2003, p. 23-43; SCHECK, 2004, p. 121-5.

86. JACOBSEN, 1968, p. 161; LUTHER, 2004, p. 26-7; LENIGER, 2006, p. 24-5.

IMAGEM 9. Chegada de refugiados alemães à cidade fronteiriça de Bentschen por volta de 1920. Fugindo da província oriental de Posen, que fora anteriormente da Prússia, mas cuja maior parte do território havia sido cedida à Polônia em 1919, as novas chegadas personificaram o *status* de desenraizados dos alemães étnicos nos estados sucessores após a guerra.

assim, a posição da Alemanha como um "povo cultural" (*Kulturvölker*), um agente da história e do progresso.[87] A contínua mercantilização de imagens coloniais era ainda mais surpreendente, seja como uma expressão da superioridade alemã ou da vitimização da Alemanha. Assim, as propagandas fizeram abundante uso de estereótipos racializados do negro ou, em contraste, esculpiram a branquidão ariana, em todas as vendas, de cigarros a sabão e filmes. Com lábios exagerados, ossos humanos nos cabelos e pés descalços, o canibal tornou-se a imagem mais frequentemente usada dos africanos, moldada de forma caricatural para esvaziar a suposta ameaça inerente a essa personagem. No entanto, uma imagem antagônica, a da sexualização do africano, expressava a imagem oposta, ou pelo menos inquietante. O aparecimento da cultura de massa trouxe consigo os artistas africanos e afroamericanos, que, mesmo da perspectiva de espectadores simpáticos, incorporavam a sensualidade primitiva sem qualquer mediação.[88] Ao mercan-

---

87. KLOTZ, 1999, p. 37-68.
88. GOLL, 1926, p. 3-4 apud KAES; JAY; DIMENDBERG, 1995, p. 559-60.

170 | IMPÉRIO NAZISTA

tilizar a experiência do "horror negro na Renânia" durante a ocupação francesa, imagens de homens negros assustadores violentando mulheres alemãs tornaram-se a representação da colonização da Alemanha pela Entente e a reversão antinatural da hierarquia racial.[89] Tais imagens, dominadas pelo medo, da vitimização alemã não somente se tornariam mais poderosas durante a Depressão, mas também aumentariam a ênfase no unilateralismo, na autarquia e no expansionismo nos níveis mais altos do Estado.

A REPÚBLICA DE WEIMAR DESMORONA: A CRISE ECONÔMICA, O FIM DAS "REALIZAÇÕES" E A ASCENSÃO DO NAZISMO

A política de Stresemann de "realizações", que foi afirmada na negociação e nos ganhos extras mais do que no unilateralismo ou na força militar, teve êxito somente enquanto rendeu frutos na forma de empréstimos e investimentos americanos e na proteção do marco. Além disso, resistiria somente enquanto esse investimento suavizasse as fraquezas da economia alemã, entre elas a queda no lucro por causa da falta de investimento de capital e dos altos índices de desemprego estrutural. Em 1928, entretanto, o investimento americano e o empréstimo estrangeiro começaram a diminuir. Ambos foram transferidos aos mercados domésticos, a fim de tirar vantagem da alta do preço das ações e de preservar reservas de ouro. Em 1929, a implantação do Plano Young, no qual credores da Alemanha, sob pressão, reescalonaram os pagamentos de reparações, beneficiou o país ao permitir sua plena soberania econômica. No entanto, acabou com a cessão de direitos, o que, ao forçar a Alemanha a pagar reparações mesmo nos períodos de retração econômica, contribuiu com um serviço de dívida de 8% da renda nacional alemã.[90] O colapso de Wall Street nesse mesmo ano pôs fim a todos os empréstimos a curto prazo, que sustentavam muitas das maiores corporações da Alemanha, e removeu o último apoio da recuperação modesta de Weimar. A combinação de estagnação industrial, fraca confiança dos investidores, crescimento industrial anêmico e uma crise na agricultura resultante da queda global do preço de *commodities* não poderia mais ser escondida, até porque suas consequências políticas apareceram com uma vingança. Em 1928, os empregadores nas indústrias pesadas do Ruhr

---

89. CIARLO, 2003, p. 418-27.

90. RITSCHL, 2002, p. 128-41. Ver também WINKLER, 1998, p. 348.

bloquearam a entrada de seus empregados. Em um ataque à arbitragem vinculativa e aos altos custos do seguro social, recusaram-se a consentir com as demandas de salário de seus trabalhadores, prognosticando de maneira preocupante os conflitos na gestão do trabalho que trariam o colapso de uma segunda grande coalizão em 1930. O conflito raivoso entre o SPD e o DVD sobre o financiamento de uma das realizações mais notáveis de Weimar, o seguro-desemprego federal, assim como sobre o futuro da política social de Weimar em geral, resultou na renúncia do chanceler social-democrata Hermann Müller e na nomeação por Hindenburg de gabinetes cada vez mais autoritários sem apoio da maioria.

O setor agrícola mostrou-se o mais explosivo. Por causa dos altos impostos e das taxas de juros que a estabilização impusera e dos sérios problemas estruturais, que incluíam a produção ineficiente e a superpopulação rural no Sul e no Leste da Alemanha, o desafeto político exprimia o desespero econômico. Nas fronteiras prussianas fracamente demarcadas, a crise era particularmente evidente. O nível salarial cronicamente baixo, o rápido deslocamento dos trabalhadores às conurbações industriais a Oeste, o sucesso modesto dos projetos de assentamentos de Weimar que haviam sido pensados para restaurar a saúde econômica e a vitalidade étnica nas regiões fronteiriças,[91] a falta de investimento industrial, os baixos níveis de urbanização e a falta de recursos naturais significaram uma excessiva dependência de um setor primário pouco firme. Mesmo quando medidas pelo baixo compromisso popular para com a sobrevivência da República, as regiões agrárias predominantemente protestantes do Leste se mostraram notavelmente hostis. Sua elite de proprietários enraizados e o fracasso de programas de subsídio de Weimar para conter os altíssimos níveis de encerramento intensificaram a ira dos agrários contra a política dos governos de Weimar de importar alimento em detrimento da produção local. A perda da maior parte de Posen, da Prússia Ocidental e do terço oriental da Alta Silésia à Polônia significou a intensificação do antieslavismo e da hostilidade frente ao acordo de Versalhes.[92]

O descontentamento rural veio à tona bem antes da Depressão, um legado dos controles de preços do governo e de apreensões da colheita durante o período da guerra e dos efeitos prejudiciais da estabilização no

---

91. Sobre os problemas da colonização, ver BECKER, 1990, p. 269-304 e MAI, 2002, p. 22-9.

92. BESSEL, 1978, p. 199-218. Sobre as consequências políticas da fragilidade da economia agrária, ver também BARANOWSKI, 1995, p. 117-49.

alto endividamento dos fazendeiros. Em 1928, o Movimento Popular Rural (*Landvolk*), que começou em Schleswig-Holstein como uma expressão da fúria do campesinato em relação às elevadas taxas de juros, à política tarifária da República e aos impostos elevados que serviam de apoio ao estado de bem-estar de Weimar, espalhou-se pelo Norte e Leste da Alemanha. Além de se recusar a pagar impostos, os camponeses encenaram protestos violentos nos encerramentos de fazendas, levantando frequentemente a bandeira do campesinato rebelde da Guerra dos Camponeses no século XVI. No ano seguinte, outro protesto rural veio à tona em resposta ao Plano Young. Organizados pelo DNVP, pelos nacional-socialistas, pelo Stahlhelm, pela Liga Rural Nacional, sucessora da Liga Agrária após a guerra, e por partidos dissidentes como o Partido Cristão Nacional Popular Rural (CNBLP), o protesto demandava um referendo para bloquear a ratificação do acordo. Repleto da linguagem da vitimização, a cruzada da extrema Direita contra o Plano Young retratava uma Alemanha explorada, escravizada e colonizada por estrangeiros. O presidente do DNVP pomerânio, Georg Werner von Zitzewitz, alegava que o Plano Young reduziria o *Volk* alemão ao *status* de "*Volk* hilota", sem soberania nacional. A política de realização não rendeu nada além da contínua subjugação e miséria.[93]

Os resultados das eleições das regiões a Leste intensificaram o movimento à direita da política de Weimar. De 1919 a janeiro de 1928, o DNVP aproximara-se de forma excepcional das lideranças locais, compostas por grandes proprietários de terra e, em menor medida, por camponeses, pastores protestantes e professores de escolas dos vilarejos, líderes que, por sua vez, compuseram as tropas de choque da militante conservadora e demagógica Liga Nacional Rural.[94] Entretanto, nas eleições do *Reichstag* de junho de 1928, o apoio ao DNVP caiu acentuadamente, enquanto partidos dissidentes com interesses especiais, tais como o CNBLP, tornavam-se os principais beneficiários da desilusão popular. A participação do DNVP no governo, sua inaptidão em melhorar a viabilidade econômica de seus eleitores e a percepção correta de que os programas de ajuda do governo enriqueceram os grandes proprietários rurais tiveram seu efeito. Mesmo o novo líder do DNVP, o magnata da mídia pangermânico Alfred Hugenburg, não melhorou a sorte do eleitorado do partido. Nas eleições de setembro de 1930, nas quais o NSDAP havia alcançado o seu reconheci-

---

93. ZITZEWITZ, 1929.

94. PYTA, 1996, p. 163-323.

mento em âmbito nacional ao se tornar o segundo maior partido *Reichstag*, seguiu desproporcionalmente bem no Leste e constituiu o colapso total do DNVP em regiões rurais.

Com a crise econômica do final da década de 1920, os partidos burgueses radicalizaram permanentemente sua posição antirrepublicana. Todos procuravam, no mínimo, dissolver o *Reichstag* e reduzir seus poderes, ou, no máximo, impor uma ditadura. Acuado por deserções que causaram o redução de 2 milhões votos e de 30 cadeiras no *Reichstag* nas eleições de 1928, o DNVP tirou, sem cerimônias, da presidência o conde Kuno von Westarp, que conduzira a participação do DNVP no governo após 1924, em favor de Hugenberg. Determinado a transformar o partido de conservador heterogêneo de coalizão em um bloco unificado nacionalista radical governado pelo que ele chamara "a cinta ferro de Weltanschauung", Hugenberg presidiu uma plataforma que fundiu o autoritarismo no país e a resistência à colonização da Alemanha pela Entente. A plataforma reivindicava a libertação da Alemanha do domínio estrangeiro e declarava o direito de se defender e proteger os alemães que estavam além das fronteiras do Reich. Buscava a restauração da monarquia Hohenzollern e a redução dos poderes do *Reichstag*. Clamava por resistência ao "espírito prejudicial, não alemão em todas as suas formas, seja de origem judaica ou de outros círculos", e enfaticamente se opunha ao "predomínio do judaísmo no governo e na vida pública, que tem surgido de maneira cada vez mais ameaçadora desde a revolução".[95] Insistindo em uma política estrangeira "muscular" condizente a uma grande potência, o partido exigia, no mínimo, a revisão de Versalhes e a devolução das colônias ultramarinas da Alemanha.[96]

Em 1929, o DVP também moveu-se acentuadamente à direita com a morte de Stresemann, enquanto seu eleitorado de empregadores, alegando queda nos lucros, armavam uma investida agressiva contra o estado do bem-estar social de Weimar, visível principalmente em sua objeção às contribuições do empregador ao seguro-desemprego. Nem o Centro foi poupado: o congresso do partido, em dezembro de 1928, escolheu o professor de Direito Canônico e preletor Ludwig Kaas como novo líder. A mudança fortaleceu a influência do núncio papal Eugenio Pacelli, que buscava revitalizar o Centro como a voz dos interesses católicos e conseguir uma

---

95. "German National Peoples' Party (DNVP) Program", em KAES; JAY; DIMENDBERG, 1995, p. 348-52.

96. EVANS, 2004, p. 94-5; JONES, 2006, p. 130-2.

concordata entre a Alemanha e o Vaticano. Significou também a derrota da ala Esquerda do partido, que, durante os anos 1920, procurava transformar o Centro em um partido interconfessional apoiado pelo trabalho organizado. O apelo do líder novo pelo abandono da democracia parlamentar e pela imposição de um Estado autoritário que destruísse a influência da Esquerda mostrava que havia restado pouco do Centro que outrora fizera parte da "coalizão de Weimar".[97] O deslocamento dos católicos à direita foi paralelo ao do clero protestante e da grande maioria laica, cujos incessantes ataques ao secularismo de Weimar, ao "mamonismo" e ao "espírito judaico" fizeram muito para atiçar as chamas do antirrepublicanismo.

O colapso da Grande Coalizão em março de 1930 refletiu as profundas divisões sociais da Alemanha de Weimar. Por causa da fragmentação política que tornara o *Reichstag* cada vez mais impraticável, o presidente do Reich Hindenburg, um apoiador relutante do "sistema" em suas melhores épocas, abriu as portas a uma ditadura de fato, se não no nome. Ao evocar o artigo 48 da Constituição de Weimar, que dava ao presidente poderes extraordinários em casos de emergência, os chanceleres a quem nomeou poderiam governar por decretos. A nomeação por Hindenburg do político do Partido do Centro, Heinrich Brüning, como chanceler foi o empossamento de um monarquista devoto que queria reduzir os poderes do *Reichstag* e do ministro-presidente prussiano para erradicar o último baluarte da Democracia Social no maior Estado da Alemanha. O segundo objetivo de Brüning era particularmente importante para o *Reichswehr* porque o governo prussiano queria colocar sob mais rigoroso controle republicano as alianças militares com as ligas de combate de Direita e os depósitos ilegais de armamentos.[98] Embora incapaz de persuadir o presidente do Reich a seguir completamente tais medidas, Brüning cerceou fortemente a liberdade da imprensa, garantiu aos militares mais autonomia e um orçamento maior e realizou cortes draconianos nos salários de funcionários públicos e nas despesas públicas em geral, inclusive no seguro-desemprego. "No fundo", de acordo com historiador Fritz Stern, cuja família judaica convertida testemunhou o declínio de Weimar com temor, Brüning era "um monarquista vivendo em um mundo diferente, apolítico. Austero, rígido e nunca incomodado pela dúvida, ele supunha que os povos aceitariam as dificuldades pres-

---

97. MOMMSEN, 1996, p. 261.

98. Ibid., 1996, p. 243.

critas".[99] A recusa do *Reichstag* em endossar o orçamento de austeridade de Brüning, que levara o chanceler a convocar novas eleições nacionais para setembro, acelerou as tendências rumo à ditadura. Os nazistas, que denunciaram regularmente o "Chanceler da Fome" durante sua campanha, tiveram um aumento significativo em sua porcentagem de votos. Conquistaram 107 cadeiras no Parlamento, fazendo do movimento de Hitler o segundo maior partido no *Reichstag*. A dependência de Brüning da tolerância do SPD para governar apenas agravou seus problemas. Hindenburg e a liderança do Exército gradativamente fatigaram-se dele, acreditando que os nazistas forneceriam uma base de massa mais confiável, e, assim, meios mais eficazes de destruir os "pacifistas" social-democráticos que, sob a chancelaria de Müller, tinham se oposto a financiar uma nova geração de encouraçados assim como à ressurreição da política mundial de Tirpitz. Por fim, a decisão de Brüning de proibir a SA interferiu no desejo do líder do Exército de levar os nazistas ao governo, enquanto sua proposta de acabar com subsídios do governo aos proprietários rurais das províncias do Leste prussiano enfureceu a elite agrária, cuja influência sobre Hindenburg resultou na demissão de Brüning em meados de 1932.

O sucessor de Brüning, o aristocrata proprietário de terras e conservador de Westphalia, Franz von Papen, deu fim até mesmo às armadilhas da democracia liberal. Com a proteção do presidente do Reich Hindenburg e do general Kurt von Schleicher, a voz política astuta do *Reichswehr*, Papen nomeou um gabinete completamente reacionário sem qualquer apoio popular discernível. Faltou-lhe até mesmo o apoio do próprio partido de Papen, o Centro, que permaneceu leal a Brüning.[100] Não obstante, o novo gabinete deu continuidade às tendências autoritárias da era de Brüning, assim como demonstrou sinais de uma política externa autárquica e unilateralista. Ao contrário de Brüning, que buscava preservar o crédito da Alemanha com os Estados Unidos apesar da tentativa imprudente do seu governo de criar uma união aduaneira com a Áustria a fim de preparar o território para a anexação de suas terras, Papen, por meio de seu governo, abandonou completamente o multilaterialismo. Propostas para uma zona econômica continental de domínio alemão, que enfatizavam acordos de comércio bilateral com os Estados do Sudeste, tomaram o lugar do que restara do pensamento econômico liberal entre os oficiais mais altos do governo e as associações

---

99. STERN, 2006, p. 77.

100. JONES, 2005, p. 191-217.

comerciais industriais e agrícolas.[101] Papen revogou imediatamente a proibição de Brüning à SA, ao que se seguiu uma batalha de rua sangrenta entre nazistas e comunistas na cidade de Altona, perto de Hamburgo. Além de apoiar o desejo das Forças Armadas de empregar os camisas marrons como uma arma contra os comunistas, Papen permitiu o recrutamento da SA como tropas auxiliares nas preparações do *Reichswehr* para guerra. Ao aproveitar o suporte de Hindenburg, Papen iniciou o que Brüning não poderia: um golpe contra a liderança social-democrata da Prússia. Sumariamente destituiu o ministro-presidente Otto Braun e o chefe da polícia prussiana Albert Grzesinski, alegando, como justificativa, uma emergência nacional. Ao minar um baluarte da Social-Democracia desde o início da República de Weimar, o ato de Papen permitiu a transformação da polícia prussiana em uma resoluta força de ataque antiesquerdista, facilitada principalmente pelas limitações adicionais impostas ao exercício da liberdade civil. Central na destituição inconstitucional do governo prussiano foi o ministro do Interior de Papen, Guilherme Freiherr von Gayl, o ex-putschista Kapp e ministro do Interior do *Ober Ost*, que, depois de Brest-Litovsk, tornara-se o arquiteto do Estado fronteiriço da Lituânia que, além de se transformar em uma área de assentamento alemão, serviria como uma plataforma de lançamento a um futuro ataque alemão à Polônia e à Rússia.[102] O regime de Papen durou somente até dezembro seguinte. Apesar de ter convocado duas eleições nacionais em seu breve mandato, não seria possível forjar uma maioria parlamentar que apoiasse uma constituição autoritária sem o risco de uma guerra civil. A contraproposta de Papen, o uso do *Reichswehr* para reforçar uma ditadura presidencial, enfureceu o Exército, que mal tinha recursos para lidar com um tumulto interno enquanto se preparava para guerra. Apesar disso, a derrota dos social-democratas na Prússia foi um passo crucial para a instauração de uma ditadura terrorista depois de 1933, da qual o ataque de Papen contra a Esquerda dificilmente era o único sinal. Seu gabinete, inclusive, considerou seriamente limitar os direitos de cidadania dos judeus.[103]

As consequências sociais do desastre econômico e da radicalização política mostraram-se igualmente perigosas. A ciência da eugenia, o resultado da associação de biopolítica e expansionismo, que emergira da primeira

---

101. TOOZE, 2006, p. 25; TEICHERT, 1984, p. 100-4, 138-42 e 177-9.

102. LIULEVICIUS, 2000, p. 202-3.

103. WALTER, 1999, p. 231-6.

experiência da Alemanha com o colonialismo e com a escassez do período da guerra, encontrou ressonância até maior durante a Depressão, enquanto a percepção de uma ameaça existencial à sobrevivência da Alemanha crescia. Os recursos disponíveis para atenuar a miséria humana diminuíram drasticamente, e aumentou proporcionalmente o medo dos pobres da classe média. O desemprego, que parecia subir na proporção inversa ao encolhimento de orçamentos federais e estaduais, o engessamento das regras de trabalho em troca de assistência pública e a frustração dos favorecidos pelo estado do bem-estar social e de assistentes sociais encorajaram os eugenistas a definir os beneficiários da previdência social como "psicopatas", "degenerados" e "insociáveis" onerosos. Linguagem similar foi aplicada aos condenados, cujos números cresciam de forma alarmante, uma vez que promotores buscavam sentenças mais altas e os juízes ficavam felizes em concedê-las. Em vez de atribuir motivos econômicos às dificuldades diante delas, as muitas profissões que a ciência havia influenciado hereditariamente tornaram-se obcecadas com as origens genéticas de problemas sociais, males que não mutilavam apenas o indivíduo, mas punham em perigo também a saúde do *Volk*. As experiências sociais de Weimar, tais como o seguro-saúde, as clínicas municipais e a reforma do sistema prisional, foram denunciadas como produtores de um humanitarismo fraco de inspiração marxista, de desperdício fiscal, de imoralidade sexual e como irresponsabilidade dos programas de bem-estar social, que sustentavam o "inadequado" à custa do racialmente "valoroso". Certamente, instituições de previdência social com base em igrejas, particularmente a Cáritas católica, rejeitaram a eugenia porque esta ignorava a santidade da personalidade humana. Embora baseadas em premissas conservadoras e autoritárias e cada vez mais insensíveis aos desempregados, tais organizações continuaram a defender a "autoajuda" e o apoio privado aos desempregados. No entanto, os preceitos religiosos gradualmente perderam espaço aos critérios raciais e biológicos, que visionavam um papel diferente do Estado na manutenção da saúde pública e na repartição do bem-comum. Agora o Estado deveria promover a eugenia "positiva", isto é, fomentar grandes famílias racialmente "adequadas". A eugenia "negativa", por outro lado, restringiria ou negaria o direito de procriação daquelas designadas "inadequadas" e retiraria os serviços públicos dos racialmente "indesejáveis". Como o uso agressivo de Papen de repressão policial contra a Esquerda, os debates acadêmicos e científicos durante os últimos anos de Weimar pavimentaram a estrada para o programa radical de "higiene racial" do

Terceiro Reich, sem qualquer preocupação com os limites de privacidade ou humanidade.[104]

Apesar dos esforços fervorosos dos conservadores para dar energia a uma ditadura presidencial e marginalizar o *Reichstag*, os social-nacionalistas tornaram-se os principais beneficiários da fragmentação política, do conflito social e da crise econômica. Nisso não houve nenhuma ironia. A estratégia de Hitler de tomar o poder "legalmente", que havia planejado depois do colapso do *putsch* de Munique, contribuiu apenas parcialmente ao sucesso do Partido Nazista. Mesmo com sua melhor visibilidade nacional nas eleições do *Reichstag* de julho de 1932, em que o partido obteve 37,4% dos votos, o NSDAP não esteve nem perto de uma maioria eleitoral. Em novembro de 1932, eleições nacionais, a porcentagem de votos do partido caiu drasticamente, o que conduziu a uma crise de confiança entre os líderes nazistas, incluindo o líder da organização do partido Gregor Strasser, o qual temia que a oportunidade de tomar o poder tivesse passado. No entanto, cinco fatores convergiram para fazer de Hitler chanceler, a começar por seu carisma, que combinava paradoxalmente a iniciativa pessoal dos tenentes e dos seguidores do partido com obediência ao líder. Em seguida, havia a capacidade do Partido Nazista em chamar a atenção de um círculo eleitoral socialmente diverso, atraído por sua mensagem de solidariedade étnica, ressurreição nacional e pelas demandas de Hitler do espaço vital. As divisões internas dos partidos não nazistas de Direita e sua inaptidão em manter o apoio popular também contribuíram com isso, assim como a fraqueza da Esquerda alemã, trazida a público de forma atroz pela Depressão. Finalmente, a ameaça da intervenção estrangeira, que havia desanimado anteriormente as elites conservadoras de apoiar totalmente o putschismo, diminuiu com a intensificação da crise econômica.

Durante os anos de "alqueive", entre 1925, quando o NSDAP foi legalizado outra vez, e 1930, quando o partido conseguiu seu avanço eleitoral, os nazistas superaram as divisões internas reveladas pelo fracasso do *putsch* de Munique e pela prisão provisória de Hitler. Enquanto Hitler impunha sua vontade sobre os líderes de partidos ambiciosos e independentes, tais como Joseph Goebbels e Gregor Strasser, os quais, por um tempo, defenderam um "bolchevismo nacional" que favoreceria o anticapitalismo e a expropriação, o partido criava organizações locais efetivas. Seguindo o "princípio de lide-

---

104. CREW, 1998, p. 152-203; HONG, 1998, p. 202-76; HARVEY, 1993, p. 264-98; WEINDLING, 1989, p. 441-88; WACHSMANN, 2004, p. 46-63.

rança" (*Führerprinzip*) ditatorial pelo qual Hitler havia se identificado como o messias destinado a conduzir a Alemanha ao apogeu, membros locais e regionais do partido recebiam de cima suas instruções. Ao capitalizar com difundido anseio por um líder "verdadeiro", resultante da fuga do kaiser aos Países Baixos em 1918, Hitler incorporava a vontade do *Volk*.[105]

O NSDAP atraiu ativistas enérgicos, jovens, em sua maioria homens, que satisfaziam seu idealismo e suas ambições por meio da realização das intenções de Hitler. Muitos deles haviam nascido tarde demais para terem lutado na guerra, mas sua interpretação mítica da guerra e de seus resultados – o heroísmo e o autossacrifício na frente de batalha e a traição dos políticos republicanos – motivava-os a seguir um líder que rejeitasse a política da burguesia e negociasse acordos de reivindicações imperialistas. Para eles, Hitler era a alternativa ao parlamentarismo de Weimar, o inimigo sem reservas de "Judá" ou do "marxismo judaico" e o epígono da ressurreição da Alemanha por completo, não apenas de sua posição de direito como uma potência global. Hitler surgia como o *Führer* verdadeiro, o carismático homem do futuro, que embarcaria em uma missão sagrada para conquistar suficiente espaço vital a fim de resgatar um *Volk* derrotado e desmoralizado.[106]

Naturalmente, a reestruturação do partido de cima a baixo não colheu frutos imediatos. O movimento de Hitler não adquiriu um eleitorado nacional até o outono de 1930, apesar dos ganhos significativos em eleições estaduais no ano anterior, o que, de outro modo, poderia ter desanimado Brüning a convocar novas eleições após o *Reichstag* ter recusado a aprovar seu orçamento de austeridade. Não obstante, as vitórias do NSDAP após 1930 não poderiam ter ocorrido sem a preocupação cuidadosa do partido com o desenvolvimento estrutural em níveis local e regional, sem seu uso sofisticado de meios modernos de mídia e de seu talento para o espetáculo, sem o compromisso e habilidades organizacionais de seus patrocinadores locais e sem seus programas de financiamento próprio de ajuda aos pobres e desempregados. Além de construir seu maquinário eleitoral, o partido fortaleceu a SA para demonstrar o compromisso do nazismo com a ação em vez do debate parlamentar. Seja atacando comunistas nas vizinhanças da classe operária, seja em suas ferozes investidas contra os judeus antes, durante e depois dos comícios do Partido Nazista, a SA provou que os na-

---

105. KOHLRAUSCH, 2005, p. 414-42.

106. Sobre as origens dos cultos conservadores ao *Führer* e a relação de Hitler com elas, ver KERSHAW, 1998, p. 180-5. Os membros do partido deram o título a Hitler já em 1922.

zistas "fariam algo" para conter a Esquerda, eliminariam a "influência judaica" e exporiam a inabilidade da República em manter a "ordem". Essas conquistas, por sua vez, deviam muito à habilidade de Hitler em oferecer o que a liderança de outros partidos não poderia: a junção bem-sucedida, porém potencialmente instável, de imperialismo e de autoritarismo com amplo apoio popular.[107]

À parte do Centro, cujas bases sociais incluíam a nobreza e profissionais católicos, camponeses, artesãos e trabalhadores unidos pela confissão, o NSDAP atraiu o apoio de um lado a outro das divisões de classe, religião e região em um grau que outros partidos fracassaram em alcançar. O movimento de Hitler atraiu grande número de comerciantes, camponeses, funcionários públicos e artesãos, e teve um desempenho especialmente bom nas pequenas cidades e nas regiões rurais protestantes do Norte e do Leste da Alemanha. Contudo, atraiu também a classe média alta urbana, católicos e até mesmo trabalhadores em maior número que qualquer partido não esquerdista conseguira até então.[108] Além disso, o Partido Nazista não assumia nenhuma responsabilidade pelas falhas de Weimar. Uma vez que nunca tinha sido parte do governo, não sofreu com a raiva dos eleitores cujos interesses haviam sido frustrados pelos sucessivos gabinetes burgueses, mesmo durante os chamados "anos dourados" de Weimar. Portanto, o NSDAP poderia livremente fazer promessas antagônicas a diversos grupos sem um histórico que pudesse contradizê-los. Ainda mais importante que isso, o movimento de Hitler explorou o profundo desejo por unidade nacional e regeneração, um desejo baseado no imaginário dos sacrifícios e da camaradagem na mítica "experiência no fronte" e no anseio por uma ressurreição alemã após a catástrofe de 1918 e o abandono de alemães étnicos nos hostis estados sucessores. Ao contrário de outros partidos burgueses, os nazistas marcaram presença na vida diária, nos *pubs*, nas ruas e nos campos de futebol, onde os alemães comuns se reuniam.[109] Milhões de vete-

---

107. São muitos os estudos locais sobre o desenvolvimento do Partido Nazista. O primeiro a aparecer, ALLEN, 1965, ainda é indispensável, foi editado novamente e publicado por Franklin Watts em 1984. Sobre o papel da violência da SA, ver WALTER, 1999, p. 200-43; WILDT, 2007, p. 87-100; e SCHUMANN, 2009, p. 215-50.

108. Para a análise estatística mais compreensiva do eleitorado nazista, ver FALTER, 1990. Thomas Childers, em seu *The Nazi Voter: the Social Foundations of Fascism in Germany, 1919-1933* (1983), foi o primeiro a identificar o Partido Nazista como um movimento de protesto abrangente que atravessou as divisões de classe. Sobre o apoio das classes alta e média alta ao nazismo. Ver HAMILTON, 1982, p. 64-219.

109. FRITZSCHE, 1998, p. 195. Ver as observações de CRAMER, 2007, p. 224-31.

DE COLONIZADOR A "COLONIZADO" | 181

ranos de guerra deram seus votos nas fatídicas eleições de 1930 a 1933 a um partido que promovesse explicitamente o apelo à comunidade do *Volk*, uma unidade nacional e implicitamente racial que transcenderia os penosos conflitos sociais e os interesses especiais que haviam mutilado todos os partidos burgueses. O nazismo incorporou com êxito um imaginário de nação que outros partidos não poderiam abordar de maneira convincente.[110] Mais precisamente, os discursos de Hitler nos comícios do Partido Nazista transmitiam suas descaradas intenções expansionistas às audiências entusiastas. Embora geralmente mantivesse silêncio a respeito de objetivos territoriais específicos, o *Führer* asseverava repetidamente que a pureza e a prosperidade do *Volk* dependiam do espaço vital ao Leste.[111] Havia considerável semelhança entre o imperialismo, o antimarxismo e o nacionalismo exclusivista do nacional-socialismo e os da Direita não nazista. No entanto, como personificação da juventude, da determinação, do idealismo e da energia, o partido veiculava possibilidades de renascimento e de transformação que os conservadores não mais conseguiriam alcançar.

A capacidade do Partido Nazista de prosperar às custas de outros partidos, quando não suficiente para dar-lhe uma maioria, colocava-o em uma forte posição de barganha, de tal forma que três chanceleres sucessivamente, Heinrich Brüning, Franz von Papen e Kurt Schleicher, falharam ao conseguir amparo no *Reichstag* à criação de uma ditadura sem o apoio nazista. Antes do avanço eleitoral nazista, o partido aliou-se com os conservadores para patrocinar o referendo contra o Plano Young em 1929. Em outubro de 1931, juntou-se ao DNVP, à organização paramilitar dos veteranos conservadores, ao Stahlhelm, à Liga Nacional Rural, à Liga Pangermânica e às Associações Patrióticas Unidas da Alemanha no antirepublicano Fronte de Harzburg de outubro de 1931, que fez uma campanha pelo afastamento de Brüning. Ainda condizente com suas ideias pós-*putsch* de Munique, Hitler nunca permitiu que os conservadores dominassem o Partido Nazista.[112] Assim, o *Führer* deixou claro que não aceitaria um governo em que não fosse chanceler, enfurecendo o líder do DNVP, Hugenberg, que tinha a mesma ambição. A indiferença de Hitler, os conflitos frequentes entre a SA e o Stahlhelm e os implacáveis ataques da propaganda nazista contra os

---

110. BESSEL, 2004, p. 29.

111. Por exemplo, ver HITLER, 1992-2003; v. 3/1, doc. n. 40, 27 de outubro de 1928, doc. n. 40, 29 de outubro de 1928, doc. n. 64, 10 de dezembro de 1928; v. 3/3, doc. n. 54, 6 junho de 1930, doc. n. 57, 11 de junho de 1930, doc. n. 61, 19 de junho de 1930, e doc. n. 86, 10 de agosto de 1930.

112. JONES, 2006, p. 483-94.

"reacionários" conduziram a elite ao debate interminável sobre o desejo de trazer os nazistas ao governo e em que termos. Como o avatar das inseguranças dos alemães de fora e capaz de articular o desespero dos milhões de alemães de dentro do Reich, Hitler demandou que a tocha fosse passada dos pangermânicos da Alemanha *kleindeutsch*, com suas raízes no Segundo Império, aos pangermânicos *"grossdeutsch"* do futuro. Hitler renovaria o "espírito de 1914" como uma expressão, não de uma tênue "paz da fortaleza", mas de uma comunidade homogênea e ampliada de um *Volk* pronto para expurgar seus inimigos internos e atacar os adversários externos.[113]

A implosão dos partidos burgueses, que já haviam conciliado uma vez, ainda que não de maneira fácil, a liderança por elites com amplo apoio popular, obviamente restringiu suas opções, um fato que deixara Hitler muito contente. Em janeiro de 1932, em uma reunião organizada pelo magnata do aço do Ruhr Fritz Thyssen, o *Führer* lembrou cerca de 650 homens de negócio no Clube da Indústria de Düsseldorf sobre os "milhões de nossos compatriotas alemães" que haviam se juntado ao movimento nazi, criando "algo único na história alemã. Os partidos burgueses haviam tido setenta anos para adquirir prática; onde, eu lhes pergunto, está a organização que poderia ser comparada com a nossa?" Enquanto não fazia segredo de seu antimarxismo, o que, sem dúvida, tranquilizava sua audiência, falou durante um tempo considerável sobre a crise recente da superprodução industrial e do desemprego elevado, e afirmou que somente um Estado poderoso poderia criar as condições para o "florescimento da vida econômica". Tendo como alvo o preconceito comum entre a burguesia contra a brutalidade e a violência do movimento nazista, Hitler afirmou que os entusiastas do partido se comprometeriam com um ideal que transcendia os interesses materiais: a fé em um futuro que ressuscitaria a nação alemã e a protegeria do "caos bolchevique". De fato, relativamente poucos empregadores se juntaram ao Partido Nazista ou ficaram a seu lado abertamente antes de 1933. Contudo, se o discurso de Hitler não encorajou suas audiências a mudar suas filiações políticas, a reunião revelou agendas convergentes, nas quais seria impossível ignorar Hitler como a voz emergente do ressurgimento nacional e do antiesquerdismo.[114] O *Führer* concluiu resumindo o que o "idealismo" do Partido Nazista tinha para oferecer:

---

113. Ver MÜLLER, 2005, p. 23-4.

114. Ver as posições contrastantes e fortemente contestadas de TURNER JR., 1985; e ABRAHAM, 1986, especialmente p. 271-318.

a energia para adquirir *Lebensraum* e desenvolver um grande mercado interno, além da brutalidade para subjugar os inimigos internos e externos da Alemanha.[115]

O nacionalismo radical e o imperialismo dos nazistas foram recebidos com entusiasmo pela aristocracia, principalmente pelos *junkers* em dificuldades econômicas ou por desapropriados, cuja desilusão havia os levado a abandonar o monarquismo de seus pais há tempos. Estavam, certamente, desconfortáveis com o "socialismo" nazista, que parecia ameaçar a posse privada da terra a que eles aspiravam, e não gostavam das ofensas anticristãs de alguns dos líderes do Partido Nazista. Contudo, o ódio ao socialismo e ao bolchevismo, um antissemitismo cruel e a alienação da cultura burguesa, e uma intensa antipatia pela democracia, pelo liberalismo e pelo parlamentarismo, que havia destruído suas perspectivas de carreira e diminuído seu *status*, atraíram-nos ao nacional-socialismo. O plano nazista de conquistar espaço vital ao Leste seduziu muitos jovens nobres. O imperialismo nazista não apenas prometia a ampliação do Exército e o restabelecimento das carreiras militares com um maior corpo de oficiais, mas também manteve a perspectiva de adquirir novos latifúndios além das fronteiras da Alemanha à época como resposta às bancarrotas catastróficas que desapropriaram muito *junkers*. Se a Liga Agrária de grandes proprietários de terra havia defendido uma vez o espaço vital para assentamentos campesinos a fim de desviar as críticas dos nacionalistas radicais por terem contratado trabalhadores poloneses, agora o espaço vital acomodaria os bem-nascidos empobrecidos.[116] Os salões da alta classe e os contatos pessoais entre aristocratas e nazistas importantes, particularmente o príncipe herdeiro August-Guilherme e Hermann Göring, proveram apoio financeiro e respeitabilidade ao partido.[117] Aqueles nobres que ainda possuíam suas propriedades eram prova da fluidez entre a Direita conservadora e a radical. Após 1928, os ataques dos grandes proprietários rurais contra a República em nível local, onde os *junkers* particularmente influenciavam de maneira forte as câmaras agrárias e os grupos de pressão, incentivaram trabalhadores rurais e camponeses a votar no Partido Nazista.[118]

---

115. Address to the Industry Club, 27 january 1932, em KAES; JAY; DIMENDBERG, 1995, p. 138-41.

116. MALINOWSKI, 2004, p. 476-552. Sobre conflitos no pré-guerra entre nacionalistas radicais e agrários, ver SMITH, 1986, p. 83-94.

117. MALINOWSKI, 2004, p. 553-6; PETROPOULOS, 2006, p. 97-135; D'ALMEIDA, 2007, p. 52-66.

118. BARANOWSKI, 1995, p. 145-76.

Após o aumento de sua parcela de eleitorado depois de 1930 e a surpreendente queda eleitoral do Partido Nazista em novembro de 1932, as eleições do *Reichstag* permitiram a aliança de conveniência que possibilitaram a Hitler tomar o poder. Por causa da disputa resultante entre Hitler, que estava relutante em aceitar qualquer coisa menor que a chancelaria, e aqueles, tal como o líder da Organização do Reich Gregor Strasser, que estavam dispostos a se contentar com menos, os monarquistas incondicionais, como o presidente Hindenburg, Franz von Papen e Alfred Hugenberg, convenceram-se de que Hitler seria mais suscetível a seu controle se fosse levado ao governo naquele momento. Não obstante, os conservadores já não conseguiam seguir sua agenda de desmantelar o estado de bem-estar de Weimar, estabelecer uma ditadura, suprimir a Esquerda e conduzir uma política externa agressiva sem o confiável apoio da massa da Direita que o NSDAP provia. O breve mandato de Kurt von Schleicher, sucessor de Papen, que planejou com sucesso seu afastamento, ofereceu às elites a pior alternativa no curto prazo possível a uma chancelaria de Hitler. Incapaz de seduzir Hitler a se unir a seu gabinete, Schleicher conseguiu o apoio do SPD e dos sindicatos com as propostas de reparar os cortes de salários e de benefícios de Papen e de nacionalizar a indústria do aço. Ao enfurecer os proprietários a quem Hindenburg dava ouvidos, Schleicher trouxe à tona uma das propostas mais controversas de Brüning, o fim dos subsídios aos grandes proprietários rurais e o uso de propriedades falidas para o estabelecimento de camponeses e de trabalhadores desempregados.[119] Antes de tudo, o *Reichswehr* temia que, sem Hitler como o chanceler, que colocaria a SA a sua disposição para subjugar os comunistas, não seria capaz de impedir uma guerra civil. Adolf Hitler transformou-se, assim, no Mussolini alemão, quem a Direita não nazista acreditava poder controlar. Contudo, Hitler seria agressivo o bastante para cumprir as agendas que ela e os nazistas tinham em comum: a destruição da Esquerda, a criação de uma ditadura com amplo apoio popular e uma política externa que garantiria o resurgimento do poder alemão e permitiria a expansão. Embora o NSDAP não houvesse tomado o poder por si mesmo, a longo prazo sofrera menos com sua adaptação à política republicana do que a Direita conservadora. O movimento de Hitler alcançou seus limites em acumular eleitores, mas evitou o destino dos outros partidos, cujos acordos políticos em coalizões de governo custaram-lhes caro entre eleitores. A violência de rua nazis-

---

119. EVANS, 2004, p. 302-5.

DE COLONIZADOR A "COLONIZADO" | 185

ta, que coexistiu, não de forma fácil, com sua busca "legal" pelo poder, enfraqueceu, aos olhos dos alemães da classe média, a confiança na habilidade das autoridades republicanas em manter a ordem. Para eles, a ameaça do marxismo era muito maior do que a da Direita radical.

A Depressão foi decisiva ao pavimentar a estrada para o surgimento de um fascismo alemão. Além de criar o desespero em uma população em que um a cada três trabalhadores estava desempregado – uma proporção que era ainda maior em regiões de indústrias pesadas, como a Silésia e o Ruhr –, ela sobrecarregou fatalmente a capacidade da assistência pública e do seguro-desemprego. Minou principalmente a capacidade de resistir da Esquerda. Os desempregados que haviam se juntado ao KPD demonstraram sua solidariedade e sua resistência em massivas demonstrações e em brigas de rua brutais com os nazistas, mas os combatentes do KPD foram confinados facilmente nos bairros da classe operária onde a SA e a polícia os atacaram. Por sua vez, os sindicatos enfrentaram a queda do número de filiados e a contínua diminuição dos recursos financeiros para montar uma defesa eficaz. A ruptura entre os socialistas e os comunistas, que se originara durante a supressão da revolução radical da Maioria Socialista em 1919, nunca cicatrizara suficientemente para permitir uma frente unida. Embora a União Soviética houvesse retirado sua condenação dos social-democratas como "fascistas sociais" e apelado por uma "frente popular", esse ajuste provisório não reparou a divisão dentro da Esquerda alemã. Ainda que a "frente popular" tivesse durado, os socialistas e os comunistas, mesmo juntos, não seriam poderosos o bastante para frear a Direita. Pela situação daquele momento, o SPD era incapaz de resistir ao golpe de Papen na Prússia, enfraquecido pelas enormes perdas do partido nas eleições prussianas de Landtag em abril de 1932.

Além disso, a Depressão transformou decisivamente o relacionamento da Alemanha com os vencedores da Primeira Guerra Mundial. A crise econômica global acabou definitivamente com a ameaça de intervenção estrangeira e de novas perdas territoriais, que, entre 1919 e 1924, haviam contido o putschismo e forçado o *Reichswehr* a apoiar a Constituição de Weimar. A intervenção econômica americana proveu o alicerce para a estabilização e uma recuperação modesta, assim como a cessão de direitos, até que os Estados Unidos suspenderam por completo seus empréstimos. A suspensão das reparações por meio da Moratória Hoover de 1931, embora não fazendo nada para aliviar o impacto da deflação e a espiral de desem-

186 | IMPÉRIO NAZISTA

prego da era Brüning, acabou com uma peça crucial no poder contra a Alemanha, indicativa da destruição da interdependência da economia global causada pela Depressão.[120] A pressão francesa certamente forçou Papen a desembolsar um pagamento final de 3 bilhões de marcos de ouro a Lausanne no ano seguinte. As exigências da Entente estenderam-se também a outras áreas, enquanto Papen relutantemente deixava de lado sua demanda de que fossem modificadas as limitações de Versalhes em relação aos armamentos alemães.[121] Contudo, apesar de as medidas finais serem humilhantes, a resolução da questão das reparações tornava evidente a crescente falta de interesse da Entente em defender os acordos pós-Primeira Guerra, enquanto o colapso econômico global incentivava o unilaterialismo, o nacionalismo econômico e, finalmente, a conciliação. Indiferente ao multilateralismo econômico, que a "judiaria mundial" manipulava à vontade para prejudicar a Alemanha, o sucessor mais radical de Papen e de Schleicher ofereceria a solução que vinha defendendo desde meados da década de 1920: uma guerra pelo *Lebensraum*.

---

120. TOOZE, 2006, p. 23-4.

121. MOMMSEN, 1996, p. 454.

capítulo 4

O Império começa em casa: o Terceiro Reich, 1933-1939

O governo de "concentração nacional" que ascendeu ao poder em 30 de janeiro de 1933, com Adolf Hitler como seu chanceler, representou o consenso da Direita nazista e não nazista. A maioria das pastas foi ocupada pelos ministros do Partido Nacional Alemão, começando com seu infatigável líder, Alfred Hugenberg, que ganhou várias nomeações como ministro da Economia, ministro da Agricultura, oficial do Reich responsável pelo Programa de Subsídio à Agricultura da Prússia Oriental e liderança dos departamentos de Política Social e do Trabalho. Cinco remanescentes do "gabinete dos barões" associaram-se a Hugenberg, incluindo Konstantin von Neurath, ministro do Exterior; Lutz Graf Schwerin von Krösigk, ministro de Finanças; e Franz Gürtner, como ministro da Justiça. O descaradamente pró-nazista general Werner von Blomberg tornou-se ministro do Exército, enquanto o líder de Stahlhelm Franz Seldte foi instalado como ministro do Trabalho. Franz von Papen, cujas negociações ocultas com o presidente Hindenburg planejaram a remoção de Schleicher e a formação do novo governo, era agora o vice-ministro. Com exceção de Hitler, que por meses insistiu em ser ministro com a condição de participar no governo, os nacional-socialistas receberam apenas duas posições. Dois "velhos combatentes" que participaram do expurgo de Munique, Guilherme Frick e Hermann Göring, agora dirigiam os ministérios do Interior nacional e prussiano, respectivamente.[1]

---

1. Para relatos recentes, ver EVANS, 2004, p. 288-321; MOMMSEN, 1996, p. 490-544; WINKLER, 1993, p. 557-94; BECK, 2008, p. 83-113; e JONES, 1998, p. 41-64. Ainda valiosas são as obras de BROSZAT, 1987, e principalmente BRACHER, 1960.

Papen supunha confiantemente que a coalizão disciplinaria os nazistas e garantiria o controle da classe política incumbida da Alemanha. Além de se dirigir a poderosos interesses organizados, sobretudo no setor agrícola, o presidente do Reich, Hindenburg, pensou em seus próprios interesses ao acordar com a nomeação de Hitler. Ele previu uma parceria com Hitler como resultado lógico do "espírito de 1914". O velho marechal de campo acreditava que um Estado autoritário, com uma liderança carismática, criaria uma coesão nacional e ancoraria o próprio lugar de Hindenburg na história.[2] Contudo, a confiança de Papen e Hindenburg contradizia a importância das posições que os nacional-socialistas obtiveram. Aos nomeados nazistas, adicionou-se a responsabilidade pela segurança interna, cujas consequências venenosas em breve tornariam-se evidentes. Além disso, era improvável que os conservadores no gabinete impedissem a nazificação. Eles mantiveram suas reservas quanto aos métodos violentos e brutais do Partido Nazista, e até mesmo o menos cauteloso entre eles, Alfred Hugenberg, prevaleceu sobre Hindenburg para atrasar o juramento de posse de Hitler quando soube, para sua consternação, que Papen acordava com as novas eleições.[3] Todavia, os conservadores tolerariam ou encorajariam a destruição ou marginalização dos "inimigos" políticos e raciais internamente e defenderiam com unhas e dentes o rearmamento e um expansionismo que não seria limitado à anulação do Tratado de Versalhes. Ao seguir os passos de Ludendorff durante a Grande Guerra, o governo nazista conservador presumia que apenas novas aquisições territoriais iriam prover a Alemanha de mão de obra e recursos que a permitiram desafiar os poderes americano e britânico. O que os conservadores não aprovavam era que os nazistas desencadeariam um dinamismo radical interno que comprometeria seu próprio prestígio político.

A poucos dias de tomar o cargo, o ditador encontrou-se com os comandantes de vários distritos militares para explicar sua visão quanto ao papel do Exército no Terceiro Reich. Seu longo e organizado discurso fundiu política externa e interna, o imperialismo no exterior e a contenção dos "inimigos" internos. Sem esconder seu desejo de destruir o "marxismo" dentro da Alemanha e o "veneno" do bolchevismo fora dela, Hitler prometeu uma ditadura em vez da democracia de Weimar, a cruel supressão da oposição

---

2. PYTA, 2007, p. 791-805.

3. BECK, 2008, p. 86-7. Sobre o papel de Hugenberg nas negociações para trazer Hitler ao poder, ver JONES, 1992, p. 63-87.

IMAGEM 10. A liderança alemã na Ópera Nacional, em Berlim, assistindo a uma cerimônia em honra aos soldados alemães mortos na Primeira Guerra, em 12 de março de 1933. Da Direita para a Esquerda estão o vice-chanceler, Franz von Papen, o presidente do Reich, Paul von Hindenburg, o primeiro-ministro alemão, Hitler, e o general Werner von Blomberg, ministro da Defesa. Combinando a velha e a nova Direita, o governo de "concentração nacional" que assumiu o poder em 30 de janeiro de 1933 perseguiu uma agressiva política externa no exterior e a contenção de "inimigos" internos, que solaparam a unidade interna.

"traidora" e a educação moral adequada do povo. Trata-se de uma educação que iria transmitir o que Hitler considerava a mais básica lei da natureza: a luta entre raças nas quais somente os mais fortes triunfariam. Ao repetir um de seus temas desde o início da década de 1920, Hitler argumentava que a salvação do povo (*Volk*) dependia não da exportação a mercados em uma economia global por causa da capacidade limitada da economia em absorver o que a Alemanha tinha para comercializar, mas sim em adquirir espaço vital além das fronteiras presentes, para colonização por colonos alemães. Como um acorde que ecoou os duradouros desejos de nacionalistas radicais, seus planos de colonização afastaram-se visivelmente daqueles praticados por Bismarck na década de 1880 e das tentativas de governo do sucessivo Weimar de repovoar as terras fronteiriças ao Leste, com trabalhadores e camponeses desempregados. Dessa vez, Hitler asseverou, a "germanização da população de territórios conquistados ou anexados não é possível". Em vez disso, pode-se "apenas germanizar o solo. Como a França e a Polônia, após a Guerra, deve-se deportar alguns milhões de pessoas...".

Apesar de sua reserva inicial em relação a Hitler, os comandantes dos distritos militares presentes podiam apenas se regozijar com as possibilidades que o novo ministro fornecia. O *Reichswehr* há muito desejava a eliminação da Esquerda, que incluía os socialistas, os quais, ao promoverem programas sociais de redistribuição, desviavam recursos do rearmamento. Além disso, os nacional-socialistas cumpririam a útil função de esmagar os comunistas e socialistas sem os riscos de uma guerra civil, deixando o Exército realizar sua "real" tarefa de se preparar para um conflito externo. Consistente com seu plano de ação na década de 1920, o *Reichswehr* cobiçou a possibilidade de se lançar em uma guerra ofensiva, especialmente contra a Polônia. Além de prometer aumentar as Forças Armadas na preparação para a guerra, Hitler garantiu a seus ouvintes que o Exército seria colocado acima da política para se tornar o pilar de uma nação militarizada. Um exército que não teria nada a temer da ordinária e tumultuada SA.[4]

Os ministros do gabinete conservador, entre eles o linha-dura ministro do Exterior, Neurath, e o ministro do Exército, Blomberg, imediatamente declararam o teor mais militante nas relações externas germânicas. Eles exigiam a restauração das colônias além-mar e a incorporação da Áustria ao Império. Eles pressionaram a retirada da Alemanha da Liga das Nações e sua penetração econômica na Europa Oriental e Sul-Ocidental. Embora as forças ocidentais estivessem dispostas a concordar com uma modesta expansão das Forças Armadas alemãs de 125 para 200 mil homens, nem permitiriam um desafio à supremacia militar francesa e britânica, nem iriam tolerar a persistente existência dos paramilitares alemães. Para ele, Hitler estava inclinado a pronunciamentos cautelosos sobre intenções pacíficas da Alemanha por medo de encorajar sanções ou intervenções aliadas, ou despertar as intenções de um público alemão que estava inquieto quanto à possibilidade de outra guerra, mesmo quando desejava um ressurgimento nacional. Entretanto, o impasse nas negociações de Genebra, as quais foram adiadas até junho de 1933 e depois para outubro, encorajaram-no a proceder em parte como Neurath e Blomberg recomendaram. Após o segundo adiamento, Hitler anunciou a retirada da Alemanha da Liga das Nações e da Conferência de Genebra. Embora contrariando as alegações de Hitler quanto ao desejo da Alemanha de preservar o multilateralismo do "espírito" de Locarno, os britânicos e os franceses não agiram. A falta de uma resposta sem dúvida encorajou o ditador a outros ataques na ordem internacional.[5]

---

4. MÜLLER, 2001, p. 73-90. Para uma versão inglesa resumida, ver BESSEL, 2004, p. 35-8.

5. LEITZ, 2004, p. 40-1.

Pouco tempo depois, Hitler demonstrou sua independência em relação a seus aliados conservadores ao abrir negociações sobre um pacto de não agressão de dez anos sobre as objeções ao cargo estrangeiro. Embora implicitamente oposto ao objetivo de longo prazo do ditador de alcançar espaço vital, que acabou por pressupor a obliteração da Polônia, sua acomodação tática produziu importantes benefícios para cada signatário. Para a Polônia, o tratado fornecia agora uma medida de proteção que a Entente havia provado ser incapaz de alcançar um acordo de desarmamento nesses termos, estabilizando a fronteira polonesa-alemã e prometendo dar um fim ao tratado de guerra polonesa-alemã da Era Weimar. Para o Terceiro Reich, o acordo permitiu um espaço para o rearmamento e a expansão das Forças Armadas. Se o regime tinha de suavizar sua retórica de reanexar as "perdidas" províncias prussianas orientais e resgatar as etnias alemãs presas, o pacto enfraquecia a assim chamada "pequena Entente", o sistema francês de dominação de alianças, com as nações europeias orientais, planejado para cercar a Alemanha.[6] Em seu país, Hitler tirou proveito de seus triunfos por chamar as novas eleições de *Reichstag* e um plebiscito popular para novembro, um jogo que acrescia às suas qualidades um líder que poderia fazer um levante à Entente sem travar guerra. Ao garantir publicamente aos vizinhos da Alemanha suas intenções pacíficas, ao mesmo tempo em que reclamava da intransigência francesa e alemã, a manobra política de Hitler rendeu uma maioria popular esmagadora a seu favor, além de um *Reichstag* nazista exclusivo.[7] Tendo demonstrado sua ansiedade em explorar um sistema de segurança internacional que desmoronou frente a uma crise econômica global, o regime de Hitler estava conclamando, com vivacidade ainda maior, medidas sociais, raciais e políticas em seu país de origem, consideradas pelo regime precondições essenciais para a guerra.

PREPARANDO-SE PARA O *LEBENSRAUM*: REPRESSÃO, REARMAMENTO E "HIGIENE RACIAL"

O componente interno do programa imperialista nazista começou com seu ataque à esquerda, o que, na visão do regime, minou a coesão nacional que era essencial para o empreendimento da guerra. O semiconstitucionalismo do Império Germânico havia fornecido espaço para a oposição

---

6. LEITZ, 2004, p. 62-70; e RUTHERFORD, 2007, p. 37-9.

7. KERSHAW, 1998, p. 490-5; ROSSINO, 2003, p. 2.

ao imperialismo, ou pelo menos a alguns de seus resultados mais extremos. O Terceiro Reich eliminou esse espaço completamente. A supressão dos inimigos nacionais, mais especificamente os socialistas e comunistas, tornou-se o mecanismo pelo qual a política e a repressão racial do regime nazista se fundiriam. Isso invocou medidas draconianas, que fizeram que a lei antissocialista de Bismarck parecesse inofensiva. Poucos dias após a nomeação de Hitler, a Chancelaria do Reich publicou graus de emergência que reduziram drasticamente a liberdade de reunião e imprensa para além daqueles impostos por Brüning e Papen. Na noite de 27 de fevereiro, Marinus van der Lubbe, itinerante trabalhador da construção civil holandesa e ex-comunista, no que foi tido como um impulsivo ato de protesto, ateou fogo ao Palácio do *Reichstag*. Embora o criminoso agisse sozinho, o incêndio de *Reichstag* deixou aparentemente a evidência irresistível de uma insurgência comunista e apresentou o regime com uma grandiosa oportunidade de declarar estado de emergência.[8] Além de suspender as liberdades civis garantidas pela constituição de Weimar, o governo do Reich assumiu a Direita para impor decretos diretamente nos estados. Hermann Göring e Guilherme Frick, partindo de mandados prévios de prisão, fizeram amplo uso dos poderes a eles designados.[9] Eles decretaram o fim da espionagem policial das organizações nazistas e transformaram a SA e a SS em auxiliares da polícia, ostensivamente com o propósito de reestabelecer "ordem" contra a "ameaça" de uma revolução bolchevique na Alemanha.

Ao longo da primavera e do verão de 1933, as tropas de bombardeio nazistas tomaram as ruas, ávidas pela oportunidade de se vingarem da Esquerda. Eles agrediram e prenderam socialistas e comunistas, saquearam seus escritórios e os dos sindicatos, e encaminharam uma oposição com poucas reservas deixadas para se proteger contra uma repressão selvagem apoiada pelo governo e toleradas por grande parte da opinião da classe média. Embora o regime permitisse ao Partido Comunista fazer campanha por cargos do *Reichstag* nas eleições de março, estratégia que impediria os socialistas de absorver os votos das constituintes da KPD, os decretos de emergência considerados necessários para combater a "traição" levaram à prisão dos delegados da KDP antes que eles pudessem se apossar de suas cadeiras. Em junho de 1933, milhares de comunistas e socialistas tinham fugido do país ou estavam amontoados em prisões e campos de concentração. Com a

---

8. Sobre Van der Lubbe, ver EVANS, 2004, p. 328-9.

9. BECK, 2008, p. 187-8.

aprovação dos governos nacional e estadual, a SA e a Organização Nacional-Socialista das Câmaras Trabalhistas (NSBO) confiscaram os tesouros e outros bens dos comunistas, socialistas e sindicatos. Muito do espólio confiscado subsidiou a nova criação do partido, a Frente de Trabalho Germânica (DAF) sob liderança do sucessor de Gregor Strasser como líder de organização do partido, Robert Ley. Embora reivindicando "em honra" aos trabalhadores no novo Reich por incorporá-los à Frente Trabalhista, a instituição de massa que o regime prometia mediaria os interesses de empregadores e empregados, a DAF punha um fim de uma vez por todas aos sindicatos de fábricas republicanas e à barganha coletiva. Sob o pretexto de criar um ambiente harmonioso de trabalho que eliminaria a luta de classes, a DAF deu aos empregadores mais poder para gerenciar seus locais de trabalho como eles queriam e aumentou lucros sem o dever de elevar os salários.

Apesar de sua implacável intimidação de oponentes políticos e uma barragem de propaganda que aumentava a ansiedade do eleitor mediante a "ameaça marxista", o Partido Nazista obteve maioria no novo *Reichstag*, de março de 1933, somente por intermédio de sua aliança eleitoral com o Partido Popular Nacional Alemão (DNPV). Embora o Partido Nazista obtivesse 43,9% dos votos por si mesmo – um aumento significativo em cima da alta porcentagem de Weimar, em julho de 1932 –, apenas sua aliança com os Nacionalistas Germânicos teria mantido o governo de Hitler no poder, se os delegados comunistas tivessem tido a permissão de ocupar os tronos.[10] Em seguida, a cerimônia que abriu a sessão do novo *Reichstag*, em 21 de março de 1933, na Igreja Potsdam Garrison, sacralizou a parceria entre a Direita nazista e não nazista enquanto pastores protestantes concediam bênçãos a Hitler e Hindenburg mediante a catacumba de Frederico, o Grande, e seu pai, Frederico Guilherme I. Quando chegou sua vez de falar, o presidente e chanceler, cada um ressaltou o ponto revivalista central do atual "despertar nacional" que iria levar à ressurgência germânica e colocar um fim à humilhação dos últimos quinze anos. Contudo, o resultado decepcionante do movimento hitlerista fez que a Direita católica e conservadora perdesse a vontade de legislar para sempre soluções autoritárias e ditatoriais para a crise atual. Assim, a aprovação da Lei de Concessão de Plenos Poderes, de 24 de março, deu a Hitler poderes legislativos "emergenciais", que não exigiam nem a aprovação do *Reichstag*,

---

10. BECK, 2008, p. 119.

nem mesmo o consentimento do presidente do Reich. Os votos do Partido do Centro Alemão mostraram ser cruciais para a aprovação da lei, resultado de sua barganha faustiana da liderança com o regime. Em troca do apoio à legislação, o Centro ganhou as insignificantes garantias do nazismo de que a posição judicial da Igreja Católica e os poderes federais dos estados do Sul dominados pela Igreja Católica estariam protegidos. Diferente do Segundo Império, no qual a situação minoritária dos católicos mobilizou o Partido do Centro Alemão para defender liberdades civis, restringir a supervisão clerical de suas operações e protestar o exercício arbitrário de poder no topo, o ódio à liderança do Centro da Esquerda e sua determinação em proteger os interesses de uma igreja obcecada pela ideia do "bolchevismo" testemunharam a rápida capitulação do partido a uma ditadura que não iria cumprir suas promessas. Tendo buscado uma concordata similar ao seu Tratado de Latrão com o ditador fascista italiano Benito Mussolini, o Vaticano acabou por minar a razão de ser do Partido do Centro. Ele aceitou a condição do regime de que fosse permitido proibir as atividades políticas do clero católico.[11]

Sem uma delegação do KPD no *Reichstag*, apenas os socialistas votaram contra a Lei de Concessão de Plenos Poderes. A subsequente autodissolução de todos os partidos burgueses, exceto os nazistas, durante o verão de 1933, simplesmente confirmou o que a Lei de Concessão de Plenos Poderes já tinha evidenciado: o total colapso do governo parlamentar. O fracasso do Partido Popular Nacional Alemão provou-se deplorável. Tendo perdido muitos de seus membros e muito de seu eleitorado aos nazistas, Hitler ordenou a absorção de Stahlhelm à SA durante o mês após a aprovação da Lei de Concessão de Plenos Poderes. Além disso, Alfred Hugenberg, ministro Econômico do Partido Popular Nacional Alemão e um dos fundadores da Liga Pangermânica, embaraçou-se na Conferência Econômica Mundial em Londres em junho, o que resultou em sua resignação do gabinete de Hitler. Em contraste à cautelosa linha de combate de Hitler, Hugenberg não apenas condenou o liberalismo econômico global e exigiu o retorno das colônias germânicas, mas também insistiu no direito da Alemanha de tomar terras a Leste para assentamento germânico como algo essencial para sua recuperação econômica.[12] Uma vez convencido de que ele poderia arquite-

---

11. MORSEY, 1977, p. 115-222; SCHOLDER, 1988, p. 237-53 e 381-414.

12. O memorando de Hugenberg é encontrado em *Documents on German Foreign Policy,* série C, v. 2, 30 de janeiro a 14 de outubro de 1933. Londres e Washington, 1957, p. 562-7.

tar um gabinete da Direita com ele como chanceler, a influência decadente de Hugenberg personificou o triunfo de uma contrarrevolução mais cruel, violenta e populista que não hesitaria em destruir seus aliados, muito menos seus inimigos. Diferente dos governos do Segundo Império, que não poderiam nem dispensar o apoio no *Reichstag*, nem eliminar a oposição às políticas do governo, fossem oriundas da Direita ou da Esquerda, a desintegração de todos os vestígios do governo parlamentar assegurou que o Terceiro Reich não enfrentaria tais responsabilidades.

Os poderes "emergenciais" de Hitler concederam legitimidade judicial à atual "sincronização" (*Gleichschaltung*) dos estados federais nos interesses de consolidar o poder no topo, no qual a retirada de Papen do governo dominado pela SPD da Prússia em julho de 1932 já havia estabelecido precedente inestimável. Tal processo, facilitado pelo consentimento de governos estaduais conservadores e pela pressão da intimidação e demonstrações massivas da SA, permitiu ao governo do Reich indeferir poderes reservados aos estados e centralizar o poder de tomada de decisão na Chancelaria do Reich em Berlim. Para checar o poder dos oficiais de Estado de maior escalão, os ministros-presidentes, Hitler nomeou os governantes rivais do Reich dos altos líderes do partido de cada Estado. Além de dar um fim à semissoberania dos estados que haviam existido sob o Segundo Império,[13] a destruição do sistema federal de Weimar contribuiu significativamente com a campanha radical do regime contra a Esquerda, extensão da qual logo requeria novos e mais letais meios de regulação política.

O Estado sulista da Baviera, defensor do conservadorismo católico e há muito tempo incubador da Direita radical, não apenas revelou a superficialidade das garantias nazistas à Igreja Católica, o Centro, e seu partido irmão regional, o Partido do povo da Baviera, como também tornou-se laboratório para aperfeiçoar os meios de repressão. Mesmo antes das eleições do *Reichstag* em 5 de março, o ministro Interno do Reich, Frick, apontou Adolf Wagner para o Ministério do Interior na Baviera, que por sua vez nomeou o líder da "Força de Proteção nazista" (*Schutzstaffel*) ou SS, Heinrich Himmler, como presidente provisório da Polícia. Na opinião de Frick, um irônico na luz de sua grande tolerância do golpe contrarrevolucionário, o governo de Estado da Baviera não foi cruel o suficiente para tomar medidas enérgicas aos comunistas, apesar de proibir a imprensa do partido e também suas assembleias públicas. Em Himmler, Frick encontrou o antídoto

---

13. BECK, 2008, p. 257-8.

ideal. Um agrônomo por formação, com ligações com a extrema Direita, a Liga Artaman, uma organização antiurbana, antieslava e antissemita que promoveu o assentamento germânico nas fronteiras orientais como a solução para a degeneração racial,[14] Himmler gravitava em torno do NSDAP e SA depois de sua atuação no *Freikorps*. Durante o *putsch* de Munique, ele tornou-se o porta-estandarte de Ernst Röhm, líder da SA de cujo assassinato teria, mais tarde, participado. Escolhido em 1929 para dirigir a SS, o então guarda-costas particular de Hitler, Himmler procedeu nos próximos quatro anos de modo a aumentar o grupo de membros da SS, separá-la da SA e criar o Serviço de Segurança da SS (SD) sob a autoridade de seu substituto, Reinhard Heydrich. A rede de informações de Himmler em 1933, que encurralou milhares de inimigos do regime e continuou as revanches desde a República Soviética da Baviera, logo excedeu o espaço disponível para a prisão deles.

Em junho de 1933, o número de prisioneiros em "custódia de proteção" era de 20 mil, a maioria deles vítimas de denúncias para os quais não havia mais prisões que pudessem acomodá-los. Para absorver o grande número de prisioneiros, um lugar na fábrica de munições na cidade de Dachau, não muito distante de Munique, tornou-se o núcleo do primeiro dos "campos de concentração", um termo com uma grande denotação imperialista.[15] Criada pelos britânicos como centros de detenção durante a Guerra dos Bôeres, as Forças Armadas germânicas construíram estruturas similares durante as guerras hereró e nama no sudeste da África, onde a maiorias dos prisioneiros morreram de fome e doenças. Mesmo sendo difícil afirmar a Guerra hereró como precedente de práticas genocidas do Terceiro Reich, os campos em Namíbia, como locais de morte lenta por meio do trabalho compulsório, tornaram-se parte da experiência imperialista mais ampla na organização e utilização dos prisioneiros.[16] Dachau e campos similares representavam uma mudança importante, pois agora eles seriam utilizados para encarcerar cidadãos germânicos, não indivíduos das colônias.[17] Como tais, eles deviam mais ao contexto europeu e germânico, nomeadamente a polarização política e social da Europa no entreguerras, o que envolvia

---

14. MAI, 2002, p. 29-30. Sobre a carreira inicial de Himmler, ver LONGERICH, 2008, p. 17-125 e 157-65.

15. EVANS, 2004, p. 345-6.

16. MADLEY, 2005, p. 446-50.

17. KUNDRUS, 2006, p. 58.

IMAGEM 11. O ditador do Reich da SS, Heinrich Himmler, perscrutando um prisioneiro em um tour de inspeção de Dachau, 8 de maio de 1936. Como primeiro campo de concentração nazista, inaugurado na primavera de 1933, Dachau influenciou a subsequente expansão da SS e o uso de práticas coloniais para conter a Esquerda germânica.

a transformação, em vez de a mera imposição, de um precedente colonial além-mar. Assim como os maiores e mais bem organizados movimentos trabalhistas na Europa, a Esquerda germânica "necessitava" do esforço do regime nazista para destruí-lo. O ataque a ele preparou o terreno para a extensão dos campos a outros "inimigos". Foi em Dachau o local onde cabeças raspadas, braços tatuados com números e imundos uniformes azuis listrados tornaram-se o procedimento-padrão de operação, dando licença a um tratamento bárbaro e desumanizador às vítimas desprovidas de liberdade e de identidade. Mais ainda, Dachau ativou, possibilitou a SS, que assumiu a supervisão do campo de concentração porque a polícia do Estado da Baviera estava sobrecarregada demais para expandir rapidamente sua influência, à custa da SA.[18] Como catalisador do crescimento do império institucional que iria encabeçar a insurgência do Império Nazista, o papel de Dachau na destruição do regime de seu adversário tornou-se emblemática na maneira pela qual o Terceiro Reich relacionou o sucesso de seus objetivos de longo prazo com a eliminação de seus inimigos internos.

---

18. RICHARDI, 1983, p. 26-87.

198 | IMPÉRIO NAZISTA

Tão importante quanto se tornou o sistema de campo de concentração, entretanto, a apropriação bem-sucedida do sistema penal e judiciário forneceu um componente indispensável em seu reino de terror. Detentores de poderes totais de detenção indefinida, e penas mais severas, procuradores do Estado e juízes, a grande maioria deles de Direita e antirrepublicanos, tiveram pouca dificuldade em aceitar a ordenação do regime de que a proteção da "comunidade racial" e a sobrevivência do Estado eram prioridade em relação à regra da lei. Além de terem cruelmente como alvo os "pervertidos" sociais e praticantes de outros crimes, os tribunais perseguiram adversários políticos com vingança, começando com os socialistas e comunistas. O número de presidiários dentro das prisões aumentou drasticamente. No verão de 1934, o sistema prisional por toda a Alemanha alcançou 100 mil presidiários e, no inverno de 1937, mais de 120 mil, excedendo de longe o número de prisioneiros nos campos de concentração. Se as condições de prisão durante a República de Weimar raramente promulgavam práticas menos draconianas previstas por reformas penais, elas eram paradisíacas comparadas àquelas do Terceiro Reich, no qual a repressão, o trabalho compulsório, o castigo corporal, uma exagerada e fetichista disciplina militar e a provisão de comida e cuidado médico, o mínimo necessário, tornaram-se rotina.[19]

A erupção de ódios étnicos sobrepunha-se à expressão violenta de hostilidades políticas. Terror de baixo, a qual a SA iniciava em plena luz do dia, trouxe inúmeras vítimas, a começar com os cidadãos judeus de outros países e judeus da Europa Oriental, que moraram na Alemanha por décadas sem receber cidadania.[20] Apesar de decepcionante por não ter ganho a concordância da população nem silenciado a crítica externa das ações antissemitas da SA seguindo o "confisco" de poder, um boicote de um dia nos negócios judaicos durante a primeira semana de abril declarou que o antissemitismo era agora política "oficial", ainda que o partido, e não os ministérios governamentais, tivesse tomado a iniciativa. Em resposta aos boicotes por toda a Alemanha organizados pelo partido local e por líderes da SA, Hitler consentiu com um boicote nacional para garantir uma ofensiva mais "racional" e "ordenada". Certamente, serventes civis profissionais desaprovaram o antissemitismo "de sarjeta" da SA. Muitos consumidores alemães ignoraram o boicote por interesse próprio ou lealdade aos comerciantes

---

19. Ver WACHSMANN, 2004, p. 67-101. Ver estatísticas sobre o número de detentos p. 70-1.

20. BECK, 2008, p. 182-4

IMAGEM 12. Três homens de negócios judeus estão desfilando pela Rua Breuhl no centro de Leipzig, carregando cartazes que diziam: "Não compre dos judeus; Compre nas lojas alemãs!" (1937). Apesar da reação internacional negativa e resposta interna tépida ao boicote de abril de 1933, ataques conduzidos pela SA às propriedades e subsistência judias tornaram-se rotina, como mostra a data da fotografia.

judeus. O ultraje estrangeiro ameaçou atacar um retrocesso econômico severo contra a Alemanha. Porém, o fracasso do boicote nacional desmentiu as imposições "legais" sobre os judeus, o que se tornou um marco da vida cotidiana do Terceiro Reich, assim como a violência nas ruas da SA contra judeus e propriedades judaicas. A Lei para a Restauração do Serviço Civil, que foi promulgada durante o mesmo mês, resultou na demissão de "não arianos" bem como adversários políticos; a única exceção eram os veteranos de guerra judeus, que se beneficiaram temporariamente da intercessão do presidente Hindenburg. A legislação subsequente restringiu a admissão de judeus na carreira jurídica e proibiu médicos judeus de tratarem pacientes nacionais. Os judeus foram basicamente demitidos das principais instituições culturais e artísticas, considerados detentores de um suposto "espírito não germânico". Outras medidas decretadas durante aquela primavera impuseram cotas para admissão de judeus nas universidades germânicas e a retirada da cidadania de judeus europeus orientais que haviam imigrado para a Alemanha após a Primeira Guerra. A desnaturalização, codificada por uma lei em meados de junho de 1933, tornou-se a chave para confiscar propriedades judias, uma vez que o regime desenvolveu uma legislação subsequente para privar os judeus nativos de cidadania.[21]

Juntos, os *pogroms* e o antissemitismo "judicial" representaram a tentativa mais determinada de minar o *status* econômico, político e cívico dos judeus. Iniciativas legais verticais complementaram os ataques nazistas extrajudiciais em nível local, incluindo boicotes, a destruição de casas e negócios, e a agressão física ou o assassinato de vítimas judias. O antissemitismo do Segundo Império foi bastante corrosivo; mais ainda, foi sua expressão violenta e radical sob a égide da República de Weimar, que ordenou, na maioria dos casos, sanções menores do Judiciário altamente conservador.[22] No entanto, esteve longe de desfrutar do *status* oficial ou legal que ele ocupou sob o nazismo, um ódio sancionado pelo Estado que gerou inúmeros atos de violência antijudia por parte de alemães comuns, sobretudo em devotos baluartes nazistas tais como a região de Francônia, ao Norte da Baviera, a maior cidade da qual Nurembergue serviu como local para comícios anuais do Partido Nazista.[23] A peculiaridade do antissemitismo nazista era evidente desde o princípio para Victor Klemperer, filólogo e convertido do judaísmo ao protestantismo, que registrou seus medos em seu diário. "A pressão sob a qual estou é maior do que na guerra e pela primeira vez na minha vida eu sinto ódio político por um grupo (como nunca senti durante a guerra), um ódio mortal. Durante a guerra eu estava sujeito à lei militar, mas sujeito à lei, apesar de tudo; agora eu estou à mercê de um poder arbitrário."[24]

Iniciativas do partido local e a tolerância de alemães não judeus, as quais surgiram de motivos que iam desde o avanço de interesse pessoal até o comprometimento ideológico, aprofundaram o impacto do antissemitismo, deixando poucos lugares de interação social, públicos ou privados, comuns ou extraordinários, intocados. O tormento do partido local encorajou alemães não judeus a se afastarem de seus conhecidos judeus por medo de serem vistos como "amigos dos judeus", enquanto alemães judeus evitavam seus vizinhos para não causar problemas. Modos traiçoeiros de segregação não apenas afetaram as escolas e locais de trabalho; também se estenderam aos locais de lazer, como a influência do regime na indús-

---

21. DEAN, 2008, p. 33.

22. DIRK, 1999, p. 151-99.

23. Ver LONGERICH, 2006, p. 55-73; MOMMSEN; OBST, 1988, p. 374-421; ULLRICH, 1991, p. 11-46; WILDT, 2000, p. 181-209; e novamente WILDT, 2007, p. 101-218.

24. KLEMPERER, 1998, p. 12.

tria de turismo mostrou. O "sincronizado" conselho de turismo nacional-socialista declarou os judeus excursionistas como convidados "indesejáveis" nos balneários e resorts alemães, excluindo-os de uma prática burguesa e arruinando a subsistência dos judeus na indústria de turismo. Hotéis de férias e locais turísticos estavam entre os primeiros a usar a frase que se tornaria lugar-comum por anunciar com orgulho a sua situação de "livre dos judeus".[25] Por sua vez, a capacidade ou incapacidade de participar em agradáveis passatempos de lazer exercia impacto sobre a maneira pela qual os alemães experienciaram o Terceiro Reich, o que aprofundava a divisão entre aqueles que sofriam com as depredações do regime e aqueles que se beneficiavam de sua inclusão étnica.

Ainda mais abominável, a relação que o regime nazista fez dos judeus com o "marxismo" tornou-se explícita em campos tais como Dachau, onde prisioneiros que tiveram o infortúnio de serem tanto comunistas quanto judeus receberam o tratamento mais pesado em um nível que continuamente reafirmou sua reputação de brutalidade sádica. O horror dos primeiros meses do governo nazista, entretanto, não foi limitado à construção de campos de concentração e a violência desmedida da SA. Ele apoiou-se também na disposição dos aliados conservadores do nazismo de encorajar a "dura" punição do "marxismo" e forçar medidas "legais" de exclusão, acreditando que os judeus haviam gostado de uma "exagerada" influência na sociedade e cultura alemãs. Além disso, apesar da reação pública hostil ao boicote, que interrompeu as interações comerciais cotidianas, os alemães – as pessoas comuns – não discordaram das práticas excludentes do regime. Na verdade, a mídia, agora livre de editores "não arianos" e artigos socialistas e comunistas, regularmente reportavam nos decretos do regime a prisão de milhares de prisioneiros e a construção de campos de concentração, colocando a rede de informações do nazismo aos olhos do público. Embora cada vez mais centralizada e severamente controlada pelo ministro de Propaganda Joseph Goebbels e seu chefe de imprensa Otto Dietrich, a imprensa ajudou a forjar um consenso entre o regime e seus cidadãos com base na convicção de que, por mais lamentável que fosse, a campanha violenta contra os "indesejáveis" era necessária para a restauração da "ordem" e a preservação dos valores da comunidade. Pôsteres com a propaganda nazista, um meio de comunicação essencial com um público confiante no

---

25. Ver principalmente BAJOHR, [s. d.], p. 116-41. Sobre a "desjudificação" da indústria de turismo alemã, bem como em balneários, ver SEMMENS, 2005, p. 17-8, 33-4, 95-6 e 147-8.

transporte público, bicicletas e ambulação, acostumaram o público ao frequente ataque do regime aos judeus.[26]

A destruição da Esquerda e a "sincronização" forneceram o contexto para o desdobramento de uma dimensão complementar e insidiosa da política racial nazista, a imposição da "higiene racial". Como regulação imposta pelo estado da saúde genética do povo (*Volk*), a "higiene racial" relacionou revolução moral com renascimento étnico, em que livrar o *Volk* de ameaças a sua existência era para ser prioridade em relação ao bem-estar individual.[27] Seis meses antes de tomar o poder, o regime havia apoiado as fundações de uma campanha de mutilar os portadores de características genéticas "indesejáveis", que ameaçavam poluir e enfraquecer o "corpo popular" (*Volkskörper*) de tal forma que ele não poderia satisfazer seu destino biológico e histórico como uma expansionista "corrida racial". A lei de prevenção de doenças hereditárias, que foi criada no Ministério do Interior e anunciada em 14 de julho de 1933, ordenou a esterilização compulsória daqueles com atraso mental congênito ou psicoses. Aqueles com deficiência física ou doenças hereditárias, tais como a Coreia de Huntington, também seriam alvo, assim como os epilépticos, os portadores de deficiência auditiva e os alcoólatras. Os pervertidos socialmente, tais como mendigos, cafetões, prostitutas, e os sinti e roma, depreciativamente referidos por "errantes", eram incluídos na lista de vítimas em potencial. Como tal, a lei foi mais radical do que o esboço, uma legislação apresentada ao governo prussiano em julho de 1932 após o golpe de Papen, que previu "apenas" a esterilização voluntária. Ao atrair profissionais da saúde, trabalhadores do bem-estar social, advogados e cientistas que encaminharam ou mediaram casos antes, os quase duzentos especialmente estabelecidos "Tribunais de saúde genética", a nova legislação trouxe à fruição os desejos de higienistas raciais que haviam se tornado mais insistentes e ansiosos durante a Depressão. O financiamento público, anunciou o ministro do Interior Guilherme Frick, iria apoiar apenas as pessoas racial e geneticamente sadias, enquanto que aqueles que não se enquadravam a esse padrão estariam sujeitos à intervenção corporal brutal e irreversível para proteger o povo dos "marginalizados" geneticamente. Em cada um dos primeiros quatro anos da existência da lei de esterilização, mais de 50 mil pessoas foram esterilizadas, a vasta maioria delas involuntariamente, ao seguir pouco bem-sucedidos apelos

---

26. GELLATELY, 2001, p. 34-69; HERF, 2006, p. 17-49.

27. KOONZ, 2003, p. 103-4.

através dos Tribunais de saúde genética. No final do Terceiro Reich, 360 mil esterilizações haviam sido feitas, a maioria delas antes da irrupção da guerra em 1939. A maioria dos esterilizados foram os internados de hospitais psiquiátricos, que estavam impotentes nas mãos de médicos que viam o programa como uma forma de dar alta aos pacientes e cortar despesas.[28] Ao mesmo tempo que Hitler procurou canalizar a "revolução" nazista em procedimentos mais organizados, eficientes e burocráticos, os consultórios de saúde pública e tribunais de saúde genética cumpriram a determinação do regime de refazer os alemães.[29]

A lei de esterilização de julho foi apenas a base para decretos adicionais, mais abrangentes e numerosos demais para listar, os quais revelaram a relação entre a criminalidade e doença hereditária nas mentes dos higienistas raciais. No mês de novembro seguinte, uma legislação fora introduzida, a qual expandiu o poder da polícia e das cortes para aumentar o confinamento dos "criminosos habituais", reter os que estavam "fora da sociedade" (isto é, criminosos insignificantes e prostitutas) em hospitais estaduais e ordenar a castração de ofensores sexuais convictos, a maioria por abusos de crianças ou atentado ao pudor.[30] Em outubro de 1935, a Lei de Saúde no Casamento e subsequentes decretos auxiliares exigiram a triagem de casais que procuravam licenças para se casar, como forma de desencorajar a união de pessoas consideradas portadoras de degeneração hereditária. As leis que governavam "higiene racial" tinham respaldo no argumento de que escolhas individuais e decisões supostamente pessoais no que diz respeito ao casamento e procriação não tinham lugar no Terceiro Reich, no qual a saúde biológica e a sobrevivência do povo eram prioritárias em relação aos direitos individuais e privacidade pessoal.

A higiene racial expôs os laços indissolúveis entre a muito debatida "questão social", que é o debate sobre como disciplinar e integrar a classe trabalhadora, e intervenção racial. Tendo surgido no último quarto do século XIX, o movimento de eugenia articulou o medo da burguesia quanto ao impacto do rápido crescimento e da urbanização na Alemanha, sobretudo a emergência de um proletariado inquieto e politicamente autônomo comprimido em guetos urbanos que supostamente promoviam a desintegração

---

28. Sobre a esterelização, ver PROCTOR, 1988, especialmente p. 95-117; BOCH, 1986; e GANSS-MÜLLER, 1987, p. 34-115.

29. FRITZSCHE, 2008, p. 89-90.

30. WACHSMANN, 2004, p. 142.

moral e familiar. As mulheres da classe trabalhadora, que trabalhavam em oposição à sua obrigação de reproduzir, causaram a intervenção do Estado de garantir a saúde biológica do povo e o aumento da população em uma era que equiparava a força militar ao tamanho da população.[31] Além disso, a reinstalação da pena de morte no fim da década de 1880 e início dos anos 1890, que era justificada com base em teorias sobre a criminalidade que admitiram ser o desvio social de origem congênita, era explicitamente direcionado contra a "ameaça" de uma revolução socialista, e a visão marxista do comportamento criminoso como algo ligado ao ambiente.[32] As perdas catastróficas do campo de batalha e privações internas da Primeira Guerra, derrota militar e revolução, e a inflação no pós-guerra, encorajaram os defensores da eugenia "negativa" ou a agressiva prevenção da procriação pelos "marginais". A Depressão exacerbou aquela tendência quando a agência do bem-estar lutava para lidar com o influxo de clientes pouco cooperativos, aparentemente jovens incorrigíveis da classe trabalhadora e os desempregados crônicos.

Não era por acaso que a maioria dos esterilizados vinha de antecedentes do proletariado. A pobreza, a falta de emprego, famílias desestruturadas e suspeitos políticos atraíam atenção da polícia, de assistentes sociais e da área médica, já predispostos a considerar como congênito aquele comportamento que se desviava das normas burguesas. Assim, o adolescente Karl Himmel, filho ilegítimo de uma empregada doméstica natural de uma pequena cidade industrial da Alemanha Ocidental, tornou-se o tipo de caso que, do ponto de vista oficial, merecia esterilização. Após o casamento de sua mãe com seu padrasto e o nascimento de seu meio-irmão legítimo, a crescente alienação de Himmel de sua família e seu desempenho insuficiente na escola levaram-no ao despejo de sua casa. Uma série de mudanças de escolas e empregos não compensou o seu sentimento de rejeição. Quando era um residente em um abrigo, Himmel foi reportado à corte de saúde hereditária local em 1936. Após um teste de inteligência e exames por médicos, a corte ordenou que ele se submetesse a uma vasectomia em janeiro de 1937 devido à sua incapacidade de aderir ao comportamento aceitável socialmente. A convicção de Himmel de que sua recusa em responder perguntas em testes de inteligência que trairiam sua ideologia comunista, o que ele revelou mais tarde em uma entrevista para uma história oral, enfatizou a maneira

---

31. CANNING, 1996, p. 85-217.

32. EVANS, 1996, p. 433-4.

pela qual a eugenia e a polarização social convergiram de lado a lado para determinar o destino dos candidatos à esterilização.[33]

Embora a relação entre os campos de concentração e a prévia experiência colonial da Alemanha era indireta, a "higiene racial" pertencia a uma história maior, a difícil administração do Império além-mar anterior à Primeira Guerra e a descolonização imposta da Alemanha mais tarde. Ambas permitiram a relação entre a "questão racial" e a "questão social". Na face da resistência "nativa" e da integração econômica global, que valorizaram a eficiência do trabalho internamente e no exterior, a eugenia tornou-se a justificação para proibir a miscigenação, segregar os nativos e ao mesmo tempo explorar o trabalho deles, e abrir caminho para colonizadores menos proletarizados e de maior qualidade que não iriam se tornar nativos. O imperialismo associou as duas fobias burguesas do socialismo e miscigenação racial, nas quais os trabalhadores foram imaginados muito como "nativos", sujos, desobedientes e perversos. Embora a lei de cidadania de 1913 do Segundo Império era menos excludente do que os nacionalistas radicais desejavam, a perda de colônias e o "Horror Negro na Renânia" deram suporte ao argumento de que a cidadania deveria ser dada aos hereditariamente adaptados, aqueles que não precisavam de intervenção eugênica. Em vez de o direito à privacidade, incluindo aquela nos assuntos sexuais, o espectro da miscigenação ditou cada vez mais a restrição da liberdade sexual e a exclusão daqueles que representavam risco racial ao corpo do povo. A biologia se tornaria, de fato, destino.[34]

Além disso, como demonstra a carreira do antropólogo Eugen Fischer, a continuidade de cargos existiu entre o Império Germânico e o Terceiro Reich. Em 1913, após ter conduzido uma pesquisa de campo na Sudoeste Africano alemão depois da Guerra dos Hererós, Fischer publicou um estudo dos africânders Rehoboth Basters, descendentes de mulheres africanas e homens alemães, britânicos e bôeres, que mantiveram sua reputação. Embora fruto de descobertas ambíguas, o estudo de Fischer concluiu que a miscigenação colocava os brancos em risco. Seu estudo também afirmava que os de raça inferior mereciam viver apenas se pudessem comprovar serem úteis aos de raça superior. Sem essa condição, as pessoas de raça "inferior" poderiam ser eliminadas legitimamente. O prestígio de Fischer, no pós-guerra, como diretor do Instituto Kaiser Guilherme de Antropolo-

---

33. Ver JUREIT, 1999, p. 194-233.

34. GROSSE, 2000, p. 233-8.

gia, Hereditariedade Humana e Eugenia, que o permitiu empreender um abrangente programa de ciência da raça e que treinou os dignitários nazistas, tais como o médico de Auschwitz Josef Mengele, elevou-o durante o Terceiro Reich. Além de exercer um papel fundamental na esterilização de filhos mestiços de alemãs e das tropas coloniais francesas que ocuparam o Reno, o trabalho de Fischer nos casamentos miscigenados ajudou a criar bases "científicas" mais amplas das Leis de Nurembergue.[35]

Não obstante, a política racial emergente do regime nazista não evoluiu simplesmente de precedentes anteriores. Estruturalmente, sua reconstituição do poder policial em completo terror envolveu uma violenta ruptura com relação a importantes implicações para a prática de cuidados da saúde e do bem-estar público. Além de destruir as fundações institucionais do movimento da classe trabalhadora, seus partidos e sindicatos, ela também suprimiu aqueles que desejavam inibir a implantação nazista da eugenia, sem contar a rápida expansão da SS, que se tornou a personificação institucional da "higiene racial." Em muitos casos, judeus e simpatizantes da Esquerda, profissionais do bem-estar e da saúde pública que desafiaram a ciência da hereditariedade ou defendiam a autonomia individual no planejamento familiar, foram expulsos, exilados, ou presos. Mesmo se as mais conservadoras das diversas agências de serviço social de Weimar se aproximaram perigosamente à ideologia de bem-estar nazista, elas nem eliminaram totalmente a escolha individual nem aderiram ao critério de suporte público que os nazistas consideraram essenciais, o "valor" do indivíduo à comunidade. Após 1933, a prisão de socialistas estreitou consideravelmente o campo. O ataque do regime à esquerda, junto a sua determinação de concentrar poder político no topo, incapacitou a eugenia, sobretudo a eugenia negativa, a se tornar mais mortal na Alemanha do que em outras nações industrializadas onde ela era praticada.[36]

Certamente, medidas de esterilização na Califórnia iniciadas em 1909 constituíram um modelo importante para a lei de esterilização germânica de 1933, indicando o grau ao qual a Eugenia tinha se tornado um movimento transnacional que envolvia o compartilhamento de informações e precedentes importantes. Em última instância, entretanto, os eugenistas alemães apontaram para a superioridade da abordagem nazista. Uma lei nacional,

---

35. Ver FRIEDLANDER, 1995, p. 11-4; STEINWEIS, 2006, p. 46-54; MADLEY, 2005, p. 453-6.

36. GROSSMANN, 1995, p. 136-65; HOFFMANN; TIMM, 2009, p. 94-5.

execução que se baseava num sistema de cortes da hereditariedade, era, segundo eles, um curso de ação mais racional e eficiente do que a abordagem federalista, inconsistente e presumidamente caótica dos Estados Unidos.[37] A eugenia nazista não apenas atingiu extremos inalcançados em outros lugares; sua política racial também apoiava-se na hipótese de que nenhum outro poder imperialista já agira de acordo. Como o ataque à esquerda e a lei de esterilização tornaram evidente, a imposição do regime de "higiene racial" não apenas acompanhou o imperialismo. Em vez disso, o regime considerou necessário impor a "limpeza étnica" antes da guerra pelo império. Apenas uma nação livre de conflito social e a custosa resistência dos "inferiores", bem como a limpeza de material genético "indesejável", poderia expandir e prosperar. Para tanto, o povo necessitava de instrução para superar irredutíveis proibições morais, seja individual liberal ou cristã, não apenas para sancionar as novas práticas dos profissionais da saúde, mas também para se fortalecer para a batalha apocalíptica que vinha pela frente. Apesar das contribuições diretas e indiretas de Eugen Fischer e outros à política racial do Terceiro Reich, elas teriam sido impossíveis se o regime nazista não tivesse colocado a destruição do "marxismo" como prioridade em seu programa. A eliminação do trabalho organizado garantiu que seu programa racial não receberia oposição efetiva. Além disso, aquele programa iria mais adiante reforçar a eliminação da "ameaça" socialista e comunista e a esterilização compulsória dos que "não valiam a pena" hereditariamente.

Se o imediatismo caracterizou a supressão e a exclusão de "inimigos" internos, também definiu desenvolvimentos na economia alemã ao manter contato com a radical política externa nacional e imperialista que uniu os nazistas a seus facilitadores conservadores. No início da segunda semana de fevereiro de 1933, Hitler anunciou a seu gabinete que o rearmamento seria empreendido imediatamente que e a política econômica serviria como seu braço direito. Apenas o rearmamento, de acordo com o ditador, tornaria possível a conquista militar. Por sua vez, apenas a conquista militar forneceria espaço vital que iria garantir a sobrevivência biológica e a prosperidade material dos alemães. Assim, as Forças Armadas receberam seu próprio orçamento de recursos desviados do programa de recuperação econômica instituído no final de 1932 pelo então chanceler Kurt von

---

37. Ver KÜHL, 1994, p. 37-63, sobre o que os eugenistas alemães aprenderam com os americanos; e FRIEDLANDER, 1997, p. 9-10. Como os cientistas de universidades, os eugenistas alemães gozavam de maior prestígio do que suas contrapartes americanas, o que, obviamente, elevou sua influência.

208 | IMPÉRIO NAZISTA

Schleicher para estimular a produção de navios, aviões, artilharia, tanques, e outros materiais bélicos. Para financiar o rearmamento, o ministro das Finanças Hjalmar Schacht, um liberal-nacionalista antes da Guerra que, no final da década de 1920, tornou-se um nacionalista radical com forte inclinação pró-nazista, criou um consórcio que produziu uma nova moeda chamada "Mefo bills" garantida pelo Estado e descontada pelo banco do Reich. No total, o governo prometeu comprometer 35 milhões de *Reichmark* em oito anos de rearmamento para uma média de 5 a 10% do GDP germânico a cada ano. Essa despesa não apenas excedeu o gasto militar dos poderes ocidentais por duas ou três vezes; a proporção da reserva do Reich direcionado ao rearmamento no período sem guerra não foi alcançado por nações ocidentais até a Guerra Fria.[38]

Devido ao profundo impacto na consciência do nazismo quanto ao bloqueio da Entente durante a Primeira Guerra, a chave para o rearmamento no longo prazo não era o gasto deficitário que as contas da Mefobill mal conseguiram disfarçar, mas sim a autossuficiência econômica. A autarquia iria aliviar a dependência da Alemanha com relação a importações de alimentos, criar reservas monetárias que pudessem ser usadas para adquirir matéria-prima bruta e promover acordos bilaterais com os estados sucessores do sudeste europeu. Por sua vez, a dependência econômica iria pavimentar o caminho para sua incorporação em um império germânico, transformando o que era uma economia alemã baseada na exportação em outra autossuficiente.

De fato, em junho de 1933, sob o desejo de Schacht, o regime nazista declarou unilateralmente uma moratória sobre o pagamento de sua dívida externa de longo prazo, sobretudo aos Estados Unidos. Ao fazer isso, o regime completou o que Brüning e Papen iniciaram – o abandono de uma prática que os governos de Weimar entre 1924 e 1929 consideraram essenciais –, o uso de influência americana para aliviar as pressões por indenização da Grã-Bretanha e França e garantir mercados para exportações germânicas.[39] Diferente de guerras coloniais europeias anteriores, as quais poderes imperialistas travaram em parte para integrar suas colônias em uma economia global, o regime nazista relacionou o ressurgimento do Reich com a busca de autarquia.[40]

---

38. TOOZE, 2006, p. 54.

39. Ibid., p. 55.

40. Ver WALTER, 2006, p. 19-20.

Melhorar o estado péssimo crônico da agricultura alemã era igualmente crucial para atingir autossuficiência econômica e a revitalização racial. Aumentos significativos na produção interna de alimentos iriam compensar a perda de importações e proteger a Alemanha das consequências de um possível bloqueio adversário. Ainda que o baixo padrão de vida rural e a prática entre as famílias rurais no Sul e Oeste de dividir propriedades entre vários irmãos, o que resultou em sítios que eram pequenos demais para alcançar uma economia de escala decente, eram problemas importantes que tinham de ser superados. A emigração de trabalhadores sem terra e camponeses apenas aumentou as dificuldades. A necessidade de produzir mais alimentos internamente para reduzir a dependência da Alemanha das importações não foi a única justificativa para a "reforma" agrária. Consistentes com a premissa da lei de esterilização de preparar o povo biologicamente para a batalha que estava pela frente, as medidas do regime na agricultura fundiram economia e raça. Por meio da reestruturação legal e biológica da herança, um povo rural saudável racial e economicamente se tornaria a chave para um povo revitalizado.

Para isso, o regime instituiu dois programas que significaram o completo abandono de uma economia liberal na agricultura e a imposição de direitos de propriedade baseados na raça que anteciparam a redefinição de cidadania que iria ocorrer como resultado das Leis de Nurembergue. A primeira, a Lei da Fazenda Hereditária, promulgada em 1933, protegia os bens rurais de serem retomados pelo banco, ao mesmo tempo que tiravam o direito dos proprietários de vender suas terras ou usá-las como segurança contra hipotecas. Feito para forçar os trabalhadores rurais em um sistema rígido de primogenitura e eliminar a divisão de herança, o direito de herdar propriedades excluía mulheres, bem como homens de ascendência "colorida" ou judia. Rurais que fossem descobertos como deficientes pelos tribunais de saúde hereditária eram excluídos também. Inicialmente a lei esperava que os estados envolvidos administrassem sua dívida cooperativamente. Devido ao fato de a lei ter mostrado ser mais eficiente na teoria do que na prática, o Ministério da Agricultura buscou cada vez mais estender créditos ou fundos a camponeses para garantir a cooperação desses e enfraquecer a sua resistência aos novos padrões de herança.

A segunda lei criou o Departamento de Fomento Agrícola do Reich, que estabeleceu controles de preço e produção para aumentar a renda e melhorar o padrão de vida rural de modo que os moradores rurais fossem menos propensos a partir. Ambos os programas originaram-se com a substituição de Hugenberg como ministro da Agricultura, o engajado ao nazismo Walther Darré e seu substituto Herbert Backe. Ambos defenderam um completo protecionismo agrário e uma hostilidade virulenta ao que ele cunhou a doutrina "judia" de livre acordo. O liberalismo econômico, eles determinaram, foi a fundação de um urbanismo desalmado, que sacrificou o pilar da cultura alemã, o campesinato. Liberalismo esse que ridicularizou o valor principal ao qual os rurais aderiram: o enraizamento à terra. Ambos mantiveram a ideia de que um "retorno" aos valores germânicos centrais de sangue e solo dependia de um espaço vital radicalmente maior que iria permitir propriedades maiores, mais eficientes e mais modernas. Significativamente, nem Darré nem Backe nasceram e cresceram na Alemanha. Darré veio da Argentina. Os antepassados germânicos étnicos de Backe fixaram-se na Geórgia, durante o século XIX, mas sua família imediata fugira da Revolução Bolchevique. Como os assim chamados *Volksdeutschen* (germânicos étnicos que não eram cidadãos do Reich), a proeminência dos dois significou não apenas a atração magnética do movimento nazista para alguns daqueles que ele afirmava beneficiar, germânicos além das fronteiras do Reich, mas também que a política da agricultura do nazismo não seria confinada às fronteiras presentes na Alemanha. Embora durante a guerra os objetivos de colonização, como queria a SS, iriam mais tarde mover-se fora do programa centrado no camponês do Departamento de Fomento Agrícola, a expansão territorial era desde o início vista como a panaceia que iria integrar a saúde da economia e a revitalização étnica.[41]

Comparado ao hiper-rearmamento, impulsionado após 1936, o investimento em produção militar do período anterior foi modesto. Ainda assim, as medidas iniciais do regime resultaram em grandes mudanças de prioridade. Essas incluíam as limitações de dividendos que as sociedades anônimas podiam pagar a seus acionistas, com o intuito de redirecionar os investidores para a compra de títulos do governo, e a crescente discriminação contra a produção de bens de consumo com pouca aplicação militar.[42] Embora Hitler apreciasse que a população alemã fosse atraída por um consumismo emergente, ele nunca se desviou da crença na gratificação adiada até que império fosse alcançado. Mesmo os programas de criação de em-

---

41. A literatura sobre a política agrícola nazista é substancial. Ver TOOZE, 2006, p. 166-99; CORNI, 1990; e CORNI; GIES, 2002, p. 48-76.

42. DEAN, 2008, p. 50.

prego, o que Hitler só começou a abordar no final de maio de 1933, e que a priori baseou-se nos recursos já orçados por Schleicher, foram desenvolvidos menos pela necessidade de dar ocupação aos desempregados que por sua utilidade como medida paliativa até que o rearmamento engrenasse. O investimento em projetos de obras públicas, que nunca fez jus aos gastos militares, serviu de camuflagem para a remilitarização da Alemanha, mantendo a Entente desprevenida até que o Reich estivesse totalmente preparado. Os projetos de criação de emprego que mais chamaram a atenção, como a construção das autoestradas (*Autobahnen*) e a produção da Volkswagen, cujo preço seria baixo o suficiente para que os trabalhadores pudessem pagar, estavam intimamente ligados ao rearmamento. Ainda que, em última análise, inútil para as Forças Armadas por causa de sua vulnerabilidade a um ataque aéreo, e por não ter sido finalizada assim que a guerra foi deflagrada, a *Autobahn* foi criada acreditando-se que atenderia às necessidades militares. A fascinação de Hitler com os carros produzidos em massa de Henry Ford, que a Volkswagen finalmente corporificou, resultou não só do desejo do regime de "motorizar as massas" e ganhar a lealdade dos alemães "mal assalariados", mas também do reconhecimento de que as fábricas automotivas poderiam facilmente ser convertidas em montadoras de veículos militares.[43]

Mesmo o desejo de Hitler de conter uma futura "revolução", refreando a orgia de "excessos" vigilantes da SA, o qual ele expressou em julho de 1933 após a derrota da Esquerda e a implementação do *Gleichschaltung*, resultou em uma maior radicalização. Diante da crescente inquietação dos ministérios governamentais e das Forças Armadas, a liderança nazista decidiu reduzir os poderes da polícia especial da SA e restringir seu papel estritamente à mobilização política das massas. Enquanto a SA direcionasse seu terror essencialmente a comunistas e socialistas, os conservadores teriam poucas objeções a fazer. Uma vez contida a Esquerda, no entanto, os camisas pardas passaram a agredir diplomatas estrangeiros, repartições públicas e locais de trabalho. As medidas iniciais para reter a SA não contribuíram para conter o ressentimento dos "velhos combatentes" da organização, que não gostavam do afluxo, a partir de janeiro de 1933, de grande número de novos membros, e das promessas tácitas de Hitler ao Exército regular de que os "batalhões pardos" não competiriam com eles. Os camisas pardas tornaram

---

43. Sobre os programas de criação de empregos, ver SILVERMAN, 1998. Sobre a Autobahn e a Volkswagen, ver OVERY, 1994, p. 68-9; e MOMMSEN; GRIEGER, 1997, p. 51-113.

públicas suas ambições de substituir o *Reichswehr* como verdadeira milícia nacional. Além das rixas contínuas, seus membros exigiam uma "segunda revolução", que colocaria os compromissos que levaram Hitler ao poder em segundo plano e eliminaria a instituição conservadora.

Embora tenha hesitado por meses, porque não estava disposto a perder o apoio dos "velhos combatentes" do partido, Hitler adiou sua decisão até o discurso alarmante do vice-chanceler Papen, na Universidade de Marburg, em meados de junho de 1934. Ao deixar transparecer sua consternação com o fato de que o sistema autoritário e elitista que ele acreditava que Hitler apoiava estava agora sob ameaça, Papen condenou vigorosamente a "segunda revolução" e o "falso culto à personalidade" em torno do chanceler. Pouco tempo depois, Hindenburg ameaçou invocar a lei marcial e colocar o governo nas mãos do Exército. Encurralado, Hitler agiu. Em 30 de junho de 1934, Göring, Himmler e seu deputado, Reinhard Heydrich, engendraram a prisão e o assassinato da liderança da SA, incluindo seu comandante Ernst Röhm, que havia sido um dos colaboradores mais próximos de Hitler desde a formação do partido em Munique. O comando do Exército, o qual forneceu a SS transporte e armas, ficou aliviado com a destruição de seu mais perigoso rival e reassegurado das garantias que Hitler concedera às Forças Armadas logo após sua subida ao poder. Embora a "Noite das Facas Longas", como o expurgo de Röhm veio a ser conhecido, tenha desenrolado uma violência em cascata digna da força paramilitar que agora estava sendo brutalmente castigada, a opinião pública louvou a firmeza de Hitler na restauração da ordem contra os agressores da SA, e ao lidar com os "chefões" do partido que tinham ficado muito arrogantes.[44] Porque muitos alemães dissociavam Hitler das ações de seu partido, sua popularidade mal tinha sido abalada, de acordo com informantes do Partido Social-Democrata no Exílio (*Sopade*). Em alguns círculos ela tinha inclusive crescido.[45] Nem a Igreja Protestante nem a Católica elevaram suas vozes, talvez um sinal da eficácia das justificativas de Hitler para o expurgo, como a homossexualidade, a bebedeira, a corrupção e a libertinagem do líder da SA. Já comprometidos com os decretos de emergência e a legislação antissemita a que tinham aderido, os profissionais legais tampouco tinham o que objetar.

---

44. KERSHAW, 1987, p. 84-95.

45. *Deutschland-Berichte der Sozialdemokratischen Partei Deutschlands (Sopade)* (doravante citado como *Sopade*). Frankfurt: Verlag Petra Nettelbeck, 1980. Jun./jul. 1934, p. 249.

O palpável alívio do Exército, no entanto, era prematuro, pois o regime buscou ampliar o acerto de contas, afetando também a antiga elite. A "Noite das Facas Longas" não tinha como alvo apenas a liderança da SA, ela também tragou proeminentes conservadores, assassinando-os em atos de vingança. O assistente de Papen, Edgar Jung, que escreveu o discurso do vice-chanceler em Marburg, foi morto, assim como o predecessor imediato de Hitler, Kurt von Schleicher, que tentou impedir a chancelaria de Hitler. Um líder político católico, Erich Klausener, foi morto a tiros como um aviso a Heinrich Brüning, que, tendo recebido a mensagem, fugiu às pressas do país. Gustav von Kahr, o ferrenho monarquista ministro-presidente da Baviera, mesmo com sua hospitalidade com a Direita radical após o Kapp-Putsch não ter se prolongado com a revolta de Munique, em 1923, encontrou a sua morte violenta. O expurgo também exterminou o líder geral, Erich von Bredow, suspeito de publicar críticas ao regime no exterior. Gregor Strasser, antes líder da organização nazista, que, desafiando Hitler, havia procurado uma posição no gabinete de Schleicher, foi friamente executado por ordem de Göring e Himmler. Ao comentar as mortes dos líderes conservadores no expurgo, o escritor Thomas Mann, um qualificado adepto da República, que antes defendera a guerra contra a Entente, proferiu uma ácida praga em ambas as casas. "Eu não nutro simpatia por essa gente que abriu caminho para essa miséria mais do que por esses bandidos [o chefe da polícia nazista em Breslau, Edmund] Heines e Röhm, mas seu sangue também ficará na 'cabeça' deste vigarista revoltante e assassino charlatão, um dia, um herói da história como o mundo nunca viu antes, ao lado de quem Robespierre pareceria absolutamente honrado."[46] O aviso de Mann era presciente. O expurgo de Röhm ampliou significativamente a posição da SS, permitindo a Himmler assumir a gestão de todos os campos de concentração, incluindo Dachau, e ancorando seu posto como emergente elite racial do Terceiro Reich. Dois meses antes do expurgo, depois de Himmler já ter assumido o comando da polícia em uma série de outros estados alemães além da Baviera, Göring o autorizou a comandar a polícia prussiana, o que seria essencial na iminente repressão à SA. Apesar das objeções do ministro do Interior, Frick, à expansão do império de Himmler, este explorou sua conexão pessoal com Hitler para expandir indiscriminadamente o uso da "custódia protetora" sem revisão judicial. A partir de então, a SS, uma organização que começara modestamente durante os anos 1920, como guarda pessoal de Hitler, seria responsabilidade apenas de Hitler.

---

46. MANN, 1982, p. 216.

Além da ampliação de seus poderes policiais, a SS incorporou a fusão do racismo com o expansionismo em um grau excepcional na história do imperialismo europeu. Ela materializou o compromisso do regime de purificação como um antecedente importante para a guerra. Depois de expulsar 60 mil membros "indesejáveis" da SS entre 1933 e 1935, Himmler impôs novas regras, envolvendo um escrutínio extraordinário da vida privada dos iniciados da SS. Além de especificar a altura adequada, a aparência física, a postura, o desempenho atlético e a inteligência, ele exigiu que os candidatos à admissão provassem sua ascendência ariana desde 1750 para oficiais, e desde 1800, para os alistados. Os altos dirigentes da SS tinham de provar sua inquestionável ascendência racial desde 1650. Além disso, os homens da SS não podiam se casar, a menos que suas noivas fossem submetidas à varredura de sua adequação racial, uma política iniciada por Walther Darré antes da invasão nazista, cuja relação estreita com Himmler e associação com a organização lhe permitiu colocar suas teorias de seleção racial em prática.[47] Embora se esperasse que os alemães comuns também apresentassem provas genealógicas de sua aceitabilidade racial, o limite foi bem menor do que o do regime de elite racial.[48] Como os membros mais velhos da SS tinham se aposentado, muitos deles veteranos das campanhas da *Freikorps*, a SS atraiu legiões de novatos altamente qualificados. Os novos recrutas, muitos dos quais, assim como o próprio Himmler, tinham doutorado, e cujo radicalismo contrarrevolucionário havia sido ventilado nas universidades,[49] definiriam a enorme escala de letalidade do imperialismo nazista, infundindo seu racismo apocalíptico com as armas de uma economia e cultura altamente desenvolvidas.

Para Himmler e Darré, a Ordem Teutônica serviu de modelo para a SS em muitos aspectos – o voto de obediência, o poderio militar, a composição aristocrática e a eficiência organizacional. Desde o início da década de 1920, o Leste tinha cativado Himmler como território para o cumprimento do destino imperial da Alemanha, depois de ouvir o discurso do comandante da *Freikorps* e combatente báltico, Rüdiger von der Goltz.[50] Mas Himmler não estava interessado apenas na restauração de um precedente medieval, mas na modernização e renovação desse precedente. Além de re-

---

47. LONGERICH, 2006, p. 310-22 e 365-95.

48. EHRENREICH, 2007, p. 58-77.

49. HEINEMANN, 2004, p. 49-62.

50. LONGERICH, 2006, p. 60.

jeitar a regra da Ordem Teutônica do celibato, o que supostamente levou a "uma dissipação do sangue", e proclamar uma "nova" aristocracia, com base no "empreendimento" e na "eficiência", a versão colonialista da Ordem, que trouxe a imposição de leis e da linguagem germânicas, foi recusada. Em vez disso, a SS empreenderia a colonização alemã pelo sangue.[51] Apesar do conflito que se desenvolveu entre Himmler e Darré, a relação entre a SS e a ala agrária do partido, particularmente Herbert Backe, assegurou tanto a colonização no Leste como a solução para o problema de abastecimento alimentar da Alemanha quanto, e mais importante, a proteção da etnia alemã contra as múltiplas ameaças à sua existência.[52] A morte de Hindenburg, presidente do Reich, durante a primeira semana de agosto de 1934, permitiu que Hitler assumisse a presidência enquanto, simultaneamente, mudava o seu título para *Führer* e chanceler do Reich. Na verdade, Hitler sequer esperou pelo pronunciamento do marechal de campo, exigindo que os ministros assinassem o documento de transferência de poderes do presidente para o *Führer* após a morte de Hindenburg. Posteriormente ratificada em plebiscito nacional, a ação de Hitler, orquestrada por Blomberg, permitiu que ele se tornasse o comandante supremo das Forças Armadas. Uma vez que Hitler passara a ser chefe de Estado e de governo, os militares foram forçados a prestar um novo juramento de lealdade e obediência incondicional ao homem que Hindenburg um dia tinha desdenhado como um cabo boêmio. Um juramento similar foi exigido aos servidores civis. O governo de "concentração nacional", que convergira sob a necessidade de destruir o "marxismo" e o sistema democrático liberal que o mantinha, solidificou uma ditadura que zombara da outrora confiante certeza de que Hitler e o Partido Nazista seriam subservientes aos conservadores e reinaria sob um radicalismo populista. "Praticamente ninguém notou esse completo golpe de Estado", queixou-se o bem-informado Victor Klemperer, "isso tudo aconteceu em silêncio, abafado pelos hinos à morte de Hindenburg".[53]

A rapidez estonteante com a qual o regime nazista consolidou seu poder, superando os conservadores e golpeando a Esquerda, contradisse a evidência de insatisfação popular com as políticas econômicas e religiosas do regime. Os programas de criação de emprego do governo nazista, em 1933 e 1934, tanto os iniciados pelo próprio regime, como a Autobahn,

---

51. BURLEIGH, 1997, p. 22-4; LONGERICH, 2006, p. 283.

52. TOOZE, 2006, p. 171.

53. KLEMPERER, 1998, p. 80. [Entrada de 4 de agosto de 1934]

quanto os continuados de seus predecessores, reduziram temporariamente o desemprego no campo, onde o trabalho não qualificado era abundante. No entanto, eles fizeram relativamente pouco em favor dos trabalhadores desempregados qualificados em áreas urbanas. O "crédito" da redução do desemprego, o que ficou evidente em 1936, pertencia ao rearmamento. Não obstante, o descontentamento popular tornou-se evidente na primavera de 1935. A escassez de alimentos decorrente de uma colheita ruim e o aumento dos preços de artigos de necessidade básica, com a qual a inflação decorrente do rearmamento contribuiu, tinha claramente começado a diminuir o entusiasmo popular com relação ao regime. Os salários permaneceram inferiores aos níveis de 1928, o último ano pré-Depressão. O "Novo Plano", de Hjalmar Schacht, introduzido no outono de 1934 para controlar rigidamente o uso de divisas para importações e aumentar acordos bilaterais de troca de matérias-primas por produtos finais, não contribuiu em nada para aliviar o fardo que o rearmamento impôs aos consumidores. A importação de alimentos para atenuar a escassez e reduzir os preços era incompatível com uma indústria de armamento dependente da importação de matérias-primas. Esse dilema levou à recomendação desesperada do próprio Schacht menos de dois anos mais tarde de diminuição do ritmo do rearmamento, para que a escassez de matérias-primas e gêneros alimentícios fosse mitigada e a opinião pública apaziguada.

O tratamento do regime às igrejas Protestante e Católica provou-se quase tão perturbador para o público, especialmente em regiões onde o compromisso religioso manteve-se firme. Apesar das garantias de Hitler, ao subir ao poder, de que o regime respeitaria a posição social, cultural e legal das igrejas, e o sincero, mas não ortodoxo, cristianismo da liderança nazista, as práticas de militantes locais e regionais do partido minaram tais garantias.[54] Do lado protestante, os cristãos alemães, insurgentes pró-nazistas que queriam reformar a estrutura federal da Igreja Protestante de acordo com o princípio de liderança e remover pastores e fiéis leigos com ascendência judaica, conseguiram, ao final de 1933, criar uma igreja mais centralizada, com um novo bispo do Reich, Ludwig Müller. No verão de 1934, os líderes do Partido Nazista dos estados da Baviera e Württemberg destituíram os bispos protestantes em ambos os estados, colocando-os em prisão domiciliar. Assim, a campanha germânico-cristã para "nazificar" a

---

54. STEIGMANN-GALL, 2003, p. 114-89. Sobre os cristãos alemães, ver BERGEN, 1996. O estudo mais abrangente sobre as igrejas é o de SCHOLDER (v. 1, 1998; v. 2, 2001a; v. 3, 2001b). Sobre a fiscalização e a intervenção do regime, ver DIERKER, 2003, p. 335-490.

estrutura da Igreja e incorporar o Parágrafo Ariano da Lei de Serviço Civil à sua constituição gerou a Igreja confessional, uma declarada e bem relacionada contrainsurgência de proeminentes clérigos e fiéis. Embora muitos membros da Igreja confessional simpatizassem com o ataque nazista ao "marxismo", com a "excessiva" influência dos judeus na sociedade alemã e com o compromisso de renovação nacional e moral do regime,[55] eles rejeitavam a imposição pagã das normas "seculares" do movimento nazista e condenavam a Igreja Nacional do Reich como uma apostasia. Ademais, a destituição dos bispos alemães no Sul enfureceu paroquianos comuns, incluindo membros do Partido Nazista que renunciaram a sua filiação em protesto. Para acalmar a tempestade, o regime destituiu o bispo do Reich e criou um ministério para mediar entre as diferentes facções da Igreja. Mais centralizada e hierárquica que a Igreja Protestante, a Igreja Católica experimentou uma insurgência semelhante. No entanto, o regime explorou as ambiguidades da Concordata para banir periódicos católicos, confiscar os ativos das organizações católicas, impugnar a "moralidade" dos sacerdotes e forçar a dissolução de grupos de jovens católicos, medidas que envenenaram a moral entre os fiéis.

Apesar das cisões na "comunidade racial" que expuseram a falácia do sonho do regime nazista de uma sociedade livre das divisões sociais e religiosas, o Terceiro Reich não enfrentou séria ameaça à sua sobrevivência. E, apesar do potencial para o aprofundamento da repressão, com a qual a multiplicação da população carcerária e ampliação da base de poder de Himmler testemunharam, o número de prisioneiros em campos de concentração caiu significativamente após o arrastão inicial contra os comunistas e socialistas. Em parte, os impressionantes sucessos da política externa de Hitler minaram o potencial descontentamento. No mínimo, a maioria dos alemães queria a restauração de seu país ao *status* de grande potência, a destruição de Versalhes e a recuperação dos territórios cedidos, incluindo o Império colonial ultramarino alemão. O afastamento da Liga das Nações e as negociações sobre o desarmamento, a reanexação de Sarre à Alemanha, após um bem-sucedido plebiscito, e o pronunciamento de Hitler sobre o recrutamento militar obrigatório, em março de 1935 – tudo realizado sem intervenção ou resistência ocidental – reforçaram enormemente o prestígio do *Führer*. A rápida expansão da *Wehrmacht* proporcionou oportunidade

---

55. Sobre o antissemitismo da Igreja confessional, ver GERLACH, 1987, e HESCHEL, 2008, p. 5, 7, 112, 161, 247 e 286. Sobre as posições dos protestantes a nível paroquial, ver JANTZEN, 2008, e GAILUS, 2001.

de ascensão social a milhares de jovens de modestas origens sociais e educacionais para se tornarem oficiais e suboficiais.[56]

Na verdade, a tentativa desajeitada dos nazistas austríacos, em junho de 1934, de derrubar o chanceler austríaco, Engelbert Dollfuss, com a bênção tácita de Hitler, terminou em desastre e contribuiu com a proposta de Mussolini para a França e a Inglaterra de assegurar os interesses da Itália na Áustria. Ainda mais preocupado com o anúncio de recrutamento militar obrigatório de Hitler, em março de 1935, Mussolini convocou uma reunião de cúpula com os britânicos e franceses na cidade italiana de Stresa. Em um ataque direcionado ao Terceiro Reich, a conferência reafirmou o Tratado de Locarno, de 1925, e a integridade territorial da Áustria. No entanto, a conclusão de um acordo naval com a Grã-Bretanha, dois meses depois, permitindo a construção de uma frota naval com 35% do tamanho da Marinha britânica, apresentou a capacidade de Hitler em explorar as divergências entre a Grã-Bretanha e a França. A subsequente retirada de Mussolini do acordo de Stresa, apenas seis meses depois, quando a Itália invadiu a Etiópia, configurou-se como testemunho adicional para a morte do aparato de segurança internacional acordado após a Primeira Guerra Mundial. A ousada jogada de Hitler, em março de 1936, de remilitarização da Renânia, que ele empreendeu contra o conselho do alto comando das Forças Armadas (*Wehrmacht*), de olho em seu potencial para firmar o apoio público, removeu uma restrição crucial do Tratado de Versalhes sobre a capacidade militar ofensiva da Alemanha. Em casa, alemães de todas as classes sociais cumprimentaram a jogada de Hitler com entusiasmo arrebatador, uma vez que o triunfo do *Führer* tinha sido alcançado sem guerra.[57]

A convergência da repressão nacional com o sucesso diplomático no exterior deu ao regime nazista energia suficiente para expandir sua campanha de purificação racial, uma teia insidiosa de repressão e exclusão que funcionou de maneira eficaz precisamente porque privilegiou a maioria dos alemães, enquanto punia impiedosamente esquerdistas e minorias socialmente desviadas. O decreto de Hitler, em junho de 1936, permitiu à SS incorporar sua polícia profissional por todo o Reich em duas agências principais, a polícia da ordem, liderada por Kurt Daluege, e a polícia política, a qual incluía a Gestapo (política) e a Kripo (criminal), ambas sob a

---

56. KNOX, 2000, p. 207-25.

57. Sobre as manobras políticas do *Führer*, ver LEITZ, 2004, principalmente p. 43-5, e KERSHAW, 1998, p. 529-91, que enfatiza especialmente o impacto doméstico das políticas de Hitler.

égide do líder do serviço de inteligência da SS – a SD –, Reinhard Heydrich. Tendo servido na guerra, Daluege era mais velho que a maioria dos oficiais da SS; no entanto, ele possuía credenciais nacionalistas e imperialistas radicais impecáveis, incluindo o serviço na *Freikorps* e na força de "proteção" antipolaca da Alta Silésia, antes de ingressar no Partido Nazista, em 1922. Heydrich encaixava-se perfeitamente no perfil de um dos homens mais jovens que a SS chamou às suas fileiras. Nascido em 1904 em uma família de classe média alta, liderada por um pai que fundou o conservatório musical em Halle, Heydrich se alistou na *Freikorps* aos 16 anos, antes de se tornar um oficial da Marinha. Forçado a renunciar a seu cargo em 1931, por causa de seus inúmeros casos extraconjugais, Heydrich entrou para o Partido Nazista e a SS, onde suas habilidades administrativas e absoluta impiedade seriam mais plenamente apreciadas. Com os policiais e os campos de concentração sob seu comando, a SS dedicou-se a erradicar não só os agentes do "bolchevismo judaico", como também aqueles cuja postura alegadamente desintegradora não tinha lugar na "comunidade racial". Esses grupos incluíam franco-maçons, testemunhas de Jeová, adventistas do sétimo dia, homossexuais, especialmente homens, os "tímidos do trabalho", isto é, mendigos e cronicamente desempregados, e os "antissociais", que incluíam os "criminosos habituais". Operando independentemente do Ministério do Interior e dos tribunais, a SS enfrentou poucas restrições ao seu poder.

Além da inquietação dos homens da SA, que esperavam uma compensação pela redução de seu *status*, na esteira do expurgo de Röhm, o aumento dos preços e o nível persistentemente elevado de desemprego alimentaram uma elevação no antissemitismo, em 1935.[58] Os contínuos boicotes locais e a vandalização de propriedades comerciais judaicas, os ataques perpetrados pela SA e pela juventude hitlerista contra judeus em muitas cidades e vilas, a humilhação pública e a prisão de judeus e não judeus acusados de "impureza racial" (*Rassenschande*) ou de se relacionarem sexualmente, entre outros inúmeros atos de discriminação, construíram a foça viva para a erradicação da "influência judaica" de uma vez por todas. Apesar dos boicotes locais se mostrarem notavelmente eficazes em forçar a liquidação de propriedades comerciais judaicas,[59] a consternação dos conservadores e de amplos setores da opinião pública sobre as perturbações econômicas e a crueldade dos radicais do partido exigiram procedimentos mais metó-

---

58. Ver LONGERICH, 2006, p. 75-7; e WILDT, 2007, p. 232-66.

59. Ver DEAN, 2008, p. 47-8, para resumo ou pesquisa nessa questão.

dicos para purificar o *Volk* das "raças inferiores". Assim, os ministérios do Interior e da Justiça concluíram uma legislação antissemita, em preparação desde 1933, que foi muito além da remoção dos judeus das universidades, do serviço público ou das profissões liberais. Essa legislação, a culminação de temores acumulados desde a Grande Guerra, levaria a mais profunda fobia racista e antissemita, a contaminação do *Volk* pela "mistura racial".

Para maximizar o seu efeito, o *Reichstag* aprovou a lei, em setembro de 1935, durante um comício do Partido Nazista em Nurembergue, a outrora capital imperial do Sacro Império Romano, que havia se tornado um bastião nazista durante a década de 1920. Localizada na Francônia Central, a cidade e seus campos de operação estavam situados em uma das regiões mais antissemitas da Alemanha. As Leis de Nurembergue fundiram duas correntes de teoria racial nazista, a ênfase eugênica na eliminação de impurezas genéticas para garantir a revitalização racial, e o antissemitismo virulento do movimento pós-guerra *völkisch*, embasado na teoria de Artur Dinter de que as relações sexuais com judeus resultariam na degeneração da raça alemã. Crucial para misturar eugênia e antissemitismo, o trabalho amplamente disseminado do antropólogo Hans Günther JK determinou que os judeus eram o produto da fusão de raças da Ásia Ocidental e do Oriente, sendo, assim, radicalmente diferentes dos europeus.[60] As Leis de Nurembergue e os seus decretos suplementares codificaram "cientificamente" a alteridade radical dos judeus, justificando a sua separação da sociedade alemã. Além de privar os judeus da cidadania plena como alemães, as leis proibiram os judeus de hastear a suástica, agora oficialmente o emblema do Terceiro Reich, baniram os casamentos e as relações sexuais extramatrimoniais entre judeus e não judeus, e proibiram os judeus de empregarem mulheres alemãs com idade inferior a 45 anos como servas. A justificativa aparente para tais medidas, de acordo com o discurso preliminar do *Führer* no comício, era a "agitação bolchevique" decorrente da disputa pelo território lituano de Memel, com sua grande população de etnia alemã, o trabalho de "elementos quase que exclusivamente judeus" que espalham animosidade e confusão.[61]

Apesar de tais transformações fundamentais nas leis que regem a cidadania e o casamento civil, a definição de "judeu" estava longe de ser clara. Des-

---

60. Sobre Günther, ver STEINWEIS, 2006, p. 41-6. Sobre as complexidades da teoria racial nazista e o desenvolvimento das Leis de Nurembergue, ver ESSNER, 2002, p. 76-112.

61. DOMARUS, 2007; v. 2 (versão alemã), 15 setembro 1935, p. 536.

se modo, uma sucessão de decretos suplementares seria introduzida para determinar a precisão e evitar a proliferação de casos em que turvas características de ascendência se provassem difíceis de determinar. Como ter três avós judeus ou dois avós judeus e um cônjuge rotulado como judeu, embora a identificação com a "comunidade religiosa judaica" também pudesse determinar o judaísmo em vez do sangue. Para desespero dos antissemitas, que queriam definir como judeus aqueles com ascendência judaica parcial, o primeiro decreto suplementar criou uma classe separada de "mestiços" (*Mischlinge*), cerca de 200 mil alemães preencheram os critérios,[62] cujos *status* eram definidos por um ou dois avós judeus, ou simplesmente por terem se casado com um judeu. No entanto, as Leis de Nurembergue forneceram o quadro para futuros decretos, que se infiltrariam nas decisões privadas, íntimas, na verdade, dos indivíduos, impondo novas identidades a eles contra a sua vontade, e intensificando a exclusão daqueles definidos como "judeus". Consideradas infernais por aqueles rotulados como inimigos políticos ou raciais, as Leis de Nurembergue contribuíram significativamente para a elevação da Alemanha Nazista, assim como no Sul dos EUA, sob o governo de Jim Crow, ao *status* de "regime abertamente racista", em que a ideologia oficial do Estado legalizava a discriminação social e a proibição da miscigenação, estigmatizando e marginalizando suas vítimas.[63]

Até certo ponto, as Leis de Nurembergue herdaram conceitos de debates pré-guerra quanto às consequências do contato colonial, isto é, os casamentos mistos. A noção de "raças inferiores" indignas da cidadania alemã foi, de fato, um neologismo pangermânico. Embora suas teorias a respeito dos resultados da mistura racial fossem ambíguas em suas implicações, Eugen Fischer afirmou, como resultado de seu estudo dos *Rehoboth Basters*, que traços hereditários e raciais eram um só. Sua obra, portanto, apoiou tentativas posteriores de se combinar a teoria eugênica e o racismo antissemita. Ainda assim, mesmo nesse caso, o regime nazista radicalizou a prática imperial alemã, e não só porque, como uma ditadura, poderia alterar a cidadania e a lei do casamento com muito menos dificuldade que o seu antecessor. Em vez disso, a descolonização forçada da Alemanha após a Primeira Guerra Mundial, bem como o surgimento, durante e após a guerra, do antissemitismo biológico, eliminou a distinção entre direito colonial e metropolitano, e encorajou o surgimento dos mais desesperados e viru-

---

62. FRIEDLANDER, 1997, p. 151.

63. FREDERICKSON, 2002, p. 101-2.

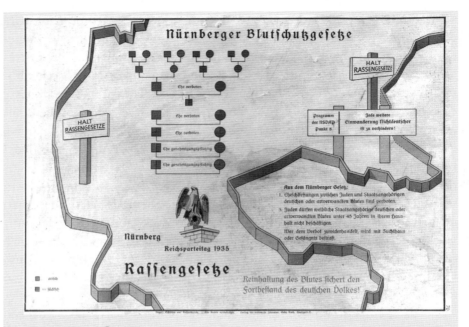

IMAGEM 13. Cartaz eugênico intitulado "Leis de Nurembergue para a proteção do sangue e honra alemãs". Um de uma série de anúncios, este mapa estilizado da Alemanha Central define fronteiras contra a imigração de não arianos e o texto da Lei de Proteção do Sangue alemão. Na parte inferior, o texto diz: "Manter a pureza do sangue garante a sobrevivência do *Volk* alemão".

lentos medos da mistura racial. Ao mesmo tempo, o contato sexual entre homens alemães e mulheres "nativas" fizeram surgir medidas antimiscigenação nas colônias, mas as colônias eram distantes na época e ausentes, agora. Medidas ainda piores seriam impostas em casa, contra uma ameaça mais próxima, os judeus, cujas marcas de diferença não eram, em muitos casos, evidentes e, portanto, mais perigosas.[64]

As Leis de Nurembergue também afetaram os sinti, os roma e os mestiços alemães, por negarem plenos direitos de cidadania a "pessoas de sangue estrangeiro", além de judeus. No início de 1935, o regime estendeu a esterilização obrigatória aos filhos concebidos da união entre soldados coloniais franceses e mulheres alemãs durante a ocupação da Renânia. Embora não legalmente abrangido pela Lei de Prevenção de Doenças Hereditárias, uma vez que os especialistas raciais achavam difícil provar que a "negritude" resultava em doenças hereditárias, o regime, no entanto, esterilizou mais da metade das crianças mestiças em 1937, cerca de seiscentos a oitocentos

---

64. ESSNER, 2005, p. 57-60.

em número, em um caso secreto que não veio a conhecimento nem mesmo dos tribunais hereditários.[65] As Leis de Nurembergue, no entanto, foram impostas menos rigorosamente sobre casamentos mistos que não envolvessem a união entre alemães não judeus e judeus. Embora os casamentos entre africanos e alemães fossem, obviamente, estigmatizados, não eram puníveis nos termos da lei, tampouco as relações sexuais entre alemães e "ciganos" ou negros como "maculação racial".[66] O número relativamente pequeno de sinti e afro-alemães em relação ao de judeus ajuda a explicar essa diferença de tratamento.

A justaposição entre racismo e imperialismo justificou a posição do regime com relação aos afro-alemães e africanos. Porque os chamados "bastardos da Renânia" personificavam a colonização da Alemanha pela Entente e a resultante contaminação do "sangue" alemão, a sua eventual esterilização significaria a rejeição do corpo de conquista estrangeira, literal e figurativamente. No entanto, para os africanos que migraram das ex-colônias alemãs para a Alemanha, os quais possuíam cidadania alemã ou haviam servido na campanha de Lettow-Vorbeck durante a guerra, o cálculo frio de utilidade coexistia com o racismo antinegro. Ainda que o regime colocasse negros sob uma vigilância mais rígida que na República, ele encontrava usos para eles.[67] Assim, enquanto confinados a trabalhar em "*shows* africanos" exibindo seu "primitivismo nativo" para os alemães como forma de entretenimento, mantendo-os, assim, segregados, os negros lembravam aos alemães que seu passado colonial enquanto Império restaurado e ampliado na África permitiria seu retorno como embaixadores proclamadores das bênçãos da cultura alemã. Em 1940, a "mistura inadequada" entre artistas negros e mulheres alemãs encerraram os *shows*, mandando muitos negros para um final violento nos campos de concentração. No entanto, o Terceiro Reich não havia encontrado uma política consistente para os negros, incluindo, em alguns casos, os "bastardos da Renânia".[68] A situação dos judeus no universo nazista era muito menos ambígua, pois "Judá" encarnava o medo presente na raiz do nacionalismo alemão, a possibilidade de a Alemanha ser destruída de dentro para fora. Os judeus personificavam o capitalismo

---

65. CAMPT, 2004, p. 63-80; LUSANE, 2003, p. 129-43; POMMERIN, 1979, p. 77-87; MASS, 2006, p. 277-99.

66. KUNDRUS, 2003, p. 114-6.

67. MÖHLE, 2003, p. 225-36; MASS, 2006, p. 280-1.

68. JOEDEN-FORGEY, 2005, p. 167-88.

global, ou as economias altamente desenvolvidas de rivais da Alemanha e a contaminação insidiosa do bolchevismo.

As Leis de Nurembergue testemunharam a crescente sistematização da discriminação legal e a crescente precisão, ou pelo menos a tentativa de, na identificação dos "outros", cuja inadequação racial excluía-os da "comunidade" nazista nacional. Apesar da aplicação inconsistente e arbitrária do meio de exclusão, vidas foram irrevogavelmente transformadas, uma vez que as categorias nazistas forçaram as pessoas a reconsiderar suas escolhas de vida e, de fato, suas próprias identidades, sob um regime determinado a eliminar outras formas de submissão e substituí-las por raça. Para os judeus, a força de exclusão era inequívoca. Para os alemães "mestiços" (*Mischlinge*), a ambiguidade de sua posição trouxe sua própria forma de ansiedade. Assim como os frutos do casamento entre judeus e cristãos, a maioria deles era herdeira das classes médias solidamente nacionalistas e cumpridoras das leis que queriam nada mais que provar seu valor à "comunidade". Para alguns, a redescoberta de uma origem judia tornou-se a resposta; para outros, a solução estava em explorar as brechas legais para negar uma paternidade judia, assumindo o alto preço emocional que isso implicava. Poucos podiam pensar na emigração. Todos oscilavam entre os extremos de esperança de que as suas circunstâncias pessoais e as de seus familiares lhes permitiriam escapar do impacto da legislação antissemita e do medo de que as exceções nunca protegeria-os totalmente da marginalização social, do empobrecimento, da prisão e da morte.[69]

Para a maioria dos não marginalizados política ou racialmente, as políticas nazistas elevou-os a um reino em que os marcadores de distinção social, embora não tivessem desaparecido, não importavam. A política social nazista, cuja implantação de categorias raciais era claramente definida pelo regime, objetivava transcender todas as formas de identidade local, privilégio e distinção social, eliminando, deste modo, barreiras prévias de formação de uma nação integrada. Ela uniria todos os alemães em torno de uma superioridade racial em comum. A política social nazista pretendia ensinar aos alemães como se comportar, preparando-os para seu futuro papel como raça superior e como executores do poder global: com generosidade para com os seus e impiedade para com os inimigos. Alguns tiveram dificuldade em abandonar os amigos e conhecidos agora condenados como inaceitáveis. Assim, caso ainda não tivessem pesquisado as genealogias de suas fa-

---

69. Para exemplos tocantes, ver MEYER, 1999; e KAPLAN, 2009, p. 141-59.

mílias, uma prática popular anterior à ascensão do Terceiro Reich, muitos alemães passariam a assumir "a pesquisa de parentesco" (*Sippenforschung*) como vingança, a fim de provar seu valor para o regime de "passaporte racial" (*Ahnenpass*). A prova irrefutável de linhagem ariana lhes concederia acesso aos privilégios de cidadania, fossem eles benefícios fiscais e empréstimos sem juros para casamentos arianos, seguros de saúde subsidiados, ou viagens de férias baratas.[70] De fato, os programas sociais e raciais do regime se infiltraram na vida cotidiana, atuando de forma tão significativa quanto a política racial na segregação de alemães aceitáveis dos inaceitáveis. Não surpreendentemente, as exigências do rearmamento delinearam os contornos da política social. Ainda que o regime insistisse em dizer que estava elevando os padrões de vida da população, as mensagens de demora da gratificação e presente sacrifício beiravam a superfície.

O primeiro grande empreendimento social do Terceiro Reich, o Auxílio de Inverno, começou como um programa de ajuda emergencial para os milhões de desempregados, a quem o regime não podia se dar ao luxo de ignorar, e foi construído sob os regimes de dedução já em vigor de líderes regionais do partido.[71] No entanto, em 1939, sob os auspícios da propaganda ministerial de Goebbels, o Auxílio de Inverno multiplicou-se em um vasto repositório de doações e serviços de apoio do Estado, subsumidos no Programa de Bem-Estar Nacional-Socialista. Ele incluía creches e casas de veraneio para as mães, administradas por milhões de voluntários. Embora enfrentasse a concorrência de organizações de previdência privada, incluindo as das igrejas, o Auxílio de Inverno tornou-se dominante com a coerção do Estado atrás de si. As contribuições deveriam ser "voluntárias", mas a coação se tornou a regra, como o Partido Social-Democrata no exílio documentou amplamente com base em seus relatórios secretos de situação. Além de militantes da juventude hitlerista e representantes de outras organizações partidárias, os homens da SA surgiam em teatros, lojas, esquinas, em portas de entrada para intimidar os pedestres e moradores em troca do seu dinheiro.[72] A Lei de Arrecadação, de novembro de 1934, deu ao Ministério do Interior autoridade para fechar instituições de caridade que competissem com a organização nazista. Além disso, as diretivas do Ministério do Interior deixaram claro que a seletividade determinaria quem receberia

---

70. FRITZSCHE, 2008, p. 76-82; EHRENREICH, 2007, p. 58-77.

71. EVANS, 2005, p. 485-92.

72. *Sopade*, v. 4, 1937, p. 718-43.

alimentos, roupas, entre outros serviços. Ao ignorar os conceitos cristãos de caridade, o Auxílio de Inverno era recebido apenas por alemães racialmente "valiosos", excluindo os que se enquadravam na categoria cada vez mais numerosa de "indesejáveis", incluindo judeus, que, após as Leis de Nurembergue, foram eliminados como doadores e receptores. Assim porque os gastos sociais foram seletivamente concedidos aos racial e politicamente merecedores, os dois lados da preparação da guerra pelo regime foram revelados: a exclusão daqueles a quem o Reich não esperava sustentar, e o desvio da renda gerada pelo pagamento de impostos para o rearmamento. No entanto, o Auxílio de Inverno provou-se popular entre os alemães com patrimônio suficientemente irrepreensível para evitar seu intervencionismo racial. Ele não só negou ajuda aos necessitados, como também forneceu apoio material a uma visão que unia o regime e a maioria dos alemães – a de uma "comunidade" *Volk* transcendente, que eliminasse o particularismo regional e a fragmentação social do passado.

Até mesmo a economia doméstica foi alvo das determinações de pertencimento à "comunidade". A domesticidade e a maternidade, embora mitificadas como "esfera privada", em que as mulheres permaneciam protegidas do domínio público, também operava como lugar de intervenção e exclusão. O sacrifício compartilhado para atender às necessidades do *Volk* e a competência conjugal separaram a gestão doméstica "alemã" da gestão doméstica racista e do geneticamente "inaceitável". Antes da Primeira Guerra Mundial, o dever de uma dona de casa alemã em gerir uma casa de maneira adequada tornou-se um símbolo de superioridade alemã sobre as nações europeias rivais, e nas colônias era um símbolo de dominação, e de segregação, alemã sobre os nativos.[73] As organizações nazistas femininas e de assistência social, no entanto, exerceram a coerção e a intimidação de forma mais significativa que seus predecessores imperiais e da República de Weimar. Às mulheres consideradas como governantas desleixadas, desatentas com relação a seus filhos e perdulárias indispostas a economizar eram negados os poucos prêmios concedidos a mulheres, particularmente a Cruz de Honra das Mães Alemãs. As mais incorrigíveis eram enviadas a campos especiais, como o Estabelecimento Educacional Hashude, para livrá-las de suas deficiências "associais". Confinadas a pequenas casas cercadas por arame farpado e sujeitas à vigilância implacável, elas aprenderiam habilidades domésticas adequadas, que lhes permitisse se tornar comple-

---

73. REAGIN, 2007, p. 49-71.

tamente alemãs. O fracasso em alcançar um padrão aceitável significava a transferência para os campos de concentração. As mulheres "aceitáveis", que mantinham o consumo doméstico sob controle no interesse da autarquia, enquanto mantinham os padrões da adequada casa alemã, asseguravam a sobrevivência da família e conferiam unidade ao império.[74]

Embora profundamente afetado pelo desvio de recursos para o rearmamento, o consumo também determinou o ingresso à "comunidade". É claro que os "produtos do *Volk*" ruidosamente anunciados pelo regime, como o carro e o rádio, eram ou limitados a vendas, ou, no caso do carro, um mero mecanismo de absorção das poupanças dos potenciais compradores,[75] ainda que outros tipos de consumo associassem os desejos do consumidor a fins militares e raciais de modo mais bem-sucedido. Assim, o Corpo de Transporte Automotivo Nacional-Socialista (*Nationalsozialistische Kraftfahrkorps* – NSKK), proporcionava a emoção das corridas de moto e carro aos seus membros do sexo masculino, de classe média e trabalhadora, os judeus obviamente excluídos, enquanto treinava os jovens da juventude hitlerista nas competências essenciais da motorizada e mecanizada campanha de guerra.[76] O turismo também aderiu aos temas de raça, rearmamento, expansão e de comunidade, no que foi, sem dúvida, a instituição mais popular do regime nazista, "Força pela Alegria" (*Kraft durch Freude*, ou KdF). Fundada em novembro de 1933 como uma subsidiária da Frente de Trabalho Alemã, a KdF originalmente buscou elevar o *status* dos trabalhadores, melhorando a estética e a saúde no local de trabalho, e proporcionando descanso por meio do esporte, do turismo e de passeios culturais, como ópera, teatro e sinfonia. Ao usar seu tamanho para negociar as taxas de barganha para as suas atividades, a KdF alegava estar elevando o padrão de vida dos cidadãos alemães e mitigando as diferenças de classe, dando a assalariados acesso às práticas da classe média. Até o início da guerra, no entanto, a KdF tinha evoluído para além de programas culturais para os trabalhadores, embora essa continuasse sendo sua missão declarada. Se a Kdf realmente levou os trabalhadores para suas atividades, muitos eram de classe média, particularmente trabalhadores de colarinho branco e funcionários públicos, que

---

74. PINE, 1997, p. 8-87 e 117-6. Sobre as continuidades e descontinuidades entre a República de Weimar e o Terceiro Reich, ver MOUTON, 2007, p. 272-82, particularmente.

75. Sobre o impacto limitado dos "produtos do *Volk*", ver KÖNIG, 2004, especialmente o resumo nas p. 258-62.

76. HOCHSTETTER, 2005, especialmente p. 231-329.

IMAGEM 14. Veranistas na piscina do transatlântico "Guilherme Gustloff", da Força pela Alegria. Indicativa dos benefícios concedidos aos alemães racialmente aceitáveis, o turismo da Força pela Alegria personificou a promessa de "comunidade racial" harmoniosa e futuro da Alemanha como potência mundial.

podiam pagar por seus passeios caros e cruzeiros.[77] A KdF comprava ou arrendava doze navios para fazer cruzeiros a exóticos portos de escala, evocativos do *status* merecido dos alemães como "povo do mundo" (*Weltvolk*). Sua construção estava em andamento em um grande *resort* na ilha báltica de Rügen e outros quatro estavam em fase de planejamento. A KdF organizou centenas de eventos e passeios culturais internos que, assim como os programas de auxílio de inverno, emprestaram um fundo de verdade às promessas do regime de comunidade. Além do apelo explícito a similaridades entre os alemães, a KdF normalizou o privilégio e a exclusão racial. Seu programa "Beleza do Trabalho" pressionou os empregadores a melhorar a segurança e a aparência do chão de fábricas, tentou educar os assalariados no tocante à superioridade racial, asseio, limpeza e apreciação estética. O financiamento dos programas da KdF, que combinou os ativos roubados dos sindicatos, o sucesso das economias de escala, a promoção de planos de poupança semanais e as contribuições do empregador, tudo isso implicando mais do que um pouco de coerção, permitiu que o regime satisfizesse os desejos dos consumidores sem desviar receitas do rearmamento. Isto deu aos seus milhares de participantes um gosto do futuro próspero que seria realizado permanentemente, uma vez que o espaço vital fosse obtido.[78]

EM VELOCIDADE MÁXIMA: O PLANO DOS QUATRO ANOS, VIOLÊNCIA RACIAL E A APROXIMAÇÃO DA GUERRA

A combinação irônica da eficaz provocação diplomática e do colapso econômico iminente forçou Hitler aos extremos. Além de aumentar os prospectos de uma Segunda Guerra Mundial, o regime nazista acelerou seus esforços para "purificar" a "comunidade racial", ambos os quais eram derivados das consequências ideologicamente fundamentadas no rearmamento. Em 1936, a produção de armamentos levou a uma escassez de matérias-primas primárias e reservas internacionais. A espiralada corrida armamentista internacional que a própria Alemanha havia iniciado elevou ainda mais o orçamento militar do regime. No mesmo ano, o rearmamento da Alemanha trouxe o pleno emprego. Ainda a escassez de mão de obra alimentada posteriormente pela insaciável demanda das indústrias relacionadas à guerra só agravou a necessidade de expansão. Territórios conquistados forneceram indivíduos subjugados cujo trabalho poderia ser

---

77. Ver SPODE, 1982, p. 296-305; BUCHHOLZ, 1976, p. 356-73.

78. Para detalhes, ver BARANOWSKI, 2004, p. 118-98.

230 | IMPÉRIO NAZISTA

explorado.[79] Quando confrontado com os dilemas que o Plano Schacht não conseguira resolver, Hitler recorreu a Hermann Göring, então chefe da Luftwaffe, para administrar uma solução que dependia inequivocamente da expansão para o Leste. Carl Goerdeler, o comissário do Reich para controle de preços, defendeu uma solução alternativa, controlando os gastos militares e desvalorizando o *Reichmark*, para incentivar as exportações alemãs. Ele foi levado ao tribunal.

O Plano dos Quatro Anos, anunciado pelo *Führer* em setembro de 1936, no comício anual do partido em Nurembergue, instituiu a centralização da produção e a distribuição de matérias-primas, a alocação de mão de obra e a imposição de controle cambial e de preço. O plano também visava estimular a produção de combustíveis sintéticos e de borracha, e minar a dependência alemã das importações. Os consumidores sofreriam mais do que nunca, pois o programa reajustava o ritmo do rearmamento a um ponto em que o Plano dos Quatro Anos consumiria mais de 20% da renda nacional.[80] Como parte do ampliado território alemão, a Europa Central e a Europa Oriental forneceriam matéria-prima, mão de obra e necessidades alimentares de forma permanente. O Plano dos Quatro Anos depôs as inflexíveis e duradouras predileções ideológicas de Hitler, alimentando ainda mais a sua guerra pelo império e contra os judeus. O pronunciamento do *Führer*, no entanto, veio em um momento em que a economia nacional compelia ao próximo passo, e quando os acontecimentos no exterior retomavam uma fobia do início dos anos 1920: o bolchevismo.

Mesmo em 1933, quando Hitler se preparou para assinar o tratado de não agressão com a Polônia, o governo alemão rompeu decisivamente com a prática de Weimar. Durante a década de 1920, a República e a União Soviética se encontraram no lugar-comum do revisionismo para promover o comércio e, mais importante, a cooperação entre o *Reichswehr* e o Exército soviético. O Tratado de Rapallo, de 1922, deu ao *Reichswehr* cobertura para empreender manobras e testar novas armas na União Soviética. Entretanto, as negociações para manter os laços econômicos fracassaram e a Alemanha rejeitou a garantia dada pela União Soviética de independência dos três estados bálticos. A virulenta hostilidade de Hitler ao bolchevismo, que ele acreditava ser criação dos judeus, e a tendência cada vez mais antissoviética do gabinete conservador, cortou os laços que até mesmo Stalin estava prepara-

---

79. TOOZE, 2006, p. 203-43.

80. Ibid., p. 255.

do para continuar, apesar da repressão do regime nazista ao comunismo alemão. O antissemitismo e o antimarxismo se fundiam perfeitamente à cobiça pelos vastos recursos agrícolas e minerais, especialmente o petróleo, e pelos territórios da União Soviética para futura colonização alemã. Em meados de 1936, o memorando de Hitler, endereçado a Göring e Blomberg, precedendo o anúncio de setembro, afirmou que a luta racial mundial chegou a um novo nível com o triunfo do bolchevismo na União Soviética, um espectro tão ameaçador que prometia a destruição da Alemanha e a vitória final do "judaísmo mundial" se o plano não fosse concretizado. A vitória soviética, afirmou Hitler, produziria um desenlace pior que o do Tratado de Versalhes, "a aniquilação do povo alemão".[81] A rápida industrialização da União Soviética, resultado da implementação dos planos quinquenais de Stalin, bem como a intervenção da União Soviética na Guerra Civil Espanhola, apoiando o lado republicano, exigiu a igualmente rápida expansão e abastecimento das Forças Armadas alemãs. Além de agradar o alto comando da *Wehrmacht*, que se opôs aos cortes no rearmamento, as pressuposições antibolchevistas do plano prejudicariam decisivamente Schacht e seus aliados.

A urgência de expansão ficou ainda mais clara no ano seguinte. Em uma reunião na Chancelaria do Reich, em 5 de novembro de 1937, Hitler voltou a reiterar a necessidade de conquista de territórios no Leste. Ele aludiu também à possibilidade de expandir a colonização ultramarina dentro de algumas gerações, colonização esta que, em sua opinião, capitalizaria o colapso do Império Britânico. De fato, durante a primavera anterior, Hitler ordenou um aumento significativo na construção naval, para multiplicar o número de navios de guerra e cruzadores. A dominação global no longo prazo, no entanto, dependia da aquisição de matérias-primas e mão de obra dentro da própria Europa. Assim, Hitler observou que o problema imediato de espaço da Alemanha teria de ser resolvido em 1943 ou, o mais tardar, em 1945. Se os conflitos internos na França enfraquecessem a nação o suficiente, a Alemanha declararia guerra ainda mais cedo. Em ambos os casos, a Alemanha primeiro anexaria a Áustria e a Tchecoslováquia, o que, deploravelmente, ocasionaria a retirada forçada de milhões de pessoas, a fim de liberar o fornecimento de alimentos para os alemães.[82] Recusando-se a reconhecer a sua própria cumplicidade com a radicalização do regime,

---

81. NOAKES; PRIDHAM, 1983, p. 281-2, v. 1.

82. Ver o memorando de Hossbach, de 10 de novembro de 1937, na extensa documentação do Projeto Avalon, advinda do Tribunal International Militar, em Nurembergue. Disponível em: <http://www.yale.edu/lawweb/avalon/imt/hossbach.asp>. Acesso em: 27 abr. 2010.

um nervoso chanceler Neurath e o comando do Exército se opuseram, não contra o objetivo, mas contra o ritmo das propostas de Hitler, acreditando que uma nova guerra mundial resultaria na destruição da Alemanha. Apelos subsequentes do ministro das Finanças, Lutz Schwerin von Krosigk, e de muitos outros, para retardar o rearmamento e restaurar o equilíbrio fiscal caíram em ouvidos moucos. Em 1938, o *Führer* havia demitido os conservadores remanescentes em seu gabinete. Após conveniente exposição de esqueletos em seus armários, o que comprometeu o ministro da Guerra, Blomberg, e o chefe de Estado do *Wehrmacht*, Guilherme Fritsch, o *Führer* assumiu o comando supremo do próprio *Wehrmacht*.

De fato, a reunião de chancelaria do Reich não produziu um esboço detalhado dos planos de Hitler, nem o preciso momento de ataque, cuja execução dependia de circunstâncias externas sobre as quais ele não tinha nenhum controle. No entanto, Hitler não dispendeu muito de sua atenção aos antigos territórios do Império Austro-Húngaro, começando com a sua Áustria natal. Buscando explorar a posição estratégica e os recursos materiais da Áustria, bem como declarar sua proteção sobre um movimento nazista austríaco vociferante e que agitava um já conflituoso corpo político, ele materializaria as fantasias pangermânicas de sua juventude e acabaria com a independência de um Estado austríaco precário a quem foi negado o legítimo direito de incorporação à grande Alemanha. Hitler designou a tarefa de incorporar as economias dos futuros territórios conquistados, particularmente os minérios de ferro e as reservas cambiais, a Göring, que aproveitou o ensejo para adicionar ao seu conglomerado industrial, o Reichswerke Hermann Göring.[83] Ao usar a pressão diplomática simultaneamente contra os britânicos, os italianos e o impopular chanceler da Áustria, Kurt Schuschnigg, e estimulado por Göring, que considerou a absorção da Áustria como crucial para o Plano dos Quatro Anos, Hitler arquitetou a fusão forçada em março de 1938. Apesar dos esforços pangermânicos em promover a solidariedade entre os austro-germânicos, que se prolongou após a queda do Império Habsburgo, um número relativamente pequeno de austríacos queria a anexação ao Reich alemão. No entanto, no contexto da presente crise política e econômica, o Terceiro Reich apareceu para oferecer uma tábua de salvação.[84] Após ser recebido, quando de sua visita a

---

83. Sobre a importância crescente de Göring na economia nazista, especialmente quanto ao Plano dos Quatro Anos, ver OVERY, 1994, p. 93-118 e 145-74.

84. JUDSON, 2005, p. 219-47.

Viena, Linz e sua terra natal, Braunau-am-Inn, por uma adulação desenfreada dos austríacos, que temiam que sua nação prejudicada pela Depressão não conseguisse sobreviver como Estado independente, os britânicos e franceses não ofereceram resistência.

O radicalismo do Anschluss foi além da conquista de um Estado soberano. Além das razões publicamente declaradas do regime, que os austríacos pertenciam à Alemanha e tinha lhes sido negado o direito de incorporação da Áustria após a Primeira Guerra Mundial, a anexação inaugurou uma solução de quebra de precedente para um problema que perturbava as relações entre a Alemanha e a Itália fascista, o *status* dos alemães de Tirol do Sul. Para Hitler e Himmler, garantir a Itália como aliada e resolver uma grave escassez de mão de obra, especialmente na agricultura, era mais importante do que preservar e apoiar uma comunidade de língua alemã em território italiano. Para Mussolini, o irredentismo dos alemães de Tirol do Sul, que os Anschluss exacerbavam, o abjeto fracasso das tentativas fascistas de assimilação forçada e o colapso da Frente de Stresa, após a invasão da Etiópia, aumentaram o desejo de transferência populacional como solução permanente. Embora o acordo de reestabelecimento celebrado entre a Alemanha e a Itália tivesse resultado na transferência de menos de metade dos alemães de Tirol do Sul até o final de 1942, o Terceiro Reich conseguira projetar uma política demográfica além da compreensão das pessoas afetadas, rompendo decisivamente com a prática de Weimar de manter as etnias alemãs onde residiam como uma justificativa para a revisão de fronteiras. O reestabelecimento dos alemães de Tirol do Sul se tornaria um modelo para o futuro.[85]

O sucesso de Hitler na Áustria o encorajou, ainda com o apoio de Göring, a buscar a destruição da Tchecoslováquia. Além de compensar a sua profunda aversão aos tchecos, decorrente de seus anos vividos em Viena,[86] a considerável base industrial, as significativas reservas internacionais e a posição estratégica como plataforma de lançamento da expansão oriental faziam da invasão à Tchecoslováquia um expediente atraente para um regime privado de recursos para manter a sua máquina de guerra funcionando. Aqui, também, Hitler explorou as dificuldades econômicas e a opressão dos eslavos pelos alemães da Boêmia, Morávia e Silésia austríaca em uma região de fronteira crucial, os Sudetos.[87] Lá, o Escritório para a Repatriação

---

85. LENIGER, 2006, p. 34-51; LUMANS, 1933, p. 154-7.

86. HAMANN, 1997, p. 462-6.

87. SMELSER, 1975, p. 6-10.

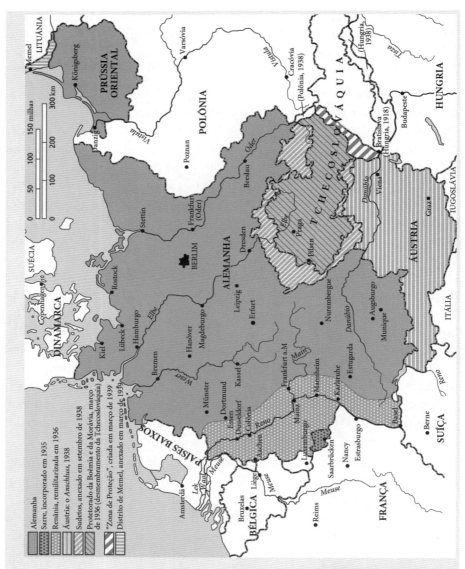

MAPA 7. O expansionismo alemão, de 1935 a 1939. Antes de anexar a Áustria e os Sudetos, a Alemanha venceu a disputa pelo Sarre por meio do plebiscito e da remilitarização da Renânia. Logo após a criação do protetorado, na primavera de 1939, o Reich garantiu a dependência de uma Eslováquia nominalmente independente, com uma "Zona de Proteção" ocupada pela *Wehrmacht*. O Reich também ganhou a disputa pelo distrito de Memel da Lituânia.

de Alemães Miscigenados (*Volksdeutsche Mittelstelle*) da SS, ao "sincronizar" as organizações conservadoras nacionalistas de Weimar que buscavam proteger a minoria alemã tcheca, já havia delegado o Partido Nazista local e seu líder, Konrad Henlein, como os porta-vozes dos interesses alemães nos Sudetos. A suposta artificialidade da documentação dos Estados sucessores do pós-guerra não bloquearia a aquisição de territórios e a proteção do Reich aos alemães afogados em um mar de eslavos.[88] Dessa vez, porém, as alianças da Tchecoslováquia com a França e a União Soviética fizeram emergir um sério prospecto de guerra caso a Alemanha violasse sua integridade territorial. Além disso, o conflito que pairava sobre a Tchecoslováquia elevava a ansiedade dos alemães no Reich, e mesmo dos generais de Hitler, que estavam convencidos de que o presente estado do rearmamento alemão não era suficiente para enfrentar uma nação fortificada, bem armada e montanhosa. A possibilidade de intervenção britânica, francesa e soviética contribuiu para aumentar esse medo. No entanto, a relutância da Grã-Bretanha em se arriscar em uma guerra devido a sua insuficiência militar e "por causa de uma disputa em um país distante entre gente sobre a qual não sabemos nada", nas palavras do primeiro-ministro britânico, Neville Chamberlain,[89] finalmente, virou a maré a favor de Hitler. Embora forçado, em uma conferência de paz em Munique, a se contentar com "somente" a anexação dos Sudetos, a raiva de Hitler nesse revés não podia mais disfarçar a vulnerabilidade da Tchecoslováquia. Predada pela Hungria e pela Polônia, que aproveitaram a oportunidade para reivindicar territórios tchecos a que pensavam ter direito, e assolada por divisões internas amargas entre tchecos e eslovacos, a Tchecoslováquia sucumbiu a uma invasão alemã em março de 1939. Remanescente das intervenções ultramarinas europeias em relação aos Estados nominalmente independentes, um decreto de Hitler reivindicou a Boêmia e a Morávia como "protetorados".[90] Tendo, aparentemente, ganhado sua independência do maior Estado sucessor do pós-guerra, a Eslováquia tornou-se, para todos os efeitos e propósitos, um fantoche alemão, sob a liderança do católico monsenhor Josef Tiso.

Além de adquirir uma nação com uma base industrial forte e substancial, que incluía uma formidável indústria de armamentos e recursos minerais, e um setor bancário significativo, o protetorado forneceu ao Reich reservas cambiais, uma considerável força de trabalho qualificada e uma plataforma estratégica de lançamento para uma subsequente invasão da Polônia. Assim

---

88. LUMANS, 1933, p. 80-1.

89. Radiodifusão de Chamberlain, 27 de setembro de 1938. Disponível em: <http://www.standrews.ac.uk/~pv/munich/czdoc09.html>. Acesso em: 27 abr. 2010.

90. MAZOWER, 2008, p. 59-60.

como nos casos da Áustria e da Tchecoslováquia, Hitler mais uma vez reivindicou o direito do Terceiro Reich de proteger as etnias alemãs para garantir os interesses da população em geral e os objetivos imperialistas. Danzig, cidade predominantemente alemã cercada por território polonês e afastada do Reich, tornou-se a desculpa para a renúncia ao Pacto de Não Agressão, de 1934,com a Polônia, bem como o acordo naval com a Grã-Bretanha, de 1935. No final de abril de 1939, a Alemanha e a Itália assinaram o "Pacto de Aço", para isolar ainda mais a Polônia. Apesar da garantia do governo britânico de fornecer auxílio militar à Polônia na eventualidade de um ataque alemão, a Alemanha neutralizou os efeitos da decisão britânica com uma assombrosa surpresa. Aparentemente negando as premissas antissoviéticas que definiram a política externa de Hitler desde sua tomada de poder, os governos da Alemanha e da União Soviética concluíram um pacto de não agressão após prolongadas negociações durante todo o verão.

O pacto nazi-soviético poupou a Alemanha de uma guerra de duas frentes, caso as potências ocidentais realmente defendessem a Polônia. Também prometeu aliviar a escassez de matérias-primas na Alemanha, que vinha forçando a súbita redução na produção de armamentos durante a primavera anterior.[91] Além de mostrar o colapso total das negociações de cooperação e segurança entre a União Soviética e o Ocidente, o pacto demonstrou porque ambos os lados suspenderam pragmaticamente a sua hostilidade. Sob suas condições, a União Soviética adquiriu todo território polonês a Leste dos rios Vístula, Narew e San, ou quase a metade do que sobrou do território após 1918. Ao mesmo tempo que dava tempo a Stalin para reconstruir as Forças Armadas e expandir a base industrial soviética, o contrato presumia o direito dele de anexar os Países Bálticos, Lituânia, Letônia e Estônia. Ele também reivindicou porções da Bielorrússia e da Ucrânia, a Leste da Linha Curzon, proposta feita uma vez durante a Guerra Russo-Polonesa de 1919-1920, como fronteira soviética e, subsequentemente, rejeitada em benefício territorial da Polônia. Hitler, por outro lado, garantiu a entrega de alimentos e matérias-primas provenientes da União Soviética e carta branca para atacar um Estado que até mesmo seus generais – perturbados com a aposta do *Führer* na Renânia, Áustria e Tchecoslováquia – há muito queriam destruir.[92]

---

91. TOOZE, 2006, p. 318-21.

92. Sobre o debate acerca do pacto nazi-soviético, ver LEITZ, 2004, p. 84-7; e HILDEBRAND, 2003, p. 261-3.

A abordagem de guerra e a radicalização da política racial nazista torna-ram-se uma relação simbiótica letal. O memorando de Hitler para Göring, em agosto de 1936, delegando a ele a responsabilidade na execução do Plano dos Quatro Anos, projetou o confronto com o bolchevismo a um acerto de contas final com o "judaísmo internacional", o principal motor por trás de todas as transformações sociais desde a Revolução Francesa. A expropriação ou "arianização" das propriedades judaicas, acelerada pela promulgação das Leis de Nurembergue, financiou as preparações bélicas alemãs. As medidas incluíam leis que criminalizavam a transferência de ativos judaicos para o exterior e o bloqueio das contas bancárias privadas, bem como o aumento nas "taxas de voo" caso os judeus tentassem emi-grar.[93] Uma novela autobiográfica do escritor americano Thomas Wolfe capturou as tragédias humanas que emergiram da fusão do antissemitismo com o desespero financeiro. Em um trem com rota de Berlim a Paris, no outono de 1936, o personagem principal, Paul Spangler, testemunha a pri-são de um advogado judeu, um dos vários viajantes em seu compartimen-to, por sua tentativa de fuga da Alemanha e violação das leis de câmbio do regime. Apesar da companhia temporária estabelecida entre os viajantes durante a longa viagem de Berlim à cidade fronteiriça de Aachen, a explo-são antissemita de um dos viajantes ("Esses judeus", ela gritou: "Nada disso teria acontecido se não fosse por eles! Eles causaram todos os problemas. A Alemanha teve de se proteger. Os judeus estavam levando todo o dinhei-ro do país.") rompe os laços de humanidade entre os viajantes e o homem preso. Enquanto o trem se afasta, Paul e os aterrorizados judeus trocam olhares ao verem a polícia arrastando a vítima: "E nesse olhar silencioso reside o profundo, letal medo de um homem".[94]

A belicosidade da agressão alemã contra a Áustria e a Tchecoslováquia era logicamente decorrente da saturada visão racial de Hitler do *Lebensraum* e de seus planos de livrar suas populações dos elementos "indesejáveis". Assim, isso resultou no encorajamento da violência antissemita e na imposição da legislação do Reich aos territórios recém-adquiridos. Mas isso também cau-sou surtos ainda piores no "Velho Reich", exacerbados pelo medo da guerra, sentido pela população, em que o "judeu" tornou-se o bode expiatório para as crescentes tensões internacionais.[95] Além de incorporar a economia aus-

93. LONGERICH, 2005, p. 54-5; e DEAN, 2008, p. 54-93.

94. WOLFE, 2004, p. 140-67.

95. WILDT, 2007, p. 301-19.

tríaca ao Plano dos Quatro Anos, devorando várias empresas austríacas e introduzindo o projeto de trabalho forçado, os ocupantes alemães inseriram o serviço público e as Leis de Nurembergue. Com o intuito de controlar o saque "selvagem" e o vandalismo perpetrado pelos nazistas austríacos contra os judeus, orquestrado pelo líder recém-nomeado de Viena, Odilo Globocnik, as autoridades do Reich, nomeadas por Göring, empreenderam um registro sistemático das propriedades dos judeus, bloqueando contas bancárias judaicas e aplicando as leis de câmbio do Reich para impedir os judeus de transferirem seus ativos para o exterior. A arianização ou liquidação da propriedade judaica começou em ritmo acelerado. Até o final de 1940, 11.357 empresas de comércio artesanal de propriedade de judeus foram fechadas, e um adicional de 1.689 arianizadas, de um total de 13.046. De 10.992 empresas comerciais pertencentes a judeus, 9.112 foram fechadas, e um adicional de 1.870, arianizadas. Os nazistas austríacos tornaram-se os principais beneficiários.[96] O SD fez a sua parte, ajudando a confiscar a riqueza judaica. Sob a liderança de Adolf Eichmann – ambicioso pangermânico nativo de Linz, que, desde sua entrada no SD, em 1934, se firmou como o maior especialista da SS sobre a "questão judaica" –, a Agência Central de Emigração Judaica processou as aplicações judaicas, confiscou bens e, por meios indiretos, desviou fundos doados por organizações estrangeiras para financiar a remoção dos judeus.[97] Após a anexação dos Sudetos e do território tcheco remanescente, os judeus tchecos e sudetos não se viram submetidos a um tratamento similar. Acumulado ao trauma dos *pogroms* antissemitas, os judeus perderam rapidamente suas casas e propriedades, as quais foram arianizadas por meio da venda majoritária às empresas do Reich e instituições bancárias ansiosas para se apropriar dos despojos.[98]

Além da contínua, e terrivelmente crescente, necessidade de recursos para financiar o rearmamento e amenizar a ascendente dívida da Alemanha para sustentá-la, a incorporação de 200 mil judeus austríacos pela Anschluss aumentou a pressão nacional para forçar a emigração daqueles classificados como racialmente judaicos. Os judeus, anteriormente desencorajados a emigrar devido ao rigoroso controle cambial do Reich e ao confisco das "taxas de voo", agora seriam forçados a sair do país sob ameaça de terror psicológico e destruição de propriedade, caso seus ativos e conexões

---

96. DEAN, 2008, p. 84-111. As estatísticas podem ser encontradas em: JAMES, 2001, p. 137.

97. Ibid., p. 102-3.

98. BRYANT, 2007, p. 82-4. Sobre os Sudetos em particular, ver OSTERLOH, 2006, p. 185-482.

restantes lhes permitissem. No início de novembro de 1938, aos 17 anos de idade, o judeu polonês Herschel Grynspan, perturbado com a notícia de que o Reich havia deportado seus pais de volta para a Polônia, assassinou um diplomata alemão de baixo nível em Paris, Ernst von Rath. A vingança de Grynspan forneceu o pretexto para os radicais do Partido Nazista de elevar seus ataques contra os judeus alemães para além do número de ataques ocorridos durante a crise dos Sudetos.[99] O regime alegou pública e piamente que o *pogrom* de 9 e 10 de novembro de 1938, posteriormente denominado "Noite dos Cristais", por causa do som dos vidros quebrados das janelas das sinagogas, era a expressão da "raiva do povo" alemão contra os judeus. De fato, jornalistas estrangeiros e outros observadores contemporâneos descreveram o evento como um ato de violência urbana, muitas vezes comparando-o aos levantes revolucionários na Rússia.[100] "As imprensas britânica e americana declararam que os eventos na Alemanha já não contemplavam as normas da Europa Ocidental, mas deviam ser comparados com o que ocorreu durante a Revolução Russa (isso depois de seis anos!)", comentou o agora exilado, escritor antinazista Thomas Mann. Ainda foi o evento de âmbito nacional autorizado pela liderança sênior do Reich, mais uma vez com a intenção de forçar os judeus a emigrar e pressionar as nações críticas ao nazismo antissemita a abrigá-los. Líderes do Reich ordenaram secretamente ataques antissemitas aos líderes locais do partido, como o infame extremista antissemita Julius Streicher, que, depois de um discurso inflamado a seus homens da SA em Nurembergue, enviou equipes aos bairros da cidade para atacar os judeus e esmagar sua propriedade.[101] Embora alguns desaprovassem a violência e a destruição de propriedade, muitos alemães ou participavam ativamente do *pogrom* ou permaneciam espectadores cúmplices, talvez intimidados pela contaminação generalizada dos espaços públicos por jovens militantes do Partido Nazista, mas também inclinados a aceitar a validade da "ameaça" judia.[102]

O *pogrom* queimou dezenas de sinagogas na Alemanha e na Áustria, destruiu lojas e casas pertencentes a judeus, matou mais de noventa judeus enquanto aprisionava centenas de outros. O *pogrom* pôs em marcha

---

99. LONGERICH, 2005, p. 63-4.

100. MANN, 1982, p. 312 [Entrada em 13 de novembro de 1938]. Ver também as lembranças de Peter Gay em seu *My German Question: Growing up in Nazi Berlin* (1998, p. 131-7).

101. JUVET apud LUBRICH, 2004, p. 191.

102. LONGERICH, 2006, p. 143; WILDT, 2007, p. 319-34; e STEINWEIS, 2009, p. 56-98.

IMAGEM 15. Coral dos Meninos de Viena, reunidos sob uma bandeira com os dizeres: "Nós cantamos por Adolf Hitler", saudando Hitler e sua comitiva durante sua primeira visita oficial a Viena depois de Anschluss, em 13 de maio de 1938.

a arianização final das riquezas dos judeus no que passou agora a ser chamado de "Velho Reich", ou a Alemanha dentro de suas fronteiras pré-1938. Apesar de não judeus, concorrentes alemães vinham denunciando regularmente as empresas de propriedade judaica desde o boicote de abril de 1933, utilizando o antissemitismo sancionado pelo Estado para promover seus interesses materiais, a "noite dos cristais" acelerou "...a única grande troca de imóvel na história alemã moderna", em que cerca de 100 mil empresas judaicas foram liquidadas. Os bancos em particular lucraram regiamente ao estender o crédito para que investidores arianos pudessem comprar as propriedades judaicas por uma ninharia. Assim como o Estado, que arrecadou receitas das taxas de voo, da transferência de bens judaicos e dos pagamentos de "expiação", cinicamente cobrados dos judeus pelos danos infligidos a eles.[103] Ao lutar com unhas e dentes contra a ordem de

---

103. BAJOHR, 2006, p. 102. Ver também Id., 2002, p. 142-272; e ALY, 2007, p. 41-51. Sobre o papel dos bancos alemães, ver JAMES, 2001, p. 43-126; e HERBST; WEIHE, 2004; e particularmente os ensaios de Herbst, "Banker in einem Prekären Geschäft: Die Beteiligung der Commerzbank an der Vernichtung jüdischer Gewerbun-ternehmen im Altreich (1933-1940)", p. 74-137; e Hannah Alheim, "Die Commerzbank und und die Einziehung jüdischen Vermögens", p. 138-72.

IMAGEM 16. Alemães passam por vitrine quebrada de uma propriedade comercial judia, em Berlim, destruída durante a Noite dos Cristais, em 10 de novembro de 1938. Criado para forçar os judeus remanescentes na Alemanha a emigrar, o *pogrom* acelerou a arianização das propriedades judias.

Göring, que exigia a compensação aos arianos que sofreram danos à sua propriedade ou ao o Estado, no caso de segurados judeus, companhias de seguros, particularmente a gigante Allianz, na Alemanha, negociaram com o regime para reduzir os pagamentos devidos ao Estado para cobrir as reivindicações judaicas.[104] Inúmeros outros decretos, negando aos judeus o direito de ocupar os espaços públicos, tirando suas carteiras de motorista, colocando-os em "casas judias", completaram a sua marginalização. Os judeus com recursos suficientes, conexões estrangeiras, competências linguísticas e vontade de fazer trabalhos de baixa renda e que até este momento não tinham emigrado esforçaram-se por fazê-lo contra a melhor das más vontades das outras nações em aceitarem refugiados. Milhares de pessoas que eram ou muito velhas, ou não tinham relações ou eram pobres demais não puderam emigrar. "Sem resposta às muitas solicitações", lamentou o cada vez mais desesperado Victor Klemperer, no início de fe-

---

104. FELDMAN, 2001, p. 190-235.

vereiro de 1939, depois de suas árduas tentativas de emigração junto a sua esposa Eva não terem resultado em nada.[105]

As atrocidades antissemitas não eram a única evidência da simbiose entre a política racial e a guerra. Além de apertar o cerco em torno dos modos de vida e das relações sociais dos sinti e dos roma, a campanha de esterilização involuntária afetou, em 1937, mais da metade dos afro-alemães, descendentes das relações consensuais entre as mulheres alemãs e as tropas coloniais francesas na Renânia.[106] Durante o inverno e a primavera de 1938, no entanto, a esterilização já não era suficiente para livrar o *Volk* permanentemente dos genes indesejáveis. Sendo um admirador do estatuto marcial de Esparta, que previa a morte de crianças doentes, e ignorando o "moderno e nebuloso humanitarismo" (*Humanitätsduselei*), que impedia a eliminação de portadores de deficiência física e psicológica, Hitler ordenou o assassinato de crianças deficientes.[107] A motivação para o decreto, o pedido direto ao *Führer*, em fevereiro de 1939, do pai de uma criança com severa deficiência, era um exemplo tão bom quanto qualquer outro na relação plebiscitária que Hitler vislumbrava entre o *Volk* e ele próprio. A ordem de Hitler de que a criança fosse morta desencadeou o programa de "eutanásia" mais abrangente que o regime lançaria após a eclosão da guerra. Ao se recusar a arriscar tal iniciativa em tempo de paz, por medo da controvérsia que poderia surgir, Hitler acreditava que a guerra forneceria o disfarce perfeito para a realização de objetivos ideológicos de longa data.

Na verdade, o assassinato de incuráveis vinha sendo discutido desde o início do Terceiro Reich, uma vez que os ministérios puseram em vigor o código penal nazista que as instituições do partido discutiam internamente. O discurso que tornou essa política aceitável fundamentou-se na lógica cruel do darwinismo social e na impiedade da análise de custo-benefício. Desse modo, um leitor do jornal da SS, *Das Schwarze Korps*, queixou-se em uma carta ao editor sobre um parente cujo quinto filho tinha nascido "um idiota", e cujos custos para mantê-lo vivo constituíam um fardo excessivo para seus pais, seus quatro irmãos e a comunidade racial. De acordo com as leis da natureza, o leitor continuou, tal criança teria morrido de fome. Agora "nós podemos ser mais humanos e dar a ele uma morte indolor e misericordiosa", o que seria "uma centena de vezes mais nobre, decente e hu-

---

105. KLEMPERER, 1998, p. 293; DWORK; VAN PELT, 2009, p. 119-84.

106. POMMERIN, 1979, p. 77-87.

107. HITLER, 1992-2003. v. 2/3, 4 de agosto de 1929, doc. 64, p. 348.

mano do que a covardia ocultada atrás de um humanitarismo sentimental" que impõe fardos injustificáveis àqueles sob a sua tutela.[108] Contudo, o medo que o regime tinha da oposição eclesiástica, bastante real à luz dos contínuos conflitos entre o partido e os clérigos protestantes e católicos, diminuiu com a aproximação da guerra.

A adulação plebiscitária concedida a Hitler era bastante real, mas tinha seus limites, os quais se revelaram independentes da opinião pública negativa com relação aos "chefões" do Partido Nazista.[109] Além da periódica descrença decorrente da escassez, dos bens de consumo de baixa qualidade, do aumento dos preços, das precárias condições de trabalho e do aumento de impostos, a maioria dos alemães temia a possibilidade de deflagração de outra guerra. Sua alegria com os resultados das habilidades diplomáticas de Hitler, as quais anularam um tratado odiado, restabelecendo a Alemanha como grande potência, demonstrou mais que um pequeno alívio de que o conflito armado fosse evitado. Ainda que as ambições territoriais do *Führer* dificilmente pudessem ter sido um segredo à luz das inúmeras declarações públicas de Hitler que as atestava, os alemães aparentemente se apegaram a sua imagem como um "pacificador", assiduamente cultivado por Goebbels.[110] Muitos alemães abominaram a violência física exercida sobre judeus e, em particular, a destruição gratuita de bens na Noite dos Cristais. Mas ao contrário das histórias emocionantes de resgate e solidariedade que os informantes social-democratas retransmitiram à liderança do SPD no exílio em Praga, poucos alemães questionaram as premissas subjacentes ao ataque. Os denominadores comuns do acordo entre o regime e sua população racialmente irrepreensível os uniram, tornando a maioria dos alemães vulnerável à propaganda do regime e indisposta a questioná-la. Assim, ao concordarem, a priori, com a existência da "questão" ou do "problema" judeu, uma premissa reforçada pelo discurso do próprio regime, os alemães eram facilmente seduzidos pela "justiça" da exclusão legal ou pelos benefícios materiais que a arianização lhes proporcionaria, enquanto se atribuía as ações violentas ao "chefe" do partido, as quais (presumidamente) não tinham sido aprovadas pelo *Führer*.[111] Para outros, como a adolescente dia-

---

108. *Das Schwarze Korps*, 18 de março de 1937. In: NOAKES; PRIDHAM, 1988, p. 1.003.

109. KERSHAW, 1987, p. 96-104.

110. Ibid., p. 121-47.

111. *Sopade*, nov. 1938, p. 1.180-211; BANKIER, 1996, p. 85-8. Sobre um resumo mais recente, ver BAJOHR; POHL, 2006, p. 37-45, particularmente.

rista Lore Walb, o *pogrom* sequer foi registrado como digno de inclusão em seus cadastros diários, apesar da sua geralmente vívida atenção aos desenvolvimentos políticos.[112] Tampouco a calada tolerância era limitada ao antissemitismo. A esterilização involuntária, o encarceramento de homossexuais e a perseguição dos sinti e dos roma encontraram pouca objeção, com exceção dos relativamente poucos cujas relações com os marginalizados e excluídos pessoais eram profundas o suficiente para permitir à compaixão humana a transcendência do medo do contato.

Além disso, a capacidade do *Führer* de difundir a insatisfação popular com "conquistas" diplomáticas repousava ao menos na aceitação tácita do destino imperial da Alemanha, cujo cumprimento a Entente tinha ilegitimamente bloqueado. Além de assumir a justiça da reincorporação dos territórios ultramarinos da Alemanha, poucos alemães aceitaram a integridade territorial da Polônia ou da Tchecoslováquia, especialmente quando a propaganda nazista lembrou repetidamente aos seus ouvintes e leitores da "vitimização" da etnia alemã, quer nos Sudetos quer em Danzig. "Para a população, as primeiras páginas da imprensa alemã", Victor Klemperer comentou após o acordo de Munique, "este é, certamente, um sucesso absoluto de Hitler, o príncipe da paz e brilhante diplomata. E, de fato, é um sucesso inimaginavelmente grande".[113] Em contraste com a elite do partido, a maioria dos alemães não gastava muita energia fantasiando sobre o *Lebensraum* no Leste, embora alguns se opusessem às repetidas promessas do regime de adquiri-lo. Ainda desejavam ver o resgate das etnias alemãs e aceitar a ressurgente ambição de poder de sua nação, enquanto mantinham as esperanças de adquiri-lo a baixo custo. Eles aplaudiram a anexação da Áustria, vendo o evento como o final apropriado e lógico para a "incompleta" unificação de Bismarck, em 1871, e o fracasso da República de Weimar em negociar sua anexação após a Primeira Guerra Mundial. O nazismo alcançou o que até mesmo o socialismo desejava, mas não conseguiu.

Finalmente, a mensagem ostensivamente "positiva" de unidade étnica do regime nazista contribuiu para a contenção da dissidência. Em vez das divisões regionais, religiosas e de classe, intensificadas pela combustiva mistura de recesso econômico e fragmentação política da República de Weimar, o nazismo lidou sumariamente com o transtorno da política parlamentar e os conflitos sociais, colocando os judeus e outros "indesejá-

---

112. WALB, 1998, p. 119-20.

113. KLEMPERER, 1998, p. 269. [Publicado em 2 de outubro de 1938.]

veis" em seu lugar.[114] O regime declarou o fim da divisão social por meio da "comunidade" *Volk*, enquanto reduzia o desemprego e elevava o perfil global da Alemanha. Perfil este que representava a ressurreição triunfante há muito incorporada no nacionalismo alemão, e que, ao que parecia, desta vez eliminaria permanentemente a ameaça de divisão e dissolução. As "conquistas" do regime cobraram um preço alto – uma sórdida ditadura com uma rede policial ameaçadora e cancerígena, uma economia que fornecia empregos de longa jornada, salários congelados e poucos pontos de venda para consumo, e, finalmente, a probabilidade de guerra – que não foram suficientes para desafiar o ponto crucial. Em geral, o Terceiro Reich "limitava" a sua violência aos comunistas e socialistas, aos socialmente "desviados" e às minorias amplamente detestadas, criando visões de prosperidade e bem-estar futuros para a maioria. Em contraste com a União Soviética, em que o medo do Partido Comunista, e vulnerabilidade, da oposição popular deu impulso ao terror generalizado, às prisões em massa e à criação dos *gulags*, as condições na Alemanha pareciam benignas – isto é, por aqueles a quem a Gestapo e a SD não ameaçavam abertamente.

O ataque da *Wehrmacht* na Polônia, na manhã de 1º de setembro de 1939, ilustrou a preocupação de Hitler em manter a ansiedade da população dentro de limites administráveis. A realização de negociações falsas com os britânicos, incluindo uma proposta de plebiscito em Danzig, era pouco mais que uma tentativa de assegurar aos alemães que Hitler tinha feito todos os esforços para evitar uma guerra, até mesmo quando ele minou Mussolini, que propôs repetir a Conferência de Munique. A justificativa imediata para a declaração de guerra da Alemanha era um "ataque" encenado em uma estação de rádio alemã na Alta Silésia, em que 150 prisioneiros de campos de concentração, envenenados por injeção letal, foram vestidos como soldados invasores poloneses. Um bom número de alemães saudou o anúncio portentoso com medo mal disfarçado, recordando as consequências da última e desastrosa guerra com pouca dificuldade. Outros reagiram com equanimidade, acreditando que os britânicos e os franceses se portariam como na crise tcheca.[115] Mas o talento do *Führer* para o engano, ampliado por uma mídia rigidamente controlada e transmitido a uma população que via os poloneses através de olhos coloridos por estereótipos raciais, pelas depredações contra as minorias alemãs, e pela promessa

---

114. MÜLLER, 2005, p. 35.

115. *Sopade*, p. 980, aug.-oct. 1939.

de uma vitória rápida, colocou as cartas de perseguição da Alemanha com sucesso nas mãos de inimigos externos.[116] "Em geral", observou Klemperer em seu diário, em 3 de setembro, "os relatórios e medidas tomadas são graves, a opinião popular está absolutamente certa da vitória, dez mil vezes mais arrogante que em 1914. A consequência será ou uma esmagadora e quase inconteste vitória, com a Inglaterra e a França castradas em Estados menores, ou uma catástrofe dez mil vezes pior que a de 1918".[117] A perspectiva mais positiva, da estudante universitária Lore Walb, confirmou a observação de Klemperer quanto à popularidade da guerra de Hitler. Depois de ter ficado fascinada com as transmissões de rádio diárias, ela culpou a Polônia pelo conflito, revelando a sua preocupação quanto ao Estado precário e "encalhado" do *Volksdeutschen*. "Assim como no passado, sob os tchecos, os alemães sofreram recentemente sob o terror polonês. Ao longo dos últimos cinco meses, os ataques, os maus-tratos, as atrocidades e os assassinatos contra os alemães vêm sendo empilhados, um em cima do outro, e aumentando cada vez mais." Se Hitler tivesse, de bom grado, ignorado a situação dos alemães poloneses ao assinar o pacto de não agressão com a Polônia cinco anos antes, foi há muito esquecido.[118] A ênfase de Klemperer na catástrofe iminente dizia: mais que uma guerra de autodefesa, o regime nazista lutaria por um império. O regime não se contentaria em controlar e explorar os diversos povos em favor da metrópole; ao contrário, submeteria populações inteiras à eliminação, porque as perceberia como uma ameaça à sobrevivência da "comunidade racial".

---

116. MÜLLER, 2005, p. 38.

117. KLEMPERER, 1998, p. 307. [Publicado em 3 de setembro de 1938.]

118. WALB, 1998, p. 129. Ver BLANKE, 1993, p. 220.

capítulo 5

O LUGAR AO SOL DOS NAZISTAS: A EUROPA OCUPADA PELOS ALEMÃES DURANTE A SEGUNDA GUERRA MUNDIAL

A invasão alemã na Polônia eclodiu em cinco frentes que se abriram a partir do corredor polonês no Norte, até as montanhas dos Cárpatos, no Sul. Foram colocados a melhor força aérea e o Exército mais preparado para o combate na Europa contra um inimigo inescrupuloso. Ao utilizar divisões blindadas e outras ligeiras e motorizadas, a maioria de suas divisões de infantaria e de combate aéreo e bombardeiros, as Forças Armadas alemãs buscaram cercar e destruir as forças polonesas rapidamente a fim de atender ao ataque francês esperado do Oeste. Um contra-ataque não se concretizou, em parte pelo resultado às pressuposições defensivas dos militares franceses. Além de superestimar a força das tropas alemãs ao longo de suas fronteiras, os franceses reconheceram que uma futura guerra seria semelhante à anterior. No entanto, o planejamento operacional francês explica a inação apenas parcialmente. Apesar de seus esforços frenéticos para obrigar a *Wehrmacht* a recuar após o ataque alemão, os britânicos e os franceses tiveram a perspectiva de atacar a Itália primeiro a fim de minar o elo fraco da Alemanha. Quando a Itália não entrou na guerra, eles mudaram sua atenção ao pressionar o novo aliado da Alemanha, a União Soviética. Os generais aliados elaboraram planos para atacar a União Soviética através da Escandinávia, a guerra de apoio à Finlândia contra os soviéticos, e bombardear os campos de petróleo soviéticos no Cáucaso para interromper a transferência de um recurso natural que a Alemanha não poderia ficar sem.[1]

O Pacto Nazi-Soviético de não agressão, consequência do antibolchevismo das potências ocidentais e do colapso da segurança coletiva, tanto

---

1. DÜFFLER, 1996, p. 119.

248 | IMPÉRIO NAZISTA

quanto o brilhantismo tático alemão, causou a inevitável vitória alemã no Oriente.[2] Na segunda semana de guerra, os alemães ocuparam a importante cidade industrial de Lodz e marcharam para a periferia de Varsóvia. Em 27 de setembro, a capital polonesa se rendeu, com os alemães tomando o controle formal da cidade sete dias depois, apenas cinco semanas após o início da guerra. Apesar da brevidade do ataque alemão, a campanha forneceu um presságio assustador da carnificina resultando na segunda guerra mundial que a Alemanha desencadearia. As perdas alemãs incluíram quase 16 mil mortos e outros 30 mil feridos. Setenta mil poloneses perderam a vida, enquanto mais de 130 mil ficaram feridos e um adicional de 700 mil tomados como prisioneiros.[3] Quando a União Soviética ocupou o Leste da Polônia, em 17 de setembro, outra criação de assentamentos do pós-guerra mundial teve fim. Na metade alemã, o caminho agora estava aberto para remodelar o território sob o controle do Reich.

Desde o início, o ataque alemão foi uma guerra ideológica que visava a destruição da nação polonesa.[4] Cinco unidades móveis de ataque da SS (*Einsaztgruppen*), compostas por homens da Gestapo, da Polícia de Segurança, da Polícia Judiciária e do Serviço de Segurança, foram atribuídas a cada um dos exércitos invasores. Acusados de um combate implacável com "elementos antigermânicos" pela retaguarda, eles entenderam que a ocupação alemã na Polônia se afastaria dos procedimentos rotineiros da administração militar. Teria de haver um conselho de guerra para supostos insurgentes, que seriam sumariamente fuzilados. Embora Hitler tenha considerado brevemente a criação de um Estado polonês semiautônomo, logo abandonou essa ideia. Seu sonho de ter um espaço vital mais a Leste e sua fúria contra os poloneses por se recusarem a aceitar a reintegração de Danzig no Reich em troca da participação no Pacto Anticomintern concluíram-se com a determinação do resultado pelo império japonês. Ao invocar seus generais para seu retiro bávaro alpino, o Berghof, no dia 22 de agosto, enquanto Joachim von Ribbentrop estava em Moscou para assinar o Pacto Nazi-Soviético, Hitler deixou claro que buscava a eliminação completa da Polônia. "Não tenha piedade", ordenou a seus ouvintes. A campanha deveria ser realizada com "a maior brutalidade possível e sem misericórdia".[5]

---

2. Ver CARLEY, 1999, especialmente p. 144-241.

3. KERSHAW, 2000, p. 236; MADAJCZYK, 1987, p. 4.

4. MADAJCZYK, 1987, p. 165-215; ECHTERNKAMP, 2004, p. 83.

5. ROSSINO, 2003, p. 9. Anotações do diário do Almirante Guilherme Canaris citadas em BAUMGART, 1971, p. 303.

Nos dias que antecederam a invasão, foi dada uma tarefa para as unidades de ataque da SS, com o codinome de Operação Tannenberg após a icônica vitória na Prússia Oriental na Primeira Guerra Mundial, de eliminar a liderança militar, aristocrática, clerical e política da Polônia. À medida que a invasão se desenrolava, as unidades de ataque móvel e unidades Waffen-SS envolveram-se na prisão, na varrição e em execuções de civis poloneses, especialmente judeus. Apesar de protestos periódicos de oficiais, as Forças Armadas (*Wehrmacht*) geralmente dispensavam os conselhos de guerra por serem inúteis, pela demora e prejuízo a sua segurança. Em contraste à Primeira Guerra Mundial, quando as reações iniciais de soldados alemães variaram entre a admiração e o espanto no exotismo de seu ambiente, até a solidariedade com a população devido ao seu mau tratamento sob os czares, as expressões de desprezo agora ganhavam destaque. Indicativos do impacto de propaganda antissemita do regime nazista, esses sentimentos foram principalmente voltados contra os poloneses judeus "ameaçadores", "sujos", "cheios de piolho" e "irregulares", cujas vilas anti-higiênicas violavam as normas alemãs exigentes de limpeza.[6] Às vezes, os comandantes da *Wehrmacht* expressavam insatisfação com o desafio que as violações de procedimento das unidades SS representavam para a sua autoridade. Eles permaneceram ambivalentes sobre milhares de atrocidades perpetradas na clara violação do direito internacional e seu impacto negativo sobre a disciplina militar. No entanto, a *Wehrmacht* rapidamente cedeu seu controle sobre a administração da metade alemã da Polônia, incluindo a aplicação de regulamentos pelos quais os "inimigos" conquistados seriam tratados.[7]

A violência da invasão foi além do que a daquelas que as próprias *Wehrmacht* e SS iniciaram. Acreditando que os alemães étnicos formariam uma quinta coluna, poloneses enfurecidos nas regiões ocidentais do país reuniram milhares deles e os forçaram a andar para o Leste em vagões ou a pé, expondo-os ao longo do caminho a espancamentos e a tiros nas mãos dos aldeões.[8] Em resposta, milhares de jovens e até alemães de meia-idade, cujas famílias permaneceram em território polonês, depois de 1919, formaram sua própria milícia, a Força Alemã de Autoproteção Étnica (*Volksdeutscher Selbstschutz*). Em vez de ser simplesmente um exemplo de auto-organização espontânea, Hitler teria realmente ordenado

---

6. DWORK; VAN PELT, 1996, p. 113-4.

7. ROSSINO, 2003, p. 58-87. BÖHLER, 2004, p. 43-7.

8. BLANKE, 1993, p. 232-7.

a criação da milícia pouco depois do início da invasão, subordinando-a à SS. O comandante da sua ala prussiana ocidental, Ludolf von Alvensleben, ajudante de Himmler, ordenou sua milícia a se envolver em uma "luta étnica", explícita, darwinista social, condizente a uma raça superior. No início de 1940, a matança da Força de Proteção tornou-se tão extensa e descontrolada que seus conflitos com o Exército e as autoridades civis forçaram sua dissolução.[9] Símbolo de numerosos descendentes de clãs distintos dos *junkers*, cujo serviço anterior na *Freikorps* e a consequente perda de suas propriedades – neste caso, para a Polônia –, a carreira de Alvensleben na SS proporcionou oportunidades que lhe haviam sido negadas na República de Weimar. Além de lhe dar uma carreira militar e uma saída para o seu ressentimento antipolonês, Himmler concedeu-lhe o direito de administrar duas propriedades que pertenciam a sua família antes de 1918. Embora a recompensa de Alvensleben tenha vindo como reconhecimento por sua atuação no campo e não por sua nobre linhagem, o dever atribuído a Alvensleben como um modelo para os alemães étnicos sob seu comando significou a recuperação dos privilégios da sua classe.[10]

O caso mais notório de violência local começou no dia 3 de setembro, na cidade de Bydgoszcz (Bromberg, Polônia). Situados no volátil corredor polonês, alemães étnicos, sendo muitos deles simpáticos ao nazismo, entraram em confronto com tropas polonesas. O conflito resultou na morte de cerca de mil alemães, os quais o regime nazista rotulou como *Volksdeutschen*, e outros cem foram fuzilados mais tarde, durante uma marcha forçada. Após a retirada do Exército polonês, milícias polonesas residentes armaram-se contra as tropas alemãs até serem forçadas a se render. Ao operar na retaguarda, as unidades móveis de ataque da SS vingaram-se contra os "insurgentes" ao executar centenas de reféns poloneses, muitos deles da elite política e educada da cidade, enquanto a *Wehrmacht* continuava a dar pouca atenção às sutilezas da justiça militar.[11] Longe de ser uma reação ao assassinato de alemães étnicos, no entanto, as represálias alemãs, especialmente a destruição da elite local, implementaram decisões ideológicas infundidas criadas pelo topo, que "leu" a resistência polonesa por baixo por meio das lentes da raça. Como Alvensleben, os chefes das unidades de ataque e suas subunidades, as *Kommandos*, encaixavam-se no perfil de oficiais

---

9. KERSHAW, 2000, p. 242-3.

10. MALINOWSKI, 2004, p. 561; LONGERICH, 2008, p. 445-6.

11. ROSSINO, 2003, p. 59-74.

da SS. Eles eram jovens, a maioria na faixa dos 30 anos, de classe média, e possuíam formação universitária, particularmente em advocacia. Um número significativo incorporava os ódios dos conflitos do pós-guerra nas fronteiras orientais. Ou eles foram criados em regiões fronteiriças e serviram em patrulhas de fronteira alemães, ou mais tarde serviram na Gestapo. Todos tinham sido atraídos pelo nazismo como estudantes e todos aproveitaram a oportunidade para desfazer a "vergonha" de Versalhes. Em dezembro de 1939, a SS e auxiliares étnicos alemães assassinaram 50 mil poloneses, dentre eles, 7 mil judeus.[12]

A ocupação alemã da Polônia e da União Soviética após junho de 1941 parecia assemelhar-se às práticas que os conquistadores europeus aplicaram às suas conquistas no exterior por mais de quatrocentos anos. Elas incluíam a extração econômica, a exploração cruel do trabalho em que as condições desumanas muitas vezes dizimaram as vítimas, a expulsão dos povos indígenas, justificada pelas suposições racistas do darwinismo social do século XIX, e a suspensão das regras europeias de guerra "civilizada" como impróprias ao engajar "nativos" armados, porém inerentemente "retrógrados", "inferiores" e "selvagens".[13] Na verdade, o *Führer* comparou explicitamente o projeto nazista do *Lebensraum* à conquista europeia das Américas, e na Polônia os conquistadores alemães seguiram a prática colonial de minimizar a distinção entre combatentes e civis. Se algum comandante do Exército na Polônia se opusesse às "ações" ilícitas contra os poloneses e judeus, a cooperação entre a *Wehrmacht* e as unidades móveis de ataque provariam ser a regra e não a exceção. Essa cooperação foi assegurada antes do início da campanha, devido à expectativa de resistência dos paramilitares poloneses e civis.[14] Os nobres oficiais da *Wehrmacht* pouco se diferenciavam dos líderes da SS em seu desprezo aos poloneses, e acreditavam que esses, como "selvagens" ou *frank tireurs,* não lutariam de forma justa. Ambos se retiraram na mesma medida a partir da hostilidade historicamente enraizada em direção aos poloneses que surgiram bem antes de 1871, deteriorados pelo Segundo Império e intensificados após a Segunda Guerra Mundial, quando as fronteiras redefinidas elevaram as percepções alemãs sobre a crise étnica. Quando as preocupações processuais começaram, não surgiram tanto pela convicção moral, mas mais pelo medo de que as outras nações "civilizadas" pudessem

---

12. ROSSINO, 2003, p. 29-57.

13. Ver TRAVERSO, 2003, p. 47-75.

14. ROSSINO, 2003, p. 1-28; BÖHLER, 2006, p. 25-74 e 201-39.

considerar o comportamento da *Wehrmacht* criminoso, ou surgiram devido à preocupação em relação aos potenciais efeitos nocivos das represálias em massa sobre a disciplina militar. Para a maioria dos oficiais, no entanto, a campanha polonesa equivalia a uma "luta étnica" (*Volkstumskampf*) que funcionalmente comparava atuais inimigos europeus com os africanos. Ainda assim, se concepções nazistas do *Lebensraum* lembrariam a longa história do imperialismo europeu e do colonialismo, o "avanço para o Leste" do Terceiro Reich (*Drang nach Osten*) diferia da prática anterior europeia e imperial alemã na consistência da sua meta de longo prazo de purificação racial sancionada como prioridade, e, no caso da União Soviética, a sua fusão de guerra civil e racial. Mesmo sem incluir o Holocausto, a violência que o Terceiro Reich desencadeou merecia o termo "catástrofe". O regime nazista triunfaria sobre o passado trágico da Alemanha limpando populações "supérfluas" e mobilizando os recursos de seu espaço vital para se tornar uma potência global.

Apesar de debates entre os líderes nazistas quanto à possibilidade de buscar outras políticas conciliatórias para os povos conquistados, a visão dominante assumiu a legitimidade de limpeza étnica e de assassinato em massa a um grau que a maioria das administrações coloniais e metrópoles imperiais nem alcançou, e nem deveria. Em vez disso, a expulsão em massa ou os assassinatos de populações nativas muitas vezes seguiram conflitos na fronteira entre os colonizadores europeus e os povos indígenas pelas terras e recursos. Nem as autoridades coloniais sêniores nem os governos metropolitanos poderiam ser desvinculados ou excluídos dos resultados assassinos de violência dos colonos. O colonialismo europeu estruturalmente ligou os impérios aos seus acampamentos nas fronteiras de imigrantes sedentos por terra por meio da lógica do mercado internacional e das normas jurídicas europeias sobre posse e a disposição de propriedade.[15] No entanto, algumas vezes, as autoridades coloniais tentaram atenuar os conflitos entre nativos e colonos, a fim de manter a paz e manter um funcionamento da economia colonial. Na verdade, o esforço da metrópole britânica em conter o assentamento colonial na América do Norte depois de 1763 surgiu como uma das principais queixas dos colonos que levaram à Revolução Americana.[16] O caso mais profundo do genocídio, a erradicação total dos povos aborígenes da Tasmânia, no fim da década de 1930 e

---

15. WOLFE, 2006, p. 390-5. Ver também MOSES, 2007, p. 148-80.

16. ANDERSON; CAYTON, 2005, p. 104-206.

início da década de 1920, apresenta um exemplo instrutivo. Embora preparado para esmagar uma insurreição aborígene formidável, Arthur George, o governador-geral britânico da Tasmânia, então conhecida como a terra de Van Dieman, ficou entre o apoio exigido por Londres e a ganância dos colonizadores condenados a quem ele deveria proteger. "Apenas" os imperativos estruturais do colonialismo, proteção dos colonos e de seus bens, obrigaram o seu consentimento relutante em ações de colonos. No entanto, por menores que pareçam tais desacordos táticos à luz da devastação sofrida pelos povos indígenas, a organização nazista apresentou deficiências mesmo nesse modesto nível de contenção, particularmente no Leste, onde seu império seria ancorado.

Os problemas logísticos de expulsão e reassentamento de milhões, os quais incluíam uma grave escassez de trabalho que resultou em pouquíssimos alemães substituindo os que foram expulsos, causaram atrasos na implementação das metas no longo prazo e rivalidades provocadas entre os sátrapas do Partido Nazista. As guerras territoriais irromperam entre a *Wehrmacht*, a SS, o império econômico de Göring e as administrações civis. No entanto, o resultado do projeto alemão do *Lebensraum*, programa massivamente destrutivo de colonização, exploração e assassinato, nunca foi posto em questão. Além disso, ao contrário das migrações para a América do Norte, ou de um alcance mais modesto, o sudoeste germano-africano, onde colonos exerciam uma considerável autonomia e iniciativa mesmo quando apoiados por governos metropolitanos, o regime nazista tentou adquirir colonos por meio da diplomacia bilateral com os seus aliados e satélites. Mussolini iniciou a transferência dos alemães Sul-tiroleses, e Hitler o reassentamento de alemães étnicos do Leste da Polônia e dos Países Bálticos, ao passo em que Stalin finalizava a divisão nazista-soviética da Polônia durante a segunda metade de setembro.[17] No longo prazo, a liderança nazista esperava que a colonização no Leste fosse atraente o suficiente para encorajar os alemães do Velho Reich e das Américas a migrarem, mas poucos aceitaram a oferta. Por essa razão, uma medida incomum de mobilização de colonos caracterizou o "avanço para o Leste" nazista.

Além disso, o Terceiro Reich dispensou os imperativos cristãos que importantes eleitorados imperialistas promoveram durante as conquistas e acordos anteriores. Isso não foi apenas porque as populações em questão

---

17. Para detalhes das negociações do Reich sobre os colonos alemães étnicos, ver LUMANS, 1993, p. 158-75; LENIGER, 2006, p. 58-60, e sobre o caso soviético, RUTHERFORD, 2007, p. 48-9.

eram cristãs, pelo menos nominalmente, incluindo a União Soviética, onde a população rural de forma persistente manteve sua fidelidade apesar da supressão das igrejas ortodoxas dos bolcheviques. Pelo contrário, o impiedoso colonialismo do Terceiro Reich, direcionado ao Estado, aos partidos e ao darwinismo social, ofereceu pouco espaço aos missionários.[18] Em terra, vários critérios aplicados de forma inconsistente de classificar povos permitiram a assimilação daqueles que as autoridades de ocupação acreditavam ser capazes de germanização. No entanto, sua abordagem diferenciou-se dos assimiladores em outros lugares, especialmente na fronteira americana. Lá, o desejo de erradicar culturas nativas derivou da fé do Iluminismo na educação e autoaperfeiçoamento. A rumo do nazismo à homogeneidade, por outro lado, foi fundamentado na expectativa, profundamente realizada na SS, de que o sangue alemão pudesse ser extraído do resíduo humano que restava das migrações alemãs medievais e das conquistas da liga hanseática e dos Cavaleiros Teutônicos.[19] A conquista do Oriente definitivamente pouco se assemelhou à discussão de um império ultramarino, que ocorreu durante a República de Weimar e até mesmo no Terceiro Reich, em que o paternalismo desempenhou um papel mais proeminente. Tal discussão levou à elevação cultural dos "nativos" e a melhorias estruturais em grande escala, incluindo escolas, que os beneficiariam parcialmente, bem como o aumento da oferta de trabalho por meio da educação e cuidados médicos adequados. Apesar do fato de esses objetivos terem sido, sem dúvida, condescendentes, fundamentalmente exploradores e individualistas, foram positivamente benignos em comparação às ambições alemãs no Oriente.

Para realizar seu plano racista, o regime nazista criou um novo tipo de instituição na SS, organizado em torno da missão singular de eliminar os "inimigos" e trazer a purificação racial, uma ação única se considerarmos sua crueldade calculista. Como uma elite racial determinada, a admissão que exigia uma composição genética e uma aparência física aceitáveis, bem como um bom nível educacional e proezas militares, a SS foi além de suas funções militares e policiais para gerenciar desapropriações, a transferência étnica e o genocídio. Tendo crescido cada vez mais poderosa por causa de sua fidelidade ultramontana ao *Führer* e sua implementação de purificação racial nacional, a SS ficou bem posicionada no início da guerra

---

18. REYNOLDS, 2004, p. 127-49. Ver também, no mesmo volume, ZIMMERER, p. 63.

19. Ver, por exemplo, as diferentes abordagens sobre os índios no Oeste americano, em HOCH-GESCHWENDER, 2006, p. 44-79.

para realizar suas ambições utópicas. Os canais de decisão política no Leste, assim, partiram significativamente daqueles do primeiro genocídio alemão, a guerra no Sudoeste da África. Lá, os militares, depois de terem triunfado sobre o gabinete colonial e o governador colonial, optaram pelo genocídio vivenciando conflitos entre colonos alemães e os hererós. Com certeza poucos poderiam superar o comandante alemão, Lothar von Trotta, ao travar uma guerra cruel de aniquilação. A "pacificação" do Exército colonial em nome da "segurança" no mínimo levou a um potencial genocida.[20] E a cultura militar alemã que havia se desenvolvido desde as guerras franco-prussiana e dos hererós provavelmente teve consequências no longo prazo que influenciaram as Forças Armadas do Terceiro Reich.[21] No entanto, o projeto ideológico do nazismo, a reconstrução racial de seu *Lebensraum*, em grande parte abandonado devido à discordância interna, criou o seu próprio agente único.

A SS não foi o único agente de transformação racial, nem passou em branco. A sua liberdade de ação foi menos contestada no Oriente do que na Europa Setentrional e Ocidental, onde a *Wehrmacht*, as administrações civis e os interesses comerciais alemães incentivaram abordagens mais pragmáticas de ocupação. A administração civil nos territórios ocupados muitas vezes teve um papel significativo na realização da limpeza étnica e do genocídio. A simples medida da iniciativa nazista interligou institucionalmente a SS, os militares, os burocratas civis, a indústria privada e o próprio império econômico da Göring, que se expandiu com a sua gestão do Plano de Quatro Anos. Apesar de sua estreita relação inicialmente, Himmler e Darré lutaram sobre suas concepções divergentes da reconstrução do *Volk*. Apesar de favorecer a expansão, Darré deu prioridade à criação de uma elite camponesa racialmente saudável, enquanto o expansionismo de Himmler concebeu a germanização do Oriente como um meio de ordenar o espaço e a criação de uma sociedade inteiramente nova, de agricultores independentes. Himmler poderia contornar mais facilmente Alfred Rosenberg, o ministro do Reich dos territórios ocupados do Leste, que defendia um processo mais lento de colonização, do que dividir os líderes em regiões do Velho Reich onde os colonos deveriam ser recrutados. Eles colocaram obstáculos no caminho de Himmler, não estando dispostos a perder a mão de obra que desejavam mobilizar para o

---

20. Sobre as implicações do genocídio na "síndrome de segurança", ver MOSES, 2008, p. 28-9.

21. HULL, 2005, p. 7-130.

seu desenvolvimento econômico.[22] Da mesma forma, a remoção de poloneses e judeus de territórios anexados à Alemanha levantou objeções por parte dos administradores civis, que de repente viram-se sem agricultores ou trabalhadores qualificados. No entanto, como o beneficiário da autoridade carismática de Hitler e chamativo de vários homens jovens altamente qualificados, bem treinados e ideologicamente comprometidos, a SS colocou-se em um nível bom o suficiente para pôr em prática o regime imperial na defensiva.

Definitivamente foram impostas à própria Europa políticas nazistas coloniais de maneiras diferentes e sem precedentes. Durante o século XIX, a transformação da política a partir da prática das elites de mobilização do eleitorado em massa cada vez mais pressionou as classes políticas da Europa a justificarem o imperialismo, tendo em conta os benefícios culturais, nacionais e materiais que ele fornecia. Dessa forma, procuravam colônias porque elas forneciam trabalho e as matérias-primas que, direta e indiretamente, criavam padrões de vida populares. Além disso, assumiram que a aquisição do *status* de grande potência que a posse do império definia incentivaria a identificação popular com a nação, de modo a atenuar as tensões de classe. Embora as classes médias europeias frequentemente equiparassem os trabalhadores aos povos colonizados de cor, usando palavras como "incivilizados", "imundos" e "selvagens" para descrever ambos,[23] as metrópoles travaram guerras coloniais para explorar a mão de obra e matérias-primas das sociedades indígenas, enquanto o uso de políticas como "dividir e reinar" para identificar colaboradores entre as elites sociais e políticas indígenas. O imperialismo nazista, por outro lado, tornou-se uma guerra civil continental e uma guerra racial simultaneamente. Tornou-se um movimento perfeito que combinava os estereótipos depreciativos de longa data, a aversão à revolução bolchevique e o impacto conturbado da Primeira Guerra Mundial e suas consequências, o que exacerbou as percepções alemãs de dominação estrangeira e contaminação étnica. O ataque nazista contra o bolchevismo como uma vanguarda da revolução proletária e a da desintegração imperial uniu-se ao assassinato e à expulsão em massa de eslavos e ao extermínio total dos judeus.

---

22. MAI, 2002, p. 154, 188 e 305-8.

23. McCLINTOCK, 1995, p. 4-9 e 104-20.

Prelúdio do genocídio: reassentamentos, limpeza étnica e o ataque nazista no Ocidente

Ao estender seus limites para além dos territórios alemães cedidos à Polônia após a Segunda Guerra Mundial a fim de incluir terras que pertenciam aos Romanovs e Habsburgos, a Alemanha incorporou os territórios ocidentais da Polônia ao Reich. Após a eliminação do corredor polonês, a Prússia Oriental mais uma vez uniu-se ao Reich, enquanto a Alta Silésia foi reincorporada como uma província separada. Duas novas províncias, nomeadas Danzig-Prússia Ocidental e Wartheland, esta última mais comumente chamada Warthegau, foram criadas. Os procedimentos que o regime havia desenvolvido no Protetorado para categorizar e deslocar populações, bem como transferir propriedades aos racialmente adequados, agora seriam aplicados mais a Leste, lançando as bases para a limpeza étnica e o genocídio. "Velhos guerreiros", membros de longa data do Partido Nazista, com experiência na *Freikorps*, visitaram as administrações civis dos territórios anexados: Josef Wagner, na Alta Silésia, Albert Forster, em Danzig, Prússia Ocidental, e Arthur Greiser, no Warthegau. Alsaciano de nascimento e veterano da Primeira Guerra Mundial que se transplantou para o Ruhr mais tarde, Wagner entrou para o Partido Nazista em 1922 e tornou-se o *gauleiter* no Sul da Vestfália. Após 1933, ele foi nomeado governador da Baixa Silésia. Forster, nascido em 1902, juntou-se ao NSDAP e à SA em 1924, em Fürth, cidade de seu nascimento, tendo sido cativado pela defesa de Hitler em seu papel no *Putsch* de Munique. Como protegido de Hermann Göring e Julius Streicher, Forster tornou-se o *gauleiter* de Danzig, em 1930, onde tornou miserável a vida dos poloneses e judeus que viviam na cidade e se envolveu em confrontos frequentes com a alto comissário da Liga das Nações, Carl Jakob Burkhardt. Greiser, falante da língua polonesa e criado na província imperial alemã de Posen, juntou-se à SA e ao Partido Nazista em 1928 e à SS em 1931. Depois de servir como aviador na Primeira Guerra Mundial e mais tarde como soldado da *Freikorps* no Báltico, Greiser, nacionalista radical, foi eleito ao Senado de Danzig em 1924, chegando a se tornar seu presidente em 1935. Apesar dos rivais durante sua permanência em Danzig, Forster e Greiser personificaram o revanchismo antipolonês e o pangermanismo que eram particularmente acentuados nas regiões fronteiriças, produzindo uma parcela desproporcional dos perpetutadores das deportações étnicas e dos assassinatos em massa.

258 | IMPÉRIO NAZISTA

MAPA 8. A Polônia ocupada, 1939-1941.

Apesar de não ser produto das fronteiras alemãs, Hans Frank, outro "velho guerreiro" com credenciais nacionalistas radicais incontestáveis, foi nomeado governador do restante da Polônia, incluindo sua capital, Varsóvia. Conhecida como o Governo-Geral (*Generalgouvernement*), a região de Frank viria a se tornar o despejo temporário de poloneses, dos sinti e roma e de judeus deslocados dos territórios anexados, além de, posteriormente, uma fonte de mão de obra, alimentos e matérias-primas para o Reich. Nativo de Baden, no Sudoeste alemão, Frank entrou em um regimento de infantaria em 1917 e serviu na *Freikorps* sob o comando de Franz Xaver Ritter von Epp, na Baviera, quando suprimiu a Soviética de Munique. Em 1919, ingressou no Partido Nazista como um de seus primeiros membros e mais tarde participou do Putsch de Munique. Advogado, atuou como conselheiro legal do partido. Quando os nazistas tomaram o poder, ele ganhou simultânea nomeação como ministro sem pasta no gabinete nacional e ministro da Justiça na Baviera. Apesar da falta de experiência administrativa de Frank em uma escala que seria apropriada para sua tarefa, sua nomeação como governador-geral, em 1939, totalizou a recompensa de um feudo a um dos vassalos mais leais de Hitler, oportunidade que Frank aproveitou ao máximo durante sua posse.[24]

Além de instalar as administrações civis, Hitler ampliou ainda mais a autoridade da SS, nomeando Heinrich Himmler como comissário da Consolidação do *Volk* Alemão. Além do novo embelezamento de seu poder pessoal, Himmler poderia agora fazer valer seus planos para germanizar os territórios anexados. Embora a inviabilidade da desapropriação e a expulsão das populações indígenas em breve fariam-no sentir que milhões de poloneses e judeus deviam ser expulsos para o Governo-Geral ou deportados para a Alemanha como mão de obra, enquanto o estoque nórdico "superior", conhecido como os alemães étnicos que viviam fora das fronteiras do Velho Reich, seria "repatriado" para substituí-los. Aparentemente imitando o complicado relacionamento entre a polícia da SS e o Judiciário, no qual a concorrência coexistia com a cooperação ideologicamente fundamentada, a administração da SS no Leste envolveu-se em frequentes conflitos de jurisdição com a administração civil, mesmo que esses conflitos raramente tenham produzido desacordos ideológicos fundamentais. Na verdade, a fusão pura e simples da SD, da Gestapo e da Kripo no Gabinete de Segurança do Reich (RSHA), de Heydrich, em setembro de 1939, antecipou as novas responsabilidades que a SS assumiria nos territórios conquistados, que teriam prioridade sobre os territórios da administração civil. O novo gabinete lutaria contra todos os "inimigos do Reich", internos e externos, dando cobertura "legal" às unidades de ataque móvel da SS que operavam na Polônia.

Himmler não perdeu muito tempo na importação de alemães étnicos nos territórios anexados enquanto movia os cristãos poloneses e os judeus. Após a prisão, confinamento ou execução de elites polonesas, todos os po-

---

24. KLESSMANN, 1993, p. 39-47; SCHENK, 2006, p. 143-54.

loneses restantes nos territórios anexados deveriam ser privados de suas propriedades e deportados para o Governo-Geral ou ao Velho Reich como mão de obra forçada. Aqueles que foram "reinstalados" receberiam poucos suprimentos e o mínimo de cuidados médicos necessários para prevenir epidemias que pudessem colocar em risco os alemães. Apenas alguns poloneses considerados adequados para a germanização ou essenciais para o trabalho servil seriam autorizados a permanecer, enquanto fossem politicamente irrepreensíveis e concordassem em desistir de seus filhos "racialmente valiosos" para famílias alemãs ou orfanatos.[25] De acordo com o primeiro programa de longo prazo para a colonização, o "Plano Geral do Leste", de janeiro de 1940, um projeto de 100 mil famílias de "crianças ricas" retiradas dos camponeses alemães, mais de 800 mil alemães deveriam ser reassentados ao longo das fronteiras Sudeste e Oeste dos territórios anexados. Eles construiriam um "muro" de germanismo para isolar o Reich dos poloneses.[26]

Essa "limpeza fundamental" (*Flurbereinigung*) foi acoplada à concepção do *Führer* de germanização conforme ele expressou aos militares imediatamente após a ocupação nazista, em 1933, e a suas instruções específicas, em meados de outubro de 1939. Não haveria a germanização de povos subordinados, como Bismarck e seus sucessores já haviam tentado e não conseguiram realizar, e sim apenas a germanização interna. No dia anterior, Himmler foi nomeado comissário do Fortalecimento do *Volk* Alemão, e Hitler dirigiu-se ao *Reichstag* para expor sua concepção radical de um continente pós-guerra. Ele rejeitou a política de poderes tradicionais entre os Estados-nações, considerando-as irrelevantes em uma época em que a luta entre os povos havia contribuído e lucrado com o colapso no pós-guerra dos impérios multiétnicos. Ele estava muito menos interessado na restauração das fronteiras no pré-Primeira Guerra Mundial da Alemanha. Em vez disso, conforme a repercussão das últimas fases da política do Comando Supremo no Oriente durante a Primeira Guerra Mundial, a nova Europa "pacífica" surgiria a partir de uma nova e purificada ordem etnográfica que garantiria a segurança e a prosperidade econômica do *Volk* alemão. A salvação da própria raça era tudo o que importava.[27]

A expropriação de propriedades das vítimas da Alemanha, realizada geralmente pelo Escritório de Raça e Reassentamento e pelos Escritórios

---

25. MADAJCYZK, 1999, p. 389-431; ALY, 1999, p. 33-58; LONGERICH, 2008, p. 457-66.

26. MAI, 2002, p. 293-4.

27. WILDT, 2006.

Centrais de Emigração da SS, realizou-se com o máximo de rapidez e o mínimo de compaixão. Atirados à rua, colocados em campos de coleta ou deportados, os deserdados receberam poucos recursos de seus senhores, que centraram suas preocupações em como cuidar de sua própria espécie, os alemães étnicos espalhados por outros lugares e que agora voltariam "para a casa, o Reich". As evacuações normalmente ocorriam nas primeiras horas da manhã para que os proprietários atordoados não tivessem tempo de fugir com as suas posses ou deixar seus animais sem comida. Voluntários da Liga das Mulheres Nazistas e da Liga das Meninas Alemãs (BDM) esperavam enquanto as unidades da SS expulsavam os poloneses das casas e fazendas desapropriadas. Uma vez que os poloneses partiam, elas atacavam as instalações com espanadores, vassouras, produtos de limpeza, cortinas brancas engomadas e cestos de flores em preparação para seus novos donos.[28] Ocasionalmente, os poloneses expulsos voltavam a seus domicílios em busca de parentes perdidos ou simplesmente para ver suas propriedades mais uma vez, sendo interceptados pela polícia. Foi assim que Anton W., depois de seu retorno malsucedido e sua prisão, foi expulso em junho de 1940 de sua pequena fazenda no Warthegau, indo para o Governo-Geral, onde foi obrigado a se contentar a trabalhar como empregado de outro agricultor. Outros na mesma condição, caso sobrevivessem a tudo, tornariam-se trabalhadores forçados dos alemães.[29] Como os territórios anexados constituíam as regiões industriais e agrícolas mais desenvolvidas da Polônia no período entreguerras, a expropriação da ocupação e integração de seus bens foram quase totais, poupando no entanto algumas empresas polonesas de serviços e artesanato.[30]

O médico polonês Zygmunt Klukowski, cujo diário fornece descrições inestimáveis dessa estressante ocupação, testemunhou o trauma de pessoas expulsas dos territórios anexados de seu hospital na Zamość, região Sul de Lublin, no Governo-Geral. Era dada no máximo uma hora para embalarem as poucas posses que os alemães os deixavam levar, e os deportados acabavam rapidamente em Łódź, onde os alemães confiscavam seu dinheiro. "Eles foram forçados a deixarem suas casas, onde as suas famílias viveram por centenas de anos", empilhados como gado, empurrados e espancados. "Essas pessoas devem ser realocadas para diferentes aldeias da

---

28. REAGIN, 2007, p. 79 e 201-2.

29. HEINEMANN, 2003, p. 217-27.

30. MUSIAL, 2004, p. 18-9.

IMAGEM 17. A evacuação de poloneses dos territórios anexados, 1939-1940.

região de Zamość", continuou Klukowski. "O que eles vão fazer, como vão viver? Centenas deles, que eram agricultores, tornaram-se mendigos em uma hora. O pior de tudo é que nossos agricultores não têm o suficiente nem mesmo para se alimentar e muitas vezes se recusam a ajudar."[31]

A fim de tomar o lugar dos desabrigados, Himmler começou a reassentar alemães étnicos da região sob ocupação soviética da Polônia, dos estados bálticos e Tirol do Sul. Em última análise, os alemães viriam do Sudeste da Europa, de regiões agrícolas pobres do Sudoeste da Alemanha e das Américas. Áreas adicionais para colonização no Governo-Geral e mais a Leste seriam especificadas mais tarde. O imaginado "muro" alemão seria mais do que tijolos e argamassa de fazendas. Para garantir que o "polonismo" não tivesse chances de contaminar os alemães, os próprios alemães étnicos imigrantes eram classificados, em termos de adequação, de acordo com o registro étnico alemão (*Deutsche Volksliste* ou DVL). O DVL, uma série de quatro classificações, que teve origem com Greiser no Warthegau, e que a SS aperfeiçoou posteriormente, uniu-se a uma gama confusa e mui-

---

31. KLUKOWSKI, 1993, p. 104.

tas vezes aplicada de forma arbitrária de critérios linguísticos, antropológicos, eugênicos e políticos, nos quais a saúde hereditária, o ativismo político em nome de causas alemãs, a fluência na língua alemã e outros marcadores culturais, tais como a economia doméstica eficiente, a limpeza meticulosa e a adesão aos costumes alemães, resultavam na mais alta posição. Aqueles imediatamente elegíveis para a cidadania alemã assumiriam as fazendas, casas, lojas e mobílias confiscadas dos poloneses e judeus. Essa seria sua compensação pela propriedade que haviam deixado para trás. Alemães étnicos classificados como inferiores, começando com a categoria de número 3, que designava os indivíduos "capazes de serem germanizados", receberiam a cidadania probatória e a transferência para o Velho Reich para uma posterior germanização. Se eles descartassem qualquer característica eslava que possuíssem, receberiam depois a devida recompensa, a cidadania do Reich e propriedades. Aqueles na última categoria que fossem irremediavelmente polonizados por meio de casamentos de gerações ou atraso cultural seriam relegados ao trabalho da SS e a campos de detenção.[32]

Como o DVL adotou uma ficção, a noção de que um *Volk* alemão "puro" pudesse ser extraído a partir de vestígios da colonização germânica passada, uma vez purificada dos adicionais da "mistura indesejável", as categorias três e quatro apresentavam os maiores problemas de identificação. A ironia era inevitável: Se o propósito de limpeza étnica e de colonização deveriam garantir o futuro da Alemanha, as histórias complexas de potenciais colonos levaram, na melhor das hipóteses, a exames invasivos e humilhantes para os "companheiros do *Volk*" do suposto regime, e, na pior das hipóteses, à deportação para a Alemanha, onde a incapacidade de alcançar o padrão apropriado de germanidade poderia ter consequências devastadoras. A necessidade de trabalho, que os colonos por si só não poderiam satisfazer, tornou-se a solução para a ambiguidade, como exemplificou Albert Forster, o líder autoconfiante do distrito de Danzig-Prússia Ocidental. Responsável por Hitler, sozinho, Forster considerou o distrito como seu, administrando-o sem a interferência do SS, cujo líder certa vez ele rejeitou com o comentário: "Se eu parecesse Himmler, eu não falaria sobre raça!".[33] Nas mãos de Forster, o DVL tornou-se uma maneira de transformar poloneses em alemães experimentais.

---

32. Sobre a aplicação do DVL, ver LENIGER, 2006, p. 161-90; WASSER, 1993, p. 21-46; ALY; HEIM, 1993, p. 125-55; HEINEMANN, 2003, p. 250-82; HARTEN, 1996; KOEHL, 1957, p. 89-160; e REAGIN, 2007, p. 181-217.

33. RUTHERFORD, 2007, p. 66-7.

O Warthegau foi outra questão. Arthur Greiser, cujas ambições utópicas estavam mais de acordo com as de Himmler, manteve-se firme aos seus exigentes padrões. Seu extremo racismo, que rejeitava qualquer possibilidade de integração dos poloneses, personificava o potencial implacável do projeto de expulsão e reassentamento. Persistente ao erro de realizar o seu desejo de tornar o seu distrito um modelo, Greiser instituiu uma política rígida de segregação racial, na qual os poloneses que não fossem expulsos do Governo-Geral nem classificados como capazes de germanização seriam considerados como um pouco mais do que escravos. Além de relacionarem o medo que Greiser trouxe ao seu povo subordinado, as recordações da governanta de Greiser, Danuta Pawelczak-Grocholska, revelaram a estreita relação entre os padrões "alemães" do serviço de limpeza, da missão imperialista alemã e da manutenção assídua de bens de consumo como o distintivo de superioridade racial.

> Você não deveria ver nem um cisco de pó. As franjas do tapete tinham de ser penteadas em linhas retas. Deus nos ajude se houver uma fora de lugar! Tudo era feito com perfeição, com uma opulência exagerada. No dia mais frio do inverno, sua dama ordenaria a limpeza das janelas para a véspera de Ano Novo. Nossas mãos congelariam nos vidros das janelas. Nós soprávamos em nossos dedos, mas tínhamos de seguir em frente com a limpeza... O laranjal, os viveiros, o guarda-caça... toda a base econômica do local foi orientada exclusivamente para o uso dessas duas pessoas. Era luxo, puro luxo em todos os aspectos.[34]

Típico da mania de planejamento que acompanhou a imaginação nazista de espaço, Greiser envolveu arquitetos e urbanistas para modernizar e transformar seus territórios. Eles remodelariam a terra para que não mais refletisse os anos de atraso polonês e de miséria. Posen e Lodz, os últimos *Litzmannstadt* rebatizados em homenagem ao general que liderou as forças alemãs na região durante a Primeira Guerra Mundial, fariam grandes projetos de renovação urbana, enquanto florestas, parques e autoestradas de última geração cruzavam a província em uma combinação perfeita de natureza e tecnologia. Além de estabelecer fazendas viáveis para colonos alemães, que os planejadores alemães consideravam essenciais para aliviar o desejo por terra e a baixa produtividade das explorações camponesas internas, Greiser imaginou novas fábricas, bem como casas urbanas e suburbanas com aparelhos modernos e mobília confor-

---

34. REES, 1997, p. 144-5.

tável. Juntos, eles alcançariam o alto padrão de vida que o Terceiro Reich prometeu para os alemães racialmente aceitáveis. A missão cultural de Greiser era fornecer os últimos retoques em seu projeto de erradicação do polonismo. Além de fundar uma nova unidade em Posen, Greiser buscou a construção de instituições culturais, salas de concertos, teatros e museus que promoveriam a alta cultura alemã e eliminariam todos os vestígios da baixa cultura polonesa. Renomeando cidades, vilas e ruas, apagariam toda a memória da profanação eslava da germanidade. No processo de reconstrução das cidades que a guerra contra a Polônia destruiu, Greiser ressuscitaria a glória dos tempos medievais em edifícios com tetos altos e vigas pontiagudas que representariam a chegada dos Cavaleiros Teutônicos do século XX.[35]

Apesar dessa visão de transformação radical, a exigência de uma economia de guerra, especialmente como preparativos para a invasão da União Soviética que tornou-se realidade na primavera de 1941, destacou-se em relação às evacuações dos "indesejáveis". Além da superlotação do Governo-Geral com os poloneses e judeus, o que levou a queixas intermináveis de Frank, as expulsões privaram o Reich da mão de obra essencial, como Forster reconheceu. Enquanto isso pudesse ser feito sem os judeus, os poloneses agora seriam indispensáveis. Mesmo que não merecessem uma classificação favorável de acordo com o DVL e fossem privados de sua propriedade, eles poderiam pelo menos ser alojados com a família ou amigos enquanto suas habilidades fossem úteis. Nem mesmo o Warthegau percebeu as expectativas de seu líder distrital. No fim de 1944, os poloneses excederam-se em uma proporção de 3 para 1 em relação aos alemães do Reich, os *Volksdeutschen* reassentados e os alemães designados do DVL juntos. A proporção dos alemães em relação aos poloneses parecia "melhor" na Alta Silésia, na Danzig-Prússia Ocidental e nos territórios anexados da Prússia Oriental, mas apenas devido à aplicação mais generosa do registro étnico alemão. No entanto, o impacto da evacuação e do reassentamento não deveria ser subestimado. Em janeiro de 1944, mais de 340 mil alemães étnicos foram reassentados em territórios anexados, ou, de acordo com algumas estimativas, cerca de 400 mil. Perto de 1 milhão de judeus e poloneses cristãos haviam sido expulsos. Os 300 mil que foram autorizados

---

35. Muito foi retirado do capítulo 6 de EPSTEIN, 2010. Agradeço à profa. Epstein por sua boa vontade ao compartilhar esse material. Ver também GUSTSCHOW, 1993, p. 232-370; LENIGER, 2006, p. 20.

a permanecer foram privados de suas propriedades.[36] Comparando-se aos resultados escassos que a Comissão Prussiana de reassentamento produziu, o número de colonos importados pela SS foi tanto impressionante como desastroso para as vítimas de Himmler.[37]

A eclosão da guerra e a crueldade na ocupação da Polônia vieram à tona com a completa implementação da eutanásia. Começando por eliminar crianças deformadas conforme a guerra se aproximava, a ameaça da resistência das igrejas desencorajou Hitler a implementar o programa até que a eclosão da guerra desviasse a atenção do público. No entanto, as medidas que permitiriam tal fato haviam sido introduzidas anteriormente, incluindo a transferência de doentes mentais de instituições privadas para as do Estado. Em 1938, seguindo o encalço da melancólica carta de um pai pedindo uma morte misericordiosa para seu filho deficiente, Hitler ordenou ao chefe da chancelaria do *Führer*, Philipp Bouhler, e seu médico pessoal, Dr. Karl Brandt, que chefiassem um comitê consultivo para implementar o assassinato de crianças doentes mentais. Um decreto posterior do Ministério do Interior ordenou médicos e parteiras que denunciassem casos de crianças "deformadas", ampliação significativa da população-alvo. Nas últimas semanas antes da eclosão da guerra, planos para um programa de eutanásia para adultos de todo o país começaram a surgir, devendo ser implementados uma vez que a vitória sobre a Polônia oferecesse a oportunidade. O projeto nomeado T-4, em homenagem à vila no Tiergartenstrasse de Berlim, que abrigava seu pessoal, surgiu no final de julho de 1939 com uma equipe de médicos e psiquiatras.[38]

Entre o outono de 1939 e verão de 1941, o excesso de crianças foi tratado em 22 alas hospitalares especialmente designadas, começando com bebês e depois se estendendo às crianças mais velhas, incluindo aquelas com dificuldades de aprendizagem. Em alguns casos, o modo com que matavam era ainda mais desumano, como testemunhado por Christine

---

36. HARVEY, 2003, p. 79; KOEHL, 1957, p. 130-1; HARTEN, 1996, p. 75 e 116. Ver principalmente o resumo de Rutherford em *Prelude* (2007, p. 211-20), que argumenta que a "desracialização" da política racial aplicada aos poloneses começou muito antes do que a segunda metade de 1941, que a maioria dos historiadores marcou como o início relutante no uso de trabalho escravo forçado. A necessidade de mão de obra concorreu com planos de germanização em outros lugares, nomeadamente no Protetorado, de acordo com BRYANT, 2007, p. 114-38.

37. Alguns funcionários da SS reconheceram isso. Ver MAZOWER, 2008, p. 88.

38. Sobre a eutanásia, ver os resumos de BROWNING, 2005, p. 184-93, e LONGERICH, 1999, p. 234-42. Basearam-se no trabalho especializado de KLEE, 1983, e GANSSMÜLLER, 1987, p. 150-75, principalmente; BURLEIGH, 1994; e FRIEDLANDER, 1997.

Weihs, cujo irmão mais novo morreu de circunstâncias misteriosas em um asilo em Essen. Ao visitá-lo antes de sua morte, Weihs ouviu o grito de uma criança no quarto ao lado. "Então eu empurrei a maçaneta da porta e lá estava uma criança", disse ela, "um menino, na cama. O seu couro cabeludo havia sido aberto e o cérebro estava jorrando. De um corpo vivo".[39] Quanto mais centralizado ficasse o projeto T-4, logo abrangeria um grande número de médicos, psiquiatras, enfermeiros e serventes em asilos públicos, privados e religiosos da Alemanha que estavam dispostos tanto a se referir a "seres vivos indignos de vida" ou a "um tratamento especial" quanto a participar dos assassinatos. Em 21 de setembro de 1939, o Ministério do Interior exigiu que todos os hospitais, lares de idosos e sanatórios identificassem pacientes em condições que variassem entre insanidade criminosa e "debilidade mental". Os pacientes judeus não precisavam de deficiência física para que fosse justificada uma sentença de morte. Para tratar daqueles considerados adequados à eutanásia, seis centros de extermínio foram estabelecidos em áreas remotas a fim de prevenir as notícias de se espalharem, violando o código penal por tais ações, as quais o regime simplesmente ignorou. Os pacientes totalmente desprovidos foram colocados em vans, levados a locais remotos e envenenados com monóxido de carbono. Mais tarde, as vítimas foram levadas para as câmaras de gás locais. Entre o outono de 1939 e a primavera de 1940, as unidades da SS na Polônia esvaziaram os asilos com 10 mil doentes mentais, poloneses e alemães de hospitais localizados perto dos portos de Danzig, Swindemünde e Stettin. Atiravam neles ou os eliminavam em câmaras de gás fixas ou móveis. Pouco tempo depois, os pacientes de Warthegau e Danzig-Prússia Ocidental foram mortos. Os líderes distritais dos territórios anexados envolveram-se diretamente na ação, como fizeram as "forças de proteção" da etnia alemã. No outono de 1940, o programa de eutanásia aumentou seu alvo de 70 mil para 140 mil vítimas, novamente alemães, poloneses e judeus. As iniciativas locais, especialmente de líderes nazistas ansiosos para reduzir as populações de suas instituições destinadas a doentes mentais, complementaram as decisões de Himmler e dos funcionários da eutanásia em Berlim, Philippe Bouhler e Leonardo Conti. A SS usou alguns espaços liberados nos hospitais para abrigar colonos alemães étnicos ou unidades militares da SS temporariamente, mas a decisão de acabar com as "vidas indignas de viver" prosseguiu-se mais por considerações ideológicas do

---

39. OWINGS, 1995, p. 415-7 (citação na p. 416).

268 | IMPÉRIO NAZISTA

que práticas.[40] A limpeza do *Volk* dos "comedores inúteis" era essencial para a sua preservação.

Embora o projeto da eutanásia não tenha atingido suas projeções ambiciosas, ele ainda chegou a quase 70 mil vítimas no Velho Reich em agosto de 1941, e milhares afora. Ele representou o resultado das tendências do pensamento científico que surgiram pela primeira vez durante o Segundo Império e cresceram exponencialmente entre a Grande Guerra e a Depressão, já que os eugenistas tornaram-se obcecados pelo "sacrifício" do "valor" racial no campo de batalha sem o comparável "sacrifício" de deficientes mentais ou por programas sociais que incentivaram a reprodução dos "impróprios".[41] Ele introduziu uma novidade, o "centro de extermínio", linha da morte que se tornaria emblemática no império da Alemanha Nazista racialmente purificada. Em ações como as do pai da criança com deficiência, cujo apelo para Hitler foi catalisador, o programa da eutanásia explorou o estresse muitas vezes insuportável e os escassos recursos de prestação de cuidados familiares para persuadi-los de que a morte "misericordiosa" seria de grande interesse para o paciente e sua família. Até mesmo os membros do partido revelaram seus sentimentos mistos de aprovação e consternação, como testemunhados na carta de uma mulher de Nurembergue, que foi notificada das mortes de duas irmãs que suspeitosamente ocorreram em dias consecutivos. "Eu só poderia encontrar a paz se eu tivesse a certeza de que através de uma lei do Reich fosse possível libertar as pessoas de seus sofrimentos incuráveis", disse ela. "Esta é uma boa ação, tanto para o próprio paciente como também para os familiares, e uma grande diminuição da carga sobre o Reich e as pessoas". Nem ela nem seus parentes se opuseram a tal lei, já que ela testemunhou por anos o sofrimento de suas irmãs. "Mas que isso, meu mais sincero desejo, fosse cumprido em dois dias, para que eu não possa pensar."[42]

Contrária às expectativas de Hitler, no entanto, uma enorme reação popular surgiu, especialmente entre os católicos já enfurecidos devido a confiscações de propriedade da Igreja e ao fechamento de escolas confessionais. A indignação pública forçou o adiamento do programa da eutaná-

---

40. Recentemente, estudiosos têm questionado a conexão que Götz Aly tem levantado entre a eutanásia e o reassentamento. Veja LONGERICH, 1999, p. 238 e RIESS apud MALLMAN; MUSIAL, 2004, p. 127-44.

41. KÜHL, 2001, p. 185-210.

42. Citado em KERSHAW, 1983, p. 337.

sia. Em um sermão de grande circulação que chegou até as tropas alemãs na Noruega, o bispo Clements August Graf von Galen de Münster, extremamente conservador, que no entanto pouco se opôs ao antibolchevismo e ao antissemitismo nazista, denunciou a eutanásia por sua agressão contra o valor intrínseco dos seres humanos, alertando que a lógica por trás da destruição de vidas "improdutivas" em breve poderia se estender a soldados alemães feridos.[43] Por temer uma desmoralização popular como resultado do bombardeio britânico de cidades alemãs e da estagnação temporária na frente oriental, o *Führer* interrompeu os assassinatos.[44] No entanto, o regime incentivou meios mais sutis e menos rastreáveis de matar os "comedores inúteis", como a fome e a injeção letal, permitindo que o programa continuasse até o fim do Terceiro Reich. Apesar de provocar crises de consciência, horror e raiva entre os diretamente afetados, os parentes mais próximos das vítimas, a ação da eutanásia não enfrentou nenhum protesto coletivo subsequente. Além disso, Hitler autorizou a extensão do "golpe de misericórdia" aos campos de concentração. A experiência e a formação que o programa da eutanásia forneceu, que além de envolver mais os profissionais de saúde assumiu as características de assassinato da linha da morte, revelaram-se indispensáveis uma vez que a "solução" do regime nazista para a "questão" judaica passou a ser o genocídio.[45]

Como base para o *Lebensraum* alemão, a guerra nazista na Polônia estava no caminho de alcançar a catástrofe que definiria o seu "avanço para o Leste." No entanto, os imperativos entrelaçados de raça e império fortificaram as campanhas alemãs na Escandinávia, no Oeste e Sudeste da Europa, e contribuíram para os homicídios acelerados no Leste após junho de 1941. Muito parecida com a campanha na Polônia, a invasão da França se tornaria principalmente o campo de experimentação para estratégias desenvolvidas mais tarde nos Bálcãs e na União Soviética. Após a derrota da Polônia, que ocorreu sem a intervenção da Grã-Bretanha e da França, fato que os generais de Hitler temiam, o *Führer* acreditou por um momento que as potências ocidentais concordariam com os termos de paz que permitiram à Alemanha liberdade no Oriente e a devolução de ex-colônias alemãs na África.

---

43. GRIECH-PLOELLE, 2002, especialmente p. 59-135, fornece uma longa crítica atrasada do "Leão de Münster".

44. ALY, 1999, p. 205.

45. LONGERICH, 1999, p. 242.

IMAGEM 18. Cadáver de uma mulher em um caixão aberto no Instituto Hadamar, perto de Wiesbaden, onde ela foi "sacrificada" em 5 de abril de 1945. Embora o público ofendido tenha forçado Hitler a suspender o gaseamento, os pacientes em instituições continuaram a ser mortos por overdoses ou fome até o final da guerra.

O foco crescente das ambições alemãs, no entanto, surgiu não apenas do desejo de recuperar possessões ultramarinas do pré-guerra, embora o governo do Reich tivesse reivindicado repetidamente ex-colônias alemãs em seus pronunciamentos diplomáticos e negociações ao longo dos anos 1930. Tendo progredido na obtenção de sua primeira prioridade, o *Lebensraum* no Leste, os planos de um império ultramarino começaram a assumir um tom mais expansivo imediatamente após a derrota da França e dos Países Baixos. Até o final de 1940, quando se tornou evidente que os alemães não conseguiram tirar a Grã-Bretanha da guerra, e que a Grã-Bretanha montou uma coalizão para garantir esse resultado, os elementos com voz dentro do Partido Nazista e do governo do Reich – a Associação Colonial do Reich –, o Gabinete Político Colonial, liderado pelo antigo mentor de Hitler, Franz Xaver Ritter von Epp; o Instituto de Ciência do Trabalho da Frente de Trabalho Alemã (*Arbeitswissenschaftliches Institut*); os interesses comerciais e industriais; a Marinha; e o Ministério das Relações Exteriores ressuscitaram a ambição de um império central africano. Essa ideia, uma vez incorporada no Programa de Setembro de Bethmann, lançou as bases para um confronto global com os Estados Unidos. Como preparação, o gabinete de Von Epp, com o apoio financeiro do governo, estabeleceu uma escola na cidade de Oranienburg, fora de Berlim, para treinar administradores coloniais, enfermeiros e policiais.[46]

Confrontado com o trabalho de montagem e a escassez de matérias-primas e com a crescente hostilidade dos Estados Unidos, que após o ataque alemão à Polônia abandonou sua neutralidade para vender armas aos britânicos e franceses, Hitler anunciou seu plano para um ataque no Oeste, programado para novembro de 1939, não seguindo os conselhos de seus generais. Para garantir o fornecimento de uma alimentação adequada, o regime recrutou poloneses do Governo-Geral para trazer a colheita, os primeiros de milhões de trabalhadores estrangeiros que trabalhariam em fábricas e em fazendas.[47] Ao contrário do ataque alemão em 1914, a invasão do Oeste violaria a neutralidade da Bélgica e da Holanda que, na visão de Hitler, tornaria impossível um bloqueio britânico. Só o mau tempo forçou o adiamento até a primavera. A fracassada tentativa de assassinato contra o *Führer*, que teve ampla condenação popular, acabou com o plano de um

---

46. LINNE, 2002, p. 28-37. Sobre a aquisição alemã dos territórios franceses, veja METZGER, 2002, p. 13-239.

47. TOOZE, 2006, p. 326-67.

IMAGEM 19. "Aqui está o nosso *Lebensraum*", 1933-1938. As aspirações de recuperar e expandir o império africano da Alemanha Imperial, que persistiram nas décadas de 1920 e 1930, incluíram o adicional, mesmo que temporário, de impulsionar as vitórias da Alemanha no Oeste, na primavera de 1940.

golpe militar provocado pela imprudência de Hitler. No entanto, o *Führer* voltou sua atenção à invasão da Dinamarca e da Noruega para proteger as importações de minério de ferro sueco da Alemanha de um bloqueio britânico do Mar do Norte. Em um ataque que pegou o governo britânico de surpresa, os alemães tomaram seus dois vizinhos do Norte em meados de abril de 1940, o que exigiu o recrutamento de 300 mil soldados alemães para a guerra. A ocupação da Dinamarca, no entanto, provou ser extraordinariamente gentil. O plenipotenciário do Reich e o deputado anterior a Reinhard Heydrich, Werner Best, que em 1942 sucedeu um diplomata nomeado pelo Ministério das Relações Exteriores, tiveram como objetivo construir um "modelo" de protetorado.[48] Apesar das severas restrições em sua política externa e do tamanho de suas Forças Armadas, a Dinamarca manteve sua Monarquia, governo e Constituição com um plenipotenciário alemão servindo de intermediário entre Berlim e Copenhague. Crescendo rapidamente, as exportações dinamarquesas de leite e cimento para a Alemanha e a falta de resistência dinamarquesa à invasão sem em dúvida contribuíram, mas também o fez a crença de que, como povos nórdicos, as semelhanças raciais garantiriam a cooperação dos dinamarqueses. O Terceiro Reich imaginou um acordo semelhante para a Noruega, perspectiva que o norueguês fascista Vidkun Quisling ansiosamente promoveu para capitalizar o Reich no litoral da Noruega a fim de estabelecer seu próprio governo sob proteção alemã. A resistência norueguesa aos alemães e especialmente as tentativas desajeitadas de Quisling de nazificar a sociedade norueguesa exigiram a imposição do governador da província da Renânia, Josef Terboven, como comissário do Reich, sendo apoiado por vários funcionários da SS.[49]

A invasão alemã do Oeste em maio e junho de 1940, concluída com o chamado "corte de foice", uma manobra de alto risco que enviou as forças alemãs mais rígidas através da floresta de Ardennes, onde as defesas francesas estavam mais fracas, foi um caso de seis semanas que resultou na anexação de Luxemburgo, na conquista da Bélgica e da Holanda e na vergonhosa derrota da França. Embora os militares esperassem que Bélgica e Holanda fossem autorizadas a permanecer independentes, o partido e a SS avançaram com outras ideias, as quais Hitler não desencorajou. A afinidade racial putativa dos holandeses induziu ao sonho de restauração da ala Oeste do

---

48. HERBERT, 2001, p. 323-42.

49. BURLEIGH, 2000, p. 457-63; MAZOWER, 2008, p. 103-5.

Sacro Império Romano, que acabaria por incluir a Suíça. A Bélgica permaneceu sob a administração da *Wehrmacht*. Semelhante à Noruega, o Partido Nazista e os funcionários da SS, incluindo o novo comissário do Reich, o austríaco nazista Arthur Seyss-Inquart, governaram a Holanda, embora com um toque relativamente suave para evitar que os alemães perdessem o controle das colônias que pertenciam aos holandeses. Quanto à França, os alemães continuaram a governar as costas Norte e Oeste diretamente para se protegerem contra a invasão britânica, enquanto as partes mais pobres do centro e do Sul do país foram fundidas em um Estado fantoche, com sede na cidade termal de Vichy, liderado pelo conservador herói de guerra marechal Philippe Pétain. A autoridade ocupacional na Bélgica governou o Norte industrial e o Pas-de-Calais, com outra região reservada para a colonização alemã. As províncias de Alsácia e Lorena, que voltaram para a França em 1919, foram mais uma vez propriedade do Terceiro Reich. A existência do governo de Vichy mostrou a necessidade de contar com colaboradores para aliviar a pressão sobre militares sobrecarregados da Alemanha;[50] no entanto, as políticas de exploração do regime nazista na Europa ocupada e sua campanha genocida contra os judeus afetariam os recursos alemães a um ponto crítico.

A vitória iluminada do *Führer* no Ocidente parecia milagrosa, à luz da experiência da Primeira Guerra Mundial, com nada para mostrar em quatro anos e meio em uma guerra brutal de trincheiras, exceto a humilhação da Alemanha nos acordos de paz. Presa na cidade costeira de Dunquerque, a Força Expedicionária Britânica exigiu um resgate anfíbio, mas ignominioso, para evitar a sua destruição total. A ironia não passou despercebida por Hitler, que ordenou que a rendição ocorresse na floresta de Compiègne, no local exato e no mesmo vagão de trem onde, em novembro de 1918, as delegações alemã e francesa assinaram o acordo de armistício. A novidade comparativa da vitória alemã fez-se não apenas na velocidade desmoralizante com que ela se desenrolou, nem no bombardeio implacável do porto holandês de Roterdam, que custou a vida de mil civis. Em vez disso, ela consistiu no racismo evidente que contribuiu para o tratamento que a *Wehrmacht* e a Waffen-SS concederam aos prisioneiros de guerra, as quais expressaram a resposta da Alemanha ao uso francês das tropas coloniais ao ocupar a Renânia. As forças alemãs cometeram numerosos massacres de soldados negros da África Ocidental Francesa, a quem os franceses haviam

---

50. MAZOWER, 2008, p. 107-8.

pressionado em serviço para complementar sua mão de obra, tendo em conta o declínio da população do país. Ao contrário de civis e soldados brancos, a quem a *Wehrmacht* agora tratava de acordo com as normas de direito internacional para prevenir a repetição da propaganda brutal da Entente na Grande Guerra, prisioneiros de guerra africanos foram separados dos prisioneiros brancos e massacrados. Embora no mínimo 1.500 prisioneiros africanos tenham sido mortos, o seu tratamento variou de acordo com a unidade e o contexto. Execuções sumárias ocorreram desproporcionalmente entre as unidades mais nazificadas, particularmente a divisão da SS *Totenkopf* ou regimentos de infantaria regulares, como o *Grossdeutschland*, cujos comandantes haviam sido extremamente influenciados pela ideologia nazista. As atrocidades tornaram-se também prática de unidades que enfrentaram forte resistência das tropas africanas, especialmente na reta final para Paris. No entanto, as mortes evidenciaram o racismo profundo decorrente da experiência colonial e pós-colonial da Alemanha e o encorajamento oficial que recebeu de Berlim.[51]

Ao contrário da ordem de invasão da União Soviética lançada um ano depois, o *Führer* não emitiu nenhuma "ordem comissária" para a campanha ocidental, que autorizava o assassinato de categorias designadas de prisioneiros de guerra. No entanto, Goebbels, ministro da Propaganda, certamente com a aprovação de Hitler, emitiu diretrizes para os meios de comunicação que declaravam as expectativas do regime em termos incertos. As tropas africanas eram "feras da selva" que não mereciam misericórdia. Ao ressuscitar temores militares de guerrilheiros "ilegítimos" (*franc-tireurs*) que surgiram pela primeira vez durante a Guerra Franco-Prussiana e, em seguida, receberam uma nova aceitação como resultado de ataques franceses em unidades alemãs, a imprensa alemã desafiou a justificação da Entente ao privar a Alemanha de suas colônias ultramarinas. Ao alegar que os franceses violaram as leis das nações "civilizadas", usando tropas coloniais contra a Alemanha, a imprensa descreveu as cruéis mutilações de soldados alemães que os soldados negros "selvagens" supostamente cometeram, mesmo que a França pretendesse defender a "civilização" contra a invasão dos "bárbaros". Goebbels não hesitou em chamar a atenção sobre o espectro da miscigenação e suas consequências terríveis. Ao descrever de forma assombrosa as mulheres brancas que o governo francês supostamente contratou para atender às "necessidades" dos soldados africanos,

---

51. SCHECK, 2006, especialmente p. 17-74.

Goebbels afirmou que essa mistura racial contribuía para o declínio dos "franco-germânicos." Essas e outras tropas semelhantes, que focaram no apetite sexual supostamente inesgotável dos africanos, motivadas tanto pelo desejo de destruir quanto de satisfazer, pertenceram aos dirigentes das campanhas de mídia da Direita alemã contra o "horror negro" vinte anos antes. Em *Minha Luta*, Hitler opinou sobre a ocupação francesa como o produto de uma "conspiração judaica", que havia transformado a França em um "Estado africano em solo europeu". Da mesma forma, a guerra da propaganda alemã, entre maio e junho de 1940, não resistiria em traçar um paralelo ao chamar atenção para o francês e ministro do Interior, Georges Mandel, que também era judeu. O ex-ministro das colônias, Mandel, de acordo com Goebbels, recrutava africanos como "buchas de canhão" francesas. Embora o antissemitismo não fosse o tema dominante da guerra de propaganda, a presunção de que os judeus haviam contribuído para a degeneração dos franceses ao criar uma dependência da França às tropas coloniais revelou o suficiente para mostrar à Alemanha que os judeus eram a maior ameaça.[52]

Como muitas unidades não massacraram os africanos, no entanto, os líderes nazistas determinaram que a sua próxima campanha exigiria uma preparação ideológica mais profunda e uma ordem direta do *Führer*, de modo a remover toda a ambiguidade. No entanto, a campanha contra a União Soviética seria erguida sobre as ambições colonialistas ainda mais fortes do Terceiro Reich, extensão do *Lebensraum* às custas de eslavos. Já presente no final da Grande Guerra, o ódio do "bolchevismo judaico" impulsionaria em breve um esforço ainda mais assassino. Ironicamente, no caso francês, a ressurreição da política mundial, dado o impulso com o sucesso da Alemanha no Oeste, necessitava, no final do verão de 1940, a melhoria do tratamento aos prisioneiros de guerra do Oeste Africano, em conformidade com a Convenção de Genebra. O desejo de um império africano que incluiria um território colonial francês e, portanto, a necessidade de desencorajar os africanos ocidentais de desistirem das forças francesas livres de Charles de Gaulle, resultou no assassinato racial de tropas negras contraproducentes. A esperança, embora fantasiosa, de que alguns dos africanos em campos de prisioneiros colaborariam com a futura administração colonial alemã reforçou essa mudança de estratégia.[53]

---

52. SCHECK, 2006, p. 108-9.

53. Ibid., p. 48-9.

A vitória no Oeste resultou em ganhos territoriais e econômicos significativos. Aproveitaram os recursos da França, Bélgica, Luxemburgo e Países Baixos para o Terceiro Reich. Os ativos industriais das novas conquistas, juntamente aos da Alemanha, da Áustria, do Protetorado da Boêmia e da Morávia, da Silésia polonesa e do Norte da Itália, tinham o potencial de produzir um PIB maior do que o dos Estados Unidos ou do Império Britânico. Se os impérios das nações conquistadas e a Itália fossem incluídos, o Terceiro Reich poderia ter produzido 30% do PIB mundial.[54] Apesar de sua campanha bem-sucedida, Hitler permaneceu atento, já que a Grã-Bretanha não respondera como ele esperava. Em vez de concordar com as negociações de paz mediadas por Mussolini, o novo primeiro-ministro britânico Winston Churchill, que substituiu Neville Chamberlain após a invasão alemã da Escandinávia, recusou-se a vir à mesa de negociações. Consciente da ameaça que a Alemanha representava para o Império Britânico, Churchill também foi perturbado pelos relatos de que Hitler instalaria um governo fantoche pró-germânico em Londres.[55] Confrontado com a possibilidade da intervenção dos Estados Unidos, com sua aparentemente força de trabalho ilimitada e os recursos mobilizados contra ele, o *Führer* considerou brevemente uma proposta da *Wehrmacht* para uma invasão através do canal das ilhas britânicas. No entanto, o medo persistente de Hitler de que um ataque anfíbio fracassasse levou-o a ordenar um ataque aéreo contra as cidades e defesas britânicas do litoral para forçar Churchill a chegar a um acordo. E, mais importante, ele decidiu atacar a União Soviética no tardar da primavera do ano seguinte. Confiante na vitória que privaria a Grã-Bretanha de um potencial aliado continental, a conquista da União Soviética lhe daria um território rico em recursos que o ajudaria em um futuro conflito alemão com os Estados Unidos.[56] Ele esperava que, ao derrotar a União Soviética, também forçaria um acordo entre a Grã-Bretanha e a Alemanha, dando à Alemanha o domínio continental e um império africano ampliado às custas da Bélgica e da França, ambições que foram muito além da modéstia de Hitler, alegações anteriores para a recuperação de ex-colônias da Alemanha na África.[57] O fracasso da Batalha da Grã-Bretanha no mês de setembro, apesar de um ataque aéreo implacável contra cidades britânicas,

---

54. TOOZE, 2006, p. 383.

55. KERSHAW, 2007, p. 11-53.

56. Ibid., 2007, p. 75-6; TOOZE, 2006, p. 396-425.

57. SCHMOKEL, 1964, p. 133-4.

278 | IMPÉRIO NAZISTA

reforçou a necessidade de atacar a União Soviética, embora Hitler soubesse que estaria lutando uma guerra de duas frentes.

A recusa britânica de aprovar a expansão alemã expôs um dilema que teria sido familiar para as pessoas em geral e para a liderança civil da Alemanha Guilhermina –, a falta de vontade dos outros impérios europeus em acomodar ambições alemãs. Para compensar a intransigência britânica, outras vozes vindas do interior do governo do Reich procuraram aliados que participariam de uma divisão global de esferas de influência em troca do apoio à Alemanha contra a Inglaterra. Joachim von Ribbentrop, o ministro das Relações Exteriores, propôs um bloqueio antibritânico que incluía a Itália, o Japão, a União Soviética, a Espanha e a França de Vichy, bem como a Alemanha. Os incentivos para se juntar a essa entente incluíam o acesso, dependendo do signatário, ao sudeste da Ásia, ao Oriente Médio e ao Mediterrâneo, desde que o Império Britânico entrasse em colapso. Semelhante a Tirpitz, o comandante da Marinha alemã, o almirante Raeder, propôs a rápida construção de uma enorme frota de superfície, modificada para atender às novas realidades estratégicas. Uma Marinha ampliada derrotaria os britânicos pelo mar e permitiria um Império Alemão no exterior com o tamanho suficiente para competir com os Estados Unidos pela dominação global. Na visão de Raeder, a posse do Mediterrâneo sob a aliança dominada pela Alemanha impediria uma base americana no noroeste da África. Garantiria a influência alemã na Palestina e na Síria e impediria a Turquia de se aliar com a União Soviética. Além disso, as posses contíguas na África Central, entre o Senegal e o Congo, e ao Leste até onde ia a África Oriental alemã evitariam que a Marinha alemã fosse contida nos mares do Norte e Báltico e vinculariam o Império Africano às bases navais nos oceanos Índico e Atlântico.[58] O Pacto Tripartite, de 27 de setembro de 1940, o qual envolveu a Alemanha, a Itália e o Japão, e, posteriormente, a Hungria, a Romênia, a Eslováquia e a Bulgária, chegou mais perto de realizar os objetivos do Reich. Além de estipular a assistência mútua em caso de ataque Norte-americano sobre os participantes do pacto, o tratado permitiu aos principais signatários suas esferas desejadas de influência, e às potências-satélite, oportunidades de rever os acordos de paz pós-guerra a seu favor. No entanto, o pacto foi muito longe dos esquemas globais de Ribbentrop e Raeder.

---

58. KERSHAW, 2007, p. 72; SCHMOKEL, 1964, p. 131; LINNE, 2002, p. 33; MAZOWER, 2008, p. 113-38.

A busca da Alemanha por aliados fracassou devido aos objetivos incompatíveis de seus potenciais parceiros e a tolerância limitada do *Führer* às instalações, começando por aqueles com interesses na região do Mediterrâneo e no noroeste da África. Além da Itália, um entendimento com a Espanha parecia mais promissor, pois o Eixo apoiou as forças nacionalistas de Francisco Franco durante a Guerra Civil Espanhola. Por razões oportunistas, Franco considerou aderir ao Eixo após a queda da França. No entanto, se a Espanha finalmente contribuísse com tropas para a invasão alemã da União Soviética, as distintas listas de desejos de Franco e de Hitler arruinariam sua proposta de uma Entente antibritânica. Além da assistência econômica e ajuda militar, Franco exigiu muito do império francês Norte-africano, incluindo o Marrocos e Oran, bem como a ilha britânica de Gibraltar na costa espanhola. Embora o *Führer* estivesse preparado para conceder Gibraltar para Franco, e não considerava as demandas imperiais espanholas necessariamente incompatíveis com um império africano central alemão, a carta na manga francesa entrou em jogo. Como Hitler precisava de uma defesa Vichy confiável contra os exércitos da França Livre de De Gaulle, um caso que o regime Vichy fortaleceu por ter evitado o ataque de De Gaulle no porto da cidade senegalesa de Dakar, a Alemanha não poderia ceder o território colonial francês para a Espanha. Além disso, a demanda de Hitler por bases militares alemãs nas Ilhas Canárias e na África alienou a Espanha e a França de Vichy, que esperavam uma parceria com a Alemanha, e não subordinação. A suposição de Hitler de que os franceses e os espanhóis permitiriam que a Alemanha construísse bases aéreas em seus territórios saiu fora de controle.[59]

Além da improbabilidade de Hitler aceitar um acordo de longo prazo com a União Soviética por motivos ideológicos, as tensões crescentes entre a Alemanha e a União Soviética impediram a participação da própria União Soviética em uma aliança antibritânica. A União Soviética recusou-se a sacrificar a hegemonia sobre seus vizinhos, especialmente em suas fronteiras ocidentais. O ministro das Relações Exteriores soviético Vyacheslav Molotov não aceitaria o papel que a Alemanha definiu para ele após a derrota da Grã-Bretanha, uma esfera de influência na Índia, no Golfo Pérsico e no Oriente Médio. Na verdade, a anexação soviética da Bucovina e Bessarábia da Romênia foi sua resposta à aquisição de campos de petróleo romenos da Alemanha. Assim foram as demandas soviéticas

---

59. KERSHAW, 2000, p. 327-31.

280 | IMPÉRIO NAZISTA

para a retirada alemã da Finlândia, a incorporação da Bulgária na esfera de influência soviética, a concessão do Japão das ilhas Sakhalin e a colocação de bases soviéticas na Turquia. Ainda pior do que os indícios das profundas fissuras na aliança germano-soviética de conveniência foi a dependência da Alemanha por Stalin para o fornecimento de alimentos e matérias-primas, agravada ainda mais pelo estado debilitado das economias da Europa ocupada pelos alemães.[60] Confrontado pela barreira soviética à hegemonia continental alemã, o antibolchevismo de Hitler, combinado à força das circunstâncias, confirmou sua disposição ao ataque.

Como Hitler e seus generais subestimaram a força militar soviética, eles acreditaram que o ataque à Rússia era um risco que valeria a pena correr. Uma invasão restringiria a Grã-Bretanha e impediria uma intervenção norte-americana até que a Alemanha pudesse desafiar ambos a partir de uma posição de força. Ao basear suas avaliações no fraco desempenho da União Soviética na Guerra de Inverno contra a Finlândia e no expurgode Stalin de seus principais comandantes, sem mencionar seu profundo racismo antieslávico, o *Führer* e seus comandantes acreditavam que a União Soviética pudesse ser destruída antes do inverno e antes que os soviéticos pudessem mobilizar toda a sua potência militar e industrial. Mas apesar de sua aparente confiança, o pessimismo pairava por trás. Uma vitória rápida e decisiva simplesmente precisava ser atingida porque o tempo não estava a favor da Alemanha. Ecoando o pressentimento que Hitler havia enunciado em seus anúncios do Plano de Quatro Anos, mais de quatro anos antes em relação às consequências da industrialização soviética, um estudo de Exército de janeiro de 1941 alertou que a indústria armamentista soviética era capaz de produzir armamentos avançados em massa. Mais adiante, o relatório dizia que, desde 1920, a maior parte de indústria soviética teria se mudado para além dos Urais a fim de se proteger de um futuro ataque. Por fim, apesar dos expurgos, o Exército Vermelho permanecia com seu tamanho formidável.[61] Em uma estranha repetição do jogo do Estado-Maior do Segundo Império, em 1914, Hitler e a *Wehrmacht* escolheram a guerra preventiva. O Pacto de Não Agressão Nazi-Soviético havia sobrevivido por sua utilidade econômica e estratégica, e dar ao colosso soviético mais espaço para respirar seria suicídio.

---

60. TOOZE, 2006, p. 422-5.

61. BURLEIGH, 2000, p. 491; HERBST, 1996, p. 348-9.

A aquisição de espaço às custas da União Soviética prometeu o avanço do principal objetivo do regime, o novo arranjo racial e biológico do Leste europeu. Já dependentes das entregas da União Soviética de grãos e petróleo, que surgiram de acordos subsidiários do Pacto Nazi-soviético, e ansiosos pela ameaça soviética aos campos de petróleo romenos em Ploesti, os planejadores alemães imaginaram a realização da autarquia econômica e hegemonia econômica alemã uma vez que o "bolchevismo judeu" chegasse ao fim. A apropriação da matéria-prima soviética permitiria um conflito mais longo com a Grã-Bretanha e, cedo ou tarde, com os Estados Unidos. Além disso, a absorção econômica da Rússia seria o alicerce da prosperidade e segurança da "raça suprema" alemã purificada (*Herrenvolk*), a começar com o fornecimento de alimentos para compensar a escassez do Velho Reich, o qual, mesmo as importações do Sudeste da Europa, não puderam satisfazer. Por volta de janeiro de 1941, um mês após a decisão de Hitler de prosseguir com a invasão, o alto comando da *Wehrmacht*, Himmler, Heydrich, Goering e o secretário de Estado Herbert Backe, que persuadiu seu superior, Darré, exigindo um lugar no Conselho Geral para o Plano de Quatro Anos, contou com a "redução" de cerca de 30 milhões de eslavos. Para que grãos ucranianos pudessem alimentar os soldados e civis alemães, a população nativa teria de passar fome. Ao contrário da Rússia no pré-guerra, quando a população rural esmagadora produzia grãos excedentes, a rápida industrialização e urbanização da União Soviética e as mudanças da população que as acompanharam provaram que os estoques de comida agora eram mais modestos. De acordo com a lógica brutal do Socialismo Soviético Nacional, os civis sofreriam, assim, as consequências. Por volta de maio de 1941, um "Plano de Fome" iniciado por Hebert Backe e adotado pela *Wehrmacht* apelou para a mudança dos excedentes da agricultura de regiões produtivas da União Soviética, isto é, os alimentos que normalmente provisionaram as cidades e regiões no Norte da Rússia, para a *Wehrmacht* e para a frente civil alemã.[62]

O Plano de Fome não foi a única evidência do terror que viria. Os "Comissários de Ordem" do *Führer* direcionaram o alto comando às Forças Armadas, pouco tempo antes da invasão tornar evidente qual o tipo de ameaça os líderes políticos soviéticos poderiam esperar receber na "luta contra o bolchevismo". Como essa seria a guerra pela própria existência da Alemanha, os militares foram aliviados até mesmo da pretensão de aderir às leis in-

---

62. GERLACH, 1998, p. 11-29; KAY, 2006, p. 61-2.

282 | IMPÉRIO NAZISTA

ternacionais.[63] Assim foi no caso da Polônia, onde atirar em líderes políticos e guerrilheiros antecipadamente era permitido, como também as represálias contra vilas inteiras. Similar à Guerra de Hererós no Sudoeste Africano, o objetivo dos militares era o de "aniquilação total" dos inimigos. Devido ao seu âmbito muito maior, no entanto, a fusão de antimarxismo, de antieslavismo e de antissemitismo da Barbarossa, que incluía a morte por fome em massa e a eliminação sistemática dos estratos dirigentes soviéticos e outros elementos "antigermânicos", competiria com a dizimação dos povos nativos que vivenciaram a colonização das Américas, tornando menor o primeiro genocídio da Alemanha, ao comparar ambos. No entanto, nas Américas, a intenção de matança, apesar de evidente nos numerosos conflitos entre europeus e indígenas, não foi aplicada sistematicamente desde o início. Nas primeiras conquistas ultramarinas, a morte de milhares de indígenas foi devido à sua falta de imunidade contra as doenças que os europeus trouxeram com eles, testemunhada pelas consequências devastadoras da intervenção europeia. O Terceiro Reich destacou-se em sua decisão deliberada de destruir vidas humanas, política que o alto comando nazista planejou.

O contraste entre o planejamento para a Barbarossa e para a África não poderia ser mais evidente. Defensores do império ultramarino, liderados pelo Instituto de Ciência do Trabalho da Frente de Trabalho Alemã, vislumbraram a imposição de *apartheid* entre os administradores coloniais da Alemanha e "nativos" para prevenir a miscigenação. Não obstante, as propostas para a África correspondiam a paradigmas de desenvolvimento de outros impérios europeus durante o período entreguerras. Por meio da melhora da infraestrutura colonial e dos padrões de vida dos povos indígenas, o domínio colonial seria sustentado através de negociações em vez da força bruta. Em vez da exploração grosseira, economias funcionais e de forças de trabalho confiantes produziriam para exportação. Para assegurar um suprimento adequado de trabalho, o Instituto imaginou a criação de trabalhadores assalariados não proletariados, os quais residiriam em comunidades supervisionadas pelos "guardiões dos trabalhadores brancos" da Alemanha. Por sua vez, os guardiões inspecionariam a educação, o bem-estar e a produtividade dos trabalhadores africanos. Além de aumentar a força de trabalho por meio do atendimento médico às mulheres africanas, a aplicação da ciência do trabalho regularia cuidadosamente o suprimento e a distribuição de trabalhadores. Com a exceção de um número relativa-

---

63. STREIT, 1978, p. 28-61 e 77-127.

mente pequeno de administradores coloniais, missionários, professores, e profissionais de saúde, a África era vista menos como um local de colonização alemã, o que teria aberto as portas para a mistura entre as raças, e mais como uma fonte de matéria-prima e alimento, da qual somente uma força de trabalho nativa saudável poderia extrair ou produzir.[64]

Se o Oriente não era a África, também não era simplesmente a "recaída atávica" a um período anterior da colonização europeia, assim como alguns historiadores determinaram recentemente.[65] Em vez disso, o *Lebensraum* visava resolver as obsessões contemporâneas, a percebida superpopulação de eslavos que prejudicava os suprimentos alimentícios alemães, a fraqueza crônica da agricultura no "Velho Reich", a renovação da Alemanha historicamente determinada a governar através da colonização e o triunfo final decisivo sobre a ameaça de aniquilação dos inimigos da Alemanha, ambos internos e externos. Ao lucrar com as conquistas dos povos nórdicos ou por desenterrar o sangue alemão que poderia ser extraído da *mélange* eslávica disponível, o plano do regime prosseguiu além do assassinato e restabelecimento dos "nativos" para a recuperação biológica e a expansão do germanismo. Além de direcionar os adultos para a determinação de sua capacidade de germanização, o Escritório de Raça e Reassentamento da SS estendeu sua missão ao rapto de crianças "racialmente valiosas" para serem criadas por famílias alemãs – cerca de 50 mil delas apenas no Sudeste da Europa, na Polônia e na União Soviética. Fossem descendentes da relação entre soldados alemães e mulheres holandesas, dinamarquesas ou norueguesas racialmente "aceitáveis", ou crianças polonesas, eslovenas, tchecas, ucranianas ou russas brancas, com a aparência física e a aptidão apropriadas, ou, decisivamente, crianças órfãs pelos ataques alemães contra partidaristas, a adoção por parte de alemães teria sido inimaginável no Sudoeste Africano, onde a possibilidade de extrair sangue alemão não existia.[66]

A invasão iminente da União Soviética derrubou as barreiras para o planejamento dos funcionários do Escritório do Fortalecimento do Germanismo da SS (RKF), animados com a possibilidade de resolver permanentemente o problema da economia da Alemanha e da população: empecilhos decorrentes da transferência e do reassentamento em territórios anexados, da superlotação no Governo-Geral, dos recursos inadequados para trazer as

---

64. LINNE, 2002, p. 38-183. Ver também GERWARTH; MALINOWSKI, 2007, p. 439-66.

65. Ver a crítica de VAN LAAK, 2005, p. 149.

66. HEINEMANN, 2004, p. 244-66; Id., 2003, p. 508-30.

conquistas de 1940 e da própria precariedade e escassez de matéria-prima e de alimentos do Reich. Em meados de julho de 1941, três semanas após o início da invasão da União Soviética, o especialista em desenvolvimento rural no RKF, Konrad Meyer, apresentou a primeira de três versões ampliadas do Plano Geral do Leste que cresceria progressivamente de forma mais ambiciosa e radical durante os próximos dois anos. As diversas iterações do plano surgiram consideravelmente das ideias de especialistas interdisciplinares envolvidos na "pesquisa do Leste" da era Weimar.[67] Juntos, eles propuseram a expulsão da vasta maioria de eslavos da Polônia e da União Soviética para os Urais, com um total de 31 milhões de pessoas, sem incluir os judeus. Em algumas versões, até 51 milhões de pessoas deveriam ter sido expulsas. Ao seguir as transferências da população e a confiscação deliberada de alimentos que muito provavelmente ocasionaria a aniquilação física da maior parte da população do Leste europeu, 5 milhões de colonos alemães étnicos começariam a repor as vítimas bruscamente por toda uma geração, estendendo a fronteira da etnia alemã mil quilômetros em direção ao Leste.[68] Combinando a drenagem de terra, o cultivo e a modernização, os planejadores da SS inicialmente visaram fazendas alemãs autossuficientes que forneceriam o sustento de camponeses pressionados e uma fonte de alimento abundante para o Reich, além de solucionar problemas agrários internos – falta de terras rurais, superlotação e terras arrendadas de camponeses pequenas demais para se gerenciar. No entanto, ao continuar com as expectativas crescentes que acompanhariam um império em expansão após junho de 1941, os planos das colônias da SS envolviam muito mais do que o desejo histórico de restauração dos campesinatos, não permitindo voos sobre as regiões ou erguendo barreiras entre alemães e eslavos. Eles visavam, de preferência, uma nova sociedade biologicamente composta pelo Reich e por alemães étnicos. Além de preencher o espaço vital, o *Volk* revitalizado seria forte o suficiente para resistir ameaças futuras de degeneração.[69] Assim como atrair alemães de regiões superlotadas no Velho Reich e alemães étnicos espalhados por todo o Leste e no mundo, os camponeses holandeses, os quais a SS presumia serem germânicos, juntariam-se a eles.[70]

---

67. WIPPERMANN, 2007, p. 73-6.

68. Sobre o Plano Geral do Leste, ver a documentação em MADAJCZYK, 1994; WASSER, 1993; RÖSSLER; SCHLEIERMACHER, 1993; TOOZE, 2006, p. 463-76; ALY; HEIM, 1993, p. 156-68; HEINEMANN, 2003, p. 359-76; e MAI, 2002, p. 302-19.

69. MAI, 2002, p. 361-70.

70. BOSMA, 1993, p. 198-214.

O LUGAR AO SOL DOS NAZISTAS | 285

MAPA 9. O Plano Geral do Leste (*Generalplan Ost*). Ligado por uma série de bases, o plano apontava as regiões bálticas e a Crimeia como áreas ideais para a colonização alemã.

286 | IMPÉRIO NAZISTA

Durante a década de 1930, a política nazista de agricultura enfatizou a revitalização do campesinato alemão, cuja posição de industrialização e urbanização havia presumivelmente enfraquecido. O surgimento de Herbert Backe e o crescimento adicional ao poder de Himmler resultaram em um foco mais ampliado, economias balanceadas de agricultura, indústria, ofício, comércio e serviço estatal. O RKF baseou-se extremamente em um conceito geográfico que foi estimulado por décadas pelas visão das fronteiras americanas com suas ilimitadas possibilidades, e pelas migrações históricas dos alemães rumo ao Leste, há muito incorporadas na memória coletiva do direito alemão.[71] Impulsionado pelo desejo de ressuscitar um modelo do passado, o espaço vital curaria o povo alemão ferido e desmoralizado. Mesmo em 1943, quando o *status* militar da Alemanha encontrava-se enfraquecido, Himmler e os especialistas em população da SS continuaram a planejar o colonialismo alemão que se estenderia desde a Borgonha e os Vosges montanhosos na Alsácia até a linha ao Leste que, por sua vez, estendia-se do planalto de Valdai, nordeste de Moscou, até o mar de Azov. No entanto, por fim, a SS não pôde executar sua ambições institucionais, a tentativa de sua implementação deslocou e levou à miséria milhões de pessoas.

Euforia e pavor: Barbarossa e as tensões do Império

Um golpe militar contra o governo pró-Eixo em Belgrado e as desventuras militares da Itália na Grécia, que Mussolini cometeu devido à fúria contra Hitler pelo fato de ter se mudado para os postos de petróleo romenos, trouxeram a necessidade de uma distração indesejável das unidades da Wehrmatch para os Bálcãs. Porém, a guerra da Alemanha contra a Iugoslávia e a Grécia, que o *Führer* iniciou em abril de 1940, forneceu um prelúdio ameaçador para a campanha Barbarossa. A raiva de Hitler pelos oficiais sérvios, cuja amargura pela influência croata no governo iugoslavo precipitou o golpe assim que este estava à beira de se juntar ao Pacto Tripartite, resultou em um *Blitzkrieg* punitivo que excedeu as brutalidades da campanha alemã no Oriente. Os ataques das forças aéreas deixaram Belgrado em ruínas, enquanto a *Wehrmacht*, segundo a "sugestão" de Himmler, expulsou "partidaristas", "sabotadores", "terroristas", judeus e comunistas para a eliminação sumária. Tais categorias, amplamente interpretadas, resultaram em milhares de represálias coletivas contra os civis. Apesar do ataque à Sérvia não ter sido inicialmente planejado como uma guerra racial, a proporção elevada

---

71. BLACKBOURN, 2006, p. 293-309.

de austríacos entre os oficiais e homens alistados na força de ocupação alemã, assim como gerentes civis da economia sérvia, predispôs os invasores a medidas draconianas como a revanche pelo papel da Sérvia no começo da Grande Guerra. Como consequência, isso influenciou medidas ainda mais extremas contra os judeus. Se crítica às forças de guerra alemãs, a extração de recursos e o asseguramento do flanco sudeste como preparação para a guerra contra a União Soviética, a guerra nos Bálcãs não demorou muito para expor as predileções ideológicas do regime nazista.[72]

Assim como a Tchecoslováquia e a Polônia, a Iugoslávia deixou de existir como um Estado-Nação. Os ocupantes subdividiram suas regiões como despojos para seus parceiros do Eixo, especialmente a Hungria e a Bulgária. A Croácia, que se tornou um Estado fantoche alemão governado pelo partido fascista assassino, a Ustasha, foi exceção. Integralmente 1,7 milhões de iugoslavos, dois terços deles civis, incluindo 65 mil judeus, morreram durante a guerra. Sem dúvidas, a Grécia não teve o mesmo destino que a Iugoslávia porque seus territórios permaneceram intactos após um governo fantoche ter assinado a trégua. Independentemente disso, as pilhagens alemãs durante os meses que se seguiram resultaram na morte por fome de cerca de 300 mil gregos até o fim da guerra, o que resultou no déficit do número de natalidade por causa da fome.[73] Além de continuar a receber a cobrança dos superiores para que buscassem sustento à custa da população local, os soldados alemães furtavam alimentos e móveis, seguros de que seus atos passariam impunes. As corporações alemãs, que operavam por meio de administradores da *Wehrmacht*, adquiriram toda a produção das minas gregas e assumiram o controle de praticamente toda a planta industrial da Grécia.

Apesar do adiamento que aconteceu devido ao desvio das tropas para os Bálcãs e da primavera tardia na Rússia, o regime prosseguiu com o seu plano de atacar a União Soviética. Com isso, adotaram o apelido do imperador do Sacro Império Romano do século XII, Frederico I Hohenstaufen, "Frederick Barbarossa", de Barba-Ruiva, cujo reinado combinou a solidificação do poder real e a consolidação imperial a um zelo cruzado que custou sua vida na Terra Santa. Apropriadamente, a Operação Barbarossa seguiria seu homônimo por destruir "infiéis" e completar a nação alemã. A fixação de um mito nacionalista radical desde o final do século XIX, "Barbarossa"

---

72. MANOSCHEK, 1998, p. 210-1.

73. MAZOWER, 1993, p. 23-41.

fundiu o antibolchevismo com o desejo da salvação étnica.[74] Lançados na madrugada de 22 de junho de 1941, aniversário da invasão de Napoleão de 129 anos atrás, três grupos de Exército, totalizando 3 milhões de soldados, avançaram através da não vigiada fronteira soviética. O *Führer* não viu necessidade de incomodá-los com uma declaração de guerra formal. Com o peso do passado sobre eles, o Grupo do Exército Norte da *Wehrmacht* seguiu a rota dos Cavaleiros Teutônicos e dos comerciantes hanseáticos por toda a costa báltica, a caminho de seu principal destino, o Leningrado.[75]

Com o tempo, ao perceberem a situação interna da SD quatro dias após a invasão ter começado, alguns soldados alemães questionaram em voz alta se seu líder havia mordido mais do que podia mastigar. Como seria possível evitar o destino de Napoleão? Como poderia a Alemanha administrar tão vasto espaço e uma população tão diversificada?[76] A visão nazista de colonialismo nas vastas extensões da Rússia não manteve apelo para muitos alemães, os quais temiam o bolchevismo mais do que sonhavam em repetir as conquistas medievais.[77] Mesmo assim, os alemães que ele observou receberam a notícia com "felicidade geral". Se não tão obcecados com o *Lebensraum* quanto os líderes nazistas, a emoção da vitória não poderia deixar de conjurar visões de um império. "Humor: 'Triunfantes nós conquistaremos a França, Rússia e todo o mundo'... Um novo entretenimento, a prosperidade de novas sensações, a guerra russa é uma fonte de orgulho para as pessoas, seus resmungos de ontem estão esquecidos..." Consistente com a sua infeliz fascinação pelo hiperbólico, parcialmente americanizado o idioma do Terceiro Reich, Klemperer contrastou o inexplicável com relatos espartanos do Exército durante a Primeira Guerra Mundial ao estilo bombástico dos nazistas, "Boletins militares do 17º dia do Leste: 'Nove milhões estão se enfrentando em uma batalha cuja escala ultrapassa toda a imaginação histórica.' Bialystok foi recentemente 'a maior batalha de atrito e aniquilação na história mundial'. Amaldiçoe o superlativo, *Barnum*-cf., o estilo dos relatos do Exército em 1914"[78]. Ao transmitir precisamente o tamanho do empreendimento de Barbarossa, os pronunciamentos do regime revelariam suas expectativas utópicas sem limites, assim como Klemperer

---

74. Ver KERSHAW, 1987, p. 15-47.

75. KEEGAN, 1989, p. 181-2.

76. BOBERACH, 1984.

77. WIPPERMANN, 2007, p. 70.

78. KLEMPERER, 1998, p. 390-1 e 421.

coloca em prosa mais formal: "Os boletins do Terceiro Reich", ele escreveu, "começam em um modo superlativo desde o começo... até que as coisas se tornem literalmente imensuráveis, distorcendo o principal fundamento da qualidade do idioma militar, sua exatidão disciplinar, em seu exato oposto, em fantasia e contos de fadas".[79]

Durante as primeiras semanas da campanha, o Exército alemão progrediu com uma velocidade surpreendente, ao apoiar aparentemente as expectativas do *Führer* e do alto comando da *Wehrmacht*. Como estava podre até o caroço, o "judaísmo bolchevique" cairia como um castelo de cartas e pouparia o Exército alemão do destino miserável de Napoleão durante o inverno de 1812 e 1813. Até o fim da primeira semana, o Grupo do Exército Norte havia tomado a Letônia e a Lituânia. O Grupo do Exército Central, no qual a preponderância das tropas alemãs estavam concentradas, e o Grupo do Exército Sul haviam avançado para dentro da Bielorrússia e Ucrânia, respectivamente. O fato de Stalin estar mal preparado para o *Blitzkrieg* alemão resultou na sua crença de que Hitler não arriscaria imediatamente uma guerra de duas frentes, apesar de ele certamente saber que os alemães estavam em tropas massivas na fronteira Oeste. Mesmo assim, nem Stalin nem a inteligência soviética entenderam que o acúmulo alemão representava a maior parte das divisões alemãs, nem estimaram as capacidades da *Wehrmacht*. Os erros soviéticos possibilitaram a rota alemã, assim como os abandonos em massa do Exército Vermelho e o impacto dos expurgos de Stalin na liderança militar.[80] No final de julho, o alto comando da *Wehrmacht* confidencialmente afirmou que 89 das 164 divisões da União Soviética teriam sido parcial ou totalmente destruídas, assim como milhares de aeronaves, tanques e artilharia pesada. A cidades, assim como a capital de Bielorrússia, Minsk, estavam quase totalmente destruídas. Além de sofrerem números incrivelmente altos de mortos e feridos, os exércitos soviéticos perderam milhares dentre milhares de prisioneiros de guerra, os quais teriam um destino miserável. O alto comando alemão já havia decidido que seu tratamento aos cativos soviéticos, redefinidos como comissários, não iria aderir à Convenção de Geneva. Além disso, cerca de 5.700.000 soldados do Exército Vermelho, dos quais os alemães capturaram, entre 1941 e 1945, cerca de 3.300.00 milhões, ou 57,5%, morreram em cativeiro.[81] A maioria sucumbiu pelo resultado

---

79. KLEMPERER, 2000, p. 217.

80. MAWDSLEY, 2005, p. 32-7; BERKHOFF, 2004, p. 12.

81. STREIT, 1978, p. 128-90; Id., 1992; KAY, 2006, p. 159.

direto do Plano de Fome, pois assim como alimentar cidadãos soviéticos, alimentar prisioneiros soviéticos privaria desnecessariamente os alemães de alimento.

Para acompanhar o progresso de Barbarossa, Hitler estabeleceu-se em seu novo quartel-general, chamado "A Toca do Lobo", na Prússia Oriental, pouco tempo depois de a invasão ter começado. Em sua comitiva foram inclusos escribas designados para registrar as reflexões noite adentro do *Führer*, muitas das quais eram centradas no lugar do regime nazista na história de impérios do mundo. Os ditados de Hitler tornariam-se o arquivo para a história subsequente do "Reich de Mil Anos". Ao começar com a primeira entrada de 5 de julho de 1941, Hitler articulou seu profundo desprezo para com os russos, os quais não "se inclinaram rumo à uma alta forma de sociedade". Embora a Rússia tenha estabelecido um estado para imitar a forma ocidental de organização política, "não é, de fato," ele prosseguiu, "um sistema que seja agradável ou natural a ela". Porque os russos eram incapazes de uma organização sustentável, eles estavam à mercê de "uma força instintiva que invariavelmente direcionava-os de volta ao estado de natureza". Ao usar duas analogias marcantes, Hitler comparou os russos como a seguir:

> As pessoas geralmente citam o caso dos cavalos que escaparam de um rancho na América, e que cerca de dez anos depois tinham formado rebanhos enormes de cavalos selvagens. É tão fácil para um animal voltar às suas origens! Para os russos, a volta ao estado de natureza é uma volta às formas primitivas de vida. A família existe, a fêmea cuida de seus filhos, como uma lebre, com todos os sentimentos de maternidade. Mas os russos não querem mais nada. A reação deles contra o constrangimento de um estado organizado (o que é sempre um constrangimento, uma vez que limita a liberdade do indivíduo) é brutal e selvagem como todas as reações femininas. Quando entram em crise, em vez de de se renderem, os russos caem em lamentações. Essa vontade de voltar ao estado de natureza é mostrada em suas revoluções. Para os russos, a forma típica de revolução é o niilismo.[82]

Qual seria o benefício para os alemães? Ao lançar seus olhos sobre a história de impérios, Hitler vislumbrou um futuro de segurança sem limites e prosperidade condizente com a raça suprema. Se a Rússia se tornasse o equivalente à Índia para os britânicos, a peça central para um império, uma Europa dominada pela Alemanha substituiria a América como "o país de

---

82. TREVOR-ROPER, 2000, p. 3-4.

oportunidades sem limites", a qual, apesar da enorme produtividade, não teria mais futuro. "Tudo sobre o comportamento da sociedade americana revela que é metade judaizada e metade negrificada." Contudo, não havia maior medida de conquista duradoura para Hitler do que o Império Romano. O monumentalismo clássico com base de granito, no qual Albert Speer vinha desenhando simultaneamente para transformar Berlim na capital imperial da "Germânia", deixaria alguém com "o sentimento de que alguém está visitando o mestre do mundo. Alguém chegará lá por amplas avenidas contendo o Arco do Triunfo, o Panteão do Exército, a Praça do Povo – coisas de se tirar o fôlego! É só assim que vamos conseguir ofuscar nosso único rival no mundo, Roma". Além disso, na visão de Hitler, Roma havia promovido alarmantes raciais "em seus dias de glória," protegendo-se contra "qualquer adulteração racial", e sua cultura de guerra possibilitou seu lugar na história até que delegaram muitas de suas defesas para tribos não romanas, as quais viraram o jogo. Acima de tudo, Roma unificou seu império construindo estradas e recuperando pântanos, os quais a permitiram a colonização de vastos espaços. Agora a Alemanha faria o mesmo. Suas super-rodovias ligariam incontáveis vilas e povoados, permitindo não apenas possibilidades expansivas para o turismo, especialmente para a Croácia e a Crimeia, mas também um alto padrão de vida para a raça suprema, "amenidades materiais" por meio do benefício de produção em massa e do trabalho dos povos colonizados:

> A dona da casa deve ser livrada de todas as tarefas menores que gastam seu tempo. Não apenas o *playground* das crianças deve ser perto das casas, mas as mães não devem ser impedidas de elas mesmas levarem seus filhos até lá. Tudo o que ela deve fazer é apertar um botão para aparecer a mulher responsável imediatamente. Pela manhã, o trabalho do despertador deve até mesmo ativar o mecanismo de ferver a água. Todas essas pequenas invenções que alegram o fardo da vida devem ser colocados em prática.[83]

Subsequentemente, Hitler atraiu as consequências práticas de seu posicionamento pelos russos entre as poucas raças que eram incapazes de trabalho criativo, de altos padrões de organização e de comprometimento com o todo, e não do individual. Enquanto os povos nórdicos popularizassem e europeizassem o estepe russo, onde estradas modernas iriam conectar os assentamentos alemães e transformá-los em "um dos jardins mais adoráveis do mundo," o "judeu, aquele destruidor", seria expulso e os vilarejos

---

83. TREVOR-ROPER, 2000, p. 53, 188, 81, 563, 435, 537-8, 5 e 347-8.

IMAGEM 20. Modelo de Albert Speer para a reconstrução proposta para Berlim, renomeada "Germânia", tão condizente quanto uma capital mundial. Essa foto mostra os eixos norte e sul, começando pela estação ferroviária sul na parte inferior, prosseguindo pelo novo arco da vitória que minimizaria o Arco do Triunfo em Paris, e terminando, na parte superior da foto, o Grande Salão e sua cúpula de tamanho desproporcional.

russos poderiam "cair em pedaços sem intervenção. E, acima de tudo, sem remorso nesse assunto! Nós não vamos brincar de enfermeiros de crianças; nós estamos absolutamente livres de obrigações no que lhes diz respeito". Em relação à saúde pública, "não há qualquer necessidade de estender os benefícios de nossos próprios conhecimentos para as raças sujeitas. Isso resultaria apenas no enorme aumento das populações locais, e eu proíbo absolutamente qualquer tipo de organização de qualquer tipo de higiene ou cruzadas de saneamento básico nesses territórios". De acordo com Hitler, os conquistadores tinham apenas uma obrigação, "germanizar esse país através da imigração de alemães, e olhar para nativos como Peles-Vermelhas". Aludindo para o fato provável do conquistador, o *Führer* dispensava-os com uma encolhida de ombros, "eu não vejo porque um alemão que come um pedaço de pão deve se atormentar com a ideia de que o solo que produziu esse pão tenha sido ganhado pela espada. Quando nós comemos o trigo do Canadá, nós não pensamos sobre os índios despojados".[84]

A euforia inicial da campanha soviética, no entanto, abriu caminho para o pavor, no final de agosto, pelo reconhecimento do alto comando que havia seriamente subestimado o inimigo. A surpreendente resistência do Exército Vermelho em Smolensk no Rio Dnieper, a cerca de 400 quilômetros a Oeste de Moscou, provou que a União Soviética poderia produzir reservas suficientes para repor suas perdas. A *Wehrmacht* não havia nem derrotado o Exército Vermelho em suas fronteiras ocidentais, muito menos estimado precisamente o seu tamanho. Não havia apreciado a disposição dos soldados soviéticos para lutar, apesar dos desertores terem sido criados em uma cultura que esteve em pé de guerra bem antes da Revolução dos Bolcheviques.[85] Sem dúvida de que as perdas soviéticas foram catastróficas. Stalin perdeu mais de 175 divisões até o fim de 1941, a maioria delas entre junho e o final de setembro. No entanto, as perdas alemãs de 22 de junho até o fim de agosto de 1941 excederam aquelas do período entre setembro de 1939 e o fim de maio de 1941 – 185 mil, em oposição aos 102 mil nas primeiras campanhas.[86] Até o fim de 1941, integralmente um quarto do pessoal do Exército alemão foi registrado como tendo sido morto, ferido, ou desaparecido em ação. Os alemães foram capazes de pressionar ainda mais os territórios soviéticos, tomando a capital Kiev, da Ucrânia, em 19 de setembro, e capturando cerca de 665 mil soldados soviéticos no processo. Essa vitória veio após disputas entre o *Führer* e seus generais, nas quais Hitler insistiu em tomar os recursos econômicos e industriais do Ocidente

---

84. TREVOR-ROPER, 2000, p. 68-9 e 425.

85. EDELE; GEYER, 2009, p. 361-7.

86. MAWDSLEY, 2005, p. 85-6; KERSHAW, 2000, p. 407-19; ÜBERSCHAR, 2002, p. 73-205.

da União Soviética antes de se concentrarem em Moscou.[87] A captura de Kiev aparentemente abriu portas para possessões premiadas, a bacia industrial de Donets perto de Kharkov com suas ricas jazidas de carvão, e além dessas as reservas de petróleo de Cáucaso. Leningrado, o alvo do Grupo do Exército Norte, já estava em um cerco horrendo, que permaneceria em vigor por dois anos e meio ao custo de 600 mil vidas. Ainda que deixada de lado a dificuldade de reconciliação econômica e objetivos políticos, o alto comando deparou-se com problemas muito maiores, não menos do que eram as unidades partidárias soviéticas que prejudicaram as tropas alemãs da retaguarda. A escassez de mão de obra teve um impacto negativo, assim como tiveram as linhas de suprimento alemãs que foram esticadas até o limite. Chuvas torrenciais inesperadas, as quais tornaram as primitivas estradas soviéticas em um esterco impenetrável, fez as coisas piorarem. Finalmente capaz de se empurrar até Moscou em outubro, por volta do Natal, a ofensiva alemã foi paralisada em condições tão frígidas que o congelamento colocou muitos soldados alemães fora da comitiva. Portanto, o que começou como um *Blitzkrieg* agora tinha sido transformado em uma guerra de desgaste, muito parecida com o fronte ocidental da Grande Guerra, o qual era, por si só, produto de horários irreais e expectativas infladas. Contudo, em vez de acalmar a predisposição para a limpeza étnica e o assassinato em massa por metralhadoras e fome, os invasores alemães tornaram-se ainda mais brutais à medida que se provaram incapazes de derrotar um inimigo cujas perdas estarrecedoras contradiziam sua determinação de lutar até a morte.[88]

Similar à campanha na Polônia, Barbarossa combinou o talento assassino da *Wehrmacht* e da SS, especialmente as unidades de ataques móveis para cada grupo de exército, cuja ordem era de liquidar todos aqueles que o Comissário de Ordem identificasse como portadores do "bolchevismo judeu-asiático". Diferente das campanhas na Polônia ou na França, no entanto, nas quais os oficiais objetavam intermitentemente às atrocidades, menos escrúpulos surgiram aos arredores dessa vez. Se as campanhas no Oeste e nos Bálcãs mostraram evidências de brutalidades aos montes, as ordens explícitas de Hitler para a Barbarossa garantiam que nenhum quartel fosse tomado. As unidades da *Wehrmacht* geralmente não hesitavam em colaborar com o esquadrão móvel de morte e sorteavam batalhões de polícia de

---

87. TOOZE, 2006, p. 457.

88. Ver BARTOV, 1991. E a crítica da tese de Bartov em EDELE; GEYER, 2009, p. 357.

arredondamento e "comissários" assassinos, cujos números incluíam aqueles que simplesmente falharam em seguir uma ordem alemã ou fizeram pouco mais que distribuir folhetos. Represálias contra vilarejos inteiros, como punição por terem "abrigado" inimigos guerrilheiros suspeitos, ocorriam com uma frequência cada vez maior. Consistente com a guerra preventiva que era a Barbarossa, atacar a União Soviética antes que o militarismo e a indústria soviética pudesse derrotar a Alemanha, as tropas alemãs terrestres matavam os soviéticos devido àquilo que os "judeus-asiáticos" poderiam fazer à Alemanha se eles permanecessem vivos. A violência sem precedentes desencadeada contra os prisioneiros de guerra e civis na retaguarda foi além de ações contra "nativos rebeldes",[89] pois esta não era uma guerra qualquer. Barbarossa era, de acordo com os líderes nazistas, a SS, e a maioria dos comandantes de campo da *Wehrmacht*, um grande esforço apocalíptico por existência entre alemães e eslavos, e entre os alemães e o "bolchevismo judeu". Ao ecoar a evolução histórica do nacionalismo alemão, a prosperidade de aniquilação coexistia com a euforia do triunfo.

A campanha Barbarossa almejava a vitória total e a subjugação da população local. No entanto, contrário à admiração professada de Hitler ao reinado britânico na Índia, que ele afirmava ser seu modelo no Leste, esse compromisso evitou o governo indireto. Apesar de buscar alemães étnicos com qualificações suficientes para cargos subalternos, a ocupação falhou ao explorar a hostilidade de grupos étnicos para a União Soviética, o que teria servido de base para a colaboração entre povos dominados e seus novos senhores. Alinhado a seus esforços relutantes e casuais para recrutar locais para posições administrativas, o regime não mediu esforços para educar as elites indígenas, como era a prática de outros poderes imperialistas europeus, pois ao fazê-lo, provocariam resistência.[90] Sem dúvida, assim como rapidamente ficou claro em territórios anexados, a administração civil não seria possível sem o trabalho polonês, mesmo quando eles se tornaram "alemães" em virtude das generosas classificações no DVL. Não poderia Hans Frank, apesar de violar seus próprios regulamentos, fazê-lo sem milhares de poloneses no Governo-Geral, os quais coletavam impostos e mantinham estradas e trilhos.[91] No entanto, designar posições para eslavos com potencial a fim de desafiar a autoridade alemã seria bem mais proble-

---

89. LOWER, 2005, p. 67-8.

90. GEWARTH; MALINOWSKY, 2007, p. 458.

91. MAZOWER, 2008, p. 448-9.

IMAGEM 21. Corpos de cinco civis executados pelas forças alemãs, pendurados na sacada em uma cidade soviética não identificada, em meados de novembro de 1941. Incapazes de derrotar rapidamente a União Soviética, os ataques alemães contra suspeitos soviéticos "partidaristas" testemunharam o desespero crescente da campanha Barbarossa.

mático. Assim, organizações como a Organização dos Nacionalistas Ucranianos (ONU), que tinham muita esperança de que a Alemanha apoiaria seu movimento pela independência, despertaram abruptamente quando os ocupadores privilegiaram alemães étnicos para cargos subalternos como prefeitos, conselheiros, líderes de fazendas coletivas, lojistas e chefes de milícia. Somente porque muitos poucos alemães étnicos na Ucrânia possuíam as habilidades necessárias para tais cargos, a ocupação amenizou suas regras a contragosto.[92]

De acordo com o Plano de Fome, a ocupação prosseguiu com a eliminação dos "comedores desnecessários", a começar pelos prisioneiros de guerra do Exército Vermelho. Os prisioneiros de guerra que os alemães determinavam como alfabetizados eram imediatamente executados com base na teoria de que eles provavelmente eram bolcheviques. Caso contrário, o desprezo racista em relação aos "russos asiáticos" impulsionou o massacre genocida de oficiais e homens alistados. As vítimas eram transportadas para a retaguarda a pé em "marchas da morte", ou em vagões de trem pobremente protegidos de intempéries. Eles eram subsequentemente e sem cerimônias depositados em campos permanentes ou de trânsito com pouco ou quase nada de provisões.

Não é surpresa a taxa de mortalidade em espiral. A *Wehrmacht* e a SD repeliram brutalmente as tentativas sistemáticas e repetidas de civis ucranianos simpatizantes de contrabandear comida aos prisioneiros das colheitas abundantes de 1941.[93] O físico Zygmunt Klukowski observou que o transporte de 15 mil prisioneiros de guerra soviéticos que se rastejaram através de sua cidade natal de Sczbrzeszyn, na região de Zamość, na Polônia, era uma imagem do horror. "Todos eles pareciam esqueletos, apenas sombras de seres humanos, quase não se mexiam... Pareciam animais famintos, não pessoas." Brigando por restos de comida jogados a eles por poloneses cristãos e judeus simpatizantes, de acordo com Klukowski, os prisioneiros ignoravam os golpes que choviam sobre eles pelos seus supervisores alemães, assim como os caminhantes que alimentavam as vítimas. "Alguns passavam por eles e se ajoelhavam, implorando por comida... Esse manejo inacreditável de seres humanos só é possível sob a ética alemã."[94]

---

92. LOWER, 2005, p. 38-43 e 50-2; DEAN, 2000, especialmente p. 105-18; CHIARI, 2005, p. 949.

93. GERLACH, 1999, p. 774-859; BERKHOFF, 2004, p. 89-113.

94. KLUKOWSKI, 1993, p. 173.

Em face à prioridade do regime, que encorajava seus exércitos a viver da terra às custas dos conquistados, maus-tratos não foram apenas tolerados, mas ativamente encorajados. Em fevereiro de 1942, um escalonamento de 2 milhões entre 3,3 milhões de prisioneiros soviéticos já havia morrido em campos de trânsito ou nos campos permanentes de prisioneiros de guerra.[95] Outros foram deportados para a Alemanha ou a Áustria, onde acabaram em campos de concentração, como Buchenwald, Dachau, Mauthausen e Sachsenhausen. Lá, sofreram execução por fuzilamento ou gaseificação, após terem recebido um tipo de promessa tortuosa de trabalho que amenizava temporariamente os temores dos judeus deportados para os campos de morte. Em setembro de 1941, seiscentos prisioneiros soviéticos, que foram deportados para Auschwitz, estavam ente as primeiras vítimas de um novo e mais efetivo método de gaseificação, Zyklon B. Apenas quando se tornou claro, em meados do outono de 1941, que a União Soviética não seria derrotada rapidamente, a liderança do Reich levou os prisioneiros de guerra sobreviventes ao trabalho forçado. Até mesmo essa decisão de má vontade prometia miséria o suficiente para minimizar as chances de sobrevivência.

Os conquistadores tratavam os civis de maneira quase letal, restringindo seus meios de subsistência e privando-os de necessidades básicas. Para acompanhar as predileções da liderança mais alta do Reich, cidades soviéticas recebiam tratamentos rigorosos. Assim como Kiev, que em setembro de 1941 ficou bloqueada aos campos circundantes para evitar que os camponeses entregassem alimentos, o abastecimento dos moradores urbanos era considerado um luxo inacessível. Ao mudar o icônico momento histórico da humilhação alemã contra o inimigo do presente, Göring observou serenamente que "essa guerra testemunhará a maior morte por fome desde a Guerra dos Trinta Anos".[96] Em contraste à maioria dos impérios europeus, onde mesmo em casos de taxas de mortalidade astronômicas a garantia de trabalho assumia prioridade, aumentar os suprimentos e o treinamento de trabalhadores nativos era algo secundário ao desgaste deliberado dos povos subordinados até que exigências absolutas dissessem o contrário. Em casos como o da Bielorrússia, que não foi designada como área para a colonização alemã, as exigências de guerra total sancionaram a pilhagem cruel de alimentos e matéria-prima, bem como a transferência

---

95. ALY, 2006, p. 175.

96. BERKHOFF, 2004, p. 168.

IMAGEM 22. Uma vala coletiva para os corpos dos prisioneiros de guerra soviéticos, após 22 de junho de 1941. Presentes nos cruéis planos de ocupação do Terceiro Reich, a fome e as doenças custaram a vida de mais de 2 milhões de prisioneiros de guerra soviéticos no começo de 1942.

de trabalho forçado para a Alemanha. Para seu próprio sustento, os soldados, tanto individualmente como em grupo, roubavam frequentemente os camponeses, apreendendo gado, animais de tração, alimentos, carroças e vestuário. Até as propriedades mais modestas das vítimas eram válidas. Mas o furto desorganizado dos soldados não teria por si só provisionado a ocupação sem as camadas da administração civil, que assumiu as fazendas soviéticas coletivas para os suprimentos alimentícios de requisição. Os alemães responderam à resistência popular contra seus atos com todas as armas a sua disposição, e os resultados foram devastadores. Entre o início de Barbarossa, em meados de 1941, e o fim de 1943, os ataques alemães às mercadorias agrícolas totalizaram mais de 106 milhões de unidades de grãos em valores nutricionais, afetando negativamente mais de 21 milhões de cidadãos soviéticos.[97]

Em suas cartas para casa, muitos soldados alemães traíram seu desprezo pelos conquistados, aparentemente não cientes da inconsistência entre as

---

97. ALY, 2006, p. 177-8. Sobre a requisição de alimentos da Rússia Branca, ver GERLACH, 1999, p. 253-65.

consequências de sua pilhagem coletiva e seu desdém pela pobreza que testemunhavam. De um lado, a aparente vastidão infinita do território soviético torna-se um símbolo de abundância para exploração, na qual as regras de envolvimento do regime reivindicou tudo de valor. Por outro, soldados frequentemente escarneceram o "Paraíso Soviético" por ter falhado ao atender as promessas comunistas de abundância para seus cidadãos, expressando desgosto ao empobrecimento, à imundície e ao primitivismo que alegaram testemunhar, condições que os próprios alemães forneceram. O racismo de suas observações era explícito. Além de caracterizar a Rússia como "asiática", resíduo assustador das invasões mongóis, o "veneno destrutivo" do "bolchevismo judaico" havia incitado aqueles "subumanos" eslavos, prometendo um "paraíso dos trabalhadores". Os soldados não confinaram suas impressões à escrita. Notícias, álbuns de fotografias e filmes documentaram muitas de suas atividades bárbaras, mostrando que eles tinham pouco a temer de seus superiores enquanto assassinavam e roubavam.[98] Muitos soldados foram decisivamente acolhidos pelo projeto colonial nazista, prevendo assentamentos de fazendeiros alemães armados, que explorariam a mão de obra dos hilotas eslavos. Alguns imaginaram-se como os proprietários de terras do futuro.[99] Tal prepotência não durou com a euforia de uma vitória precoce sumindo e a realidade de uma derrota iminente e desastrosa tornava-se mais clara.[100] As justificações para a violência alemã, entretanto, não evaporaram. Apenas os termos mudaram de desprezo para temor enquanto a percepção de uma luta de vida ou morte significava a extrema escalada da violência.[101]

Ao seguir a liberação da Ucrânia pelo Exército Vermelho em 1944, o correspondente de guerra soviético Vasily Grossman, transmitindo relatórios recebidos de testemunhas oculares, descrevia a arrogância racista dos alemães que uma vez ocuparam sua cidade natal de Berdichev, racismo que resultou num comportamento repetido nos estereótipos que tinham dos eslavos:

> Nessas vilas, os alemães costumavam fazer suas necessidades nos salões e nas portas, nos jardins frontais, na frente de janelas de casas. Eles não tinham

---

98. Apesar da controvérsia sobre atribuições incorretas de algumas fotografias contidas em The German Army and Genocide: Crimes Against War Prisoners, Jews and Othes Civilians, 1939-1944 (HAMBURG INSTITUTE FOR SOCIAL RESEARCH, 1999), representavam efetivamente o *Alltag* dos militares alemães.

99. MÜLLER, 2005, p. 79-80.

100. KILIAN, 2005, p. 251-88.

101. EDELE; GEYER, 2009, p. 358-9.

vergonha de garotas e idosas. Enquanto comiam, eles perturbavam a paz, gargalhando alto. Colocavam suas mãos nos pratos que dividiam com seus camaradas e rasgavam a carne assada com seus dedos. Andavam nus entre as casas, sem pudor, na frente dos camponeses e discutiam e brigavam por mesquinharias. Sua gula, sua habilidade de comer vinte ovos de uma vez, ou um quilo de mel, ou uma enorme bacia de Smetana, provocava desprezo nos camponeses... Alemães que tinham sido recuados para as vilas traseiras buscavam por comida de manhã até à noite. Eles comiam, bebiam álcool e jogavam cartas. De acordo com o que prisioneiros disseram e [o que estava escrito em] cartas sobre soldados alemães mortos, os alemães consideravam-se os representantes de uma raça superior forçada a viver em vilas selvagens. Eles pensavam que, nas estepes selvagens do Leste, podia-se deixar a cultura de lado. "Oh, isso é uma cultura de verdade", ouvi várias pessoas dizerem. "E eles costumavam dizer que os alemães eram um povo culto."[102]

O soldado introspectivo da *Wehrmacht*, Willy Peter Reese, que, apesar das vitórias alemãs iniciais, expressou seu medo de que a Rússia fosse uma "eterna Sexta-Feira Santa" para os soldados em sua unidade enquanto marchavam lentamente à Golgotha, abandonou os critérios ordinários de moralidade já que não eram mais úteis numa terra misteriosa e assustadora. Roubar dos *muzhiks* era justificável. "Nós éramos os vitoriosos. A guerra havia perdoado nossos roubos, encorajado a crueldade, e a necessidade de sobrevivência não pedia permissão da consciência."[103]

Dentre os ocupantes, vozes viam o perigo da política de ocupação direcionada unicamente à exploração econômica e à desconsideração das vidas prejudicadas por ela, ainda que considerações pragmáticas, e não a moralidade, mostravam suas preocupações. Essas vozes ficaram mais altas enquanto o progresso da Barbarossa abrandava. Diferente de Backe e Göring, que reconheceram a complexidade multiétnica da União Soviética e o ressentimento alastrado contra o bolchevismo dentre o povo subjugado da União Soviética. Eles propuseram uma versão menos grotesca do imperialismo, a qual acreditava que a Alemanha deveria explorar a falta de popularidade do regime soviético e as divisões étnicas e religiosas de tal império para benefício próprio, um imperialismo semelhante às táticas que os alemães usaram durante a Primeira Guerra Mundial. Não poderia a Alemanha alegar, como havia feito com bom efeito no início de Barbarossa, que seu objetivo era liberação, e não subjugação? A pessoa viralmente

---

102. GROSSMAN, 2005, p. 249.

103. REESE, 2005, p. 67 e 35.

antibolchevique nomeada como ministro do Reich de Hitler para os Territórios Ocupados no Leste, o alemão do báltico "velho guerreiro" Alfred Rosenberg, a quem Hitler conheceu em Munique, personificava essa linha de pensamento. Ele queria combinar os Estados Bálticos e a Rússia Branca em um protetorado, instalado na Ucrânia como um Estado aumentado e semiautônomo, e criar uma federação dos Cáucasos e do muito reduzido "Muskovy" que serviria de lixeira para os "indesejados". Dada a fome em massa na Ucrânia, que resultou da coletivização stalinista da agricultura e dos esquadrões de morte NKVD que executavam milhares de letões, lituânios, e estônios durante a ocupação soviética de 1940-1941, sem mencionar o antissemitismo viral que era comum das fronteiras do Oeste da União Soviética, Rosenberg não estava errado em pensar que os alemães pudessem ser saudados como libertadores. Buscar a cooperação voluntária das nações periferais da União Soviética, Rosenberg raciocinou, ajudaria significantemente a colonização alemã ao Leste.[104]

Argumentos semelhantes ergueram-se de ministérios internos e externos, de intelectuais públicos e até da SS, o que sugeria que a liderança alemã da Europa seria mais efetiva se permitisse um grau de autonomia nacional, ou se a "Nova Ordem" alemã fosse mais efetivamente relançada como uma parceria. A necessidade de uma latitude maior tornou-se mais urgente enquanto os inimigos da Alemanha ofereciam um futuro mais brilhante para o povo da Europa do que o que fora transmitido pelas práticas do Terceiro Reich. Mussolini suplicou com seu aliado para oferecer uma alternativa à Carta do Atlântico de Roosevelt e Churchill, de agosto de 1941, que prometia autodeterminação nacional, liberdade das necessidades e do medo, igualdade de acesso às matérias-primas do mundo, comércio livre, cooperação econômica e avanço na previdência social, fronteiras nacionais determinadas pelos desejos das pessoas afetadas, e, claro, a destruição do nazismo. A partir daí, reversos militares na União Soviética, especialmente após o início de 1943, quando o Exército Vermelho empurrou o *Wehrmacht* para Oeste, motivando Goebbels a proclamar a Alemanha como salvadora da civilização ocidental do "bolchevismo asiático".[105]

---

104. KELLOGG, 2005, p. 263. Ver principalmente KAY (2006), que apresenta um tratamento rigoroso da divisão entre o lado econômico e político da ocupação.

105. MAZOWER, 2008, p. 245-54, 144-57, 320-1 e 553-5; KLETZIN, 2002, p. 110-217. Sobre a Carta, ver o projeto Avalon na Yale Law School. Disponível em: <http://avalon.law.yale.edu/subject_menus/wwii.asp>. Acesso em: 6 maio 2010.

Entretanto, tais propostas relativamente convencionais não poderiam competir com a visão imperial do *Führer,* onde a sobrevivência alemã deveria ser colocada *über alles.* Se esses interesses engolissem a propriedade e acabassem com as vidas dos subjugados, que assim fosse. Eles não podiam competir com a agenda utópica de Himmler, cujo controle sobre a purificação étnica aumentava seu poder. Eles não podiam retardar a expansão agressiva do Reichswerke de Göring, que absorvia grandes indústrias cativas, preparando assim o terreno para uma enorme bacia industrial que se estenderia da Alemanha central até Bacia Donets, a região altamente industrial e mineradora da Ucrânia. Interesses corporativos alemães assumiram o controle das firmas soviéticas que Göring não havia tomado para si, particularmente em carvão, ferro, aço e engenharia. O Escritório Principal de Administração de Negócios da SS desenvolvia seus próprios negócios movidos a trabalhos forçados de campos de concentração e civis, os quais incluíam a concepção e construção de povoados para as famílias alemãs com muitos filhos.[106] Milhões de colonizadores alemães se moveriam para esse vasto território para tomar o lugar de um número ainda maior dos povos indígenas, que seriam deportados, passariam fome, ou, no máximo, seriam recrutados para trabalho em fazendas ou indústrias alemãs.

Mesmo em regiões que criavam os mais fantasiosos mundos dos sonhos, como a Crimeia, as ilusões evaporaram em face à resistência soviética. Renomeada *Gotengau,* ou "Distrito Gótico", por causa de ancestrais arianos que antes habitavam-na, a Crimeia se tornaria para os líderes nazistas o lugar para novas Rivieras e Monte Carlos, a Hollywood alemã, e um paraíso para soldados-colonizadores alemães aposentados. Porém, como a península nunca estava segura de um contra-ataque soviético, os militares não entregaram-na a uma administração civil, e isso causou uma parada nas deportações.[107] Independentemente, o Terceiro Reich causou danos catastróficos. Na Bielorrússia, onde a implantação do Plano de Fome caiu especialmente de forma árdua, bem mais de 2 milhões morreram de uma população de 9,2 milhões. Um adicional de 1 a 1,5 milhão fugiram da invasão alemã em 1941, enquanto outros 2 milhões foram deslocados a força. Foram deixados desabrigados 3 milhões e aproximadamente 5 mil vilas e cidades bielorrussas foram devastadas e despovoadas. Além de suportar o peso do ataque inicial do *Wehrmacht* na União Soviética, a Bielorrússia

---

106. OVERY, 1994, p. 315-42; ALLEN, 2002, p. 97-112.

107. KUNZ, 2005, p. 15-53 e 234-5.

304 | IMPÉRIO NAZISTA

sofria de uma política de ocupação que colocava prioridade no assassinato e inanição de sua população urbana, e a rigorosa requisição de sua agricultura produzida por camponeses subjulgados e dependentes.[108] A perda de vidas em outro campo de batalha primário, a Ucrânia, era muito grande, especialmente devido a fome em massa.[109]

Em vez de obter semiautonomia ou independência, aguardada em especial por ucranianos antissoviéticos e defendida por Rosenberg, a Ucrânia foi desmembrada de acordo com as necessidades da administração colonial alemã. A Galícia Oriental tornou-se uma província do Governo-Geral na Polônia, enquanto partes de sua magem Sul foram transferidos para Romênia e renomeadas "Transnistria". O geneticamente cruel Erich Koch, um veterano da fronteira oriental durante a Primeira Guerra Mundial e, após, do *Freikorps* da Alta Silésia, tornou-se comissário do Reich sobre o restante. Tratando ucranianos como "pretos" (*Negervolk*), a quem explorava e reprimia, Koch venceu Rosenberg para administrar seu feudo com seus próprios termos.[110] Com igual despacho, os alemães esmagaram aspirações de independência dos Estados Bálticos, mesmo que a SS considerasse letões e estonianos racialmente aceitáveis o suficiente para servirem como unidades, especialmente aqueles que massacravam judeus. Os Estados Bálticos e Bielorrússia tornaram-se o Comissariado do Reich das Terras Orientais (*Reichskommissariat Ostland*) sob a liderança de outro *apparatchik* do partido, Hinrich Lohse. Ainda mais, com relação a um ponto que o *Führer* teria apreciado, os territórios ocupados pelo Leste tornaram-se uma fronteira de possibilidades ilimitadas para centenas de funcionários do partido, que encontraram cargos em administração civil que lhes permitiam prosperar além de seus sonhos mais fantásticos. Uma mentalidade de "raça superior", que fazia que muitos abusassem e humilhassem "subumanos", fundiu-se facilmente com confortos materiais e *status* superior que vinham com o império. Pontos de ruptura militar, que começaram com o fracasso em atingir Moscou em dezembro de 1941, certamente necessitavam de modificações. Eles incluíram a distribuição de grupos étnicos nativos nas divisões *Wehrmacht* e Waffen da SS, ou o aumento no uso de "voluntários auxiliares" como tropas de suprimento ou equipes para "ações" antijudias. O mais notório exemplo de colaboração com os alemães

---

108. GERLACH, 1998, p. 283; e Id., 1999, p. 1.159.

109. BERKOFF, 2004, p. 164-86.

110. MEINDL, 2007, p. 323-80.

foi a criação de um Exército Nacional Russo sob a liderança do general Andrei Vlasov, que Vlasov viu como as fundações de uma "nova Rússia" sem comunismo. Entretanto, a única tarefa que Hitler podia imaginar em atribuir a Vlasov era encorajar deserções do Exército Vermelho. Levou-se até setembro de 1944, quando uma debandada alemã no fronte soviético tornou-se claro para Himmler, que buscou uma trégua separada com Londres quando a derrota se aproximava, para entregar a Vlasov o comando de duas divisões. Nessa capacidade, ele poderia ser usado numa guerra futura entre a Alemanha, os britânicos e os americanos contra a União Soviética.

No Oeste da Escandinávia, a ocupação alemã era comparativamente mais leve. Com a óbvia exceção dos judeus e de oponentes políticos, seu povo era categorizado como mais alto na escala racial nazista. Nem oeste, nem norte da Europa, com exceção da Alsácia e Lorena, poderiam se tornar lugares para acampamentos alemães. Diferente da Tchecoslováquia ou da Polônia, as quais alemães não consideravam dignas de estatuto, a nação-Estado territorial permaneceu em vigor durante a ocupação.[111] Para ter certeza, antes de mover-se para a Dinamarca, Werner Best ocupou seu tempo em Paris como representante da RSHA à ocupação militar por elaborar planos ambiciosos para reestruturar a Europa Ocidental por raças em vez de estados nacionais. Best propunha a incorporação dos Países Baixos, de Flandres e do território francês ao norte do rio Loire, ao Reich, a transformação de Valônia e Britânia em protetorados, a fusão da Irlanda do Norte com a República Irlandesa, a criação de uma federação britânica descentralizada e independência para os bascos, catalães e galegos da Espanha. Ainda, além de concorrer com a prioridade de colonização da RSHA e do leste, os planos de Best fracassaram frente à resistência do ministério de Negócios Estrangeiros e dos militares, que continuavam a perspectivar uma Europa Ocidental de estados nacionais, embora uma que seria devidamente dominada pela Alemanha.[112]

Entretanto, o objetivo do Reich de criar uma "região econômica superior" (*Grossraumwirtschaft*), a fim de atender suas próprias necessidades de recursos e mão de obra, enfraquecia a posição de colaboradores ao longo do tempo, apesar do extenso apoio ao fascismo e da difamação da democracia liberal no período entreguerras. Como as perspectivas por uma vitória militar rápida na União Soviética diminuíram, a pressão montava

---

111. MAZOWER, 2008, p. 586-7.

112. HERBERT, 2001, p. 295-8.

MAPA 10. Europa, fim de 1941.

sob o regime nazista para extrair o que pudesse ser extraído, até ao custo de perder qualquer simpatia existente. Movimentos de resistência surgiram em resposta ao imperialismo crasso da Alemanha. Nações derrotadas, como a França de Vichy, onde simpatizantes fascistas fervorosamente buscavam uma parceria entre semelhantes com o Terceiro Reich, eram gravemente desapontados por políticas que recusavam até o pretenso de igualdade entre estados. Hitler não ouviria nenhuma outra solução a não ser subordinação, até para noruegueses nórdicos e neerlandeses germânicos.

Até a Dinamarca, que desfrutava de um grau incomum de latitude política, foi sujeita a um estado de emergência permanente no verão de 1943, após o aumento da perturbação interna na integração e subordinação da Dinamarca dentro do bloco monetário.

Diretamente ou por delegação, o regime nazista impôs a cruel economia do colonialismo. Apesar de o Leste expor a crise da insaciável necessidade por recursos do Reich, a aguda escassez de mão de obra da Alemanha Nazista, cujo impressionante registro em forçar mulheres na força trabalhadora não poderia ser aplacado, significava que nenhuma parte da Europa ocupada seria poupada de sua extorsão.[113] O enorme afluxo de trabalhadores estrangeiros – 13,5 milhões entre 1939 e 1945, sendo que entre 11 e 12 milhões eram forçados –[114] levou a obsessões sobre relações entre tais trabalhadores e alemães, os quais poderiam ameaçar a pureza da raça. Tais temores deram uma boa demonstração da contradição do objetivo primário do nazismo, a salvação biológica dos alemães, e os meios para alcançá-lo, a guerra para adquirir espaço habitável permanente.[115] Além de receber salários bem abaixo dos recebidos por alemães, apesar de compromissos legais do contrário, e sofrendo maiores deduções para impostos e benefícios sociais, as nações que carregavam trabalhadores estrangeiros primeiramente eram encarregadas com o fardo de compensar suas famílias por trabalho perdido.[116] Além disso, a qualidade de tratamento concedido aos trabalhadores estrangeiros dependia do *status* racial. Russos, poloneses, e ucranianos especialmente tornavam-se nada mais do que escravos recrutados para indústria alemã ou para o Escritório de Economia e Administração da SS. Suas mortes por desnutrição e doença, apesar de atenuadas por melhores condições de trabalho mais tarde na guerra, quando o trabalho era bonificado, importavam pouco à luz dos aparentes milhões disponíveis para substituí-los.[117] Se acusados de "profanação racial", relações sexuais com uma mulher alemã, sua execução era quase certa, especialmente se o trabalhador era do Leste. Mesmo trabalhadores de nações aliadas à Ale-

---

113. Ver TOOZE, 2006, p. 514-5. Tooze derruba a visão antiga de historiadores de que o Terceiro Reich, comparado à Grã Bretanha e aos Estados Unidos, era relutante ao pressionar mulheres alemãs a servirem devido à baixa moral que isso pudesse resultar.

114. SPOERER, 2005, p. 575.

115. MAZOWER, 2008, p. 294-318.

116. ALY, 2006, p. 156-8.

117. SPOERER, 2005, p. 500-1, 521, 527 e 571.

manha Nazista, como Itália, França e Espanha, eram dificilmente tratados com diplomacia. A convocação de trabalho na França em 1942 contribuía significantemente para aprofundar a resistência além de seus instigadores comunistas. Voluntários que se inscreviam a serviço do Reich como compensação por desemprego em sua terra natal, os italianos, gregos, e espanhóis que labutavam em fazendas e fábricas alemãs, viram promessas em seus contratos como bons salários, benefícios, e viagens anuais para sua terra natal repetidamente violadas.[118]

Além de coagir a mão de obra, o Terceiro Reich impunha enormes compensações na forma de "custos de ocupação" e "serviços de acomodação". Além de exceder os orçamentos pré-guerra de nações ocupadas, essas extorsões iam bem além do necessário para sustentar as tropas alemãs. O regime nazista contava com um sistema de isenção de débito para tempos de guerra, que por manobra política permitia alemães manterem créditos estrangeiros enquanto os fornecedores da Alemanha recebiam pagamento em moeda local. Rendimento obtido por meio de custos de ocupação e serviços de acomodação destinavam-se para compra de tudo, de locomotivas a veículos motores, de ouro a colônias belgas. A absorção de negócios estatais e de proprietários judeus prosseguia rapidamente. Certificados bancários de crédito do Reich permitiam a soldados alemães adquirir bens de consumo estrangeiros com taxas de câmbio altamente benéficas, esvaziando prateleiras tão rapidamente que pouco restava ao povo local para comprar. Os certificados provaram-se especialmente úteis em adquirir bens de países como a França, onde os níveis de vida eram comparáveis ou até mais altos do que os da Alemanha.[119] Apesar de visões de enormes aquisições, a Alemanha era menos bem-sucedida na Europa Ocidental em usar capital corporativo para assumir controle de indústrias estrangeiras, pois companhias privadas simplesmente transferiam posse para seus escritórios fora do país. Ainda mais, colaborações entre capitalistas franceses e alemães proporcionavam uma certa igualdade. Em indústrias de seguros, carros, tecidos e químicos, sociedades mistas entre franceses e alemães mostravam-se rentáveis e efetivas em manter longe as empresas Hermann-Göring e o Partido Nazista.[120] Entretanto, mesmo os

---

118. BOWEN, 2000, p. 103-56; MOMMSEN; GRIEGER, 1997, p. 711-99; MAZOWER, 2008, p. 73-9.

119. JAMES, 2001, p. 172-3; ALY, 2006, p. 84-93 e 136-7.

120. OVERY, 1994, p. 144-74; TOOZE, 2006, p. 380-93; ALY, 2006, p. 136; MAZOWER, 2008, p. 268-9. Sobre o Oriente, ver MADAJCZYK, 1987, p. 551.

esforços de Albert Speer como ministro armamentista, empossado após a morte súbita de seu predecessor Fritz Todt, para promover a cooperação econômica convenceu alguns poucos belgas, holandeses e franceses quanto ao lobo em pele de cordeiro, especialmente quando os agentes do czar de mão de obra nazista, Fritz Sauckel, imprudentemente caçaram milhares para trabalho no Reich.

Com a exceção da violência e a pestilência com que seguiu a colonização das Américas, a Barbarossa excedeu as piores atrocidades causadas por europeus contra povos subjugados. E se discutido que as doenças que mataram milhões de povos nativos no Atlântico foram subprodutos do colonialismo, não haveria dúvida de que o Terceiro Reich intencionalmente criou as condições para a massiva perda de vidas no Oriente. O objetivo nazista de engenharia racial combinado aos meios para alcançá-lo, a guerra com os rivais da Alemanha, agravava a violência. Mesmo no Ocidente, onde as condições de ocupação foram menos extremas, a conduta alemã nada fez para fortalecer o caso dos nazistas que propuseram "parcerias" entre o Terceiro Reich e seus povos subjugados. Ainda no fim de 1941, a Alemanha não havia derrotado nem a Grã Bretanha nem a União Soviética, que agora uniam-se aos Estados Unidos. Apesar do vasto território sob controle do Terceiro Reich, os civis alemães preocupados, a quem a SD monitorava alguns dias antes de Barbarossa começar, não estavam errados ao temer a possibilidade de derrota. A tensão entre alemães apenas aumentaria na proporção da tenacidade da resistência soviética.[121] Qual era a resposta do regime nazista? Durante o fim do verão e o outono de 1941, ações no campo de batalha e decisões de superiores indicavam que havia chegado a hora do "acerto de contas" com o "real" inimigo, o judeu, que usou os impérios rivais para destruir a Alemanha.

---

121. Ver, em particular, o espanto na resistência soviética no Leningrado, em *Meldungen*, v. 8, n. 231, 23 oct. 1941, p. 2.902.

capítulo 6

A "Solução Final":
A GUERRA GLOBAL E O GENOCÍDIO, 1941-1945

Conforme os ataques antissemitas do regime nazista antes de setembro de 1939 deixaram claro, o antissemitismo nazista era excludente e violento, sobretudo por ter difundido o ódio popular e a sanção de um Estado que definiu a expulsão do "Judas" como a sua primeira prioridade. O antissemitismo apenas tornou-se mais cruel com a crescente ameaça de guerra. Em 30 de janeiro de 1939, no sexto aniversário da apropriação nazista ao poder e quase três meses após o *pogrom* da Noite dos Cristais, Hitler fez um discurso de duas horas para o Grande *Reichstag* Alemão, que agora incluía deputados da Áustria e dos Sudetos. Após o *Führer* começar a recordar o sangue que as gerações haviam derramado a fim de alcançar uma grande Alemanha, Hitler lançou-se ao papel de "profeta". Enfurecido pela condenação internacional da perseguição dos judeus pelo Reich, ele emitiu um aviso: "Se o judaísmo internacional de finanças (*Finanzjudentum*) ter sucesso, dentro e fora da Europa, levando a humanidade a mais uma guerra mundial, o resultado não será a bolchevização da Terra e a vitória dos judeus, mas a aniquilação (*Vernichtung*) da raça judaica (*Rasse*) na Europa". Após ter acusado o "inimigo mundial judeu" de conspirar para exterminar o *Volk* alemão, o *Führer* articulou a convicção da liderança nazista de que os judeus ditavam a política do governo nas nações que mais ameaçavam diretamente a Alemanha, a União Soviética, a Grã-Bretanha e os Estados Unidos.[1] Ao contrário da guerra imperial alemã de aniquilação no Sudoeste Africano contra os "selvagens" hererós e namas, o alvo no discurso de

---

1. DOMARUS, 2007, p. 1.047-71, citação na p. 1.449. Ver também HERF, 2006, p. 50-91; e TOOZE, 2006, p. 462.

Hitler eram o "judeu", a personificação do bolchevismo e o capitalismo internacional, inimigos globais que ameaçavam a Alemanha de extinção.

Apesar da retórica de Hitler, a tentativa do regime nazista na exterminação total de judeus europeus ainda não estava em jogo. A eclosão da guerra certamente aumentou a possibilidade do genocídio para que as conquistas alemãs trouxessem milhões de judeus a mais para a órbita do Terceiro Reich, 1,7 milhões deles apenas na Polônia ocupada pela Alemanha. No entanto, durante os dois primeiros anos do conflito, quando suas vitórias militares pareciam garantidas, o regime procurou "resolver" seu "problema" judaico ao deportar os judeus para lugares inóspitos situados além dos territórios colonizados pelos alemães. Entre setembro de 1939 e o outono de 1941, os vários sistemas que os líderes nazistas propuseram para restabelecer alemães étnicos e evacuar os judeus e os eslavos, impróprios para a germanização, consideraram como certo o fato de que a maioria de suas vítimas morreria em um ambiente implacável. No entanto, essa cínica expectativa ainda não havia alcançado o que se tornaria a solução "final", a eliminação física de cada homem, mulher ou criança judia na medida em que o Terceiro Reich pudesse alcançar. Isso seria o resultado de uma confluência de bloqueios decorrentes do regime de colonialismo: os impasses de colonos e expatriados, a necessidade de extrair recursos e as crescentes dificuldades com a guerra, ameaçando a Alemanha com o desastre que o império deveria evitar, "exigiram" uma retaliação mais direta e sistemática contra os judeus. A Barbarossa transformou a "solução" do regime para o "problema" judaico em uma orgia de matança que superou até mesmo o derramamento de sangue imposto sobre os eslavos. A determinação de matar os judeus permeou todos os níveis de decisão e envolveu quase todos os departamentos do regime. Se alguns questionaram a sabedoria das políticas brutais de ocupação do regime, por razões pragmáticas, e defenderam estratégias mais convencionais para colaborar com os povos subalternos, o destino dos judeus não apresentou tal discordância.

Reassentamentos e reservas: as soluções territoriais para a "Questão Judaica", 1939-1941

Após a derrota da Polônia, os planos ambiciosos do regime de anexação, de expulsão e de reassentamento, liderados por Heinrich Himmler, o recém-nomeado comissário do Reich para o Fortalecimento do Germanismo, tentaram realizar os sonhos de longa data do restabelecimento do domínio alemão no Leste. Até mesmo o mandato de 21 de setembro de 1939 feito por Heydrich, vice de Himmler, que determinava a concentração de judeus em guetos urbanos no prazo de três a quatro semanas, um paliativo temporário que permitisse desenvolver o trabalho forçado e facilitar a sua deportação, uma vez que a solução "permanente" fora encontrada, revelou-se impossível de ser alcançado. O plano de Heydrich entrou em conflito com o chefe de gabinete da *Wehrmacht*, Walther von Brauchitsch, que insistiu por razões de segurança e logística que os militares deveriam opinar sobre as transferências populacionais. Nesse meio-tempo, propriedades de poloneses e judeus seriam confiscadas conforme fosse solicitado, para permitir o reassentamento de alemães étnicos. Também nesse ínterim, as discussões continuaram sobre a disposição de longo prazo da "questão" judaica, durante a qual várias propostas surgiram para "livrar" o território alemão de judeus ao despejá-los em outro lugar. Embora momentaneamente atraente, elas apenas seriam arquivadas como interesses militares, econômicos e demográficos mais urgentes mediados.[2]

O primeiro desse tipo de projeto envolvia o reassentamento planejado dos judeus do velho Reich, na Áustria, e os territórios anexados a um campo de trânsito próximo à cidade de Nisko, no Rio San, perto da fronteira Leste da Galícia, no distrito de Lublin do Governo-Geral. O campo de trânsito tornou-se a plataforma para o reassentamento na região. Iniciada por ordem direta de Hitler, a tarefa de evacuação sobrou para o ex-vendedor da Companhia de Óleo a Vácuo que se tornou oficial na SD de Heydrich, aos 32 anos de idade, Adolf Eichmann, que como tantos jovens viu o nacional-socialismo como uma oportunidade para uma realização corajosa, progressora e ideológica. Tendo estabelecido uma carreira de sucesso em Viena, explorando a onda de terror antissemita após o Anschluss para promover emigração judaica, na qual ele havia "encorajado" 150 mil judeus a emigrar em um único ano, as perspectivas de Eichmann poderiam ter esmaecido sem as novas oportunidades apresentadas pelo Leste.[3] Como resultado, ele aproveitou o plano que Hitler e Heydrich autorizaram para concentrar os judeus expulsos nos confins de territórios controlados pelos

---

2. Embora diferissem em sua identificação de pontos críticos, os seguintes recentes trabalhos são indispensáveis para traçar o desdobramento da Solução: ALY, 1999, p. 1-184; BROWNING; MATTHÄUS, 2004, p. 36-110; FRIEDLÄNDER, 2007, p. 3-194; e LONGERICH, 1998, especialmente p. 419-586. Para uma análise soberba de estudos recentes sobre o Holocausto, ver FRITZSCHE, 2008, p. 594-613.

3. LOZOWICK, 2002, p. 35-42; SAFRIAN, 2010, p. 14-45.

alemães. Segundo a visão deles, o projeto Nisko forneceria uma "solução" mais viável do que as tentativas previamente frustradas de deportá-los para a zona soviética, onde os soviéticos tinham forçado o retorno daqueles que não foram enviados aos campos de trabalho do NKVD.

A partir de outubro de 1939, com cerca de 900 judeus da cidade do Protetorado e 1.800 de Viena e da Alta Silésia, Eichmann começou a desenvolver a sua iniciativa de conter os judeus e os sinti e roma do Reich, especialmente de Berlim. Apesar de depositar suas vítimas em um campo pantanoso, onde eram forçadas a construir quartéis, e cinicamente trocando seus *Reichsmarks* pelo *Zloty* polonês bem abaixo da taxa de câmbio oficial, Eichmann e outros engenheiros do programa Nisko armaram o seu empreendimento como uma oportunidade para as suas vítimas começarem uma nova vida, sem as restrições legais que as inibiam em casa. Ao reassentar os judeus à "reserva" de Lublin, era garantido que suas vítimas sofreriam severos atritos na terra pantanosa no auge do inverno, privadas dos elementos essenciais para a vivência humana. No entanto, Himmler, preocupado com o reassentamento dos alemães étnicos que haviam desembarcado em Danzig, quase terminou com o esquema de Eichmann ao ordenar que os comboios de judeus fossem interrompidos em trânsito e temporariamente repatriados. Os esforços subsequentes de Eichmann para evacuar os judeus das províncias da Prússia Oriental e dos territórios anexados e reassentá-los no Governo-Geral naufragaram no problema existente de muitos alemães étnicos a chegar e poucos poloneses ou judeus com propriedade suficiente para acomodar os recém-chegados. Em janeiro de 1940, Himmler foi forçado a reduzir o reassentamento de alemães étnicos e adiar indefinidamente as deportações de judeus. Os protestos de Hans Frank, que preferiu tornar o Governo-Geral "livre de judeus" em vez de gerenciar milhares de deportados, contribuíram para a demora. Assim foram as objeções de Hermann Göring, que queria evitar a paralisação da economia polaca ao perder a mão de obra barata polonesa necessária para realizá-la. Contudo, a própria intervenção de Hitler foi provavelmente decisiva, na medida em que uma reserva para os judeus interferiria na sua convicção de que o Governo-Geral devesse servir como uma área de atuação militar para futuras operações mais a Leste.[4]

As vitórias alemãs no Oeste rapidamente levantaram a possibilidade de uma alternativa no exterior que reassentaria os judeus em Madagascar, ilha

---

4. ALY, 1999, p. 33-58; BROWNING; MATTHÄUS, 2004, p. 36-43; SAFRIAN, 2010, p. 46-58.

que viria a se tornar mandato alemão após a conclusão de um tratado de paz com a França. Garantiu-se dessa forma um maior potencial em relação às tentativas nazistas antes da guerra de reassentar os judeus alemães na antiga África Oriental alemã, temendo que os deportados infectassem os africanos com a propaganda comunista ou desencorajassem os britânicos a devolverem a colônia para a Alemanha.[5] Colônia francesa desde 1895, localizada no Oceano Índico, ao largo da costa sudeste da África, a suposta despopulada Madagascar há muito tempo figurava nos pensamentos dos antissemitas como um lugar convenientemente distante para se colocar os judeus da Europa. A ideia surgiu de geógrafos, antropólogos e missionários que determinaram que os judeus fossem ancestrais dos Malgaxe.[6] No início na década de 1880, com o escritor alemão Paul Lagarde,[7] racista, visionários do potencial de Madagascar como um local para a segregação dos judeus chegaram a incluir o governo polonês de extrema direita e profundamente antissemita, que em 1937 entrou em negociações com a França sobre o reassentamento de até 7 mil famílias judias por lá. Em 1938, conforme o regime aumentou a pressão sobre os judeus alemães para que emigrassem, o ministro das Relações Exteriores da França e arco apaziguador, Edouard Daladier, sugeriu ao ministro das Relações Exteriores da Alemanha, Joachim von Ribbentrop, que a ilha poderia acomodar 10 mil refugiados judeus alemães. Apesar disso, a proposta do governo francês não resultou em nada por causa da resistência de Leon Cayla, o governador colonial xenófobo e ultranacionalista de Madagascar.[8]

Após a queda da França, a iniciativa para a implementação do sistema de Madagascar caiu sob Franz Rademacher, chefe do Gabinete Judaico do Ministério das Relações Exteriores da Alemanha, e seu superior, Martin Luther, que definiu a tarefa diante deles agora como amplo "problema" europeu em função da amplitude das conquistas militares do Terceiro Reich. Pela primeira vez, uma "solução" para a "questão judaica", projetada para afetar cerca de 4 milhões de deportados, incluiria os judeus da Europa Ocidental.[9] Além de livrar a Europa ocupada pelos alemães do "bacilo" judaico, o plano continha outra suposta vantagem. Sob a teoria de que fios condu-

---

5. MASS, 2006, p. 272-7.
6. JENNINGS, 2007, p. 187-217.
7. KERSHAW, 2007, p. 446-7.
8. JENNINGS, 2006, p. 202-9.
9. KERSHAW, 2007, p. 447.

tores judaicos controlavam a administração Roosevelt, o regime poderia usar os judeus como reféns para manter os Estados Unidos fora da guerra.[10] A intervenção do Ministério das Relações Exteriores da Alemanha ilustrou uma tendência mais ampla do que viria a distinguir o Holocausto. No entanto, internamente competitivas, a maioria das ações do governo no Terceiro Reich – militares, partidárias ou estatais – iriam se tornar diretamente envolvidas em uma tarefa para a qual todas elas se mantiveram fundamentalmente engajadas.[11]

Determinados a proteger a sua jurisdição em torno da questão racial, no entanto, Himmler e Heydrich rapidamente moveram-se para assumir o controle sobre a "solução" Madagascar. As virtudes de Madagascar pareciam óbvias. Ao considerar que o confuso processo de expulsão e reassentamento em relação aos territórios anexados havia criado gargalos insuperáveis e conflitos frequentes entre os epígonos nazistas, como o que fazer com, literalmente, milhões de judeus e poloneses desenraizados, a grande ilha ao largo da costa africana agora se apresentava como a solução para o "problema judaico". Os benefícios estratégicos de Madagascar, provindos de uma cláusula no tratado de paz proposto entre a Alemanha e a França, incluíam a colocação ali de bases alemãs aéreas e navais. Hans Frank, que reclamou incessantemente sobre os judeus despejados de forma sumária no Governo-Geral, mal pôde conter seu alívio sobre essa nova "solução" que prometia realizar a sua jurisdição "judeu livre". As expectativas geradas pelo Plano Madagascar não levaram em consideração a população existente da ilha – mais de 3,5 milhões de malgaxes, mais de 10 mil africanos e asiáticos e os 20 mil colonos franceses, cujo próprio racismo e antissemitismo, incluindo do governador da ilha, não se dispuseram facilmente a aceitar milhões de judeus expulsos. No entanto, o sonho de uma reserva judaica em Madagascar não se limitou ao Ministério das Relações Exteriores, à SS e ao Governo-Geral. Como era permitido aos judeus levar consigo apenas 200 quilos de seus pertences, os administradores do Plano de Quatro Anos de Göring viram a ilha como uma forma de substituir a influência econômica judaica na Europa pela alemã. Os bens confiscados dos judeus deveriam ser liquidados por meio de um banco intraeuropeu para a utilização das propriedades judaicas a fim de cobrir os custos do reassentamento. Em meados de agosto de 1940, Eichmann e seus funcionários haviam com-

---

10. LONGERICH, 2001, p. 93.

11. BROWNING, 1978, p. 35-43; ALY, 1999, p. 88-104; LOZOWICK, 2002, p. 67-8 e 70-3.

posto um plano para expulsar 4 milhões de judeus a cada ano, durante um período de quatro anos. Dirigidos pelo SD, os judeus seriam confinados a uma enorme reserva gerida pela SS localizada na parte mais seca, quente e inóspita da ilha. Os planejadores do regime nazista não idealizaram a reserva como um lugar para que suas vítimas prosperassem.

O projeto de Madagascar, no entanto, caiu no esquecimento, artefato da incapacidade de longa data da Alemanha para manter uma posição marítima permanente devido à posição superior de seus rivais. Como os ingleses controlavam as rotas marítimas e se recusaram a pedir trégua após a queda da França, era impossível de se implementar o Plano Madagascar, mesmo caso a ideia continuasse no ano seguinte.[12] Além disso, a anexação alemã da Alsácia e Lorena, que havia sido perdida para a França após a Primeira Guerra Mundial e que agora se juntava com Baden e o Saarpfalz, só aumentou o número de judeus sob a administração alemã, disposição que as lideranças nazistas locais procuraram ansiosamente. Assim, com a autorização expressa de Hitler, a impassível tentativa de Robert Wagner e Josef Bürckel, dos *gauleiters* de Baden e do Saarpfalz, respectivamente, de deportar "seus" judeus para a França, mostrou a oposição imediata do governo de Vichy. Embora incapazes de efetuar a cessação completa das deportações, os protestos de Vichy trouxeram ainda outra complicação para os planos alemães de engenharia racial. Além isso, tentativas de acordo ao longo dos próximos meses para retomar a transferência de judeus ao Governo-Geral, a fim de reassentar alemães volinianos, uniu-se à resistência de Hans Frank e dos militares.

Ainda assim, a pressão implacável de líderes distritais e governadores do Reich, determinados como sempre a "livrar" seus distritos dos judeus, incluindo os de Baden e do Saarpfalz, os quais os franceses haviam rejeitado, motivou Hitler a mais uma vez, no outono de 1940, permitir deportações limitadas. Sua decisão foi imediatamente dificultada pela promessa da Alemanha à Hungria, em setembro, de tomar dezenas de milhares de alemães étnicos da Transilvânia, e seu novo acordo entre a União Soviética e a Alemanha para repatriar mais de 137 mil alemães da Bessarábia e Bucovina. O impasse resultante entre tantas pessoas sendo empurradas aqui e ali e tão poucas casas para assentar aqueles que atingiam as classificações DVL forçou Himmler a promessas abertas em dezembro de 1940 de um reassentamento judaico "em um território ainda a ser determinado". A imprecisão

---

12. BURRIN, 1994, p. 78-9.

de Himmler foi certamente mais projetada para esconder a provável nova "solução", a deportação dos judeus no interior da União Soviética. Ir a público com o novo objetivo poderia comprometer o sigilo do planejamento para a Operação Barbarossa e o ataque à cidadela do "bolchevismo judaico". Como as discussões desenrolaram-se durante a primavera de 1941, os Pântanos de Pripet, que montaram a fronteira entreguerras entre a União Soviética e a Polônia, surgiram como a nova área de "reassentamento" judaico. Lá, as vítimas seriam colocadas para trabalhar na drenagem maciça e em projetos de recuperação focando em dois objetivos: criar terras férteis agrícolas para os colonos alemães que diminuiriam os efeitos dos anos de "má gestão" polonesa e erguer uma barreira entre os alemães e os eslavos "indesejáveis".[13] No entanto, apesar do surgimento temporário de outra "solução", aparentemente convidativa, a incapacidade do regime de resolver seu enorme "problema" judaico forçou seus representantes no campo a, segundo eles, ações indesejáveis de contenção. Além de trazer mais impaciência e, assim, um maior potencial para estratégias mais radicais quando a ocasião surgiu, o atual impasse permitiu a concentração e a expropriação dos judeus, o que facilitaria a sua posterior destruição.

No Velho Reich, na Áustria e no Protetorado, o impacto das Leis de Nurembergue, que ampliaram a desnaturalização dos judeus, as expropriações, as taxas punitivas e o bloqueio de contas bancárias, que se acelerou depois da Noite dos Cristais, convergiram com uma série de ordenanças municipais que barraram os judeus em espaços públicos, teatros, restaurantes, piscinas e destinos turísticos. Ao mesmo tempo, os judeus também foram excluídos dos serviços sociais públicos, como os de bem-estar social, sem licitações do governo do Reich, abandonando-se o princípio do cuidado do indivíduo para o cuidado do *Volk*.[14] Com a introdução de grupos segregados de trabalho forçado formados por judeus que não podiam emigrar e que, mediados pela troca de trabalho, trabalhariam por salários miseráveis para os municípios, militares e empresas privadas, a remoção dos judeus do dia a dia da sociedade "ariana" tornou suas condições ainda mais claustrofóbicas.[15] Em abril de 1939, uma nova lei que restringiria o direito

---

13. POHL, 1998, p. 102; no mesmo volume, SANDKÜHLER, 1998, p. 126; BLACKBOURN, 2006, p. 251-61 e 268-79.

14. Sobre o confisco de bens dos judeus, ver DEAN, 2008, p. 132-44. Sobre o bem-estar, ver GRÜNER, 2000, p. 102.

15. Id., 2006, p. 3-8.

dos judeus de alugar casas de arianos, obrigando outros judeus a negociarem com inquilinos judeus, criou "casas judias", ou guetos em miniatura, que permitiram a Gestapo vigiar de perto suas vítimas. Embora o número de judeus alemães que haviam emigrado com a eclosão da guerra atingisse mais de 300 mil, os mais de 300 mil que permaneceram, muitos deles pobres e idosos, lutaram contra o empobrecimento profundo e novas humilhações. O crescente confinamento e o medo caíram sob Victor Klemperer e sua esposa Eva, que foram forçados a alugar sua casa para um ariano e se mudar para uma "casa judia" lotada, no verão de 1940. "A pior coisa é a perda do poder de resistência de Eva", disse ele. Sucumbindo à melancolia, ela jogava paciência. "Nenhuma nota é tocada, dificilmente um livro ou um jornal é aberto", ele continuou. "O mau tempo e a escuridão logo de manhã nos impedem de fazer caminhadas, os calafrios no apartamento sem aquecedor, a comida terrivelmente escassa dá os toques finais. Ela parece pálida, perdeu peso. Eu estou profundamente deprimido."[16]

À luz da "profecia" ameaçadora de Hitler após a Noite dos Cristais, a qual previa a "aniquilação" da "raça judaica", as imposições cada vez mais draconianas, quando somadas àquelas já em vigor, contemplaram um destino para suas vítimas muito pior do que aquilo que poderia ter sido determinado durante os primeiros anos do regime nazista no poder. Mesmo a segregação cívica e sexual codificada nas Leis de Nurembergue estipulou o *apartheid*, não o assassinato em massa. Depois da invasão bem-sucedida à Polônia e, em seguida, à União Soviética, foram impostas ainda mais restrições sobre os judeus, incluindo toques de recolher, mais reduções dos mantimentos, a negação de benefícios além do salário, prisão em campos de concentração por menor que fosse a infração e até mesmo a negação de rádios, telefones e animais domésticos, que determinram sua participação na cultura da classe média alemã. Em meados de 1941, o confinamento de judeus em campos de concentração, as "casas judias", as equipes de trabalho forçado e os guetos foram concluídos na Áustria e no Protetorado, completando a transferência das medidas antijudaicas do Velho Reich.

Nos guetos urbanos da Polônia organizados aleatoriamente, sendo Łódź e Varsóvia os maiores, os administradores alemães e os gestores dos guetos lutaram para dominar o caos e o congestionamento que os esquemas de reassentamento de Himmler criaram. A fim de poupar a ocupação alemã

---

16. KLEMPERER, 1998, p. 363. [Entrada de 10 dezembro 1940.]

de assumir a responsabilidade pela governança interna e desviar a hostilidade dos judeus presos para os seus próprios líderes, Heydrich ordenou a formação de conselhos judaicos para cada gueto, surbodinando-os ao controle de prefeituras alemãs, principalmente em relação aos setores econômico e de alimentação. Privados de soberania, os conselhos, no entanto, tiveram de assumir as tarefas ingratas de distribuir alojamentos, alocando o trabalho, a cobrança de impostos, a aplicação das leis arbitrárias alemãs, assim como escolas e serviços públicos que operavam sob condições que o termo "dificuldades" nem sequer começara a descrever. Além da designação dos conselhos, no entanto, as autoridades alemãs tinham inicialmente algumas ideias de longo prazo, como o que fazer com suas "despesas", além do armazenamento deles, ou, como foi cada vez mais o caso, obrigando os judeus sãos em equipes de trabalho a trabalhar em indústrias relacionadas à guerra e construção de estradas. Como consequência, duas soluções provisórias evoluíram, emblemas do que viria a emergir como um debate periódico e em grande parte microeconômico entre a exploração do trabalho judeu ou o extermínio, decisavamente curvando-se sobre este último durante o segundo semestre de 1941. O primeiro defendia o "desgaste" dos judeus por meio de doenças e da fome. O benefício para a economia do Reich seria mais do que compensar o custo da manutenção dos guetos com o mínimo de alimentos e outras necessidades. Com uma liderança política que se manteve focada nos reassentamentos, os alemães por terra optaram pelo curso utilitarista, em que apenas o ritmo de execução variava. Esse pragmatismo que triunfou por um tempo quase não denotava simpatia pelos prisioneiros. Em vez disso, os "produtivistas" procuraram apenas explorar os judeus organizados nos guetos com provisão suficiente para mantê-los vivos até que novos avanços militares permitissem a implementação completa da solução para o território. Na verdade, as condições miseráveis dos guetos tornaram-se uma profecia autorrealizável para seus empregadores alemães. A combinação de superlotação e empobrecimento rendeu as consequências previsíveis de sujeira, fome e doença, o que só reforçou os estereótipos alemães dos judeus como portadores de desintegração.[17]

Como o primeiro gueto a ser estabelecido em face do atraso das deportações, Łódź tornou-se o modelo para os outros que se seguiram, mesmo emergindo como um destino turístico e um exemplo arrepiante de "turismo negro", viagens para locais abomináveis devido a sociedades marcadas

---

17. Sobre os dois campos, ver BROWNING; MATTHÄUS, 2004, p. 151-69.

pela morte e pelo sofrimento.[18] Criado em dezembro de 1939 como uma estação de trânsito na região Norte de Łódź, agora localizado no Warthegau e renomeado Litzmannstadt em homenagem ao general alemão que capturaram durante a Primeira Guerra Mundial, o gueto tornou-se uma prisão sufocante para os prisioneiros judeus, a quem as autoridades alemãs extorquiam sistematicamente antes e durante o seu confinamento. Os judeus que permaneceram vivos após os ocupantes terem eliminado a elite judaica da cidade pagariam por sua manutenção enquanto aguardavam uma nova determinação de seu destino. Em maio de 1940, quando os alemães isolaram o gueto, a população era de 163 mil judeus. Como ponto de transferência temporário para os judeus da Warthegau, do Velho Reich e do Protetorado, a população aumentaria ou diminuiria de acordo com o ritmo de recém-chegados e deportações dos guetos aos centros de extermínio.[19]

Como os judeus não tinham o dinheiro para pagar pela comida, o aumento da probabilidade de morte por fome e a possibilidade de diminuição de deportação para o Leste uniram os interesses convergentes do pragmático prefeito alemão de Łódź, Karl Marder, do chefe do Conselho Judaico, Mordechai Chaim Rumkowski, e de Hans Biebow, um empresário de Bremen, que havia sido nomeado gerente do gueto. Todos visavam tornar o gueto produtivo, embora por razões diferentes. Tendo recebido um empréstimo de reservas confiscadas de judeus, Marder e Biebow finalmente criaram uma economia autossustentável do gueto, que consistia de 117 fábricas, armazéns e depósitos que empregavam 85% da população do gueto.

Além dos judeus que trabalhavam internamente, o gueto servia como um reservatório de trabalho forçado alugado por empresas privadas para construção ou outros projetos militares relacionados no Warthegau e no Velho Reich. No geral, as empresas do gueto provaram-se suficientemente rentáveis para atrair o interesse de seguradoras alemãs, sendo a Allianz a mais proeminente, a qual, de acordo com seu planejamento, empregava os guetos judeus como responsáveis por manter os equipamentos em boas condições.[20] Rumkowski foi amplamente acusado durante e depois da guerra por manter um severo regime de trabalho forçado, colaborando na deportação

---

18. Como uma condizente atração turística, o gueto tornou-se tema de cartões-postais. Veja a entrada aos guetos em 1940-1941, em material fornecido pelo United States Holocaust Memorial Museum, (<www.ushmm.org>), sob a listagem enciclopédica de Łódź. Sobre a formação e a gestão do gueto, ver BROWNING; MATTHÄUS, 2004, p. 115-20.

19. FRIEDLANDER, 2007, p. 104-5.

20. GRUNER, 2006, p. 177-95; FELDMAN, 2001, p. 402-3.

dos mais fracos para trabalhar nos campos de extermínio e na distribuição dos escassos recursos do gueto para os judeus privilegiados no conselho. "Os alemães não poderiam encontrar um homem melhor do que Rumkowski", criticou o jovem comunista precoce Dawid Sierakowiak, que viria a morrer nos guetos.[21] No entanto os esforços de Rumkowski, embora repletos de corrupção e de insensibilidade e alimentados pelo nepotismo, não deixaram de ter seus efeitos, mesmo se apenas adiassem o inevitável. A existência de projetos de trabalho ajuda a explicar por que tantos judeus, a quem os alemães "reassentaram", continuaram a ter esperanças sobre a sua sobrevivência.[22] O gueto não foi fechado até meados de 1944, quando os seus habitantes restantes foram transportados para Chelmno e Auschwitz, bem depois de os outros terem sido dissolvidos e seus prisioneiros jogados nos campos de extermínio. O fato de o gueto localizar-se no distrito de Arthur Greiser, cuja militância em fazer o Warthegau "livre de judeus" (*Judenrein*) não poderia ser igualada, somente aprofundou a ironia.[23]

Apesar de sua vida relativamente longa, o gueto de Łódź simbolizou as abordagens antipáticas e improvisadas do Terceiro Reich em relação ao trabalho judeu: Somente quando a "melhor" alternativa de evacuação fosse concluída é que surgiria o desejo de criar a autossustentabilidade de economias do gueto. Mesmo assim, a fome, a superlotação, a doença, a pobreza e o isolamento custaram milhares de vidas, conforme debates entre seus captores oscilavam entre a pragmática, se limitados, o provisionamento e o desgaste.

Onde não existia alternativa à soberania alemã, obviamente a maior parte no Velho Reich, na Áustria, no Protetorado e na Polônia ocupada pelos alemães, o crescente empobrecimento, a perseguição e a deportação de judeus eram bastante sinistros, mesmo se as "soluções territoriais" sob discussão ainda não abordassem o horror que viria. A discriminação, a concentração e o trabalho forçado legais e o empobrecimento à força não se limitavam apenas ao espaço dos judeus para a manobra, eles também tornaram mais fácil a mobilização das populações judaicas, uma vez que o regime decidiu exterminar em massa. Isso era especialmente válido na Polônia, onde o impacto debilitante econômico e social da legislação an-

---

21. ADELSON, 1996, p. 118. Ver também a introdução de DOBROSZYCKI, 1984, p. xlv–xlviii.

22. LÖW, 2006, p. 263-333; KINGREEN, 2004, p. 86-111.

23. O atraso na liquidação do gueto resultou da incapacidade das administrações comunais, regionais e dos guetos em concordarem sobre qual "a solução" implementar. Ver KLEIN, 2009.

IMAGEM 23. Trabalhadores judeus fabricam sapatos de madeira em uma oficina no gueto de Łódź, em algum momento entre 1940 e 1944. Apesar de Łódź ter sido o último gueto a ser liquidado devido ao seu valor como um centro de produção, o armazenamento de judeus em guetos determinou a deportação e, finalmente, o extermínio em vez do uso de judeus como força de trabalho.

tissemita na década de 1930 já havia isolado os judeus poloneses dos poloneses cristãos.[24] No entanto, mesmo quando se mantiveram as alternativas ao domínio direto da Alemanha, a combinação do antissemitismo local incorporado nos séculos de antijudaísmo cristão e a busca do autointeresse que o *status* do satélite alemão gerou resultaram em um efeito semelhante em meados de 1941, conforme iniciou-se a invasão da União Soviética, o aumento da marginalização e a ameaça dos judeus.

No Oeste, com os judeus, em sua maioria assimilados, as tradições políticas mais universalistas e a vontade dos ocupantes alemães de depender de administrações locais para realizar os negócios, reduzindo a "influência" judaica, no entanto, provaram-se tentadoras aos regimes fantoches conservadores. Embora o governo de Pétain da França de Vichy tenha se oposto à utilização de seu território como lugar de despejo para os judeus de Baden, do Saarpfalz e da Alsácia e Lorena, mostrou pouca relutância em introduzir medidas antijudaicas, sem muita insistência da Alemanha, não apenas na França metropolitana mas nas colônias francesas, particularmente na Ar-

---

24. HAGEN, 1996, p. 1-31; MUSIAL, 1999, p. 101-5.

gélia e em Madagascar.[25] O autoritarismo inerente, a xenofobia e o desprezo antibritânico do regime de Vichy sem dúvida contribuíram assim como a expectativa de seus líderes para que pudessem preservar a sua autonomia do Terceiro Reich e permitir que a França mantivesse o seu império colonial.[26] Em julho de 1940, o regime de Vichy desnaturalizou judeus na região desocupada que haviam se tornado cidadãos após a aprovação da lei da cidadania liberal de 1927, que cobriu milhares de judeus imigrados após a virada do século e a Alemanha a partir de 1933. A lei também afetou os judeus que fugiram do país, o que permitiu o confisco de suas propriedades.[27] Até o próximo mês de outubro, as leis judaicas do regime de Vichy (*Statut des Juifs*) haviam definido racialmente os judeus e os proibiu de uma ampla gama de ocupações após uma medida similar imposta nas regiões ocupadas.[28] Em junho de 1941, o governo de Vichy ordenou um censo judaico que exigia declarações de propriedade. Supervisionadas pelo Exército alemão mas executadas pelo Ministério das Finanças francês, as declarações finalmente possibilitaram a arianização.[29] Uma vez que o governo de Vichy manteve a soberania na região ocupada, contanto que suas medidas não entrassem em conflito com os ditames dos ocupantes, as quais geraram uma radicalização de reforços mútua entre eles e o governo militar alemão, que também afetou os judeus nos territórios ocupados.[30] Ansioso para afirmar a sua soberania a fim de reivindicar pelo menos algumas das propriedades de judeus para si mesmo, o regime de Vichy agiu de acordo com os imperativos de um antissemitismo que se intensificou durante a Grande Depressão. Ele optou por não seguir o que poderia ter sido um meio óbvio para proteger seus próprios cidadãos, explorando a dependência alemã sobre o trabalho francês. As medidas Vichy possibilitaram a intervenção do Escritório Central de Segurança do Reich (RSHA) por meio de seu agente na França, Theodor Dannecker, associado de Eichmann e chefe do escritório

---

25. JENNINGS, 2001, p. 46-7.

26. WEINBERG, 1994, p. 138-40. Sobre a relevância do Império Francês, ver AGERON, 1975, p. 446-75; e BRUNETEAU, 2003. Sobre as políticas judaicas de Vichy, ver MARRUS; PAXTON, 1981, especialmente p. 73-176; e ZUCCOTTI, 1993, p. 31-80.

27. Sobre as consequências financeiras das medidas antijudaicas de Vichy, ver DEAN, 2008, p. 300-10.

28. FRIEDLANDER, 2007, p. 111. Seria designado judeu quem tivesse três avós judeus ou dois avós judeus e uma esposa judia.

29. ALY, 2006, p. 210-23.

30. BROWNING; MATTHÄUS, 2004, p. 197-201.

RSHA de Paris. Dannecker poderia facilmente registar os judeus em Paris e nos arredores com a ajuda dos dados compilados pela polícia de Paris. Ele ganhou o acordo do governo francês para estabelecer o Comissariado para as Questões Judaicas em março de 1941, sob a autoridade francesa, que estendia a sua jurisdição sobre ambas as regiões ocupadas e desocupadas. O Comissariado centralizou o registro e a fiscalização dos judeus, bem como a arianização das propriedades judias.[31] Na Holanda, a presença militar alemã foi menos significativa do que na região ocupada da França. Como foi o caso na Noruega, a ocupação consistia de uma administração dominada pelo Partido Nazista e pela SS, o que significava que os administradores alemães poderiam adotar medidas antijudaicas, incluindo o confisco de propriedades e a arianização com maior rapidez e eficiência do que na França ou na Bélgica, onde os militares ocasionalmente procuraram limitar a influência de oficiais de partido.[32]

Embora em menor grau do que na Dinamarca, as elites holandesas incentivaram a simpatia por seus cidadãos judeus, o que não foi verdade para o regime de Vichy. No entanto, os funcionários públicos holandeses, que permaneceram em seus postos após a rainha Guilhermina e seu governo fugirem para o exílio, implementaram eficientemente a política racial nazista após alguma resistência inicial ao definir os judeus de acordo com os critérios das Leis de Nurembergue, registrá-los juntamente com seus bens e promulgar a legislação excludente.[33] A Bolsa de Valores de Amsterdã, que os holandeses ainda administravam, vendeu as ações de empresas de propriedade judia, em conformidade com o esforço de empresas alemãs para adquirir participação majoritária nos negócios administrados por judeus.[34] Em fevereiro de 1941, a polícia holandesa tornou-se totalmente complacente ao perseguir os judeus. Liderado por seu condestável pró-germânico, Sybren Tulp, um coronel aposentado do Exército Real Holandês das Índias Orientais e nacional-socialista confesso, e que iniciou seus planos ao impor a discriminação racial na Indonésia, onde a administração colonial holandesa tinha fronteiras raciais constantemente rígidas,[35] a polícia de Amsterdã

---

31. GRIFFIOEN; ZELLER, 2006, p. 441-2; FRIEDLANDER, 2007, p. 171-2.

32. DEAN, 2008, p. 264-70 e 284-6.

33. GRIFFIOEN; ZELLER, 2006, p. 445; FRIEDLANDER, 2007, p. 121-5 e 178-82; MOORE, 1997, p. 42-90 e 190-211.

34. ALY, 2006, p. 207-10.

35. Ver STOLER, 2002, especialmente p. 41-139.

efetivamente seguiu as ordens alemãs. Da mesma forma, os chefes de polícia em Utrecht e Haia nomeados pelo comissário do Reich, Arthur von Seyss-Inquart, também haviam aprendido sobre seu comércio colonial como administradores.[36] Se a ocupação alemã foi menos draconiana no Oriente do que na Polônia, na Bielorrússia ou na Sérvia, a colaboração que os alemães receberam tornariam os judeus franceses, holandeses e belgas vulneráveis, uma vez que começassem as deportações para os campos de trabalho e extermínio.

As nações no Sudeste da Europa permaneceram nominalmente independentes, exceto o Protetorado da Boêmia e Morávia. No entanto, nessa região, parte da "zona de destruição" europeia dos impérios, o Terceiro Reich explorou a dependência econômica e o profundo antissemitismo local, uma hostilidade igualmente arraigada em relação à União Soviética, e em um caso notável do revisionismo pós-Primeira Guerra Mundial, para forçar um alinhamento de políticas internas com os interesses do Terceiro Reich. Essa combinação deixou a Hungria particularmente suscetível. Depois de ter perdido mais de dois terços do seu território de antes da guerra, mais de 60% da sua população e a soberania de suas Forças Armadas como resultado do Tratado de Trianon, a Hungria não conseguiu resistir à influência da Alemanha, especialmente depois de a anexação da Áustria ter criado uma fronteira comum e enfraquecido o entendimento anterior da Hungria com a Itália, que tinha apoiado e preservado uma Áustria independente. Depois de ter sido aterrorizada pela Revolução Bolchevique e pela ditadura proletária de Béla Kuns, fascistas e conservadores húngaros, incluindo a clérigos católicos, consideraram o "bolchevismo judaico" responsável pelas perdas da Hungria. Ao final de 1930, a Cruz da Flecha, movimento fascista criado na própria Hungria, tendo origem no "terror branco" contra o governo Kun, aumentou a pressão para uma legislação antijudaica.[37]

A partir de 1938, novas medidas antissemitas redefiniram os judeus como raça, possibilitando a arianização e retirando-os da economia. Judeus em idade militar eram projetados para o trabalho forçado. Embora regente da Hungria, o almirante Miklós Horthy desconfiava da Cruz de Flechas e se opôs à legislação antissemita porque a composição predominante dos judeus húngaros de classes média e média alta garantiriam um impacto

---

36. MEERSHOEK, 1998, p. 284-300.

37. GERLACH; ALY, 2004, p. 30-1. Sobre o catolicismo na Hungria, ver HANEBRINK, 2008, p. 55-80.

econômico negativo caso fossem impostas restrições legais, rendendo recompensas substanciais da proximidade da Hungria com a Alemanha. Como resultado do acordo de Munique, a Hungria recebeu a parte Sul da Eslováquia. Em março de 1939 assumiu a Carpatho-Ucrânia, após a dissolução alemã da Tchecoslováquia. Depois que a União Soviética ocupou metade da Polônia no final daquele ano, empurrando Horthy à órbita alemã, a Hungria recebeu a metade Norte da Transilvânia, às custas da Romênia, em troca da assinatura do Pacto Tripartite. As anexações e o antissemitismo reforçaram um ao outro. Tendo expandido a sua população judaica para 275 mil em novembro de 1940, a Hungria garantiu que mais judeus fossem presos na teia crescente de perseguição legal e depois finalmente deportados, uma vez que esta enviou tropas para cruzada do Reich contra a União Soviética. A dependência econômica cada vez mais sufocante da Hungria sob o Terceiro Reich, que redirecionou sua agricultura e subordinou seus campos de petróleo às necessidades alemãs, apertou ainda mais o laço em torno do pescoço dos judeus húngaros.[38]

Se o antissemitismo nativo da Eslováquia não bastava por si só, a dependência inevitável daquela pequena e empobrecida nação na Alemanha por ter vencido a sua "independência" após o desmembramento da Tchecoslováquia garantiu que a ditadura clerical conservadora na Eslováquia do monsenhor Josef Tiso consentiria o registro e a discriminação legal contra a sua população judaica, desde que mantido o controle de sua política antijudaica. Em 1939, o governo decretou a remoção de judeus dos cargos públicos, limitando o seu acesso às profissões academicamente treinadas e arianizando propriedades agrícolas e florestais de judeus para auxiliar o seu campesinato bastante pressionado economicamente. A arianização de empresas comerciais e negócios de judeus seguiu-se na primavera de 1940.[39] Embora Tiso insistisse no direito de isentar os judeus batizados a partir da legislação antijudaica, a agitação de mais um movimento fascista clerical interno, a Guarda de Hlinka, permitiu que representantes de Eichmann no SD influenciassem a nomeação de funcionários do governo que simpatizassem com as medidas antissemitas mais radicais.[40]

---

38. GERLACH; ALY, 2004, p. 32-3; BRAHAM, 1994, p. 1-76 e 121-97; DEÁK, 2000, p. 48-53; HANÁK; HLED, 1992, p. 164-204.

39. ALY, 2006, p. 224-29.

40. DEAN, 2008, p. 317-22; DWORK; VAN PELT, 2002, p. 168-9.

Os campos de petróleo de Ploesti, na Romênia, podem ter favorecido a influência, mas a incapacidade dos britânicos e dos franceses em parar a expansão alemã e o crescimento da fascista e antissemita Guarda de Ferro com o seu compromisso de "purificação" da Romênia de suas minorias étnicas logo enfraqueceu a neutralidade do governo romeno. Já no final de 1937, privou a maioria dos judeus da cidadania plena e proibiu casamentos mistos.[41] Sob pressão dos fascistas no país e oscilando entre os termos do Pacto Nazi-Soviético, o que permitiu à União Soviética absorver a Bessarábia e Bucovina, o governo romeno deu à Alemanha carta branca para gerir os seus campos de petróleo. Seguiu-se uma série de legislações antissemitas que, além de alimentar os desejos dos antissemitas no país, atendeu às demandas do Reich.[42] Entre o início de 1938 e a conquista da Polônia, aproximadamente o mesmo período em que a Romênia assinou sobre sua produção agrícola e a gestão de seus campos de petróleo para a Alemanha, mais de 225 mil judeus perderam sua cidadania. As leis antissemitas garantiram a pobreza e a morte social do restante. Com a cessão do Norte da Transilvânia à Hungria, o golpe cruel para um Estado que tinha procurado menos trocas populacionais draconianas e cessões territoriais para os seus vizinhos, a ditadura real compatível da Romênia sob o rei Carlos entrou em colapso em setembro de 1940 em favor do inequívoco regime "legionário" pró-germânico e antissemita de Ion Antonescu e Huria Sima. Além do surgimento de Antonescu, limpador étnico declarado que mantinha laços estreitos com a Guarda de Ferro, a derrota da França, uma vez aliada da Romênia, tirou o pouco de influência que os romenos possuíam.[43]

"CONTRA A DIVERSIDADE HUMANA PROPRIAMENTE DITA": BARBAROSSA E O GENOCÍDIO

Em meados de 1941, a situação dos judeus na Europa ocupada pelos alemães e nos Estados-satélites alemães estava perigosamente enfraquecida. A perspectiva iminente da expulsão ameaçou milhares de judeus com a destruição física, bem como o aniquilamento de culturas judaicas. No entanto, durante os dois primeiros anos da Segunda Guerra Mundial na Europa, a perseguição aos judeus pelo regime nazista parecia unir precedentes histó-

---

41. LONGERICH, 1998, p. 521.

42. ALY, 2006, p. 233-5.

43. Sobre o surgimento de Antonescu, ver DELETANT, 2006, p. 8-51. Ver também DWÓRK; VAN PELT, 2002, p. 177-90; e SOLONARI, 2007, p. 268-73.

A "SOLUÇÃO FINAL" | 329

ricos, começando com os marcadores medievais e mais modernos de marginalização e segregação, a exigência de que os judeus usassem uma braçadeira amarela com a estrela de David e que fossem confinados em guetos. "Estamos voltando para a Idade Média", observou o prisioneiro do gueto de Łódź, Dawid Sierakowiak, em novembro de 1939, como "a mancha amarela mais uma vez torna-se parte da vestimenta judaica".[44] Além disso, os campos, as expulsões e os massacres recaídos sobre judeus e não judeus foram obtidos a partir da experiência europeia e alemã durante o colonialismo no exterior no século XIX. Se impulsionar o Oeste da América do Norte em detrimento dos povos indígenas tivesse sido necessário para os colonos europeus, de acordo com Hitler, era, portanto, igualmente lógico e necessário para os alemães aumentar seu espaço à custa dos eslavos e judeus, a fim de construir seu próprio "Jardim do Éden". E embora durante esse período os judeus tenham recebido o pior tratamento entre as vítimas do Terceiro Reich, o que incluía menos mantimentos, registros e as teias de aranha da legislação discriminatória com um impacto potencialmente genocida caso acionada nas circunstâncias certas, a letalidade do domínio colonial alemão ainda não atingia o nível que iria alcançar nos meses que se seguiram após a invasão alemã da União Soviética.

O ataque à União Soviética desencadeou um cataclisma que afundariam os judeus de forma não compartilhada pelos outros assuntos coloniais do Reich, incluindo os eslavos. No verão de 1942, quando os campos de extermínio funcionavam a todo vapor, a "solução final", além de exemplificar a explosão do nacionalismo homogeneizador, traria a própria contribuição horrível do Terceiro Reich para a história do imperialismo europeu. A peculiaridade do judeocídio nazista surgiu em primeiro lugar em todo esse contexto, combinando a guerra mundial com a guerra "total" em seu ataque contra civis. Em segundo lugar, o perigo apocalíptico que as vítimas supostamente incorporaram como a ameaça aos objetivos imperialistas da Alemanha, que por sua vez garantiriam a sobrevivência do *Volk*, levou a uma abrangência incomparável pelos genocídios anteriores, que abraçaram a liderança nazista e seus agentes no campo em uma dialética assassina.[45] Finalmente, a fraqueza da oposição organizada ao imperialismo ou o genocídio dentro do Reich possibilitaram a latitude extraordinária do regime nazista a fim de buscar seus objetivos.

---

44. ADELSON, 1996, p. 63.
45. Conforme Ben Kiernan (2007, p. 454) aponta em seu estudo comparativo.

330 | IMPÉRIO NAZISTA

Embora os epígonos nazistas gostassem de comparar a sua "missão civilizadora" de desapropriação e dizimação no Leste às guerras indígenas da América do Norte, os judeus, ao contrário dos africanos ou dos nativos americanos, assumiram um *status* completamente diferente. No passado, os colonizadores e colonos falavam de "nativos" ou "selvagens" relacionando-os ao "declínio", à "morte" ou ao "desaparecimento", a fim de abrir caminho para as raças superiores – uma inevitabilidade que ordenadamente elidia a atuação de europeus cujas ações garantiram esse resultado. No entanto, os autores do genocídio nazista provaram-se menos reticentes ao expressar sua própria responsabilidade pelo assassinato em massa como a "solução" para a ameaça judaica, mesmo se às vezes eles recorressem à linguagem ofuscada do passado.[46] Pelo contrário, como afirmava o ministro da propaganda, Goebbels, a guerra permitiu que eles batalhassem de fato. "Nessas circunstâncias, não se pode permitir que o sentimentalismo prevaleça. Os judeus nos destruirão se nós mesmos não os expulsarmos. Essa é uma luta de vida e morte entre a raça ariana e o bacilo judeu." "Graças a Deus" que a guerra fornece "toda uma gama de possibilidades" que teria sido impossível de implementar em tempos de paz. "Isso", Goebbels concluiu, "nós devemos explorar".[47] No esquema nazista das coisas, os judeus surgiram coletivamente como a força motriz por trás dos rivais imperialistas industrializados que ameaçavam a existência da própria Alemanha e como a fonte da "mistura racial", que enfraqueceu o *Volk*. Nas palavras de Victor Klemperer, o adjetivo "judeu" tinha "o efeito de agrupar todos os adversários em um único inimigo". Assim, "a partir de 1933 cada hostilidade, independentemente da sua origem, pôde ser rastreada ao único e mesmo inimigo, o verme escondido de Hitler, o judeu, que em momentos de grande drama é conhecido como 'Judá', ou ainda com maior pathos, '*Alljuda*' (Judá Universal)".[48]

O aviso da catástrofe que estaria por vir já fazia parte do planejamento do regime para a invasão na primavera de 1941. Embora tenha existido um alto grau de concordância ideológica e coordenação tática entre o Exército e as unidades de ataque móvel da SS durante a campanha polonesa, os escrúpulos dos militares em relação ao tratamento de civis e os conflitos territoriais entre eles e a SS reduziram a participação das unidades nas campanhas escandinavas e ocidentais na primavera seguinte. O tratamento do

---

46. TRAVERSO, 2003, p. 54-63.

47. FRÖHLICH, 1987-1996, p. 561. [Entrada de 27 março 1942.]

48. KLEMPERER, 2000, p. 176-7.

A "SOLUÇÃO FINAL" | 331

Exército de tropas coloniais francesas capturadas era homicida, porém inconsistente. No entanto, por causa dos riscos ideológicos nesse momento, o *Führer* garantiu que não haveria tal ambiguidade. As unidades de ataque móvel da SS e a polícia de ordem foram atribuídas a cada Exército e acusadas de uma possível pacificação. Não houve discordância quanto a quem seria designado como partidários antigermânicos. Fosse a SS, o Exército, a liderança nazista ou a administração civil que deveria ser posto(a) em prática, uma vez que a União Soviética tivesse seu fim, todos compartilhavam do antieslavismo, do antibolchevismo e especialmente do antissemitismo, que infundiu o planejamento operacional e de ocupação da Barbarossa.

Na véspera da Barbarossa, o regime mais uma vez protestou pela vitimização da Alemanha por uma conspiração internacional judaica de exterminar o *Volk* – conspiração claramente evidente no plano comum de plutocratas britânicos e americanos aliados ao bolchevismo para destruir o Reich.[49] Incorporado na certeza inicial de que a *Wehrmacht* pudesse destruir a União Soviética rapidamente foi o medo de que o inimigo "real" à espreita por trás daquele visível exigiria mais do que apenas um exército para aniquilá-lo. Assim, mesmo antes do início da invasão, os homens judeus em idade militar, por causa de sua suposta associação com o comunismo, deveriam ser apontados para a eliminação imediata. Os judeus soviéticos já corriam esse risco porque se concentraram na antiga Zona de Assentamento, estabelecida pela imperatriz Catarina, a Grande, no final do século XVIII, nas fronteiras ocidentais da Rússia. Embora formalmente abolidos pelo governo provisório russo no início de 1917, centenas de milhares de judeus permaneceram. Além disso, a transferência das práticas dos alemães na Polônia, onde os judeus mantinham o menor acesso ao abastecimento de alimentos, determinou que os judeus tivessem um destino ainda pior na União Soviética. E se o planejamento econômico alemão levou em consideração a fome e o trabalho forçado de milhões de russos, e a deportação do restante para as terras geladas da Sibéria, poucos judeus teriam qualquer perspectiva de sobreviver à fome aguda, às execuções aleatórias ou ao "desgaste natural" que resultaria de um esforço árduo para drenar os pântanos de Pripet na Bielorrússia e na fronteira da Ucrânia. Em meados de julho, tornou-se claro que os pântanos não seriam usados para pressionar as equipes de trabalho judias em serviço, mas para liquidá-las. O Reichsführer SS ordenou que os homens judeus deveriam ser executados a

---

49. HERF, 2006, p. 97-100.

tiros em massa. Suas mulheres seriam levadas aos pântanos para serem afogadas.[50] Na época da ordem de Himmler, a guerra da Alemanha na União Soviética foi se radicalizando a um grau que garantiu que o destino dos judeus fosse marcadamente diferente daquele planejado aos russos "pele-vermelha". A essa altura, as equipes de trabalho segregadas, especialmente no Velho Reich, na Áustria e no Protetorado haviam forçado 1 milhão de judeus ao serviço. No entanto, uma vez que o genocídio iniciou, a utilização dos judeus como trabalhadores cairia precipitadamente.[51]

A conduta das forças de ataque móvel e da polícia de ordem sugeriu algo novo no horizonte. Durante os primeiros dias da campanha da Barbarossa, a cruel pacificação infligida pelas unidades da SS longe do fronte foi "limitada" à execução de judeus no Partido Comunista e cargos estatais, bem como "ciganos", "sabotadores", "agitadores", "atiradores" e "propagandistas" variados. No entanto, até mesmo no início da campanha, a SS e a *Wehrmacht* transpuseram suas ordens escritas de seguir a sangue frio as instruções de ataque aos líderes por terra. Assim, não demorou muito para a SS, com a colaboração do Exército, estender suas "ações" às mulheres e às crianças, bem como, também por iniciativa própria ou ao encorajar *pogroms* iniciados pelos antissemitas locais.[52] Em 27 de junho, apenas seis dias após a Barbarossa ter iniciado, um batalhão da polícia alemã assassinou 2 mil judeus em Białystock, no Leste da Polônia, sendo um quarto deles mulheres e crianças que foram confinados em uma sinagoga na qual as tropas atearam fogo.[53] Os esforços de "pacificação" dos batalhões da polícia também não terminaram por aí. Respondendo ao pedido de Heydrich de autorização à medida que as unidades móveis de ataque assassinavam sem preocupações, Göring deu a ordem em 31 de julho da preparação de uma "solução total" para o a "questão" judaica.

Embora o significado exato da ordem de Göring permanecesse em discussão, a natureza apocalíptica da campanha Barbarossa, especialmente nesse momento, quando os fuzilamentos em massa haviam se intensificado, indicou provavelmente que o termo "solução" tomou um significado novo e mais radical. Na verdade, a Brigada da Cavalaria da SS, liderada por Erich von dem Bach-Zelewski, assassinou cerca de 25 mil judeus nos

---

50. GERLACH, 1998, p. 278. Ver também LONGERICH, 1998, p. 352-401.

51. GRÜNER, 2006, p. 261.

52. MEGARGEE, 2006, p. 67-8.

53. LONGERICH, 1998, p. 345-8.

pântanos de Pripet entre o final de julho e o de agosto, estendendo sua campanha de "desjudificação" (*Entjudung*) para grandes áreas do território bielorrusso no início de outubro.[54] O avanço dos exércitos alemães, que em meados de setembro haviam cruzado as linhas soviéticas fora de Kiev e cercado Leningrado, elevou ainda mais o desejo do completo acerto de contas com o inimigo apocalíptico. Tendo decidido, em agosto de 1941, quando o avanço alemão parou temporariamente, que os judeus seriam expulsos ao Leste no final da campanha soviética, o *Führer* repentinamente acelerou seu plano. Em 18 de setembro, Hitler ordenou a deportação mais breve possível dos judeus da Alemanha, da Áustria e do Protetorado para o Leste, principalmente para os guetos de Łódź, Riga, Kaunas e Minsk, para aguardar uma deportação posterior na primavera.[55] No final de 1941, a polícia de ordem calculou mais de 33 mil, mais de onze vezes o número combinado pelas unidades móveis de ataque que atravessaram a fronteira soviética em junho, indicação que a escala do extermínio já estava encaminhada.[56]

Um dos mais terríveis massacres ocorreu no final do mês de setembro na cidade ucraniana de Babi Yar. Com muitos homens judeus já em idade para se aposentar, sendo a maioria deles trabalhadores qualificados que o governo soviético transportou por trás das linhas para trabalhar nas indústrias de armamentos, as vítimas eram compostas majoritariamente de mulheres, crianças e idosos. Desde o momento de sua chegada em Babi Yar, os alemães envolveram-se gratuitamente em centenas de atos brutais, em resposta às suas pesadas perdas nas minas soviéticas. Veio então a "procissão da morte" dos judeus, com duração de três dias, de Kiev aos desfiladeiros fora de cidade, onde, depois de entregar suas roupas e seus objetos de valor, os judeus foram metralhados à queima-roupa, caindo e empilhando-se nos fossos. Durante todo o episódio, eles mataram crianças diante dos olhos de suas mães, assassinaram cruelmente os judeus com deficiência e os idosos, e confinaram suas vítimas em um teatro para então atear-lhes fogo. Os saques das propriedades judias pelos alemães e seus cúmplices ucranianos ocorreram simultaneamente com os fuzilamentos em massa, o que significa o casamento infernal do ódio ideológico com o ganho material.[57] Os relatos de testemunhas oculares e sobreviventes judeus testemunharam

---

54. LONGERICH, 2001, p. 117; Id., 1998, p. 367-9; GERLACH, 1999, p. 555-74.

55. BROWNING; MATTHÄUS, 2004, p. 323-30.

56. KERSHAW, 2007, p. 456.

57. EHRENBURG; GROSSMAN, 2002, p. 3-8. Ver também BERKHOFF, 2004, p. 65-9.

o seu abandono pelos vizinhos que haviam sido amigos durante anos. Os ex-amigos agora incluíam membros do Partido Comunista, ansiosos por tirar alguma vantagem com o genocídio.[58] O massacre de Babi Yar também não foi excepcional, apesar da notoriedade especial que teve desde o início. Entre os 30 mil judeus na cidade ucraniana de Berdichev, 12 mil foram dizimados em um único dia de setembro, em um campo perto do aeroporto, sendo esmagadora maioria de mulheres, crianças e idosos. A anterior marcha da morte dos judeus, forçados a deixarem suas casas nas primeiras horas da manhã, apresentou uma cena de horror indescritível:

> Os executores assassinaram muitos daqueles que não conseguiam andar, idosos frágeis e aleijados, em suas próprias casas. O terrível lamento das mulheres e o choro das crianças acordaram toda a cidade. Pessoas que moravam nas ruas mais distantes acordaram e ouviram com medo os gemidos de milhares de pessoas que se uniam em um único grito profundo.[59]

Na execução em massa de judeus de Chudnov, na região de Zhitomir da Ucrânia, as covas recém preparadas aguardavam as vítimas dos esquadrões de tiro. Uma jovem que aguardava a sua vez no poço da morte, de acordo com uma testemunha ocular, "entrou em trabalho de parto antes mesmo de chegar à cova". Com suas próprias mãos sujas, um açougueiro alemão arrancou o bebê fora do útero de sua mãe, ainda com suas entranhas, e então levou o recém-nascido segurando-o por sua perninha e bateu sua cabeça contra o tronco de um pinheiro velho – foi assim que ele começou sua vida – e, em seguida, jogou a criança para sua mãe, metralhada e jogada na vala comum".[60]

No outono de 1941, a radicalização no alto comando do governo do Reich convergiu com a ambição e a iniciativa pessoal no campo à medida que mais e mais funcionários nazistas no campo falavam abertamente em "extermínio".[61] Os milhares de judeus, que se aglomeravam em suas jurisdições, aumentaram a ansiedade dos governadores do Reich e da polícia de segurança nos distritos afetados, que pressionavam o Escritório Central de Segurança do Reich da SS e o Ministério para os Territórios Ocupados do Leste, de Rosenberg, para uma trégua. Confrontado com a chegada de mais judeus para o Governo-Geral, Hans Frank mais uma vez protestou contra o uso de sua

---

58. RUBENSTEIN; ALTMAN, 2008, p. 74-5.

59. Ibid., p. 12-6.

60. Ibid., p. 162-3.

61. LONGERICH, 2008, p. 568-9.

jurisdição como uma lixeira para "indesejáveis". O peso da decisão de Hitler de deportar os judeus do Velho Reich, da Áustria e do Protetorado tornou assim mais provável que a "solução" para a "questão judaica" significasse a morte em vez de reassentamentos. A implementação do Plano Geral do Leste em território soviético descartou a transferência dos judeus para lá.[62] A crise alimentar emergente forneceu uma adicional, e sem dúvida um passo decisivo, indicação de como o colonialismo nazista determinaria não apenas quem seria deportado ou quem seria levado ao trabalho forçado, mas também quem seria eliminado completamente. As más colheitas em 1940 e 1941, juntamente ao afluxo de um grande número de trabalhadores estrangeiros forçados cujo trabalho era essencial e que o regime não tinha escolha a não ser alimentá-los, se quisesse ter esperanças de ganhar a guerra, resultaram na aplicação do Plano de Fome para a Polônia. Para compensar o déficit, o governo do Reich exigiu que distrito de Frank agora entregaria comida em vez de recebê-la. O desvio de alimentos resultaria em mantimentos extremamente escassos para os poloneses e em níveis de fome absoluta para os judeus. A extensão do Plano de Fome do Governo-Geral proporcionou um contexto adicional às discussões dedicadas a encontrar meios mais eficientes de se eliminar os judeus.[63] Além disso, o reconhecimento em setembro de 1941 de que a União Soviética não seria derrotada até o final do ano teve um impacto pernicioso sobre os judeus, mesmo em regiões soviéticas como a Bielorrússia, que não foram idealizadas para a colonização. O atraso da vitória exigiu um novo plano de aquisição de alimentos em 1942 a fim de garantir suprimentos adequados para a *Wehrmacht* e a força de trabalho civil. De acordo com a lógica de soma zero do nacional-socialismo, os judeus morreriam assim que os alemães pudessem viver.[64] Com o ataque japonês a Pearl Harbor, em dezembro de 1941, quando Hitler declarou guerra contra os Estados Unidos, o próprio regime provavelmente comprometeu-se ao extermínio dos judeus por toda a Europa. Bem antes disso, os especialistas em eutanásia da equipe de Philipp Bouhler e Viktor Brack haviam criado uma nova tarefa para aplicar suas habilidades, a construção de centros de extermínio secretos na Polônia.[65]

---

62. Ver GERLACH, 1998, p. 53-78, sobre o impacto da crise no fornecimento de alimentos aos judeus; e MUSIAL, 1999, p. 203.

63. TOOZE, 2006, p. 538-49.

64. GERLACH, 1999, p. 503-774.

65. Ver Id., 1998, p. 759-812; e a resposta de BROWNING; MATTHÄUS, 2004, p. 309-73, também as réplicas de Longerich Peter, quem questiona se os judeus europeus deveriam ser executados imediatamente. Cf. LONGERICH, 1998, p. 466-72.

336 | IMPÉRIO NAZISTA

Foram diversos os autores do genocídio. Eles eram líderes distritais e governadores por toda a Europa ocupada pelos alemães, que aproveitaram a oportunidade para resolver de o "seu problema" judaico de uma vez por todas. Eram os mais altos líderes da SS e da polícia, como o asqueroso comandante antissemita no Sul da Rússia, Friedrich Jeckeln, cuja supervisão entusiasmada da eliminação de milhares de judeus na Ucrânia justificou sua ascensão meteórica na polícia da SS. Eles também incluíram generais da *Wehrmacht* com antecedentes prussianos ilustres, como Erich von Manstein, que na Crimeia informou os soldados sob seu comando de que deveriam garantir que os judeus jamais ameaçassem o espaço vital alemão. Independentemente de suas funções, o carisma vindo do topo simultaneamente incentivou e legitimou o ativismo assassino de baixo.[66] Além da presença frequente de Himmler nas execuções em massa, o Reichsführer-SS ordenou aumentos significativos na força de trabalho, especialmente para os batalhões uniformizados da polícia alemã, unidades fortemente doutrinadas que foram acusadas de "pacificar" a parte inferior. A SS contou com a colaboração da *Wehrmacht*, que compartilhou um compromisso com a camaradagem militar e a ideologia nazista. As unidades especiais retiradas de populações locais nos Estados Bálticos e na Ucrânia Ocidental, que estavam ansiosas para agir com sua hostilidade sobre a União Soviética e a entendida conexão entre os judeus e os "bolcheviques", também foram mobilizadas.[67] A escala dos massacres naquelas regiões foi suficiente para limitar a extensão de guetização que havia ocorrido na Polônia. Ao escrever no outono de 1943, o correspondente na guerra dos judeus e soviéticos, Vasily Grossman, ressaltou o tratamento especial que os judeus receberam em comparação ao que os ucranianos experimentaram: "Não há judeus na Ucrânia", observou Grossman.

> Em nenhum lugar – Poltava, Kharkov, Kremenchug, Borispol, Yagotin –, em nenhuma das cidades, das centenas de cidades ou milhares de aldeias você não vai ver os olhos escuros cheios de lágrimas das meninas, você não vai ouvir a voz aflita de uma senhora; você não vai ver o rosto escuro de um bebê faminto. Tudo é um silêncio. Tudo permanece assim. Um povo inteiro foi brutalmente assassinado.[68]

---

66. LOWER, 2005, p. 75-8; KUNZ, 2005, p. 179.

67. LOWER, 2005, p. 78-83. Sobre a polícia de ordem, ver WESTERMANN, 2005, p. 163-99; e BROWNING, 1993, p. 38-142. Dos dois, Westermann dá maior ênfase à ideologia na formação e na motivação da polícia de ordem.

68. GROSSMAN, 2005, p. 251.

O amplo ataque contra os judeus na segunda metade de 1941 estendeu-se à Galícia Oriental, região de ucranianos, judeus e poloneses que pertenciam ao Império Austro-Húngaro antes de 1918. Cedida à Polônia após a guerra e, em seguida, para a União Soviética depois do Pacto Nazi-Soviético, os alemães fundiram a província com o distrito de Lublin do Governo-Geral. As unidades móveis de ataque, em união com a Polícia de Ordem e a milícia ucraniana, assassinaram cerca de 30 mil judeus no outono de 1941, não fazendo distinção de sexo ou idade. Ucranianos em busca de vingança pela suposta cumplicidade judaica em capturas da NKVD de cidadãos locais suspeitos durante a ocupação soviética desencadearam ferozes *pogroms*, o que os alemães toleraram abertamente. Ao contrário do restante no Governo-Geral, a guetização aleatória de judeus em cidades da província provocou imediatamente as execuções em massa de judeus considerados inaptos para o trabalho. As autoridades alemãs, alegando escassez de habitações intransponíveis que mal podiam acomodar os não judeus sob seu comando, procuraram reduzir a população judaica a um tamanho administrável até que os judeus pudessem ser deportados ao Leste. O significado das evoluções na Galícia Oriental tornou-se claro. Em Varsóvia, o confinamento de judeus criou debates durante meses sobre o ritmo do reassentamento de alemães étnicos e as diversas "soluções" para o "problema" judaico. Nas maiores cidades da Galícia Oriental, como Lviv, Tarnopol e Stanislawow, no entanto, as expectativas da Barbarossa encurtaram o período de tempo entre o confinamento e o assassinato em massa.[69]

Os ataques brutais contra os judeus não ocorreram apenas nos territórios ocupados pelos alemães, mas também em Estados-satélites alemães que se beneficiaram da Barbarossa. Assim, na Romênia, desencadearam-se *pogroms* contra os judeus, o que logo espalhou episódios de destruição em massa, em que a pilhagem desenfreada acompanhava o assassinato. Em janeiro de 1941, Ion Antonescu atacou seus antigos aliados que tentaram derrubá-lo, os fascistas Legionários do Arcanjo Miguel e sua força paramilitar, a Guarda de Ferro. No entanto, militares e policiais do Antonescu não fizeram nada para deter os *pogroms* da Guarda de Ferro contra os judeus romenos, que alegaram ter entregado a Bucovina e a Bessarábia para a União Soviética. Os ataques incluíram dezenas de judeus mortos em uma floresta perto de Bucareste e na própria capital, onde as vítimas foram assassinadas em um matadouro e suspensas em ganchos de carne

---

69. Ver POHL, 1996, especialmente p. 139-210; e SANDKÜHLER, 1996, p. 110-66.

338 | IMPÉRIO NAZISTA

a fim de simular uma cruel prática *kosher*.[70] "A coisa mais impressionante sobre o banho de sangue em Bucareste é a sua ferocidade um tanto bestial", comentou em seu diário Mihail Sebastian, dramaturgo romeno-judeu e romancista. Isso foi "aparente até mesmo no raso comunicado oficial de que 93 pessoas ('pessoa' é o mais novo eufemismo para judeu) foram mortas na noite de terça-feira, dia 21, na floresta de Jilava".[71]

Antecipando o retorno de Bucovina e da Bessarábia, uma vez que os alemães invadiram a União Soviética, Antonescu ordenou a seus generais que se preparassem para a "limpeza do terreno" dos judeus dali por liquidação ou deportação, o primeiro passo de um plano de longo prazo para "purificar" os territórios devolvidos de elementos "estrangeiros", incluindo os eslavos.[72] Dentro de poucos dias após a invasão da União Soviética ter começado, milhares de judeus, incluindo mulheres e crianças, foram impiedosamente massacrados em Iasi, capital regional da Moldávia. Uma vez que a Romênia readquiriu a Bucovina e a Bessarábia como recompensa da Alemanha para as tropas romenas que aderiram à campanha Barbarossa, quase metade dos 375 mil judeus nessas regiões foi prontamente assassinada. Vários dos outros milhares foram jogados em campos na Transnistria, uma pequena fatia do território ucraniano entre os rios Dniester e Bug que os alemães haviam concedido à Romênia. Sebastian relata:

> As estradas na Bessarábia e Bucovina estão cheias de cadáveres de judeus expulsos de suas casas em direção à Ucrânia. Pessoas idosas e doentes, crianças, mulheres – todos indiscriminadamente empurrados para as estradas e conduzidos a Mogilev... É um delírio antissemita que nada pode parar... Uma coisa séria se houvesse um *pogrom* antissemita; você saberia os limites até onde ele pudesse ir. Mas isso é uma pura bestialidade descontrolada, sem vergonha ou consciência, sem objetivo ou propósito.[73]

Além disso, as unidades do Exército romeno, enfurecido por suas perdas na batalha para Odessa, que incluiu ataques partidários e a morte de dezenas de soldados romenos, metralharam, enforcaram ou queimaram vivos mais de 20 mil mulheres judias, crianças e idosos judeus. Testemunhas descreveram cenas de pesadelo de "forcas por todos os lugares para onde você

---

70. Para uma melhor avaliação sobre o papel de Antonescu, ver DELETANT, 2006, p. 127-204. Sobre as origens populistas e religiosas dos *pogroms* fascistas, ver HEINEN, 2007, p. 99-108. Sobre a relação integral entre os assassinatos e as pilhagens, ver DEAN, 2008, p. 330-3.

71. SEBASTIAN, 2000, p. 316. [Entrada em 4 fevereiro 1941.]

72. SOLONARI, 2007, p. 273-6.

73. SEBASTIAN, 2000, p. 430-1. [Entrada em 20 de outubro de 1941.]

olhasse" e o desaparecimento de qualquer resquício de humanidade: "Os romenos e os alemães testaram a força de suas baionetas em crianças pequenas. A mãe estava alimentando seu bebê, quando um soldado romeno arrancou de seu peito com sua baioneta e atirou-o para a cova dos mortos".[74]

Junto aos judeus da Bucovina e Bessarábia, os restantes de Odessa foram amontoados em campos de concentração na Transnistria, apenas para serem assassinados a sangue frio muitos meses depois. Foi um crime que excedeu o massacre de Babi Yar em seu escala.[75] Extremamente sensível à novidade da violência antissemita que ele testemunhou, Sebastian gravou a seguinte observação: "É um evento europeu. O antissemitismo organizado está passando por uma de suas fases mais sombrias. Tudo é muito calculado para efeito, muito obviamente gerenciado, para não ter um significado político. O que virá depois? Nosso simples extermínio?".[76]

O massacre de judeus que se desenrolou na União Soviética, na Galícia Oriental e na Romênia representou uma virada para a Alemanha e seus aliados. O que começou como uma agressão contra homens judeus em idade militar suspeitos de serem "comissários" terminou com a tentativa de eliminar todos os judeus soviéticos no caminho a *Wehrmacht*, que abriu as portas para a matança de judeus no restante da Europa ocupada. Desde a eclosão da guerra na Europa em 1939, o *Führer* acusava os judeus sem trégua de terem iniciado o conflito para garantir sua própria dominação global. Hitler repetiu sua ameaça de aniquilação conforme os exércitos alemães pressionavam Moscou e principalmente depois de ter declarado guerra contra os Estados Unidos no dia 11 de dezembro, tornando-se agora, nas palavras de Hitler, uma "guerra mundial". Em reuniões privadas com seus líderes do Gau e uma outra subsequente com Rosenberg, Hitler deixou claro que o extermínio abriria o caminho para a vitória. A Barbarossa e a entrada americana trouxeram a convergência de duas forças globais que os judeus supostamente encarnaram. Não reconhecidos como humanos, os judeus metamorfosearam-se em um mundo cruel e destruidor que uniu o bolchevismo sanguinário das fronteiras da Ásia, e as finanças internacionais predatórias e o capitalismo das bolsas de valores agora centrados na América.

Dada vitalidade teórica aos *Protocolos dos Sábios de Sião*, que foram apresentados a Hitler quando jovem veterano em Munique após a Primei-

---

74. EHRENBURG; GROSSMAN, 2002, p. 56-7; ver também HEINEN, 2007, p. 109-62.

75. ANCEL, 1998, p. 462-79; FRIEDLANDER, 2007, p. 166-7 e 225-6.

76. SEBASTIAN, 2000, p. 436. [Entrada em 29 de outubro de 1941.]

ra Guerra Mundial e a destruição da Soviética de Munique, a forma atual da ameaça judaica exigia a tradução da teoria posta em ação. Apesar das semelhanças entre o genocídio armênio e o Holocausto, o contexto entre eles de guerra total, a sua iniciação nos níveis mais altos do Estado e as percepções dos autores de estarem sitiados por inimigos de todos os lados, o pensamento do CUP e do regime nazista diferia em pelo menos um ponto fundamental. As minorias cristãs no Império Otomano, incluindo os armênios, atraíram de fato a proteção e a intervenção das grandes potências, com a proclamação do czar Nicolau II, no início da Grande Guerra, em que "a hora da liberdade" dos armênios havia chegado foi então o exemplo mais recente.[77] Para os nazistas, o poder do "Judá" elevou-se ao mito. O judeu não era meramente o malfeitor satânico da lenda cristã, e não apenas o beneficiário dos patronos estrangeiros cuja lealdade não podia ser garantida. O "judeu" foi o manipulador visível e invisível dos inimigos da Alemanha que a exterminariam.

Com a promessa de revolução mundial, o bolchevismo usou a cunha de solidariedade proletária internacional para destruir a saúde biológica da nação étnica. Ele violou as leis da natureza ao presumir que a classe, não racial, mudaria a história. Em vez de aceitar a necessidade de hierarquias raciais, incluindo a eliminação dos "impróprios", o bolchevismo procurou atingir o impossível, o igualitarismo social. Como a "cultura destruidora" da raça por excelência, o judeu com a "sua" cara bolchevique promoveu a reprodução de outros seres racialmente "inferiores". Mesmo os massacres sangrentos de prisioneiros africanos-franceses na primavera de 1940, saturados pelas imagens racistas dos primitivos, como selvagens loucos por sexo, surgiram a partir da suposição de que a presença africana na própria Europa resultou das conspirações dos judeus, que se esforçaram para a diluição do sangue francês e alemão por meio da miscigenação. Por outro lado, o judeu em "seu" disfarce capitalista elevou o câmbio multinacional para a indústria "nacional" e enfraqueceu as economias nacionais. "Ele" enriqueceu o setor bancário judaico, a bolsa de valores e plutocratas, donos de lojas de departamento, privando os camponeses e os trabalhadores dos frutos de seu trabalho honesto. A incorporação de economias do Oeste e do Norte da Europa, altamente desenvolvidas dentro do Império Nazista, pouco fez para aliviar os alemães da constante ameaça à luz da

---

77. Ver MAZOWER, 2001; AKÇAM, 2006, p. 25-35. É suficiente dizer que nenhum vê a intervenção estrangeira em nome dos armênios como uma justificativa para o genocídio.

IMAGEM 24. Corpos de judeus retirados dos últimos transportes da cidade romena de Iasi, em 30 de junho de 1941. Esses sobreviventes do *pogrom* de Iasi sucumbiram à exaustão pelo calor, à desidratação e à asfixia nos trens que o Exército romeno e a SS usaram para deportá-los para a Transnístria. O derramamento de sangue antissemita na Romênia, bem como na União Soviética, deu a indicação de que o genocídio antijudaico se espalharia por toda a Europa.

aliança britânica e americana com a União Soviética. A crença de que o judeu era o fio condutor por trás da administração Roosevelt, dos bancos americanos, das corporações multinacionais e da Bolsa de Valores de Nova York foi apenas um dado entre os líderes nazistas; a imagem tenebrosa que a rede de propaganda de Goebbels regularmente trasmitiu.[78] No contexto de uma guerra global "causada" pelo judeu, a liderança carismática de Hitler motivou milhares de alemães ambiciosos que, em maior ou menor medida, compartilharam da crença do *Führer* de que, ao contrário dos russos ou poloneses, o judeu deveria "desaparecer" para sempre.

"...A PLENA RESPONSABILIDADE PELO MASSACRE DEVE SER CARREGADA PELOS VERDADEIROS CULPADOS: OS JUDEUS"[79]

A tendência ao extermínio expandiu-se por toda a Europa, tornando-se explícita no início de 1942, conforme a ofensiva em Moscou e a entrada da América na guerra convergiram na entendida necessidade de "acertar

---

78. HERF, 2006, p. 92-137.
79. O testamento político de Hitler de 1945, em MASER, 1973, p. 350.

as contas" com os judeus de uma vez por todas. Para coordenar as deportações dos judeus e conduzir as preocupações dos governadores do regime no campo, o vice de Himmler, Reinhard Heydrich, convocou uma reunião com os altos funcionários do Partido Nazista, secretários de Estado, representantes do SS Escritório Central de Segurança da SS do Reich e delegados dos governadores do Reich, em 9 de dezembro, apenas para adiá-la devido ao ataque japonês a Pearl Harbor e à declaração de guerra do *Führer* contra os Estados Unidos. Convocada para 20 de janeiro em uma casa de campo em Wannsee, região alta de Berlim, Heydrich deixou claro que a SS iria coordenar a "solução final" de cima, reafirmando a autoridade de Himmler. Ele definiu as tarefas que seriam atribuídas aos ministérios competentes e estipulou a "evacuação" ao Leste de onze milhões de judeus de toda a Europa, incluindo Inglaterra, Irlanda, Suécia, Suíça, Portugal e Turquia.[80]

Devido à incapacidade dos exércitos alemães em derrotar a União Soviética, rapidamente a reunião de Wannsee confirmou as suas consequências. Os judeus deveriam ser destruídos imediatamente, e não indiretamente como o subproduto das expulsões em outros lugares. Os judeus aptos ao trabalho seriam temporariamente atribuídos a equipes de trabalho para a construção de estradas, "no curso da ação na qual, sem dúvida, uma grande parte seria eliminada por causas naturais". Aqueles que de alguma forma conseguiram sobreviver seriam liquidados em breve. Afinal, como Heydrich calmamente observou, os sobreviventes tornariam-se a célula germinativa de uma comunidade judaica revivida. Heydrich concedeu de fato uma isenção temporária aos judeus para trabalharem em indústrias de armamentos e satisfazer Erich Neumann, o representante do Plano de Quatro Anos de Göring. As demandas militares e corporativas para o trabalho judeu poderiam evitar deportações e liquidações conforme cada caso. Indicativo do desejo do RSHA de eliminar o elemento mais problemático das Leis de Nuremberg, a classificação híbrida das pessoas "de raça mista", Heydrich ordenou que os *Mischlinge* e os judeus de primeiro e segundo grau provindos de casamentos mistos deveriam ser evacuados imediatamente. No melhor dos casos, as vítimas poderiam esperar o transporte para o gueto combinado e o campo de trânsito de Theresianstadt no Protetorado. Para a maioria, Heydrich imaginou uma execução imediata. O *Führer*, no entanto, não estava disposto a permitir que a SS

---

80. Ver BROWNING; MATTHÄUS, 2004, p. 410-4, e especialmente ROSEMAN, 2002, p. 79-156. Roseman incluiu o Protocolo da reunião nas p. 157-72.

prosseguisse com a ordem de Heydrich. Por causa dos contínuos vínculos sociais de alemães e judeus de "raça mista" em casamentos mistos, Hitler queria evitar episódios traumáticos que pudessem danificar a moral da população civil.[81]

Perturbar a vida íntima de civis alemães não foi o único problema. O avanço desacelerado contra a União Soviética desencadeou três problemas mais urgentes, a decadente perspectiva da deportação para além dos territórios previstos para a conquista, a superpopulação dos judeus na Polônia ocupada e especialmente o bagunça, a violência angustiante de fuzilamentos em massa, o que levou os líderes nazistas a temerem que as forças estivessem "se tornando nativas", adotando métodos "bolcheviques". A carnificina na União Soviética, onde os autores enfrentaram diretamente suas vítimas em maratonas de tiro à luz do dia, exigiu um meio menos perturbador de acabar com a vida de judeus. Com certeza eram criminosos, como Felix Landau, sargento-mor na força móvel de ataque da SS atribuído à Galícia Oriental, que reclamava sobre sua esposa e ansiava por sua amante ao mesmo tempo que, com naturalidade, calculava as baixas do dia e os assassinatos de judeus.[82] No entanto, como revelou a experiência alemã na União Soviética, os assassinatos em massa das unidades móveis de ataque, especialmente quando ampliados às mulheres, crianças e idosos, estressavam os atiradores e metralhadores. O medo desesperado da destruição da Alemanha por seus inimigos não erradicou dores na consciência.

O ato de beber tornou-se frequentemente o lubrificante indispensável para executores problemáticos. De acordo com um sargento-mor da SS atribuído à unidade móvel de ataque A nas regiões do Báltico, "verificou-se que os homens, principalmente os oficiais, não conseguiam lidar com as exigências feitas sobre eles. Muitos se entregaram ao álcool, sofreram crises nervosas e doenças psíquicas; por exemplo, tivemos suicídios e houve alguns casos em que alguns homens enlouqueceram e dispararam freneticamente ao seu redor, perdendo completamente o controle". Um folheto distribuído pelo secreto movimento esquerdista alemão, o Orquestra Vermelha, documentou as "fúrias" que se alastraram em um hospital militar cheio de soldados da frente russa. Entre os pacientes profundamente perturbados estava um policial de ordem que não conseguia se desfazer da lembrança de

---

81. ROSEMAN, 2002, p. 118 e 146-8, e PEGELOW, 2006, p. 61. Sobre o *status* dos povos de "raça mista" de acordo com as Leis de Nurembergue, ver ESSNER, 2002, p. 327-83.

82. KLEE; DRESSEN; RIESS, 1991, p. 87-106.

uma boneca de pano suja, brinquedo de uma menina de 2 anos de idade que ele tinha executado junto a sua mãe e seu irmão. Os rios de sangue que ele regularmente testemunhou no curso de seu trabalho o perturbavam menos do que o remanescente trágico da vida de uma menininha.[83] Tendo ele próprio testemunhado o tiroteio no verão de 1941, Himmler expressou preocupação suficiente sobre o "peso psicológico" colocado sobre os assassinos que, de acordo com a lembrança do sargento-mor, o Reichsführer-SS estabeleceu em uma casa de repouso para tais casos, perto de Berlim.[84] O alto comandante da polícia da SS na Bielorrússia, Erich von dem Bach-Zelewski, temia que seus comandos fossem transformados em "selvagens" ou "neuróticos" se os alemães continuassem a participar diretamente dos tiroteios em massa.[85] Assim como Himmler, que buscava uma abordagem supostamente "humanitária" e "não bolchevique" para conduzir as preocupações de que a Alemanha seria comparada aos povos "incivilizados" ou "incultos", a experiência de Bach-Zelewski dificilmente lhe permitiu opor-se ao extermínio, único meio pelo qual isso foi realizado. No entanto, outro descendente da aristocracia *Junker* que se juntou ao NSDAP, amargurado pela democracia de Weimar e pela falta de ocupações adequadas para os nobres jovens, Bach-Zelewski alistou-se no Exército durante a Primeira Guerra Mundial, aos 15 anos, chegando ao posto de tenente ao fim da guerra. Depois disso, ele lutou com a *Freikorps* da Alta Silésia, afiliada com várias organizações de extrema Direita, e se envolveu em diversas carreiras até ingressar na SS, subindo rapidamente devido aos seus resultados.[86] Por sua vez, Hans Frank demonstrou que a obsessão com a realização de um "extermínio civilizado" não se limitava à SS. Em entrevista a um jornalista italiano, que havia testemunhado o massacre de judeus em Iasi, Frank menosprezou a crueldade "incivilizada" dos romenos. Ao manter a ideia de "cultura superior" alemã, afirmou que o Terceiro Reich conceberia uma solução melhor. "Nós, alemães, somos guiados pela razão e pelo método, e não por instintos bestiais, sempre agimos cientificamente".[87]

Os meios "civilizados" de extermínio estendiam-se à atribuição do trabalho sujo para os não alemães, aliviando a carga sobre os alemães como

---

83. KLEE; DRESSEN; RIESS, 1991, p. 81-2; NELSON, 2009, p. 246-9.

84. Ibid., p. 82.

85. RUBENSTEIN; ALTMAN, 2008, p. 8-9.

86. MALINOWSKI, 2004, p. 561-2.

87. Citado em DWÓRK; VAN PELT, 2002, p. 285.

o conhecimento de atrocidades e a propagação do desconforto. Cartas e fotos dos soldados no fronte, bem como seus comentários furtivos para conhecidos enquanto estavam de licença, frequentemente lembravam de casos de assassinato em massa a sangue frio que eles executaram ou teste-munharam, dos quais participaram ou ouviram algo a respeito.[88] Dentro das fronteiras da União Soviética, os alemães confiaram cada vez mais nas unidades policiais locais, compostas por pessoas sujeitas a aliviar o fardo, aproveitando a fusão do anticomunismo e do antissemitismo que alimen-tou a colaboração local desde o início da Barbarossa. Ou o regime voltaria ao seu mecanismo prévio de purificação racial para construir a fundação da nova "solução" para a "questão judaica", os campos de concentração e de tecnologia de gaseificação derivados de sua varredura contra os inimi-gos internos e geneticamente "inferiores". No momento em que o comando dos esquadrões móveis de extermínio da SS passaram a ser ampliados, ou seja, da metade ao final do verão de 1941, falar sobre o uso do gás de bujão e vagões de gás empregados no projeto da eutanásia tornou-se frequente entre os agentes das SS no campo. No entanto, mesmo o uso de vagões de gás, que supostamente tornariam o ato de matar mais fácil, não conseguiu produzir o efeito desejado porque a condição das vítimas após a descarga e as expressões de horror em seus rostos desencorajavam as execuções.[89] Assim, os campos estacionários completaram o uso de determinadas pes-soas para realizarem o trabalho sujo. Colocados em locais escondidos nas novas fronteiras do Reich, onde as regras do cotidiano e dos costumes já não se aplicavam – locais onde foram necessários menos agentes –, mante-ria-se a matança por baixo dos panos e causaria menos estresse psicológico. Em setembro e outubro, a equipe de supervisão do campo de Auschwitz, na Alta Silésia, conduziu experimentos letais em prisioneiros de guerra so-viéticos. Presos em células vedadas e asfixiados pelo gás Zyklon B, eles es-tiveram entre as primeiras vítimas da extensão da eutanásia para o sistema dos campos da SS.

Ironicamente, a ordem de Hitler para suspender o programa de euta-násia por causa da indignação interna popular e clerical, uma capitulação aparente às sensibilidades morais dos alemães do Reich que ameaçavam minar a moral da população, resultou no afastamento dos principais res-ponsáveis pelo projeto da eutanásia, Philipp Bouhler, Viktor Brack e seus

---

88. BANKIER, 1992, p. 104-7; DÖRNER, 2007, p. 417-51.

89. KUNZ, 2005, p. 185.

346 | IMPÉRIO NAZISTA

subordinados, para o Governo-Geral. Sua nova tarefa era aplicar os seus conhecimentos na construção dos centros de matança secretos dirigidos por administradores públicos e pessoais da SS. Além dos campos no Warthegau e na Alta Silésia, um próximo a Chełmno (Kulmhof), onde em dezembro de 1941 os judeus do gueto de Łódź foram gaseados em vagões, e um segundo campo em Auschwitz-Birkenau, onde as câmaras de gás estacionárias e um crematório foram postos em prática, a construção em curso contava com três centros de extermínio adicionais e um grande campo de trabalho no distrito de Lublin. Sob a direção do ex-líder do distrito de Viena e agora líder da SS e da Polícia, Odilo Globocnik, cuja nova posição colocou-o à frente dos planos da SS de germanizar a região,[90] os campos em Belzec, Sobibor e Treblinka entraram em operação no final da primavera e no verão de 1942. Eles liquidaram judeus da Alemanha e da Áustria, do Protetorado e do Governo-Geral, bem como a da Ucrânia e da Bielorrússia. Embora também usado como centro de extermínio, o quarto campo de Majdanek tinha o objetivo de fornecer trabalho forçado para os projetos de construção da SS. As deportações de judeus da Europa Ocidental ocupada, da França, da Bélgica e dos Países Baixos, sendo a maioria deles enviados para Auschwitz-Birkenau e Sobibor, começaram em julho. Até o final de 1942, estima-se que 4 milhões dos cerca de 6 milhões de judeus que perderam suas vidas durante o Holocausto já haviam sido mortos, incluindo aqueles que foram assassinados pelas unidades móveis de ataque na Polônia e na União Soviética.[91]

A sofisticação moderna, industrial, tecnológica e científica da Alemanha obviamente possibilitaram os meios selecionados para o genocídio, as câmaras de gás e os crematórios, que ordenaram suas vítimas em correias transportadoras da morte. Apesar de os fuzilamentos em massa terem continuado onde se provaram impraticáveis ao transporte dos judeus para os campos de extermínio – de fato a morte por outros meios senão a asfixia por gás incluiu uma grande proporção das vítimas, dentro e fora dos campos –,[92] as câmaras de gás concentraram a maioria dos judeus capturados após a primavera de 1942. Poucos capturaram tão bem a frieza da eficiência fordista dos centros de extermínio como Vasily Grossman, correspondente de guerra soviético que, com base em relatos de testemunhas, tentou re-

90. Sobre Globocnik, ver MUSIAL, 1999, p. 201-8.

91. BROWNING; MATTHÄUS, 2004, p. 374-423.

92. HERBERT, 1998, p. 57.

construir os momentos finais das vítimas em seu artigo sobre Treblinka, um campo no qual em apenas treze meses, entre 1942 e 1943, foram gaseadas 750 mil vítimas. Conforme os condenados aproximavam-se da câmara de gás, Grossman observou:

> Eles entraram em um beco em linha reta, com flores e árvores plantadas ao longo do caminho. Eram 120 metros de comprimento e 2 metros de largura até que chegassem ao local da execução. Havia fios em ambos os lados do beco, e os guardas, vestidos com uniformes pretos, e os homens da SS, com uniformes cinzentos, estavam ali lado a lado. A estrada estava polvilhada com areia branca, e aqueles que estavam andando na frente com as mãos para cima podiam ver as gravuras frescas de pés descalços nessa areia solta: os pés das pequenas mulheres, de crianças muito pequenas, aqueles deixados pelos pés das pessoas de idade. Essas pegadas efêmeras na areia eram tudo o que restava de milhares de pessoas que haviam andado por aqui recentemente, assim como das 4 mil que andavam agora, como das outras milhares de pessoas que andariam aqui duas horas mais tarde e que agora esperavam por sua vez no ramal ferroviário na floresta. As pessoas que deixaram suas pegadas haviam andado por aqui, assim como aqueles queandaram aqui ontem e há dez dias, e já cem dias, como aqueles que andariam amanhã, e cinquenta dias depois, como as pessoas fizeram ao longo dos treze meses infernais da existência de Treblinka.[93]

Os campos de extermínio pareciam resumir a desumanidade da tecnologia ou o lado racional calculado e desumano da modernidade.

A "eficiência" desse recinto de matança tinha muito a recomendá-los porque eles exigiam menos carrascos e supostamente menos consciências sobrecarregadas, especialmente quando "os judeus trabalhadores" ou outros povos sujeitos descarregavam as câmaras de gás e cremavam ou enterravam as vítimas. A falta de cerimônia e o relativo anonimato na gasificação, que consistia em deixar cair uma pastilha de Zyklon B através de uma grade, distanciavam os executores de suas vítimas, cuja individualidade e capacidade de resistir lhe foram privadas. Nas palavras de Grossman, que imaginou o medo paralisante dos judeus prestes a serem gaseados em Treblinka da melhor forma que pudesse reconstruí-lo: "Quando despida, uma pessoa perde imediatamente a força do instinto de viver e de aceitar o seu próprio destino como sina. A pessoa que costumava ter uma sede intransigente pela vida agora torna-se passiva e indiferente".[94] No entanto, como os

---

93. ROSSMAN, 2005, p. 293-4.

94. Ibid., p. 293.

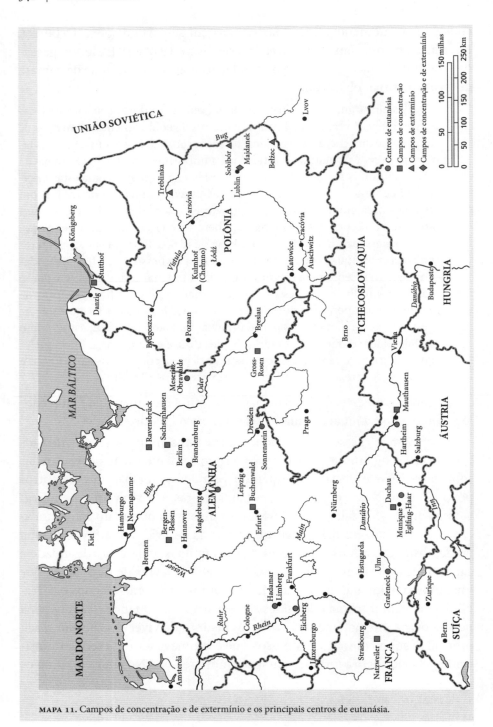

MAPA 11. Campos de concentração e de extermínio e os principais centros de eutanásia.

alemães dependiam cada vez mais do trabalho de colaboradores e até mesmo das equipes esqueléticas de judeus para garantir o bom funcionamento do genocídio, a Solução Final resultou de algo mais básico para a corporação nazista, o desejo de destruir o inimigo apocalíptico "humanitariamente" sem sucumbir à "barbárie" como os *pogroms*. O "maior dever" dos executores para a sobrevivência do *Volk* exigiu, nas palavras de Himmler, a dureza e o desapego combinados à decência com que os alemães estendiam aos animais. Somente selvagens comprometidos a matar pelo sadismo ou pelo mesmo desejo de enriquecimento pessoal. Tal determinação de distinguir os civilizados dos bárbaros assassinos soaria familiar para escritores pós-coloniais, em especial o intelectual falante de língua francesa da Martinica, Aimé Césaire, que execrou os europeus por esconderem sua selvageria em relação aos povos colonizados sob o pretexto de "civilizá-los". O nazismo, continuou Césaire, tinha simplesmente tornado o barbarismo europeu nos próprios europeus. No entanto, a obsessão alemã diferia do "pseudo-humanismo" que Césaire atribuía ao colonialismo europeu. Depois de ter submetido os judeus à morte executada em massa através das câmaras de gás ou das linhas de fuzilamento, o objetivo do regime nazista de pureza racial para evitar a aniquilação étnica surgiu a partir da rejeição consciente de "humanismo" e seu imperativo de moral redesenhado: a única ligação que existiu não foi aquela da humanidade comum, mas sim de sua própria natureza.[95]

Em Auschwitz e Majdanek, que uniram o genocídio e o trabalho forçado, alguns sobreviventes selecionados ganhariam um alívio temporário de eliminação. Mesmo para os presos não judeus, as condições sob as quais eles trabalhavam inverteram o valor que o regime atribuía ao trabalho dos alemães, apenas mitigando o desperdício perdulário do regime de seres humanos. Ao considerar que o "trabalho alemão" representava a expressão da criatividade, em que a vitalidade artesanal do trabalhador infundia seu produto e proclamava a sua humanidade, o trabalho dos escravos retirou-lhes a sua identidade e, finalmente, os matou. No outono de 1941, a SS estabeleceu o seu Serviço Central de Administração Econômica (*Wirtschaftsverwaltungsamt*, ou WVHA), sob a liderança de Oswald Pohl, para explorar a força de trabalho dos prisioneiros dos campos de concentração, prisioneiros de guerra soviéticos e judeus temporariamente confi-

---

95. CÉSAIRE, 1997, p. 74-7. Embora foque na década de 1930, KOONZ (2003), estabelece efetivamente a "transvalorização de valores" nazista.

nados nos guetos em território soviético ocupado. Atribuídos às tarefas extenuantes sem qualificação exigida, à construção de estradas e túneis e outros projetos de construção supervisionados por engenheiros alemães civis ou aos trabalhos mais sujos e mais perigosos na indústria de armamentos, os presos sucumbiram aos efeitos de seu provisionamento miserável, bem como aos acidentes de trabalho – sendo apenas substituídos por outras pessoas cujas vidas tinham um valor igualmente mínimo, a não ser como fonte temporária de uma fraca energia muscular. A cooperação entre o WVHA e as indústrias de armamentos resultou na fusão da tecnocracia e no horror rotineiro para as suas vítimas.[96]

Charlotte Delbo, membro não judia da resistência francesa que, em 1942, foi presa e deportada para Auschwitz, vividamente descreveu o anonimato e o tormento de seu batalhão de mulheres prisioneiras enquanto marchava para a rotina diária de trabalho extenuante de quebrar pedras e transportar tijolos. Como para Vasily Grossman, a sua atenção para o movimento dos pés transmitiu a evaporação lenta das pessoas marcadas para morrer.

> Andar de acordo com filas cria-lhe uma espécie de obsessão. Você tende a olhar para os pés movendo-se na sua frente. Você tem estes pés daqui para frente, pesadamente, caminhando diante de você, aqueles pés que você está evitando e nunca vai conseguir sincronizar com os pés atrás dos seus; sempre, mesmo durante a noite se tiver o pesadelo de um atropelamento, esses pés tão fascinantes que você veria mesmo se estivesse na linha de frente, pés que se arrastam ou tropeçam, ainda seguirão em frente.[97]

Poucas mulheres judias sobreviveram tempo suficiente para trabalhar até a morte; esse privilégio era geralmente limitado aos homens judeus com habilidades imediatamente aplicáveis. Tendo a "sorte" de ser selecionado devido ao seu treinamento para trabalhar nos laboratórios da fábrica Buna, do IG-Farben, nos campos, o químico italiano judeu Primo Levi, deportado para Auschwitz após sua captura em dezembro de 1943, descreveu o abismo entre ele e os funcionários civis alemães, o qual foi criado por sua recusa em reconhecê-lo como humano. Se as lembranças dos sobreviventes do Holocausto são por definição excepcionais, já que a maioria foi morta, esse acontecimento com Levi foi especialmente verdadeiro, sendo que a atribuição do trabalho qualificado nos campos de trabalho era ainda mais rara.[98]

---

96. LONGERICH, 1998, p. 476-82; ALLEN, 2002, p. 128-201.

97. DELBO, 1995, p. 44.

98. LEVI, 1961, p. 128-9; Ver SOFSKY, 1998, p. 1.148.

O genocídio não seria limitado aos judeus na Europa. Como indicado pela menção explícita das colônias francesas na África do Norte no Protocolo de Wannsee, o regime viria a perseguir judeus presos pela expansão do conflito com seus inimigos. Se a campanha Barbarossa e a escassez de alimentos permitiram o impulso para a escalada do assassinato em massa ao genocídio, o Afrika Korps, do general Erwin Rommel, que em fevereiro de 1941 desembarcou na Líbia para apoiar o Exército italiano contra os ingleses, iria se tornar o instrumento de destruição dos judeus no Oriente Médio. Em julho de 1942, as divisões Panzers de Rommel haviam pressionado tanto quanto El Alamein no Egito, que teria se tornado o ponto de partida através do Canal de Suez, para envolver os britânicos na Palestina. Seguindo os passos de Rommel viria uma equipe móvel de matança da SS sob o comando de Walter Rauff, entre os responsáveis pela introdução dos vagões de gás no Leste. Sua unidade deveria erradicar a comunidade sionista da Palestina. Na opinião do regime, um esquadrão da SS seria suficiente. Os alemães explorariam o antissemitismo árabe e a hostilidade ao imperialismo britânico, que derivariam dos amargos conflitos pós-guerra entre árabes e colonos judeus na Palestina. Após o desembarque americano na África do Norte, em novembro de 1942, o grão-mufti de Jerusalém e simpatizante nazista Amin Al-Husseini incitou os árabes através do rádio para "se juntarem às potências do Eixo e seus aliados na luta comum contra o inimigo comum". Se a Inglaterra e seus aliados ganhavam a guerra, continuou ele, "Israel iria governar o mundo inteiro, a pátria árabe sofreria um golpe profano, e os países árabes seriam dilacerados e transformados em colônias judaicas". Como os judeus eram agentes dos britânicos, dos americanos e do imperialismo soviético, uma vitória do Eixo eliminaria "o perigo judaico".[99] Ao contrário dos reveses da Barbarossa, a derrota das forças de Rommel na cidade egípcia de El Alamein impediu a extensão do genocídio, mesmo com o regime empenhado em construir alianças com os árabes e os envolvidos na sangrenta perseguição dos judeus na Tunísia.[100] O fracasso alemão no Oriente Médio ao retirar os britânicos de seu império poupou os judeus da Palestina do destino dos judeus presos na Europa.

A cruzada nazista contra os judeus uniu o zelo ideológico e a ambição pessoal, combinando o assassinato burocrático do alto e o que Primo Levi,

---

99. Citado em HERF, 2006, p. 172-3. Sobre o surgimento do nacional-socialismo aos jovens árabes e sua relação com a Questão Palestina, ver KÜNZEL, 2006, p. 6-48.

100. Sobre a extensão alemã do Holocausto para a Palestina e Norte da África, ver MALLMANN, CÜPPERS, 2006, especialmente p. 137-97.

que bem compreendeu a mistura de arrogância e desespero que abasteceu o Holocausto, descreveu como a "raiva milenar" de baixo.[101] A extensão com que o extermínio dos judeus uniu o Terceiro Reich de cima a baixo dificulta a descrição de longa data do regime nazista como tendo sido alimentado pela competição darwinista social, na qual as guerras territoriais quase que constantes minaram os processos normais de governo, promovendo as ineficiências características de feudalidades competitivas.[102] No entanto, se esse quadro permanece preciso na medida em que está, a autoridade carismática de Hitler, produto da crise da etnia alemã após a Primeira Guerra Mundial, dificultou a lealdade pessoal, o compromisso ideológico e a ambição ao provar isso. A expressão "trabalhar para o *Führer*", cunhada em 1934 por Werner Willikens, secretário de Estado no Ministério da Agricultura da Prússia, afirmou os pressupostos compartilhados por trás das decisões de burocratas, oficiais militares e homens do Partido Nazista em posições de poder, que agiram de acordo com a sua percepção dos desejos de Hitler, percepções que a retórica radical de Hitler por sua vez justificou. Um elemento-chave na prática militar prussiana-alemã, encorajando os subordinados a exercerem uma iniciativa sem ordens detalhadas de superiores, teve sua aplicação no pós-guerra segundo o princípio da liderança nazista.[103] Na maioria dos casos, uma multiplicidade de motivações, juntamente à concorrência e às disputas internas, paradoxalmente assegurou que os desejos do *Führer* fossem realizados.

Assim, os debates que ocorreram nos diversos níveis da administração nazista quanto ao que fazer com os milhões de judeus sob suserania alemã finalmente chegaram ao objetivo comum de extermínio no contexto radical de guerra total. Qualquer que fosse a luta interna entre os paladinos nazistas, a abrangência da campanha de extermínio expôs um compromisso comum subjacente em toda a sua letalidade.

Os inúmeros burocratas menores, sargentos oficiais do Exército ou da SS e batalhões de polícia participaram de capturas, tiroteios, transferências e da supervisão nos campos de extermínio, e com o tempo acostumaram-se com suas tarefas sangrentas. Uma recente pesquisa sociológica com mais

---

101. LEVI, 1961, p. 15.

102. Para análise deste e outros argumentos parecidos, ver KERSHAW, 2000, especialmente p. 69-92.

103. Ver KERSHAW, 1998, p. 527. Sobre o princípio de liderança para a prática militar alemã, ver KNOX, 2007, p. 339.

A "SOLUÇÃO FINAL" | 353

de 1.500 executores julgados por crimes de guerra, de oficiais dos campos e da SD a líderes distritais, funcionários do alto comando das unidades de ataque, da SS e da polícia, proporcionalmente em menor quantidade, revela a facilidade com que o pensamento imperial fluiu inelutavelmente como um genocídio de grande escala. Do sexo masculino e oriundos de todas as classes sociais em sua grande maioria, um terço dos executores já havia se habituado com a sua participação na violência organizada antes de 1939. A camaradagem masculina e *esprit de corps* conferidos pela associação à *Freikorps*, bem como à SA, à SS e ao Exército, abrandaram a sensibilidade contra soluções letais para os problemas políticos. Muitas carreiras procuradas nas profissões mais ameaçadas pelas dificuldades econômicas, o acordo de paz do pós-guerra e a incerteza das oportunidades de carreira, incluindo a educação, a medicina, a advocacia, a polícia e o Exército – profissões que incentivaram a atração relativamente prematura ao nacional-socialismo. Não surpreendentemente, essas foram profissões que já haviam absorvido a ideologia da higiene racial e as justificativas para a exclusão legal. Além da presença de um grande número de alemães dos Sudetos, as afiliações religiosas e as heranças regionais dos executores mostraram-se marcantes. Católicos nas zonas fronteiriças, particularmente aqueles desaparecidos após a Primeira Guerra Mundial, formaram o grupo mais bem representado. Refugiados da Alsácia e Lorena, de Schleswig-Holstein, do Báltico e da Polônia, os evacuados desapontados de regiões simultaneamente bem dispostas ao revanchismo, ao grande imperialismo alemão e ao antissemitismo, puseram seus ódios em ação. Embora menos evidente do que os refugiados, os austríacos também contribuíram mais do que os cidadãos do Velho Reich para a iniciativa do extermínio em massa.[104]

Outro grupo importante, os quinhentos ou mais especialistas em raças e em reassentamentos do RSHA, que antes da guerra iniciaram seu trabalho processando as aplicações dos potenciais homens da SS por sua linhagem racial e a de seus cônjuges, apresentou em muitos aspectos um perfil semelhante que começou com a experiência na *Freikorps* para aqueles em idade mais avançada. Formação acadêmica e oportunidades de carreira que particularmente caíram durante a Depressão motivaram muitas pessoas a participar do NSDAP como a solução para as suas necessidades profissionais e tendências ideológicas. Nesse grupo, no entanto, formações acadêmicas em agronomia e em antropologia predominavam, indicativas da politização

---

104. MANN, 2005, p. 225-78.

e racialização da agricultura, que teve seu auge na década de 1920 conforme o "avanço para o Leste" tornou-se cada vez mais aceito como a solução para dois problemas principais: um setor primário interno fraco e o declínio étnico nas regiões fronteiriças da Alemanha.[105] Como os inúmeros urbanistas, advogados, geógrafos, estatísticos e especialistas demográficos na concepção dos planos alemães de assentamentos e de desenvolvimento econômico no Leste, ou os jovens profissionais, muitos deles historiadores no SD, que foram acusados de iniciativas raciais e políticas de "segurança", a formação acadêmica e a ambição pessoal convergiram com o comprometimento ideológico.[106] O mesmo foi verdade para as milhares de jovens mulheres, a quem o regime mobilizou do Velho Reich para oferecer serviços de educação e bem-estar nos territórios anexados no Oeste da Polônia, no Governo-Geral e nos territórios ocupados da União Soviética. Embora a pressão das organizações do Partido Nazista tenha contribuído certamente para a sua decisão de ir para o Leste, muitas mulheres jovens aproveitaram a oportunidade para demonstrar sua competência, seu senso de responsabilidade, de autoconfiança e comprometimento ideológico.[107] Para os funcionários públicos no Leste, comissários distritais e prefeitos de cidades, vindo a maioria desses alemães desproporcionalmente das fronteiras do Velho Reich, o compromisso com a missão do partido e o desejo de aventura articularam com a promessa de progresso pessoal e um melhor padrão de vida.[108]

Embora as motivações ideológicas por trás dessas decisões fossem obviamente prevalentes, o desejo de enriquecimento pessoal e de avanço emergiram como os sinais externos de pertencimento à raça eleita. Nomeado à embaixada americana em Praga a partir da Conferência de Munique em 1940, o diplomata George Kennan observou tanto os privilégios de milhares de colarinhos brancos alemães, que assumiram posições nos gabinetes do governo tcheco, em organizações do Reich e empresas locais arianizadas, e quem substituía tchecos ou os supervisionava. "Eles são", observou Kennan, "no sentido mais literal do termo, os aventureiros políticos da ocupação".[109] Os benefícios tangíveis de se saquear as vítimas lubrificou o genocídio, o que, ao ampliar as promessas nazistas do pré-guerra de um futuro de abun-

---

105. HEINEMANN, 2003, p. 561-65.

106. ALY; HEIM, 2003, p. 190-203.

107. HARVEY, 2003, p. 79-118.

108. Ver FURBER, 2003, p. 148-272.

109. KENNAN, 1968, p. 232.

dância, revelaria o *status* de um membro da raça superior em termos materiais. A Europa ocupada tornou-se o cenário para incontáveis indivíduos, tanto mulheres quanto homens, realizarem sonhos arrivistas e de um padrão de vida que fora impossível alcançar no país. Mesmo o Leste mais pobre abriu as portas à chegada da fartura, assim como permitiu que os agentes do regime expressassem seu "idealismo" a serviço do Império Nazista. Se o ganho pessoal sem dúvida ajudou a superar a simpatia pelas vítimas, os participantes dos saques não viram contradições entre a busca por fins ideológicos e autoenriquecimento.[110] A administração civil do Governo-Geral ou "gangster gau", amplamente conhecido como o campo dos sonhos para aspirantes a oficiais, empregados civis e empreendedores cujas carreiras haviam de alguma forma estagnado, tornou-se notória por sua corrupção. A Galícia Oriental, que havia sido anexada ao Governo-Geral, assumiu um gracioso trocadilho, *Skandaliza*.[111] Com elegantes casas em Munique e em Berlim e quatro residências no Governo-Geral, incluindo o castelo real na Cracóvia e o Palácio de Belvedere em Varsóvia, o governador-geral Hans Frank estabeleceu padrões elevados de ostentação que combinavam com o estilo de vida ao qual a elite nazista havia se acostumado. Seguindo a afinidade com a alta moda que arrebatou as esposas e as companheiras da liderança do Reich, que compravam de costureiros elegantes, adquiriam acessórios Gucci e sapatos Ferragamo e decoravam seus lares ostentosamente, a esposa[112] de Frank se satisfazia em ajuntar uma enorme coleção de peles. Entre os fornecedores de bens de luxo que Frank regularmente extorquia por interesse seu e de seus parentes estava o Conselho Judaico do gueto de Varsóvia.[113] Como não era de se surpreender, a conduta de Frank sancionou o comportamento similar dos que estavam abaixo dele. Os agentes da SS encarregaram-se de sua parte no saque, mas isso não impediu que o líder mais alto da SS no Governo-Geral atribuísse a corrupção generalizada entre administradores civis à sua incapacidade de resistir ao "estilo de vida materialista judaico-polonês".[114] O pavor comum do colonialismo, isto é, de que os colonizadores se tornassem "nativos" e perdessem, assim, o que lhes fazia superior também se aplica a isso.

---

110. Ver a crítica de Adam Tooze ao materialismo de Götz Aly em TOOZE, 2010.

111. MUSIAL, 1999, p. 79-96.

112. GUENTHER, 2004, p. 131-41.

113. BAJOHR, 2001, p. 77-8.

114. Ibid., p. 81.

356 | IMPÉRIO NAZISTA

Apesar de seu *status* paradigmático, o Governo-Geral não era excepcional, pois a ocupação alemã, a extração e a colonização puseram fim às restrições do diferimento das recompensas, a posição oficial do regime antes da guerra em relação ao consumo. Os generais, os marechais do campo e os almirantes recebiam mensalmente suplementos generosos como remuneração ou direitos de propriedade nos territórios ocupados.[115] Estava longe de ser incomum para os sátrapas no SS ou para as administrações civis o envio às custas do Reich de mobílias, delícias culinárias e trabalhos de arte comprados em qualquer outro lugar, fosse mármore travertino italiano, barcos a motor ou cavalos dos Países Baixos, ou mesmo a mobília de um hotel em Cannes – pago pelo caixa dois oriundo da "propriedade inimiga".[116] Embora a corrupção inegavelmente cortasse os recursos econômicos do império para o Reich como um todo, a aquisição e a ostentação dos bens arrancados das vítimas do regime tornaram-se um símbolo de superioridade racial para os apropriadores de tal riqueza, assim como sinal de realização pessoal. Viver ao lado da maquinaria de extermínio em massa não diminuiu o sentimento de direito nem a apreciação de viver em grande conforto. As esposas dos homens da SS nos acampamentos descreveram suas vidas nas vilas dos ocupantes como "idílicas". As casas e mobílias luxuosas, uma fonte que parecia infinita de bens a seu dispor, roubadas naturalmente dos transportes diários de vítimas judias, e a disponibilidade de trabalho escravo para limpar suas casas e fazer suas roupas, fizeram a vida suportável.[117] Para Rudolf Höss, comandante de Auschwitz, os bens materiais e o bem-estar familiar que prevaleceram em sua casa fora das terras do acampamento amenizavam as consequências emocionais de sua visão diária de "cenas de cortar o coração" do horror, tais como o momento em que uma mãe desesperada a caminho do gás implorava freneticamente aos guardas que poupassem a vida de seu filho. "Sim, minha família viveu bem em Auschwitz, cada desejo que minha esposa ou minhas crianças tiveram foram realizados. As crianças poderiam viver livremente. Minha esposa teve seu paraíso de flores."[118] Se as acomodações eram menos luxuosas para os outros de Auschwitz, os privilégios do poder bastavam para aliviar a experiência diária do horror. Viagens ao retiro SS em Solahütte, a algumas milhas do acampamento, forneciam

---

115. D'ALMEIDA, 2007, p. 293-4.

116. Ibid., p. 82-3.

117. SCHWARZ, 2001, p. 115-69.

118. HÖSS, 1996, p. 159 e 164.

diversão e descanso para seletos guardas SS e para outros funcionários por sua performance exemplar no trabalho.

Quanto mais elevada a posição na hierarquia nazista, mais flagrante a aquisição de espólios. Não obstante, os recrutas alemães, que incluíam homens alistados no *Wehrmacht*, reconheciam também que os triunfos do campo da batalha resultaram nas recompensas materiais do ressurgimento da Alemanha como uma potência global. Beneficiando-se das taxas de câmbio que refletiram a influência da ocupação, os soldados alemães varreram bens valiosos das prateleiras das lojas por uma fração de seu custo para moradores que, mesmo se o inventário permanecesse disponível, não teriam mais condições de adquiri-los. Em todo o caso, mesmo as mercadorias mais mundanas, que as tropas alemãs devoraram como presentes para famílias e namoradas, não poderiam ser compradas. Não foi de se surpreender que os homens alistados, cujos salários, de alguma forma, negariam a eles tudo menos as necessidades básicas, viam Paris ou Riga como "Eldorados" da fartura material. Sem um traço de ironia, os soldados se referiam ao Exército que lhes forneceu sua fonte de riqueza como o "Kaufhaus der *Wehrmacht*", nome tirado de uma loja de departamento famosa em Berlim, Kaufhausdes Westens, anteriormente de donos judeus.[119] Na União Soviética, o roubo desenfreado acompanhou a brutalidade desenfreada, especialmente contra os judeus.

Em Minsk, "tão logo o gueto foi cercado", de acordo com relatórios, "os saques e a violência começaram. Em todas as horas, dia e noite, os alemães iriam se dirigir por meio de carros ou viriam a pé e entrariam nos apartamentos dos judeus dos quais se tornariam donos absolutos. Saquearam e confiscaram qualquer coisa do apartamento que os agradasse. Com os roubos vieram os espancamentos, as humilhações e, frequentemente, os assassinatos".[120] Em outra parte da Bielorrússia, de acordo com outros, "por dias a fio os alemães saíram transportando caminhões de roupas roubadas, sapatos, linho e louças, assim como máquinas de costura, máquinas para fazer meias e chapéus, fresadoras, e todas as sortes de bens de consumo".[121]

Na Europa Ocidental ocupada, autoridades locais serviram-se dos despojos da deportação. Mesmo nos Países Baixos, onde a população não apoiava totalmente a política antijudaica alemã, a polícia holandesa tomou

---

119. ALY, 2006, p. 94-117.

120. EHRENBURG; GROSSMAN, 2002, p. 115.

121. Ibid., p. 163.

358 | IMPÉRIO NAZISTA

para si o que pôde ao prender judeus.[122] Na Europa Oriental, o genocídio judeu capitalizou com os ressentimentos antissemitas e com o virulento anticomunismo dos antigos súditos dos impérios Austro-Húngaro, Russo e Soviético, assim como com o desejo por benefícios materiais. Sem a colaboração de populações locais, os ocupantes não conseguiriam alcançar o que realizaram: a dizimação quase completa de comunidades judaicas.[123] Semelhante aos árabes que viram os judeus na Palestina como instrumentos do imperialismo britânico que recusavam suas próprias aspirações nacionalistas, os europeus orientais leram os judeus como personificação da opressão do bolchevismo enquanto a União Soviética procurava ancorar sua influência após 1918. Na Polônia, onde o domínio alemão era mais rígido, relativamente poucos poloneses tomaram parte em assassinatos em massa, pelo menos em comparação a seus vizinhos. Os poloneses eram autorizados a ter algumas armas e uma pequena autoridade para matar sem grandes preocupações. Não obstante, poucos poloneses expressaram remorso no despojamento e no assassinato de seus vizinhos judeus, muitos dos quais favoreceram os soviéticos em relação aos alemães porque temiam que os agentes do Terceiro Reich os tratariam de forma pior. E, dada a oportunidade, muitos poloneses liberaram seu ódio, como provou o terrível assassinato em massa de judeus na vila de Jedbawne. Recentemente libertos do controle soviético, aldeões cristãos poloneses, muitos dos quais haviam colaborado com os ocupantes soviéticos, atacaram seus vizinhos judeus para desviar a atenção de sua cumplicidade anterior.[124] A triturante pobreza do campo polonês também interveio. Acostumados a interpretar suas circunstâncias como o produto da perfídia judaica e da exploração, dos judeus que ganharam sua "riqueza" a suas custas, incontáveis poloneses justificaram sua aquisição da propriedade de vítimas judias como restituição legítima das injúrias causadas por judeus.[125]

Na Lituânia, na Letônia e na Estônia, o rigor do domínio soviético entre 1940 e 1941, que incluiu a expropriação em massa e a deportação de milhares à Sibéria, e o apoio que os judeus deram aos soviéticos como "menos maus" que os alemães, incitaram milhares de bálticos "libertos", notadamente aqueles de extrema Direita, a dar início a *pogroms* letais contra seus vizinhos

---

122. DEAN, 2008, p. 283.

123. HAMEROW, 2001, p. 119.

124. GROSS, 2001, p. 40-53, 111-21 e 152-67.

125. HAMEROW, 2001, p. 119.

IMAGEM 25. Os oficiais nazistas e as auxiliares posam em uma ponte de madeira no retiro da SS em Solahütte, perto de Auschwitz, julho de 1944. Esta foto foi encontrada no álbum do então ajudante do comandante de Auschwitz, Karl Hoecker.

judeus. Além de acreditarem que suas contribuições incentivariam os alemães a apoiar sua independência, os colaboradores bálticos viram as "ações" antijudaicas como uma oportunidade para saquear. "Para os alemães, trezentos judeus são trezentos inimigos da humanidade", de acordo com o jornalista polonês Kazimierz Sakowicz, que observava regularmente os fuzilamentos em massa de judeus de sua casa de campo nas florestas de Ponary, um subúrbio de Vilna, "para os lituanos eles são trezentos pares de sapatos, calças e afins".[126] Mais de 100 mil bálticos se juntaram ao *Wehrmacht*, ao Waffen SS ou às unidades policiais de ordem. Na superfície, a Bielorrússia assemelhou-se à Polônia em seu número relativamente pequeno de colaboradores ativos, em sua maioria nacionalistas antissoviéticos e policiais da carreira que fugiram à Alemanha depois que a Bielorrússia, então de domínio polonês, caíra sob controle soviético e voltou, então, com o *Wehrmacht*. Assim como aconteceu com os nacionalistas na Ucrânia, que após terem recebido os alemães se decepcionaram ao descobrirem que seriam subjugados outra vez, bielorrussos que simpatizavam com os ocupantes alemães logo se desapontaram. Além daqueles que os alemães relutantemente recrutaram para

---

126. SAKOWICZ, 2005, p. 16. Sobre a Letônia especificamente, ver ANGRICK; KLEIN, 2009, *passim*.

preencher posições de baixo escalão na administração colonial, milhares de bielorrussos e ucranianos se alistaram às forças policiais locais que, em 1942, iniciaram a "segunda fase" de ações antijudaicas. Esses ataques eliminaram os judeus que as ocupações já não consideravam essenciais como trabalhadores ou aqueles que se esconderam dos fuzilamentos em massa de 1941. Embora as recompensas materiais da colaboração motivassem a muitos, a combinação do antibolchevismo e do antissemitismo foi indispensável para atrair o apoio da população local até que os militares alemães anulassem a fortalecida oposição local ao Terceiro Reich.[127]

Os alemães étnicos fizeram sua parte nas expropriações, nas expulsões e no assassinato em massa. Após a anexação da Sudetenland, os alemães étnicos predominavam em administrações locais apesar do receio dos alemães locais, e a falta de pessoas treinadas demandou um influxo do Reich. A "arianização" não poderia ter sido alcançada sem a colaboração local, e muitos alemães de Sudenten lucraram generosamente.[128] Além das faixas de alemães organizados nas Forças de Proteção, que assassinaram brutalmente milhares de poloneses e de judeus durante a invasão alemã da Polônia, a SS recrutou centenas para o Waffen SS e para serviços como guardas de campos de concentração e de extermínio e distribuíram os bens dos judeus assassinados aos alemães étnicos na União Soviética. Mesmo se os alemães étnicos se tivessem visto uma vez como ucranianos ou húngaros, a concessão de *status* de privilegiados por seus benfeitores do Antigo Reich reacendeu identidades há muito esquecidas ou criou novas. A perspectiva de adquirir propriedade, possessões e um lugar no topo da escada mesclou-se ao antissemitismo virulento. Certamente muitos alemães enviados pelos especialistas raciais de Himmler para colonizar novamente os territórios anexados enfrentaram a quebra de promessas e estadias indeterminadas em acampamentos transitórios. Contudo, outros que permaneceram no Leste ocupado tiraram vantagem das oportunidades dadas a eles até que a retirada de seus protetores os expôs à fúria de seus vizinhos.[129]

Entre nações ocupadas racialmente afins e estados nominalmente independentes clientes do Terceiro Reich, a pressão alemã em levar a cabo a solução final não se tornou menos intensa, uma vez que o antissemitismo e o anti-bolchevismo locais a reforçaram. Ainda, quando a maré voltou

---

127. DEAN, 2000, p. 60-77; LOWER, 2005, p. 205; BARANOVA, 2008, p. 113-28.

128. OSTERLOH, 2006, p. 563-4; BRYANT, 2007, p. 83-4.

129. BERGIN, 1999, p. 70-93.

contra a Alemanha no final de 1942 e começo de 1943 com os devastadores reveses militares em El Alamein e na Tunísia, no Norte da África e em Stalingrado, na União Soviética, a resistência contra as deportações, especialmente de judeus assimilados, aumentou. Assim, quando os alemães procuraram deportar judeus dinamarqueses aos campos de extermínio em setembro de 1943, o governo dinamarquês conseguiu-lhes asilo na Suécia como dinamarqueses comuns, encorajado pela perspectiva de vitória dos aliados, auxiliados na fuga. Com a organização de frotas de barcos pesqueiros que carregavam judeus ao refúgio na Suécia, todos, com exceção de 500 dos 7.500 judeus assimilados da Dinamarca, sobreviveram à guerra. Ao contrário de outras terras ocupadas da Europa Ocidental, nenhum confisco legal da propriedade judaica foi executado.[130] Apesar de, até a primavera de 1943, a Bulgária voluntariamente ter deportado judeus a Treblinka de seus territórios recém-adquiridos da Trácia e da Macedônia (a recompensa por ter aderido ao Pacto Tripartite) e confiscado seus bens, um protesto público, apoiado pelo Parlamento Búlgaro e pela Igreja Ortodoxa, irrompeu contra a iminente deportação dos judeus búlgaros do "antigo reino", minando a promessa do rei Boris de cooperar com os alemães.[131]

Os perversos *pogroms* na Romênia, muitos dos quais foram atrás dos judeus nos territórios adquiridos depois da Primeira Guerra Mundial, conseguiram o desgosto até mesmo dos alemães. No verão e no outono de 1942, entretanto, enquanto o avanço alemão sobre Stalingrado retardava, a destruição do Exército romeno perto de Stalingrado e os ganhos aliados no Norte da África persuadiram o regime de Antonescu a mudar seu rumo. Sob a pressão dos aliados para mudar de lado e ansioso para salvar sua própria pele, Antonescu poupou os judeus romenos restantes, a grande maioria deles judeus "civilizados" que residiam em Regat, território central da Romênia. Certamente, Antonescu não estava disposto a desistir de sua visão de uma nação etnicamente homogênea, na qual os colonos romenos substituiriam "estrangeiros" expulsos nas regiões fronteiriças, e antevia um lucro considerável com a migração dos judeus para Palestina após a guerra. Para aquele momento, entretanto, Antonescu substituiu a discrição tática pela ideologia.[132] Os romenos também viraram o jogo em

---

130. FRIEDLANDER, 2007, p. 545-6; DEAN, 2008, p. 290-1.

131. FRIEDLANDER, 2007, p. 484-5. O rei Boris prometera deportar comunidades judaicas e enviar mais 25 mil judeus aos campos de concentração como oferta propiciatória aos alemães. Ver também DEAN, 2008, p. 335-42.

132. SALONARI, 2007, p. 282-7; DELETANT, 2006, p. 205-29; DEAN, 2008, p. 330.

362 | IMPÉRIO NAZISTA

relação aos alemães, revelando sua apreciação da ironia. Seu vice-primei-ro-ministro Mahai Antonescu, um parente distante do ditador, queixou-se ao delegado de Himmler em Bucareste do comportamento "bárbaro" alemão para com os judeus.[133] Até a Eslováquia, que, na primavera de 1942, ganhou a dúbia distinção de ser o primeiro, após o Reich e o Protetorado, a entregar seus judeus aos campos de concentração e de extermínio, hesitou na primavera do ano seguinte quando seu clero fez circular cartas em apoio aos judeus eslovacos batizados que tinham, até então, escapado do arrastão alemão.[134]

Na Hungria, a força da Cruz Flechada e o antissemitismo pernicioso difundido no Exército aumentaram a vantagem dos alemães quando o regente Horthy buscou negociar com os aliados para retirar seu país do Eixo. Em março de 1944, o *Wehrmacht* interveio diretamente para forçar o regente Horthy a deportar judeus húngaros aos campos de extermínio após os húngaros se deterem por meses na crença de que os judeus da Hungria poderiam ser usados como moeda de troca para conseguirem termos favoráveis dos Aliados. Bem antes de outubro daquele ano, quando os alemães finalmente afastaram o primeiro ministro de Horthy e o substituíram pelo líder da Cruz Flechada Ferenc Szalasi, a infiltração de fascistas nos ministérios--chave permitiu uma reviravolta e a deportação de cerca de 435 mil judeus em apenas sete semanas, a maior operação do tipo durante o Holocausto. Os seis mil judeus restantes, a maioria deles em Budapeste, encontraram-se com a morte em marchas forçadas e em fuzilamentos em massa nas mãos da Cruz Flechada. O antibolchevismo congênito de Horthy impediu que ele se voltasse contra o Eixo na mesma velocidade de Antonescu, apesar da perda de forças húngaras na União Soviética. Entretanto, além de buscar ganhar tempo, a dependência de Horthy das Forças Armadas, da polícia e da administração estatal se mostrou fatal aos judeus, uma vez que os administradores húngaros avidamente cooperaram com Eichmann e com o ple-nipotenciário alemão, Edmund Veesenmayer. Embora o destino dos judeus poloneses e soviéticos tivesse sido poupado em 1941 e em 1942 quando o Terceiro Reich alcançou seu apogeu letal, os judeus húngaros foram mortos depois de ficar claro que a Alemanha estava perdendo a guerra.[135]

---

133. SALONARI, 2007, p. 449-51.

134. FRIEDLANDER, 2007, p. 372-4 e 485-7; LONGERICH, 1998, p. 491-3.

135. LOZOWICK, 2002, p. 238-67; ALY; GERLACH, 2004, p. 249-343; LONGERICH, 1998, p. 565-70; DEAN, 2008, p. 342-52; SAFRIAN, 2010, p. 196-207. Para mais detalhes, ver BRAHAM, 1994, v. 1, p. 510-710 e v. 2, inteiro, para o colapso das deportações de região por região.

A "SOLUÇÃO FINAL" | 363

IMAGEM 26. Mulheres judias e crianças da Rutênia Subcarpátia (Cárpato-Ucrânia, então parte da Hungria) esperam pela seleção na rampa de Auschwitz-Birkenau, maio de 1944. Como a imagem que segue, esta foto é encontrada no "Auschwitz Album", compilado por SS Hauptscharführer Bernhardt Walter, cabeça do laboratório fotográfico do campo, para documentar as seleções para o comandante.

Como a França de Vichy e os Países Baixos, a experiência colonial prévia contribuiu com o desejo dos fascistas de Mussolini de impor o antissemitismo racial em sua nação. Entre as guerras, a Itália buscou expiar sua derrota desastrosa na Etiópia em 1896 e as feridas psíquicas que dela resultaram esforçando-se por conseguir seu próprio "lugar ao sol" no Norte e no Leste da África. A pacificação italiana do primeiro e a invasão do segundo, ambas motivadas pelo desejo de criar assentamentos italianos que assegurariam a reprodução biológica da nação, mostraram-se excepcionalmente violentas. Os invasores italianos mataram quase um quarto da população da cidade de Cirênia, na Líbia, e aproximadamente 250 mil etíopes. O uso das armas proscritas pela lei internacional como ilegais e "incivilizadas", como o gás de mostarda, era inteiramente adequado quando aplicado aos africanos. Porque a política colonial fascista exigira legalmente a segregação entre italianos e "nativos", o colonialismo fez crescer a propensão para a legalização da exclusão no país, especialmente após o Anschluss, quando Mussolini se aproximou do Terceiro Reich. Sem qualquer licitação, o regime fascista impôs uma

IMAGEM 27. Homens judeus da Rutênia Subcarpática após seleção, a ponto de serem gaseificados em Auschwitz-Birkenau, maio de 1944. O "Auschwitz Album", do qual esta foto foi tirada, documenta a deportação e o extermínio de mais de 400 mil judeus húngaros na primavera de 1944.

legislação antijudaica em sua comunidade relativamente pequena de judeus assimilados, em parte como vingança pelo suposto apoio dos judeus às sanções da Liga das Nações contra a Itália durante a guerra na Etiópia.

As leis antissemitas introduzidas em 1938 prenderam até mesmo aqueles que pertenceram ao Partido Fascista.[136] No entanto, a relativa falta de popularidade da segregação racial e do antissemitismo na metrópole e nas colônias, exceto entre fascistas ardentes, significou que os judeus italianos não estiveram ameaçados pelo genocídio até 1943, quando Mussolini foi deposto. Depois disso, as perseguições e as deportações ficaram limitadas à República Social Italiana no Norte, onde Mussolini sobreviveu sob proteção da Alemanha até seu assassinato por guerrilheiros. Unidades do Exército italiano na Croácia e no Sul da França resistiram à pressão alemã para entregar os judeus de seus distritos, ressentidos pela dominação alemã e pelo pobre desempenho militar do regime fascista. Mesmo antes da ruptura da aliança ítalo-alemã no outono de 1943, oficiais italianos se

---

136. SARFATTI, 2006, p. 42-177; LONGERICH, 1998, p. 553-4 e 560-1.

envolveram em truques burocráticos para contornar as ordens alemãs de deportar judeus.[137]

A autonomia interna da Itália até tarde na guerra, sua comunidade pequena de judeus assimilados e poucos judeus que poderiam ser designados como "estrangeiros", e a ineficácia do regime de *apartheid* fascista em sua breve experiência com o colonialismo foram mais benéficos para seus judeus do que na França, onde um quarto da população judaica foi morta. Quase 80% dos judeus italianos sobreviveram. Já tendo tornado indefesos aqueles judeus que haviam se estabelecido recentemente na França com sua legislação antissemita, o governo de Vichy, iniciado em meados de 1942, providenciou a polícia necessária para levar a cabo as deportações. Enquanto os alemães observassem a lei internacional canalizando espólios judaicos em supostamente legítimos "custos de ocupação", as autoridades francesas não os contestariam.[138] A cooperação letal do Alto Chefe de Polícia SS, Carl Oberg, realocado da Polônia, com o ferrenho pró-nazista e perverso antissemita encarregado dos Assuntos Judaicos de Vichy, Louis Darquier de Pellepois, assegurou a coordenação adequada das incursões contra judeus aterrorizados.[139] No entanto, a contínua necessidade de a ocupação assegurar a cooperação do regime de Vichy contra uma provável invasão aliada teve um resultado distinto daquele nas vizinhanças dos Países Baixos, onde 75% dos judeus holandeses perderam suas vidas. A própria indolência de Darquier, que contribuiu ao fracasso de ir ao encontro das exigências de Eichmann na primavera de 1943, ilustrou a relevância de decisões individuais, ou a falta delas. Contudo, a ineficiência de Darquier era apenas uma das explicações para o declínio do desejo de cooperação entre os franceses. A organização de trabalho alemã, a falta de popularidade das medidas tomadas contra os judeus assimilados, especialmente em capturas amplamente divulgadas, a ascensão de uma resistência clandestina e a relutância crescente da hierarquia católica em sancionar as deportações criaram uma atmosfera diferente da dos Países Baixos, onde a ocupação assumiu autoridade única nas deportações e pôde prosseguir com poucos impedimentos.[140]

---

137. ZUCCOTTI, 1987, especialmente p. 52-228; CARPI, 1994, p. 39-66, 103-6 e 228-49; STEINBERG, 1990, p. 168-242.

138. DEAN, 2008, p. 310-1.

139. CALLIL, 2006, especialmente p. 240-99.

140. GRIFFIOEN, 2006, p. 459-60; LONGERICH, 1998, p. 501.

Apesar da colaboração dos simpatizantes do Eixo, que aumentaram em escala e profundidade o genocídio judeu, a visão, o projeto e a execução pertenciam à Alemanha apenas. A crueldade de inspiração racista das guerras coloniais bateu recordes. Assim são as catastróficas quedas demográficas resultantes de doenças, das guerras, do trabalho forçado, e mesmo os desastres ambientais agravados pelas distorções da economia liberal imperialista internacional dominada pelos britânicos no século XIX. Contudo, se não se deve exagerar o impacto político do anti-imperialismo ou da oposição à crueldade do colonialismo, conflitos sobre os meios e fins do império expuseram divisões nas metrópoles europeias.[141] O que era particularmente estarrecedor a respeito do Terceiro Reich, entretanto, era a falta de uma dissidência coletiva e consistente contra o expansionismo nazista, no geral, ou contra o extermínio de judeus, especificamente. Certamente, os relatórios, diários e cartas da SD e da Gestapo às famílias e aos amigos dos soldados registravam frequentemente expressões de consternação e mesmo ultraje a respeito das deportações de judeus alemães ao Leste. A difusão de relatórios dos fuzilamentos em massa na Polônia e na União Soviética incomodaram a consciência de muitos, assim como a disseminação dos boatos sobre os campos no Leste, nos quais milhares desapareciam nas câmaras do gás e nunca mais eram vistos outra vez. Embora a maioria dos alemães não percebesse, nem não quisessem entender, a natureza sistemática do Holocausto, a incerteza crescente de uma vitória alemã fez que muitos temessem que os judeus se vingassem contra eles quando retornassem. Com o início do bombardeio estratégico aliado em grande escala de cidades alemãs e da cornubação do Ruhr em meados de 1942, e especialmente após a derrota catastrófica da Alemanha em Stalingrado no começo de 1943, muitos civis concluíram que sua punição era a vingança por terem matado judeus. Alemães religiosos interpretaram os reveses da sorte dos militares da Alemanha como julgamento divino.[142] Ironicamente, a conexão que os alemães estabeleceram entre o tratamento do regime aos judeus e a mão de Deus trabalhando no crescente número de derrotas sugere que o regime defendia que um inimigo maior estava à espreita por trás dos inimigos aliados. Afinal, muitos perguntavam, a determinação judaica de eliminar

---

141. Tais como os exemplos de oposição às piores consequências do domínio britânico na Índia em DAVIS, 2001, p. 50-9, 164-5 e 336-8.

142. BAJOHR, 2004, p. 180-95. Sobre o desenvolvimento do argumento de Bajohr, ver BAJOHR; POHL, 2006, p. 65-79.

a Alemanha não havia começado a guerra em primeiro lugar?[143] Contudo, tais expressões de desalento coexistiram com o desejo profundo de saber o menos possível a fim de evitar assumir responsabilidade pelos crimes do regime, ou de acreditar que o Reich, agora ameaçado externamente, poderia ter feito tais coisas. Apesar das cartas vindas do fronte que faziam saber seu sofrimento e suas esperanças desvanecentes de que o *Führer* os faria sobreviver, os soldados alemães lutaram até o amargo fim, temendo o que acreditavam ser a alternativa: a vingança aliada e a subjugação total.[144]

Havia grupos clandestinos de resistência dissolutamente unidos, tais como os estudantes da Universidade de Munique, que chamaram a si mesmos de A Rosa Branca, e cujos panfletos documentaram atrocidades alemãs na esperança de mobilizar oposição a um regime criminoso. Além de fazer circular seus próprios panfletos com evidências condenatórias de crimes de guerra alemães e ajudar a vítimas judias, a Orquestra Vermelha, cujo alguns dos membros trabalhavam de dentro do governo do Reich, transmitia informações aos Aliados, inclusive suas mensagens desesperadas para advertir a embaixada soviética sobre a proximidade de Barbarossa. A resistência burocrática e militar, cuja tentativa em 20 julho de 1944 de assassinar Hitler e derrubar o regime falhou, agia por ódio ao nazismo, não somente por causa de sua criminalidade mas também por ter erigido valores e instituições conservadoras. Contudo, em todos os casos, poucos dos conspiradores acreditavam que tinham, ou receberiam, muito apoio da população alemã. Eles estavam certos. Depois do colapso da conspiração, muitos alemães delataram os conspiradores mesmo que os pretensos assassinos sofressem com julgamentos e execuções terríveis. A Orquestra Vermelha recebeu pouco reconhecimento nas Alemanhas Oriental e Ocidental após a guerra, sendo vista como esquerdista independente demais para os governantes da República Democrática Alemã, o Partido da União Socialista. Na República Federal, especialmente nos conservadores anos 1950, a Orquestra Vermelha foi condenada por ter colaborado com a União Soviética.[145]

Exemplos de dissidência coletiva eram poucos e esparsos. Mesmo quando se se considera a acelerada repressão que o regime impôs após a calamidade em Stalingrado para forçar o *Volk* a manter seu território, e mesmo

---

143. Ver HERF, 2006, p. 183-230; LONGERICH, 2006, p. 201-310; DÖRNER, 2007, p. 483-92.

144. Conforme transmitido nos fascinantes detalhes em EBERT, 2003. Ver também KILIAN, 2004, p. 251-88.

145. Ver ÜBERSCHAR, 2006; HOFFMANN 1969, p. 397-534; NELSON, 2009, p. 287-329.

368 | IMPÉRIO NAZISTA

quando as cortes do regime puniam severamente aqueles que disseminavam boatos sobre os campos de extermínio e as câmaras do gás, o terror por si só não é uma explicação suficiente. Se a SA, a Gestapo e a SD tomassem conta dos inimigos políticos do regime, que incluíam aqueles que mais tendiam ao antifascismo, nem a Gestapo nem os campos de concentração poderiam impedir totalmente que os alemães se mobilizassem em nome das questões que lhes eram importantes. A fúria expressada publicamente contra a eutanásia no verão de 1941 é um exemplo. Os protestos bem organizados dos bávaros aproximadamente no mesmo momento contra a tentativa de líderes partidários locais de remover crucifixos das escolas são outro exemplo.[146] À altura do poder do regime nazista e num momento em que o avanço do *Wehrmacht* na União Soviética parecia irrefreável, o Partido Nazista foi forçado a ceder em ambos os casos para evitar danos à moral popular. De fato, amizades, casamentos e a consciência salvaram alguns judeus da deportação ao Leste. O episódio mais impressionante ocorreu em Berlim no começo de 1943, quando os cônjuges de 1.700 judeus que haviam sido capturados para a deportação pela Gestapo se reuniram no centro de coleta desafiando a ordem de "atirar para matar" dos SS.[147] Como consequência, Goebbels concordou em liberar os judeus detidos. Para a maioria, entretanto, as implacáveis incursões de bombardeio, o esforço para sobreviver entre ruínas, a crescente ansiedade com a aproximação dos exércitos aliados e a ameaça de denúncia por vizinhos se se queixassem muito alto asseguraram que o nazismo só fosse atingido por fora. Apesar da desilusão geral com a liderança do Reich, firmemente comprovada pelos relatórios da SD, civis voltavam-se para si mesmos enquanto lutavam para sobreviver.[148]

Sensível à maneira pela qual o vocabulário nazista permeava a língua e a conceituação de simples alemães, Victor Klemperer destacou outro aspecto do predicamento alemão, a "intensificação da religiosidade do já extremamente religioso termo 'Reich', que arrastava o ouvinte ao domínio da fé". Na verdade, a propaganda de Goebbels recorria frequentemente aos temas cristãos da morte e da ressurreição, especialmente quando o ministro da Propaganda reconheceu que já não poderia mais esconder os desastres militares do público. Assim, após a redenção do Sexto Exército em Stalingra-

---

146. KERSHAW, 1983, p. 331-57.

147. STOLZFUS, 2001, especialmente p. 209-57.

148. ECHTERNKAMP, 2004, p. 49-50 e 66-7. Não surpreendentemente, o descontentamento popular foi mais claro durante os últimos seis meses da guerra. Ver BOBERACH, 1984, v. 16 e 17, principalmente.

do, os alemães foram informados de que seus soldados "morreram para que a Alemanha pudesse viver".[149] As preocupações religiosas transitavam para a fé no próprio Hitler, que, apesar da erosão gradual da confiança nos últimos dois anos da guerra, permaneceu um dado entre muitos.[150] De fato, menos de dois meses antes que a Alemanha finalmente se rendesse, o correspondente de guerra dinamarquês Jacob Kronika registrou em *staccato* a persistência do "mito Hitler" em uma mulher enlouquecida pela tristeza.

> Uma cena chocante na Vossstrasse. Uma mulher vem correndo das ruínas do armazém de Wertheim. Ela grita e gesticula com os braços. Ela parece ter estado bêbada. A verdade é que perdeu toda a sanidade. Ela se aproxima da entrada da chancelaria do Reich. Um policial corre atrás dela. "Minha criança está morta! Minha criança está morta! Eu tenho que falar com o *Führer*", grita a desafortunada.[151]

Enquanto se preparava para tirar sua própria vida com a proximidade dos exércitos soviéticos de Berlim, o *Führer* derivou seu próprio significado a partir do colapso do Império Nazista. Contudo, a sua era uma interpretação que ecoava os triunfos e as tragédias mitologizadas em representações nacionalistas do passado alemão. Apesar de todas as contrariedades, afirmou, a guerra iria "entrar na história como a mais gloriosa e heroica manifestação da luta pela existência de um *Volk*". Ao decidir partilhar do destino de tantos berlinenses e permanecer na capital, ele se recusaria, no entanto, a "cair nas mãos do inimigo que deseja um espetáculo novo, apresentado pelos judeus, para a diversão das massas histéricas". Além disso, demitiu seus associados mais próximos, começando por Hermann Göring, que, ao saber que Hitler pretendia cometer suicídio, peremptoriamente se autonomeou sucessor do *Führer*. Hitler afastou Himmler por violar sua crença "tudo ou nada" da vitória completa ou de uma luta até a morte ao buscar negociar a paz com os aliados ocidentais. Ao tentar salvar sua própria pele e continuar a luta contra o bolchevismo, Himmler usou prisioneiros judeus como isca. "Separados unidos [sic] por sua deslealdade a mim", Hitler escreveu, "Göring e Himmler trouxeram a irreparável vergonha à toda a nação ao negociarem secretamente com o inimigo sem meu conhecimento e contra a minha vontade, e também tentando tomar ilegalmente o controle do Estado". Um governo novo dirigido pelo grão-almirante Karl Dönitz con-

---

149. EVANS, 2009, p. 421.

150. KLEMPERER, 2002, p. 117-9. Ver principalmente FRITZSCHE, 2008, p. 225-307.

151. LUBRICH, 2004, p. 375.

tinuaria a guerra "com todos os meios a seu dispor". No futuro, a semente da resistência semeada no presente iria "crescer e iniciar o glorioso renascimento do movimento nacional-socialista em uma nação verdadeiramente unida".[152] Durante os últimos três meses da guerra apenas, 1,4 milhão de soldados do *Wehrmacht* perderam suas vidas, enquanto o número de mortes de civis em ataques aéreos repentinos dos Aliados foi calculado em cerca de mil por dia.[153] À luz de tal destruição, era de se esperar que o *Führer* lembraria seus ouvintes da possibilidade de ressurreição. A dialética da aniquilação e da ressurreição, de ter um império, de perdê-lo e de lutar por ele mais uma vez definiu a identidade nacional alemã.

Ao dar prioridade ao *Lebensraum* no Leste, Hitler reparou sua crítica ao Segundo Império. Uma aliança com o "cadáver" austro-húngaro e uma política mundial motivada comercialmente levaram a Alemanha Imperial ao desaparecimento. Seguiu-se, então, uma República enfraquecida por divisões internas e governada por fora pelos vencedores da Primeira Guerra Mundial. Por outro lado, o regime Nazista alcançou momentaneamente a hegemonia continental e um império vasto que se estendeu da costa atlântica ao Cáucaso. Quando a competição entre os grandes poderes frustrou a tentativa da Alemanha Imperial de conseguir seu "lugar ao sol", o Terceiro Reich explorou as transformações e as fraquezas no sistema europeu de Estado após 1918 para fixar um império próprio, um império que, ao contrário de seu predecessor, reestabeleceria e revitalizaria comunidades alemãs dispersas por todo o globo. Em nome da necessidade biológica, não houve nenhuma acomodação à legalidade e, certamente, nenhuma à humanidade, porque sua prioridade ética era a redenção do *Volk*. Não obstante, o Terceiro Reich sucumbiu ao cerco e ao estrangulamento por seus inimigos mais poderosos, resistindo a uma derrota ainda mais devastadora do que aquela de 1918. Em seu esforço desesperado de garantir a homogeneidade e a invulnerabilidade, o regime nazista criou a catástrofe que tentava impedir.

---

152. MASER, 1973, p. 346-9, 354 e 358-61.

153. GEYER, 2006, p. 35-67; FRITZSCHE, 2008, p. 291.

REFERÊNCIAS

ABRAHAM, David. *The collapse of the Weimar Republic: political economy and crisis.* 2. ed. New York: Holmes & Meier, 1986.

ADELSON, Alan (Ed.). *The diary of Dawid Sierakowiak: five notebooks from the Łódź Ghetto.* Trad. Kamil Turowski. New York; Oxford: Oxford University Press, 1996.

AFFLERBACH, Holger. *Kaiser Wilhelm II als oberster kriegsherr in ersten weltkrieg: quellen aus dem militärischen umgebung des Kaisers 1914-1918.* Munich: R. Oldenbourg Verlag, 2005.

_____. Wilhelm II as supreme warlord in the First World War. In: MOMBAUER, Annika; DEIST, Guilherme (Eds.). *The Kaiser: new research on Guilherme II's role in Imperial Germany.* Cambridge: Cambridge University Press, 2003.

AGERON, Charles-Robert. L'idée d'euroafrique et le débat colonial franco-allemand de l'entre-duex--guerres. *Revue d'Histoire Moderne et Contemporaine,* 22, n. 2. 1975.

AKÇAM, Taner. *A Shameful Act: the armenian genocide and the question of turkish responsibility.* Trad. Paul Bessemer. New York: Metropolitan Books, 2006.

_____. *Armenien und der völkermord: die istanbuler prozesse und die türkische nationalbewegung.* Hamburg: Hamburger Edition, 2004.

ALLEN, Michael Thad. *The business of genocide: the SS, Slave Labor, and the concentration camps.* Chapel Hill; London: University of North Carolina Press, 2002.

ALLEN, William Sheridan. *The nazi seizure of power: the experience of a single German town, 1930 to 1935.* Chicago: Quadrangle Books, 1965.

ALY, Götz. *"Final Solution": nazi population policy and the murder of the european jews.* Trad. Belinda Cooper e Allison Brown. London: Arnold, 1999.

_____. *Hitler's beneficiaries: plunder, racial war, and the nazi Welfare State.* Trad. Jefferson Chase. New York: Metropolitan Books, 2007.

_____; GERLACH, Christian. *Das letzte kapitel: der mord an den ungarischen juden 1944-1945.* Frankfurt am Main: Fischer Taschenbuch, 2004.

_____; HEIM, Susanne. *Vordenker der vernichtung: Auschwitz und die deutschen pläne für eine neue europäische ordnung.* Frankfurt am Main: Fischer, 1991.

AMES, Eric; KLOTZ, Marcia; WILDENTHAL, Lora (Eds.). *Germany's colonial pasts.* London; Lincoln: University of Nebraska Press, 2005.

ANCEL, Jean. Antonescu and the jews. In: BERENBAUM, Michael; PECK, Abraham J. (Eds.). *The holocaust and history: the known, the unknown, the disputed, and the reexamined.* Bloomington; Indiana-polis: Indiana University Press, 1998.

ANDERSON, Fred; CAYTON, Andrew. *The dominion of war: Empire and liberty in North America, 1500-2000.* New York: Viking, 2005.

ANDERSON, Margaret Lavinia. "Down in Turkey, far away": human rights, the armenian massacres orientalism in Guilhermeine Germany. *Journal of Modern History,* 79, n. 1, 2007.

_____. *Practicing democracy: elections and political culture in Imperial Germany.* Princeton: Princeton University Press, 2000.

ANGRICK, Andrej; KLEIN, Peter. *The "Final Solution" in Riga: exploitation and annihilation, 1941-1944.* Trad. Gary Brandon. New York; Oxford: Berghahn, 2009.

ARENDT, Hannah. *Eichmann in Jerusalem: a report on the banality of evil.* Revis. and enlarg. ed. Harmondsworth. Middlesex: Penguin, 1984.

_____. *The origins of totalitarianism.* New York: Meridian, 1972 [1951].

ASCHHEIM, Steven E. *Brothers and strangers: the east european jew in German and German jewish consciousness*. Madison: University of Wisconsin Press, 1982.

BACHEM-REHM, Michaela. *Die katholischen arbeitervereine im Ruhrgebiet 1870-1914: katholisches arbeitermilieu zwischen tradition und emanzipation*. Stuttgart; Berlin; Cologne: Kohlhammer, 2004.

BAJOHR, Frank. *"Aryanization" in Hamburg: the economic exclusion of the Jews and the confiscation of their property*. New York: Berghahn Books, 2002.

_____. *"Unser hotel ist judenfrei": bäder-antisemitismus im 19. Und 20. Jahrhundert*. Frankfurt am Main: Fischer Taschenbuch Verlag, [s.d.].

_____. *Parvenüs und profiteure: korruption in der NS-Zeit*. Frankfurt am Main: Fischer, 2001.

_____. The "Volk Community" and the persecution of the jews: German society under National Socialist Dictatorship. In: *Holocaust and Genocide Studies*, 20, n. 2, 2006.

_____. Über die entwicklung eines schlechten gewissens: die deutsche bevölkerung und die deportationen 1941-1945. In: DIECKMANN, Christoph (Ed.). *Die deportationen der juden aus Deutschland: pläne-praxis-reaktionen 1938-1945*. Göttingen: Wallstein Verlag, 2004.

_____; POHL, Dieter. *Der holocaust als offenes geheimnis: Die Deutsche, die NS-Führung und die alliierten*. Munich: C. H. Beck, 2006.

BANKIER, David (Ed.). *Probing the depths of antisemitism: German society and the persecution of the jews 1933-1941*. New York: Berg, Jerusalem: Yad Vashem e Leo Baeck Institute, 2000.

_____. *The Germans and the final solution: public opinion under nazism*. Oxford; Cambridge: Blackwell, 1996.

BARANOVA, Olga. Nationalism, anti-bolshevism or the will to Survive? Collaboration in belarus under the nazi occupation of 1941-1944. *European Review of History*, 15, n. 2, 2008.

BARANOWSKI, Shelley. *Strength through Joy: consumerism and mass tourism in the Third Reich*. Cambridge: Cambridge University Press, 2004.

_____. *The sanctity of rural life: nobility, protestantism and nazism in Weimar Prussia*. New York; Oxford: Oxford University Press, 1995.

BARTOV, Omer. *Hitler's army*. New York; Oxford, 1991.

BAUMGART, Winfried. Zur ansprache Hitlers vor den führern der *Wehrmacht* am 22. August 1939. *Vierteljahrshefte für zeitgeschichte*, 19, n. 2, Juli 1971.

BECHHAUS-GERST, Marianne; KLEIN-ARENDT, Reinhard (Eds.). *Die (koloniale) begegnung: afrikanerinnen in Deutschland 1880-1945, Deutsche in Afrika 1880-1918*. Frankfurt: Peter Lang, 2003.

BECK, Hermann. *The fateful alliance: German conservatives and nazis in 1933: The machtergreifung in a new light*. New York; Oxford: Berghahn, 2008.

BECKER, Heinrich. *Handlungsspielräume deragrarpolitik: der agrarpolitik in der Weimarer Republik zwischen 1923 und 1929*. Stuttgart: Franz Steiner Verlag, 1990.

BECKETT, Ian F.W. *The Great War 1914-1918*. 2. ed. Harlow: Pearson Longman, 2007.

BERENBAUM, Michael; PECK, Abraham J. (Eds.). *The holocaust and history: the known, the unknown, the disputed, and the reexamined*. Bloomington; Indianapolis: Indiana University Press, 1998.

BERGEN, Doris. The "Volksdeutschen" of Eastern Europe, World War II, and the holocaust: constructed ethnicity, real genocide. In: BULLIVANT, Keith; GILES, Geoffrey; PAPER, Walter (Eds.). *Germany and eastern Europe: cultural identities and cultural differences, yearbook of european studies*. v. 13. Amsterdam; Atlanta: Rodopi B.V., 1999.

_____. *The twisted cross: the German christian movement in the Third Reich*. Chapel Hill: University of North Carolina Press, 1996.

_____. *War and Genocide: A concise history of the holocaust*. 2. ed. Lanham, MD: Rowman and Littlefield, 2009.

BERGHAHN, Volker. *Imperial Germany, 1871-1918: economy, society, culture and politics*. Rev. ed. New York; Oxford: Berghahn Books, 2005.

BERKHOFF, Karel C. *Harvest of despair: life and death in ukraine under nazi rule*. Cambridge, MA; London: Belknap Press of Harvard University Press, 2004.

BERMAN, Russell A. *Enlightenment or Empire: colonial discourse in German culture*. Lincoln; London: University of Nebraska Press, 1998.

_____. Colonialism, and no end: the other continuity theses. In: LANGBEHN, Volker; SALAMA, Mohammad (Eds.). *Germam Colonialism: race, holocaust, and postwar German*. New York: Columbia University Press, 2011.

_____. Eastern Germany as a structural problem in the Weimar Republic. In: *Social History*, 3, 1978.

BESSEL, Richard. *Germany after the First World War*. Oxford: Clarendon Press, 1993.

_____. *Nazism and war*. New York: Modern Library, 2004.

BIERMANN, Harald. *"Ideologie statt realpolitik"; Kleindeutsche liberale und auswärtige politik vor der reichsgründung*. Düsseldorf: Droste Verlag, 2006.

BJORK, James E. *Neither German nor poles: catholicism and national indifference in a Central European borderland*. Ann Arbor: University of Michigan Press, 2008.

BLACKBOURN, David. *A history of Germany, 1780-1918: the long nineteenth century*. 2. ed. Oxford: Blackwell, 2003.

_____. Das kaiserreich transnational. Eine Skizze. In: CONRAD, Sebastian; OSTERHAMMEL, Jürgen. *Das kaiserreich transnational: Deutschland in der welt 1871-1914*. Göttingen: Vandenhoeck & Ruprecht, 2004.

_____. *Marpingen: Apparitions of the Virgin Mary in a nineteenth-century German Village*. New York: Vintage Books, 1995.

_____. *The conquest of nature: water, landscape, and the making of modern Germany*. New York; London: W.W. Norton & Co., 2006.

_____. *The long nineteenth century: a history of Germany, 1780-1918*. New York; Oxford: Blackwell, 2003.

_____; ELEY, Geoff. *The Peculiarities of German History: Bourgeois Society and Politics in Nineteeth-Century Germany*. New York; Oxford: Cornell University Press, 1984.

BLANKE, Richard. *Orphans of Versalhes: the Germans in western Poland 1918-1939*. Lexington: University of Kentucky Press, 1993.

_____. *Prussian Poland in the German Empire (1871-1900)*. New York: Columbia University Press, 1981.

BLEY, Helmut. *Namibia under German Rule*. Hamburg: LIT Verlag, 1996 [1968].

BLOXHAM, Donald. *The Great game of genocide: imperialism, nationalism, and the destruction of the ottoman armenians*. Oxford; New York: Oxford University Press, 2005.

BOBERACH, Heinz (Ed.). *Meldungen aus dem Reich: Die geheimen Lageberichte des Sicherheitsdienst der SS 1938-1945* [v. 7, n. 197, 26 Juni 1941]. Herrsching: Pawlak, 1984.

BOCH, Gisela. *Zwangssterilisierung im nationalsozialismus: studien zur rassenpolitik und frauenpolitik*. Opladen: Westdeutscher Verlag, 1986.

BÖHLER, Jochen. "Tragische verstrickung" oder auftakt zum vernichtungskrieg: die wehrmacht in Polen 1939". In: MALLMANN, Klaus-Michael; MUSIAL, Bogdan (Eds.). *Genesis des genozids: Polen 1939-1941*. Darmstadt: Wissenschaftliches Buchgesellschaft, 2004.

_____. *Auftakt zur vernichtungskrieg: diewehrmacht in Polen 1939*. Frankfurt am Main: Fischer Taschenbuch Verlag, 2006.

BOSMA, Koos. *Verbindungen zwischen ostund westkolonisation*. In: RÖSSLER, Mechtild; SCHLEIER-MACHER, Sabine (Eds.). *Der "Generalplan Ost": hauptlinien der nationalsozialistische planungs-und vernichtnungspolitik*. Berlin: Akademie Verlag, 1993.

BOWEN, Wayne H. *Spaniards in nazi Germany: collaboration in the new order*. Columbia; London: University of Missouri Press, 2000.

BRACHER, Karl Dietrich. *Die auflösung der Weimarer Republik: eine studie zum problem des machtverfalls in der demokratie*. 3. ed. Villingen; Schwarzwald: Ring Verlag, 1960.

BRAHAM, Randolph L. *The politics of genocide: the holocaust in Hungary*. Rev. ed. New York: Columbia University Press, 1994. v. 1.

BREHL, Medardus. "Das drama spielte sich auf der dunklen Bühne des sandfields ab": die vernichtung der hereró und nama in der Deutschen (Populär-) Literatur. In: ZIMMERER, Jürgen; ZELLER, Joachim (Eds.). *Deutsch-Südwestafrica: der kolonialkrieg (1904-1908) in Namibia und seine folgen*. Berlin: Ch. Links Verlag, 2003.

BREUNDEL, Steffen. *Volksgemeinschaft oder volksstaat: Die 'ideen von 1914' und die neuordnung Deutschlands im Ersten Weltkrieg*. Berlin: Akademie Verlag, 2003.

BROSZAT, Martin. *Hitler and the collapse of Weimar Germany*. Trad. V. R. Berghahn. Leamington Spa; Hamburg; New York: Berg, 1987.

BROWNING, Christopher R. *Ordinary men: reserve police batallion 101 and the final solution in Poland*. New York: Harper Perennial, 1993.

_____; MATTHÄUS, Jürgen. *The origins of the Final Solution: the evolution of nazi jewish policy, september 1939-march 1942*. Lincoln: University of Nebraska Press, 2004.

_____. *The Final Solution and the German foreign office*. New York: Holmes & Meier, 1978.

BRUMLIK, Micha; MEINL, Susanne; RENZ, Werner. *Gesetzliches unrecht: rassistisches Recht im 20. jahrhundert*. New York: Campus Verlag, 2005.

BRUNETEAU, Bernard. "L'Europe nouvelle" de Hitler: une illusion des intellectuals de la France de Vichy. Monaco: Rocher, 2003.

BRYANT, Chad. *Prague in black: nazi rule and Czech nationalism*. Cambridge: Massachussets; London: Harvard University Press, 2007.

BUCHHOLZ, Wolfhard. *Die nationalsozialistische gemeinschaft 'kraft durch freude: freizeitgestaltung und arbeiterschaft im dritten Reich*. Diss: Munich, 1976.

BULLIVANT, Keith; GILES, Geoffrey; PAPER, Walter (Eds.). *Germany and Eastern Europe: cultural identities and cultural differences, yearbook of European studies*. Amsterdam; Atlanta: Rodopi B.V., 1999. v. 13.

BURLEIGH, Michael. *Death and deliverance: "euthanasia" in Germany 1900-1945*. Cambridge: Cambridge University Press, 1994.

_____. *Ethics and extermination: reflections on nazi genocide*. Cambridge: Cambridge University Press, 1997.

_____. *Germany turns eastward: a study of ostforchung in the Third Reich*. Cambridge: Cambridge University Press, 1988.

_____. *The Third Reich: a new history*. New York: Hill and Wang, 2000.

BURRIN, Phillippe. *Hitler and the jews: the genesis of the holocaust*. Trad. Patsy Southgate. London: Edward Arnold, 1994.

CALLIL, Carmen. *Bad Faith: a forgotten history of family, Fatherland, and Vichy France*. New York: Knopf, 2006.

CAMPT, Tina M. *Other Germans: black Germans and the politics of race, gender, and memory in the Third Reich*. Ann Arbor: University of Michigan Press, 2004.

_____; GROSSE, Pascal; FARIA, Yara-Colette Lemke-Muniz de. Blacks, Germans, and the politics of imperial imagination, 1930-1960. In: FRIEDRICHS-MEYER, Sara; LENNOX, Sara; ZANTOP, Susanne (Eds.). *The imperialist imagination: German colonialism and its legacy*. Ann Arbor: University of Michigan Press, 1998.

CANIS, Konrad. *Bismarcks aussenpolitik 1870 bis 1890: aufstieg und gefährdung*. Paderborn: Ferdinand Schöningh, 2004.

_____. *Von Bismarck zur weltpolitik: deutsche aussenpolitik 1890 bis 1902*. Berlin: Akademie Verlag, 1999.

CANNING, Kathleen. *Languages of labor and gender: female factory work in Germany, 1850-1914*. Ithaca; London: Cornell University Press, 1996.

CARLEY, Michael J. *1939: The alliance that never was and the coming of World War II*. Chicago: Ivan Dee, 1999.

CARPI, Daniel. *Between Mussolini and Hitler: the jews and the italian authorities in France and Tunisia*. Hanover: Brandeis University Press, 1994.

CARY, Noel D. The making of the Reich president, 1925: German conservatism and the nomination of Paul von Hindenburg. *Central European History*, 23, n. 2-3, 1990.

CECIL, Lamar. *Guilherme II: prince and emperor, 1859-1900*. Chapel Hill; London: University of North Carolina Press, 1989.

CÉSAIRE, Aimé. *Discourse on colonialism*. In: MOORE-GILBERT, Bart; STANTON, Gareth; MALEY, Willy (Eds.). *Postcolonial criticism*. London; New York: Longman, 1997.

CHIARI, Bernhard. Grenzen deutscher herrschaft: voraussetzungen und folgen der besatzung in der sowietunion. In: *Die Deutsche Reich under der Zweiten Weltkrieg*. v. 9, *Zweiter Halbband: Ausbeutung, Deutungen, Ausgrenzung*, ed. Militärgeschichtlicher Forschungsamt. Munich: Deutsche Verlags-Anstalt, 2005.

CHICKERING, Roger. *Imperial Germany and the Great War, 1914-1918*. 2. ed. Cambridge: Cambridge University Press, 2004.

_____. *The Great War and urban life in Germany: Freiburg, 1914-1918*. Cambridge: Cambridge University Press, 2007.

_____. *We men who feel most German: a cultural study of the Pan German league 1886-1914*. Boston; London; Sydney: George Allen & Unwyn, 1984.

CHILDERS, Thomas. *The nazi voter: the social foundations of fascism in Germany, 1919-1933*. Chapel Hill: University of North Carolina Press, 1983.

CIARLO, David M. Consuming race, envisioning empire: colonialism and German mass culture, 1887-1914. Diss.: University of Wisconsin-Madison, 2003.

CLARK, Christopher. *Iron Kingdom: The rise and downfall of Prussia, 1600-1947*. Cambridge, MA; London: Belknap Press of Harvard University Press, 2006.

_____. *Kaiser Guilherme II: profiles in power*. London: Longman, 2000.

CLASS, Heinrich. *Deutsche geschichte in einheit mit 24 vollbildern und unter bunten karte des deutschen Siedlungsgebiet in Mitteleuropa*. Leipzig: Dieterich'sche Verlagsbuchhandlung, 1914.

COETZE, Marilyn Shevin. *The German army league: popular nationalism in Guilhermeine Germany*. New York; Oxford: Oxford University Press, 1990.

CONFINO, Alon. *The nation as a local metaphor: württemberg, Imperial Germany, and national memory, 1871-1918*. Chapel Hill; London: University of North Carolina Press, 1997.

CONRAD, Sebastian. *Globalisierung und nation im Deutschen Kaiserreich*. Munich: C. H. Beck, 2006.

_____; OSTERHAMMEL, Jürgen. *Das Kaiserreich transnational: Deutschland in der Welt 1871-1914*. Göttingen: Vandenhoeck & Ruprecht, 2004.

COOPER, Frederick; STOLER, Ann Laura. *Tensions of Empire: colonial cultures in a Bourgeois World*. Los Angeles; Berkeley; London: University of California Press, 1997.

CORNI, Gustavo. *Hitler and the peasants: agrarian policy in the Third Reich, 1930-1939*. Trad. David Kerr. New York: Berg, 1990.

_____; GIES, Horst. *Brot, Butter, Kanonen: die ernährungswirtschaft in Deutschland unter der diktatur Hitlers*. Berlin: [s. n.], 1997.

CRAMER, Kevin. *"The Thirty Years" war and German memory in the nineteenthcentury*. Lincoln; London: University of Nebraska Press, 2007.

_____. A world of enemies: new perspectives on German military culture and the origins of the First World War. *Central European History*, 39, n. 2, 2006.

_____. The cult of Gustavo Adolfo. In: SMITH, Helmut Walser (Ed.). *Protestants, catholics and jews in Germany, 1800-1914*. Oxford; New York: Berg, 2001.

CREW, David F. *Germans on welfare: from Weimar to Hitler*. New York; Oxford: [s. n.], 1998.

REFERÊNCIAS | 375

D'ALMEIDA, Fabrice. *Hakenkreuz und Kaviar: das mondäne leben im nationalsozialismu.* Trad. Harald Ehrhardt. Düsseldorf: Patmos, 2007.

DADRIAN, Vahakn N. *German responsibility in the armenian genocide: a review of the historical evidence of German complicity.* Watertown, MA: Blue Crane Books, 1996.

DAVIS, Belinda. *Home fires burning: food, politics, and everyday life in World War I Berlin.* Chapel Hill; London: University of North Carolina Press, 2000.

DAVIS, Christian. Colonialism, antisemitism, and Germans of jewish dissent in Imperial Germany. Diss.: Rutgers University, 2005.

DAVIS, Mike. *Late victorian holocausts: el niño famines and the making of the Third World.* London: Verso, 2001.

DEÁK, István. A fatal compromise? The debate over collaboration and resistance in Hungary. In: _____; GROSS, Jan T.; JUDT, Tony (Eds.). *The politics of retribution in Europe: World War II and its aftermath.* Princeton; London: Princeton University Press, 2000.

DEAN, Martin. *Collaboration in the holocaust: crimes of the local police in Bielorrússia and the Ukraine, 1941-1944.* New York: St. Martin's Press, 2000.

_____. *Robbing the jews: the confiscation of jewish property in the holocaust, 1933-1945.* Cambridge: Cambridge University Press, 2008.

DEIST, Wilhelm (Ed.) et al. The build-up of German Aggression. Trad. P. S. Falla, Dean S. McMurry and Ewald Osers. In: *Germany and the Second World War.* Oxford: Clarendon Press, 1990. v. 1.

_____. Die kriegführung der Mittelmächte. In: HIRSCHFELD, Gerhard; KRUMREICH, Gerd; RENZ, Irina (Eds.). *Enzyklopädie Erster Weltkrieg.* Paderborn: Ferdinand Schöningh, 2003.

_____. *Militär und innenpolitik im Weltkrieg 1914-1918.* Düsseldorf: Droste Verlag, 1970. 2 v.

DELBO, Charlotte. *Auschwitz and after.* Trad. Rosette C. Lamont. New Haven; London: Yale University Press, 1995.

DELETANT, Dennis. *Hitler's forgotten ally: Ion Antonescu and his regime, Romania 1940-1944.* New York: Palgrave Macmillan, 2006.

DICKINSON, Edward Ross. The German Empire: an Empire? *History Workshop Journal,* n. 66, 2008.

DIECKMANN, Christoph (Ed.). *Die deportationen der juden aus Deutschland: pläne-praxis-reaktionen 1938-1945.* Göttingen: Wallstein Verlag, 2004.

DIERKER, Wolfgang. *Himmlers glaubenskrieger der sicherheitsdienst der SS und seine religionspolitik 1933-1941.* Paderborn: Ferdinand Schöningh, 2003.

DIRK, Walter. *Antisemitische kriminalität und gewalt: Judenfeindschaft in der Weimarer Republik.* Bonn: J. H. W. Dietz Nachf., 1999.

DOBROSZYCKI, Lucjan (Ed.). *The chronicle of the Łódź Ghetto 1941-1944.* Trad. Richard Lourie and Joachim Neugroschel. New Haven; London: Yale University Press, 1984.

DOMARUS, Max (Ed.). *The complete Hitler: a desktop reference to his speeches and proclamations 1932-1945.* Wauconda, IL: Bolchazy-Carducci Publishers, 2007 [versão alemã de 15 set. 1935]. v. 1 e 2.

_____. *The complete Hitler: a digital desktop reference to his speeches and proclamations 1932-1945, reden und proklamationen 1932-1945.* Wauconda, IL: Bolchazy-Carducci Publishers, 2007. v. 3.

DÖRNER, Bernward. *Die deutschen und der holocaust: was niemand wissen wollte, aber jeder wissen konnte.* Berlin: Propyläen Verlag, 2007.

DRESCHLER, Horst. *Südwest Afrika unter deutscher kolonialherrschaft.* Stuttgart: Franz Steiner Verlag, 1996 [1966].

DÜFFLER, Jost. *Nazi Germany 1933-1945: faith and annihilation.* Trad. Dean Scott McMurray. London: Arnold, 1996.

DWORK, Debórah; VAN PELT, Robert Jan. *Auschwitz: 1270 to the present.* New York; London: W. W. Norton, 1996.

_____. *Flight from the Reich:* refugee Jews, 1933-1946. New York; London: W. W. Norton, 2009.

_____. *The Holocaust:* a history. New York; London: W. W. Norton, 2002.

EBERT, Jens. (Ed.). *Feldpostbriefen aus Stalingrad: november 1942 bis januar 1943.* Göttingen: Wallstein, 2003.

ECHTERNKAMP, Jörg (Ed.). *Die deutsche kriegsgesellschaft 1939 bis 1945, Zweiter Halbband. Ausbeutung, Deutungen, Ausgrenzung.* Munich: Deutsche Verlags-Anstalt, 2005.

_____. *Die deutsche kriegsgesellschaft: politisierung, vernichtung, überleben.* Erster Halbband. Munich: Deutsche Verlags-Anstalt, 2004.

_____. Im kampf an der inneren und äusseren front. Grundzüge der deutschen gesellschaft im zweiten weltkrieg. In: HALBBAND, Erster. *Die deutsche kriegsgesellschaft: politisierung, vernichtung, überleben.* Munich: Deutsche Verlags-Anstalt, 2004.

EDELE, Mark; GEYER, Michael. States of exception: the nazi-soviet war as a system of violence, 1939-1945. In: GEYER, Michael; FITZPATRICK, Sheila (Eds.). *Beyond totalitarianism: stalinism and nazism compared.* Cambridge: Cambridge University Press, 2009.

EHRENBURG, Ilya; GROSSMAN, Vasily. *the complete black book of Russian Jewry.* Ed. e trad. David Patterson. New Brunswick, NJ; London: Transaction Publishers, 2002.

EHRENREICH, Eric. *The nazi ancestral proof: geneology, racial science and the final solution.* Bloomington; Indianapolis: Indiana University Press, 2007.

EKSTEINS, Modris. *Walking Since Daybreak: A Story of Eastern Europe, World War II, and the Heart of Our Century*. Boston; New York: Houghton Mifflin, 1999.

ELEY, Geoff. *Reshaping the German right: radical nationalism and political change after Bismarck*. New Haven; London: Yale University Press, 1980.

ELIAS, Norbert. *The Germans: power struggles and the development of habitus in the nineteenth and twentieth centuries*. Ed. Michael Schröter and trans. Eric Dunning and Stephen Mennell. New York: Columbia University Press, 1996.

ENGEL, Ulf; MIDDELL, Matthias. Bruchzonen der globalisierung: globale krisen und territorialitätsregime – kategorien einer globalgeschichtsschreibung. *Comparativ*, 15, 2005.

EPSTEIN, Catherine. *Model nazi: Arthur Greiser and the occupation of western Poland*. New York; Oxford: Oxford University Press, 2010.

ESSNER, Cornelia. "Border-line" im menschenblut und struktur rassistischer rechtsspaltung: koloniales Kaiserreich und "Drittes Reich". In: BRUMLIK, Micha; MEINL, Susanne; Renz, Werner. *Gesetzliches unrecht: rassistisches recht im 20. Jahrhundert*. New York: Campus Verlag, 2005.

_____. *Die "Nürnberger Gesetze" oder die Verwaltung des Rassenwahns 1933-1945*. Paderborn: Ferdinand Schöningh, 2002.

EVANS, Andrew D. Anthropology at war: racial studies of POWs during World War I. In: PENNY, H. Glenn; BUNZL, Matti (Eds.). *Worldly provincialism: German anthropology in the age of Empire*. Ann Arbor: University of Michigan Press, 2003.

EVANS, Richard J. *Proletarians and politics: socialism, protest and the working class in German before the First World War*. New York: St. Martin's Press, 1990.

_____. *Rituals of retribution: capital punishment in Germany, 1600-1987*. Oxford: Oxford University Press, 1996.

_____. *The coming of the Third Reich*. New York: Penguin Press, 2003.

_____. *The Third Reich at war*. New York: Penguin, 2009.

_____. *The Third Reich in power 1933-1939*. New York: Penguin Press, 2005.

FAHLBUSCH, Michael. "*Wo der deutsche... ist, ist Deutschland!*": *die stiftung für deutsche volks-und kulturbodenforschung in Leipzig 1920-1933*. Bochum: Brockmeyer, 1994.

FALTER, Jürgen. *Hitlers Wähler*. Munich: C0 .H. Beck, 1990.

_____. The two Hindenburg elections of 1925 and 1932: A total reversal of voter coalitions. In: *Central European History*, 23, n. 2-3, 1990.

FELDMAN, Gerald D. *The great disorder: politics, economics, and society in the German inflation 1914-1924*. Oxford; New York: Oxford University Press, 1997.

_____. *Allianz and the German Insurance Business, 1933-1945*. Cambridge: Cambridge University Press, 2001.

FENSKE, Hans. Imperialistische tendenzen in Deutschland vor 1866. Auswanderung, überseeische bestrebungen, weltmachtträume. Historische Jahrbuch 97/98, 1978.

FERGUSON, Niall. The German inter-war economy: political choice versus economic determinism. In: FULBROOK, Mary (Ed.) *Twentieth-century Germany: politics, culture and society, 1918-1990*. London: Arnold, 2001.

_____. *The pity of war: explaining World War I*. New York: Basic Books, 1999.

FINK, Carole. *Defending the rights of others: the great powers, the jews, and international minority protection, 1878-1938*. Cambridge: Cambridge University Press, 2004.

FISCHER, Conan. *The ruhr crisis 1932-1924*. Oxford: Oxford University Press, 2003.

FISCHER, Fritz. *Germany's aims in the First World War*. New York: W. W. Norton & Co., Inc., 1967.

_____. *Griff nach der weltmacht: die kriegszielpolitik des kaiserlichen Deutschland, 1914-1918*. Düsseldorf: Droste, 1961.

_____. *War of Illusions: German policies from 1911 to 1914*. Trad. Marian Jackson. London: Chatto & Windus, 1969.

FITZPATRICK, Matthew P. *Liberal imperialism in Germany: expansionism and nationalism, 1848-1884*. New York; Oxford: Berghahn Books, 2008.

_____. The pre-history of the holocaust? The sonderweg and historikerstreit debates and the abject colonial past. *Central European History*, 41, 2008.

FLEMMING, Jens. *Landwirtschaftliche interessen und demokratie: ländliche gesellschaft, agrarverbände und staat 1890-1925*. Bonn: Verlag Neue Gesellschaft, 1978.

FÖRSTER, Stig. Vom europäischen Krieg zum Weltkrieg. In: HIRSCHFELD, Gerhard; KRUMREICH, Gerd; RENZ, Irina (Eds.). *Enzyklopädie Erster Weltkrieg*. Paderborn: Ferdinand Schöningh, 2003.

_____; MOMMSEN, Wolfgang J.; ROBINSON, Ronald (Eds.). *Bismarck, Europe, and Africa: the Berlin Africa Conference 1884-1885 and the Onset of Partition*. Oxford: Oxford University Press, 1988.

FORTH, Christopher. *The Dreyfus affair and the crisis of french manhood*. Baltimore; London: Johns Hopkins University Press, 2004.

FRANKEL, Richard E. *Bismarck's shadow: the cult of leadership and the transformation of the German right, 1898-1945*. Oxford; New York: Berg, 2005.

FREDERICKSON, George. *Racism: a short history.* Princeton: Princeton University Press, 2002.

FRIEDLANDER, Henry. *The origins of nazi genocide: from euthanasia to the final solution.* Chapel Hill e London: University of North Carolina Press, 1997.

FRIEDLANDER, Saul. *Nazi Germany and the Jews – the years of persecution.* New York: Harper Collins, 1997. v. 1.

_____. *The years of extermination: nazi Germany and the Jews, 1939-1945.* New York: Harper Collins, 2007.

FRIEDRICHSMEYER, Sara; LENNOX, Sara; ZANTOP, Susanne (Ed). *The imperialist imagination: German colonialism and its legacy.* Ann Arbor: University of Michigan Press, 1998.

FRITZSCHE, Peter. *Germans into nazis.* Cambridge, MA; London: Harvard University Press, 1998.

_____. *Life and death in the Third Reich.* Cambridge, MA; London: Belknap Press of Harvard University Press, 2008.

_____. The Holocaust and the knowledge of murder. *Journal of Modern History*, 80, n. 3, 2008.

FRÖHLICH, Else (Ed.). *Die tagebücher von Joseph Goebbels: sämtliche fragmente.* [Entrada em 27 março 1942]. Munich; New York: KG. Saur, 1987-1996. Part II. v. 3.

FROMKIN, David. *Europe's last summer: who started the Great War in 1914?.* New York: Alfred A. Knopf, 2004.

FRYMANN, Daniel. (pseudônimo de Heinrich Class). *Wenn ich Kaiser wär: politische wahrheiten und notwendigkeiten.* Leipzig: Dieterich, 1912.

FUHRMANN, Malte. *Der Traum vom deutschen orient: zwei deutsche kolonien im osmanischen Reich 1851-1918.* Frankfurt: Campus, 2006.

_____. Germany's adventures in the Orient: a history of ambivalent semicolonial entanglements. In: LANGBEHN, Volker; SALAMA, Mohammad (Eds.). *Germam Colonialism*: race, holocaust, and postwar German. New York: Columbia University Press, 2011.

FULBROOK, Mary (Ed.) *Twentieth-century Germany: politics, culture and society, 1918-1990.* London: Arnold, 2001.

FURBER, David. Going east: colonialism and German life in nazi-occupied Poland. Diss.: State University of New York at Buffalo, 2003.

GAILUS, Manfred. *Protestantismus und nationalsozialismus*: studien zur nationalsozialistischen durchdringung des protestantischen sozialmilieus in Berlin. Berlin: Böhlau, 2001.

GALL, Lotha. *Bismarck: The white revolutionary, 1871-1898.* Trad. J. A. Underwood; London; Boston; Sydney: Allen & Unwin, 1986. v. 2.

GANSSMÜLLER, Christian. *Die Erbgesundheitspolitik des dritten reiches: planung, durchführung und durchsetzung.* Cologns: Böhlau Verlag, 1987.

GAY, Peter. *My German question: growing up in nazi Berlin.* New Haven; London: Yale University Press, 1998.

GEINITZ, Christian. *Kriegsfurcht und kampfbereit schaft: das augusterlebnis em Freiburg: eine studie zum kriegsbeginn 1914.* Essen, 1998.

GELLATELY, Robert. *Backing Hitler: consent and coercion in nazi Germany.* Oxford: Oxford University Press, 2001.

GERLACH, Christian, Deutsche wirtschaftsinteressen, besatzungspolitik und der mord an den juden in weissrussland, 1941-1943. In: HERBERT, Ulrich (Ed.). *Nationalsozialistische vernichtungspolitik 1939-1945: neue forschungen und kontroversen.* Frankfurt am Main: Fischer Taschenbuch, 1998.

_____. *Kalkulierte mord: die deutsche wirtschafts-und vernichtungspolitik in weissrussland 1941 bis 1944.* Hamburg: Hamburger Edition, 1999.

_____. *Krieg, Ernährung, Völkermord: deutsche vernichtungspolitik im zweiten weltkrieg.* Zurich; Munich: Pendo, 1998.

_____. The Wannsee Conference, the fate of the German Jews, and Hitler's decision in principle to exterminate all european jews. *Journal of Modern History*, 70, 1998.

_____; ALY, Götz. *Das letzte kapitel: der mord an den ungarischen juden 1944-1945.* Frankfurt am Main: Fischer Taschenbuch, 2004.

GERLACH, Wolfgang. *Als die zeugen schwigen: bekennende kirche und die juden.* Berlin: Institut Kirche und Judentum, 1987.

GERWARTH, Robert. *The Bismarck myth: Weimar Germany and the legacy of the Iron Chancellor.* Oxford: Clarendon Press, 2005.

_____; MALINOWSKI, Stephan. Der Holocaust als "kolonialer genozid"? europäische kolonialgewalt und nationalsozialistischer Vernichtungskrieg. *Geschichte und gesellschaft*, 33, 2007.

_____. Hannah Arendt's Ghosts: Reflections on the disputable path from windhoek to Auschwitz. *Central European History*, 42, n. 3, 2009.

_____. The Central European counter-revolution: paramilitary violence in Germany, Austria and Hungary after the Great War. *Past and Present*, n. 200, aug. 2008.

GEYER, Martin. *Verkehrte Welt: revolution, inflation und moderne*: München 1914-1924. Göttingen: Vandenhoeck e Ruprecht, 1998.

GEYER, Michael. *Deutsche rüstungspolitik 1860-1980.* Frankfurt: Suhrkamp, 1984.

_____. Endkampf 1918 and 1945: German nationalism, annihilation, and self destruction. In: LÜDTKE,

378 | IMPÉRIO NAZISTA

Alf; WEISBROD, Bernd (Eds.). *No man's land of violence: extreme wars in the 20th century*. Göttingen: Wallstein Verlag, 2006.

_____. Insurrectionary warfare: the German debate about a Levée en masse in october 1918. *The Journal of Modern History*, 73, 2001.

_____; FITZPATRICK, Sheila (Eds.). *Beyond totalitarianism: stalinism and nazism compared*. Cambridge: Cambridge University Press, 2009.

GOLL, Ivan. The negroes are conquering europe. *Die Literarische Wel*,. n. 2, 15 Jan. 1926.

GONG, Gerrit W. *The standard of "civilization" in international society*. Oxford: Clarendon Press, 1984.

GOSEWINKEL, Dieter. *Einbürgern und ausschliessen: die nationalisierung der staatsangehörigkeit vom deutschen bund bis zur bundesrepublik deutschland*. Göttingen: Vandenhoeck and Ruprecht, 2001.

_____. Citizenship in Germany and France at the turn of the twentieth century: some new observations on an old comparison. In: ELEY, Geoff; PALMOWSKI, Jan (Eds.). *Citizenship and national identity in twentieth-century Germany*. Stanford: Stanford University Press, 2007.

GREGOR, Neil. *How to read Hitler*. New York; London: W. W. Norton, 2005.

GRIECH-PLOELLE, Beth A. *Bishop von Galen: German catholicism and national socialism*. New Haven; London: Yale University Press, 2002.

GRIFFIOEN, Pim; ZELLER, Ron. Anti-jewish policy and the organization of deportations in France and the Netherlands, 1940-1944: a comparative study. *Holocaust and genocide studies*, 20, n. 3, 2006.

GRONER, Friedrich. Overwrought nerves. *Berliner Illustrirte Zeitung*, 26 Aug. 1923. In: KAES, Anton; JAY, Martin; DIMENDBERG, Edward (Eds.). *The Weimar Republic Sourcebook*. Berkeley, Los Angeles; London: University of California Press, 1995.

GROSS, Jan. *Neighbors: The destruction of the jewish community in Jedbawne, Poland*. Princeton; London: Princeton University Press, 2001.

GROSS, Michael. *The war against catholicism: liberalism and the anti-catholic imagination in nineteenth-century Germany*. Ann Arbor: University of Michigan Press, 2004.

GROSSE, Pascal. *Kolonialismus, eugenik und bürgerliche gesellschaft in Deutschland 1850-1918*. New York: Campus Verlag, 2000.

_____. Turning native? Anthropology, German colonialism, and the paradoxes of the "acclimatization question". 1885-1914. In: PENNY, H. Glenn; BUNZL, Matti (Eds.). *Worldly Provincialism: German anthropology in the age of Empire*. Ann Arbor: University of Michigan Press, 2003.

_____. *What does German colonialism have to do with national socialism? A conceptual framework*. In:

AMES, Eric; KLOTZ, Marcia; WILDENTHAL, Lora (Eds.). *Germany's colonial pasts*. London; Lincoln: University of Nebraska Press, 2005.

GROSSMAN, Vasily. *A writer at war: vasily grossman with the red army, 1941-1945*. Ed. and. trans. Antony Beevor e Luba Vinogradova. New York: Pantheon Books, 2005.

GROSSMANN, Atina. *Reforming sex: the German movement for birth control and abortion reform 1920-1950*. New York; Oxford: Oxford University Press, 1995.

GRÜNER, Wolf. *Jewish forced labor under the nazis: economic needs and racial aims, 1938-1944*. Trad. Kathleen M. Dell'Orto. Cambridge: Cambridge University Press, 2006.

_____. Public welfare and the German jews under national socialism: on anti-jewish policies of the municipal administrations, the "German Council of Municipalities" and the Reich Ministry of the Interior (1933-1941). In: BANKIER, David (Ed.). *Probing the Depths of Antisemitism: German society and the persecution of the jews 1933-1941*. New York; Berg; Jerusalem: Yad Vashem e Leo Baeck Institute, 2000.

GUENTHER, Irene. *Nazi chic: fashioning women in the Third Reich*. Oxford; New York: Berg, 2004.

GUSTSCHOW, Niles. Stadtplanung im Warthegau 1939-1944. In: RÖSSLER, Mechtild; SCHLEIERMACHER, Sabine (Eds.). *Der "generalplan ost": hauptlinien der nationalsozialistische planungs-und vernichtungspolitik*. Berlin: Akademie Verlag, 1993.

HAGEN, William W. *Germans, poles and jews: the nationality conflict in the Prussian east, 1772-1914*. Chicago; London: University of Chicago Press, 1980.

_____. Before the "Final Solution": toward a comparative analysis of political antisemitism in interwar Germany and Poland. *Journal of Modern History*, Jul. 1996.

HAGENLÜCKE, Heinz. *Deutsche vaterlandspartei: die nationale rechte am ende des kaiserreiches*. Düsseldorf: Droste Verlag, 1997.

HALBBAND, Erster. *Die Deutsche kriegsgesellschaft: Politisierung, Vernichtung, Überleben*. Munich: Deutsche Verlags-Anstalt, 2004.

HAMANN, Brigitte. *Hitler's wien: lehrjahre eines diktators*. Munich; Zurich: PiperVerlag, 1997.

HAMBURG INSTITUTE FOR SOCIAL RESEARCH. *The German army and genocide: crimes against war prisoners, jews, and other civilians, 1939-1944*. New York: The New Press, 1999.

HAMEROW, Theodore. *Remembering a vanished world: a jewish childhood in interwar Poland*. New York; Oxford: Berghahn Books, 2001.

HAMILTON, Richard. *Who voted for Hitler*. Princeton: Princeton University Press, 1982.

HAMLIN, David. "Dummes geld": money, grain, and the occupation of Romania in WWI. *Central European History*, 42, n. 3, 2009.

HANÁK, Péter; HELD, Joseph. Hungary on a fixed course: an outline of hungarian history. In: HELD, Joseph (Ed.).*The Columbia History of Eastern Europe in the Twentieth Century, 1918-1945*. New York: Columbia University Press, 1992.

HANEBRINK, Paul. Transnational culture war: christianity, nation and the judeo-bolshevik myth in Hungary, 1890-1920. *Journal of Modern History*, 80, n. 1, 2008.

HARP, Stephen L. *Learning to be loyal: primary schooling as nation building in Alsace and Lorraine*. Dekalb, IL: Northern Illinois University Press, 1998.

HARTEN, Hans-Christian. *De-kulturation und Germanisierung. die nationalsozialistische rassen-und erziehungspolitik in Polen. 1939-1945*. Frankfurt: Campus, 1996.

HARVEY, Elizabeth. Visions of the volk: German women on the far right from the Kaiserreich to the Third Reich. *Journal of Women's History*, 16, n. 3, 2004.

_____. *Women and the nazi east: Agents and witnesses of Germanization*. New Haven; London: Yale University Press, 2003.

_____. *Youth and the welfare state in Weimar Germany*. Oxford: Clarendon Press, 1993.

HEALY, Roisin. *The jesuit specter in Imperial Germany*. Boston: Brill Academic Publishers, 2003.

HEBERT, Ulrich. *Best: biographische studien über radikalismus, weltanschauung und vernunft 1903-1989*. Bona: Verlag J. H. W. Dietz Nachf., 2001.

HEINEMANN, Isabel. *"Rasse, Siedlung, deutsches blut": das rasse-und siedlungshauptamt der SS und die rassenpolitsiche neuordnung Europas*. Göttingen: Wallstein Verlag, 2003.

_____. "Until the last drop of good blood": the kidnapping of "racially valuable" childen and nazi racial policy in occupied eastern Europe. In: MOSES, A. Dirk (Ed.). *Genocide and settler society: frontier violence and stolen indigenous children in australian history*. New York; Oxford: Berghahn Books, 2004.

HEINEN, Armin. *Rumänien, der holocaust und die logik der gewalt*. Munich: Oldenbourg, 2007.

HELD, Joseph (Ed.). *The Columbia history of Eastern Europe in the twentieth century, 1918-1945*. New York: Columbia University Press, 1992.

HERBERT, Ulrich (Ed.). *Nationalsozialistische vernichtungspolitik 1939-1945: neue forschungen und kontroversen*. Frankfurt am Main: Fischer Taschenbuch Verlag, 1998.

_____. *Best: Biographische studien über radikalismus, weltanschauung und vernunft 1903-1989*. Bonn: Verlag J. H. W. Dietz Nachf., 2001.

_____. *Vernichtungspolitik: neue antworten und frage zur geschichte des holocausts*. In: *Nationalsozialistische vernichtungspolitik 1939-1945: neue forschungen und kontroversen*. Frankfurt am Main: Fischer Taschenbuch Verlag, 1998.

_____; ORTH Karin; DIECKMANN, Christoph (Eds.). *Die nationalsozialistischen Konzentrationslager – Entwicklung und Struktur*. Göttingen: Wallstein Verlag, 1998. v. 2.

HERBST, Ludolf. *Die Nationalsozialistische Deutschland 1933-1945: die entfesselung der Gewalt-Rassismus und Krieg*. Frankfurt am Main: Suhrkamp, 1996.

_____; WEIHE, Thomas (Eds.). *Die commerzbank und die juden 1933-1945*. Munich: C. H. Beck, 2004.

HERF, Jeffrey. *The jewish enemy: nazi propaganda during World War II and the Holocaust*. Cambridge, MA; London: Belknap Press of Harvard University Press, 2006.

HERING, Rainer. *Konstruierte nation: der alldeutsche verband 1890 bis 1939*. Hamburg: Christiens Verlag, 2003.

HESCHEL, Susannah. *The aryan Jesus: christian theologians and the Bible in nazi Germany*. Princeton; Oxford: Princeton University Press, 2008.

HEWITSON, Mark. *Germany and the causes of the First World War*. Oxford; New York: Berg, 2004.

HEYDEN, Ulrich van der. Die "hottentottenwahl" von 1907, in völkermord. In: ZIMMERER, Jürgen; ZELLER, Joachim (Eds.). *Deutsch-Südwestafrica: der kolonialkrieg (1904-1908) in Namibia und seine Folgen*. Berlin: Ch. Links Verlag, 2003.

_____. *Rote Adler an Afrikas Küste: Die brandenburgisch-preussiche Kolonie Grossfriedrichsburg in Westafrika*. 2. ed. Berlin: Selignow, 2001.

HILBERG, Raul. *The destruction of the european jews*. Chicago: Quadrangle Books, 1961.

HILDEBRAND, Klaus. *Das dritte Reich*. 6. ed. Munich: Oldenbourg, 2003.

HIRSCHFELD, Gerhard; KRUMREICH, Gerd; RENZ, Irina (Eds.). *Enzyklopädie Erster Weltkrieg*. Paderborn: Ferdinand Schöningh, 2003.

HITLER, Adolf. *Mein kampf*. Trad. Ralph Manheim. Boston: Houghton Mifflin, 1971.

_____. *Reden, schriften, anordnungen: februar 1925 bis januar 1933*. Ed. Institute für Zeitgeschichte. Munich; New York: K. G. Saur, 1992-2003.

_____. *Sämtliche aufzeichnungen*, n. 450, 17 dez. 1922.

HIXSON, Walter L. *The myth of american diplomacy: national identity and U. S. Foreign Policy*. New Haven; London: Yale University Press, 2008.

HOCHGESCHWENDER, Michael. The last stand: die indianerkriege im westen der USA. 1840-1890. In: KLEIN, Thoralf; SCHUMACHER, Frank (Eds.). *Kolonialkriege: militärische gewalt im zeichen des imperialismus*. Hamburg: Hamburger Edition HIS Verlag, 2006.

HOCHSTETTER, Dorothee. *Motorisierung und "volks-gemeinschaft": das nationalsozialistische kraftfahrkorps (NSKK) 1931-1945*. Munich: Oldenbourg, 2005.

HOFFMANN, Christhard. Between integration and rejection: the jewish community in Germany, 1914-1918. In: HORNE, John (Ed.). *State, society and mobilization in Europe during the First World War*. Cambridge: Cambridge University Press, 1997.

HOFFMANN, David L.; TIMM, Annette F. Utopian biopolitics: reproductive policies, gender roles, and sexuality in nazi Germany and the Soviet Union. In: GEYER, Michael; FITZPATRICK, Sheila (Eds.). *Beyond totalitarianism: stalinism and nazism compared*. Cambridge: Cambridge University Press, 2009.

HOFFMANN, Peter. *The history of the German resistance 1933-1945*. Montreal: McGill University Press, 1969.

HONG, Young-Sun. *Welfare, modernity, and the Weimar state, 1919-1933*. Princeton: Princeton University Press, 1998.

HORNE, John (Ed.). *State, society and mobilization in Europe during the First World War*. Cambridge: Cambridge University Press, 1997.

_____; KRAMER, Alan. *German atrocities, 1914: a history of Denial*. New Haven; London: Yale University Press, 2001.

HÖSS, Rudolf. *Death Dealer: The memoirs of the SS kommandant at Auschwitz*. PASKULY, Steven (Ed.). New York: Da Capo Press, 1996.

HOWARD, Michael. *The Franco-Prussian War*. London; New York: Routledge, 2001.

HULL, Isabel V. *Absolute destruction: military culture and the practices of war in Imperial Germany*. Ithaca; London: Cornell University Press, 2005.

_____. Military culture, Guilherme II, and the end of the monarchy in the First World War. In: MOMBAUER, Annika; DEIST, Wilehlm (Eds.). *The Kaiser: New research on Guilherme II's role in Imperial Germany*. Cambridge: Cambridge University Press, 2003.

_____. *The entourage of Kaiser Guilherme II 1888-1918*. Cambridge: Cambridge University Press, 1982.

ILIFFE, John. *Tanganyika under German rule, 1905-1912*. Cambridge: Cambridge University Press, 1979.

INGRAO, Christian. Deutsche studenten, erinnerung aus den krieg und nationalsozialistische militanz: eine fallstudie". In: WILDT, Michael (Ed.). *Nachrichtendienst, politische elite, mordeinheit: der sicherheitsdienst des reichsführer SS*. Hamburg: Hamburger Edition, 2003.

JÄCKEL, Eberhard; KUHN, Axel. *Hitler: sämtliche aufzeichnungen 1905-1924*. Stuttgart: Deutsche Verlags-Anstalt, 1980.

JACOBSEN, Hans-Adolf. *Nationalsozialistische aussenpolitik 1933-1938*. Frankfurt am Main; Berlin: A. Metzner, 1968.

JAMES, Harold. *The Deutsche Bank and the nazi economic war against the jews: the expropriation of jewish-owned property*. Cambridge: Cambridge University Press, 2001.

_____. *The German slump: politics and economics 1924-1936*. Oxford: Clarendon Press, 1986.

JANTZEN, Kyle. *Faith and fatherland: parish politics in Hitler's Germany*. Minneapolis: Fortress Press, 2008.

JEFFRIES, Matthew. *Imperial culture in Germany, 1871-1918*. Houndsmills, Basingtroke; Hampshire: Palgrave Macmillan, 2003.

JELAVICH, Peter. German culture in the Great War. In: ROSHWALD, Aviel; STITES, Richard (Eds.). *European culture in the Great War*. Cambridge: Cambridge University Press, 1999.

JENNINGS, Eric. *Vichy in the tropics: Pétain's national revolution in Madagascar, Guadeloupe, and Indochina, 1940-1944*. Stanford: Stanford University Press, 2001.

_____. Writing Madagascar back into the Madagascar plan. *Holocaust and Genocide Studies*. 21, n. 2, 2007.

JOCHMANN, Werner. *Gesellschaftskrise und judenfeindschaft in Deutschland 1870-1945*. Hamburg: Hans Christians Verlag, 1988.

_____. *Nationalsozialismus und revolution: ursprung und geschichte der NSDAP in Hamburg 1922-1933: Dokumente*. Frankfurt, 1963.

JOEDEN-FORGEY, Elisa von. Race power in postcolonial Germany. In: AMES, Eric; KLOTZ, Marcia; WILDENTHAL, Lora. *Germany's colonial pasts*. Lincoln; London: University of Nebraska Press, 2005.

JONES, Larry Eugene. "The greatest stupidity of my life": Alfred Hugenberg and the formation of the Hitler cabinet, January 1933. *Journal of Contemporary History*, 27, 1992.

_____. Franz von Papen, the German Center Party, and the failure of catholic conservatism in the Weimar Republic. *Central European History*, 39, n. 2, 2005.

_____. *German liberalism and the dissolution of the Weimar party system 1918-1933*. Chapel Hill; London: University of North Carolina Press, 1988.

_____. Kuno Graf von Westarp und die krise des deutsche konservatismus in der Weimarer Republik. In: PYTA, Wolfram (Ed.). *"Ich bin der letzte Preusse": der politische lebensweg des konservativen politikers Kuno Graf von Westarp (1864-1945)*. Cologne; Weimar; Viena: Böhlau Verlag, 2006.

_____. Nationalists, nazis, and the assault against Weimar: revisiting the Harzburg rally of october 1931. *German Studies Review*, 29, n. 3, 2006.

_____. Nazis, conservatives, and the establishment of the Third Reich, 1932-34. *Tel aviver jahrbuch für Deutsche geschichte: nationalsozialismus aus heutiger perspektive,* 1998.

_____; PYTA, Wolfram (Ed.). *'Ich bin der letzte Preusse:' der politische lebensweg des konservativen politikers Kuno Graf von Westarp (1864-1945).* Cologne; Weimar; Viena: Böhlau Verlag, 2006.

JUDSON, Pieter. When is a diaspora not a diaspora? Rethinking nation-centered narratives about Germans in Hapsburg East Central Europe. In: O'DONNELL, Krista; BRIDENTHAL, Renate; REAGIN, Nancy. *The heimat abroad: the boundaries of Germanness.* Ann Arbor: University of Michigan Press, 2005.

JUREIT, Ulrike. *Erinnerungsmuster: zur methodik lebensgeschichtlischer interviews mit überlebenden der konzentrations-und vernichtungslager.* Hamburg: Ergebnisse Verlag, 1999.

JUVET, René. Reichsscherbentag (8 nov. 1938]. In: LUBRICH, Oliver (Ed.). *Reisen ins Reich 1933 bis 1945: Ausländische autoren berichten aus Deutschland.* Frankfurt am Main: Eichborn Verlag, 2004.

KAES, Anton; JAY, Martin; DIMENDBERG, Edward (Eds.). *The Weimar Republic sourcebook.* Berkeley; Los Angeles; London: University of California Press, 1995.

KAPLAN, Thomas Pegelow. *The language of nazi genocide: linguistic violence and the struggle of Germans of Jewish ancestry.* Cambridge: Cambridge University Press, 2009.

KAY, Alex J. *Exploitation, resettlement, mass murder: political and economic planning for German occupation policy in the Soviet Union, 1940-1941.* New York; Oxford: Berg, 2006.

KEEGAN, John. *The Second World War.* New York: Viking, 1989.

KELLOGG, Michael. *The Russian Roots of Nazism: white émigrés and the making of national socialism, 1917-1945.* Cambridge: Cambridge University Press, 2005.

KENNAN, George F. *From Prague after Munich: diplomatic papers 1938-1940.* Princeton: Princeton University Press, 1968.

KERSHAW, Ian. *Fateful Choices: ten decisions that changed the World 1940-1941.* New York: Penguin, 2007.

_____. *Hitler 1889-1936: Hubris.* New York; London: W. W. Norton, 1998.

_____. *Hitler 1936-1945: Nemesis.* New York; London: W. W. Norton, 2000.

_____. *Popular opinion and political dissent in the Third Reich: Bavaria, 1933-1945.* Oxford: Clarendon Press, 1983.

_____. *The "Hitler Myth": image and reality in the Third Reich.* Oxford: Clarendon Press, 1987.

_____. *The nazi dictatorship: problems and perspectives of interpretation.* 4. ed. London: Arnold, 2000.

KIERNAN, Bem. *Blood and soil: a world history of genocide and extermination from Sparta to Darfur.* New Haven; London: Yale University Press, 2007.

KILIAN, Katrina. Kriegsstimmungen: emotionen einfacher soldaten in feldpostbriefen. In: ECHTERNKAMP, Jörg (Ed.). *Die Deutsche kriegsgesellschaft: politisierung, vernichtung, überleben.* Erster Halbband. Munich: Deutsche Verlags-Anstalt, 2004.

KINGREEN, Monika. "Wir warden darüber hinweg kommen": Letzte Lebenszeichen deportierte hessischer juden: Eine dokumetarische Annäherung. In: MEYER, Beate; KUNDRUS, Birthe (Eds.). *Die deportation der juden aus Deutschland: Pläne-Praxis-Reaktionen 1938-1941.* Göttingen: Wallstein Verlag, 2004.

KLEE, Ernst. *"Euthanasie" in NS-Staat: die "vernichtung lebensunwertigen lebens".* Frankfurt am Main: Fischer, 1983.

_____; DRESSEN, Willi; RIESS, Volker (Eds.). *"The good old day*s". *The holocaust as seen by its perpetrators and bystanders.* Trad. Deborah Burnstone. Old Saybrook, CT: Konecky & Konecky, 1991.

KLEIN, Peter. *Die "Gettoverwaltung litzmannstadt" 1940-1944: Eine dienststelle im spannungsfeld von kommunalbürokratie und staaticher verfolgungspolitik.* Hamburg: Hamburer Edition, 2009.

KLEIN, Thoralf; SCHUMACHER, Frank (Eds.). *Kolonialkriege: militärische gewalt im zeichen des imperialismus.* Hamburg: Hamburger Edition HIS Verlag, 2006.

KLEMPERER, Victor. *Curriculum vitae: II: erinnerungen 1881-1918.* Ed. Walter Nowojski. Berlin: Aufbau Verlag, 1996.

_____. *I will bear witness: a diary of the nazi years, 1933-1941.* Trad. Martin Chalmers. New York: Viking, 1998.

_____. *The language of the Third Reich: LTI-Lingua Tertii Imperii: a philologist's notebook.* Trad. Martin Brady. London; New York: Continuum, 2000.

KLESSMANN, Christoph. Hans Frank: party jurist and Governor-General in Poland. In: SMELSER, Ronald; ZITELMANN, Rainer (Eds.). *The nazi elite.* New York: New York University Press, 1993.

KLETZIN, Birgit. *Europa aus rasse und raum.* Münster; Hamburg; London: LIT, 2002.

KLOTZ, Marcia. Global visions: from the colonial to the national socialist world. *European Studies Journal,* 16, n. 2, 1999.

KLUKOWSKI, Zygmunt. *Diary from the years of occupation 1939-1944.* Trad. George Klukowski. KLUKOWSKI, Andrew; MAY, Helen Klukowski (Eds.). Urbana; Chicago: University of Illinois Press, 1993.

KNOX, MacGregor. *Common destiny: dictatorship, foreign policy, and war in fascist Italy and nazi Germany.* Cambridge: Cambridge University Press, 2000.

_____. *To the threshold of power 1922/33: origins and dynamics of the fascist and national socialist dictatorships.* Cambridge: Cambridge University Press, 2007. v. 1.

KOEHL, Robert. *RKFDV: German resettlement and population policy. 1939-1945.* Cambridge, MA: Harvard University Press, 1957.

KOENEN, Gerd. *Der russland-komplex: die deutschen und der osten 1900-1945.* Munich: C. H. Beck, 2005.

_____. *Traumland osten: deutsche bilder vom östlichen Europa im 20. Jahrhundert.* In: THUM, Gregor (Ed.). Göttingen: Vandenhoeck and Ruprecht, 2006.

KOHLRAUSCH, Martin. *Der Kaiser im skandal: die logik der massenmedien und die transformation der wilhelminischen Monarchie.* Berlin: Akademie Verlag, 2005.

KÖNIG, Wolfgang. *Volkswagen, Volksempfänger, Volksgemeinschaft: "Volksprodukte" im Dritten Reich: vom Scheitern einer nationalsozialistischen Konsumgesellschaft.* Paderborn: Ferdinand Schöningh, 2004.

KÖNNEMANN, Erwin; SCHULZE, Gerhard. *Der Kapp-Lüttwitz-Ludendorff Putsch.* Munich: Olzog Verlag, 2002.

KONTJE, Todd. *German orientalism.* Ann Arbor: University of Michigan Press, 2004.

KOONZ, Claudia. *The nazi conscience.* Cambridge, MA: Belknap Press of Harvard University Press, 2003.

KOPP, Kristin. Constructing racial difference in colonial Poland. In: AMES, Eric; KLOTZ, Marcia; WILDENTHAL, Lora (Eds.). *Germany's colonial pasts.* London; Lincoln: University of Nebraska Press, 2005.

KRAMER, Alan. *Dynamic of destruction: culture and mass killing in the First World War.* Oxford: Oxford University Press, 2007.

KÜHL, Stefan. *The nazi connection: eugenics, american racism, and German national socialism.* New York; Oxford: Oxford University Press, 1994.

_____. The relationship between eugenics and the so-called "euthanasia action" in nazi Germany: a eugenically motivated peace policy and the killing the mentally handicapped during the Second World War. In: SZÖLLÖSI-JANZE, Margit (Ed.). *Science in the Third Reich.* Oxford; New York: Berg, 2001.

KUNDRUS, Birthe. "Kontinuitäten, parallelen, rezeptionen": überlegungen zur "kolonialisierung" des nationalsozialismus. *WerkstattGeschichte,* 15, n. 43, 2006.

_____. *Moderne Imperialisten: Das Kaiserreich im Spiegel seiner Kolonien.* Viena: Böhlau Verlag, 2003.

_____. Von Windhoek nach Nürnberg? Koloniale "Mischehenverbote" und die nationalsozialistische rassengestzgebung. In: *Phantasiereiche: zur kulturgeschichte der deutschen kolonialismus.* Frankfurt; New York: Campus Verlag, 2003.

KUNZ, Norbert. *Die krim unter deutscher Herrschaft, 1941-1944: Germanisierungsutopie und besätzungsrealität.* Darmstadt: Wissenschaftliche Buchgesellschaft, 2005.

KÜNZEL, Matthias. *Jihad and jew-hatred: islamism, nazism and the roots of 9/11.* Trad. Colin Meade. New York: Telos, 2006.

KURLANDER, Eric. *The price of exclusion: ethnicity, national identity, and the decline of German liberalism 1898-1933.* New York; Oxford: Berghahn, 2006.

KUSS, Susanne. Kriegsführung ohne hemmende kulturschranke: die deutschen kolonialkriege in Südwestafrika (1904-1907) und Ostafrika (1905-1908). In: KLEIN, Thoralf; SCHUMACHER, Frank (Eds.). *Kolonialkriege: Militärische Gewalt im Zeichen des Imperialismus.* Hamburg: Hamburger Edition, 2006.

LANGBEHN, Volker; SALAMA, Mohammad (Eds.). *German Colonialism: race, Holocaust and postwar Germany.* New York: Columbia University Press, 2011.

LARGE, David Clay. "Out with the ostjuden": the scheunenviertel riots in Berlin, november 1932. In: HOFFMANN, Christhard; BERGMANN, Werner; SMITH, Helmut Walser. *Exclusionary violence:* antisemitic riots in modern German history. Ann Arbor: University of Michigan Press, 2002.

LEBZELTER, Gisela. Die "schwarze schmach": vorurteile, propaganda, mythos. *Geschichte und Gesellschaft,* 11, n. 1, 1985.

LEITZ, Christian. *Nazi Foreign Policy, 1933-1941: the road to Global War.* London; New York: Routledge, 2004.

LENIGER, Markus. *Nationalsozialistische "volkstumsarbeit" und umsiedlungspolitik 1933-1945:* von der minderheitsbetreuung zur siedlerauslese. Berlin: Frank and Timme, 2006.

LENNOX, Sara. Race, gender, and sexuality in German southwest Africa: Hans Grimm's Sudafrikanische Novellen. In: AMES, Eric; KLOTZ, Marcia; WILDENTHAL, Lora. *Germany's colonial pasts.* London; Lincoln: University of Nebraska Press, 2005.

LERMAN, Katherine Anne. *Bismarck: profiles in power.* London: Longman, 2004.

_____. *The chancellor as courtier: Bernhard von Bülow and the governance of Germany, 1900-1909.* Cambridge: Cambridge University Press, 1990.

LEVENE, Mark. *Genocide in the age of the nation state.* v. I: The Meaning of Genocide. London; New York: I. B. Tauris, 2005a.

_____. *Genocide in the age of the nation state.* v. II: The Rise of the West and the Coming of Genocide. London; New York: I. B. Tauris, 2005b.

_____. *The crisis of genocide.* v. I: Devastation: The European Rimlands 1912-1938. Oxford: Oxford University Press, 2013a.

_____. *The crisis of genocide.* v. II: Annihilation: The European Rimlands 1939-1953. Oxford: Oxford University Press, 2013b.

LEVI, Primo. *Survival in Auschwitz: the nazi assault on humanity.* Trad. Stuart Woolf. New York: Collier, 1961.

LEVY, Richard H. *The downfall of the anti-semitic political parties in Imperial Germany.* New Haven: Yale University Press, 1975.

LIEBERMAN, Benjamin. *The terrible fate: ethnic cleansing in the making of modern Europe.* Chicago: Ivan R. Dee, 2006.

LINNE, Karsten. *"Weisse arbeitsführer" im "kolonialen ergänzungsraum": Afrika als ziel sozial-und wirtschaftspolitischer planungen in der NS-Staat.* Münster: Monsenstein & Vannerdat, 2002.

LIPKES, Jeff. *Rehearsals: The German army in Belgium, August 1914.* Louvain: Leuven University Press, 2007.

LIULEVICIUS, Vejas Gabriel. *The German myth of the east: 1800 to the present.* Oxford; New York: Oxford University Press, 2009.

_____. *War land in the east: culture, national identity and German occupation in World War I.* Cambridge: Cambridge University Press, 2000.

LONGERICH, Peter. *'Davon haben wir nichts gewusst!' Die deutschen und die judenverfolgung 1933-1945.* Munich: Siedler Verlag, 2006.

_____. *Heinrich Himmler: Biographie.* Munich: Siedler Verlag, 2008.

_____. *Politik der Vernichtung: eine gesamtdarstellung der nationalsozialistischen judenverfolgung.* Munich; Zurich: Piper, 1999.

_____. *The unwritten order: Hitler's role in the final solution.* The Mill; Brimscomb Port; Stroud: Tempus, 2005.

LÖW, Andrea. *Juden im Getto Litzmannstadt. Lebensbedingungen, Selbstwahrnehmung, Verhalten.* Göttingen: Wallstein Verlag, 2006.

LOWER, Wendy. *Nazi Empire-building and the holocaust in the Ukraine.* Chapel Hill; London: University of North Carolina Press, 2005.

LOWRY, John S. African Resistance and center party recalcitrance in the Reichstag colonial debates of 1905/1906. *Central European History,* 39, n. 2, 2006.

LOZOWICK, Yaakov. *Hitler's bureaucrats: the nazi security police and the banality of evil.* London; New York: Continuum, 2002.

LUBRICH, Oliver (Ed.). *Reisen ins Reich 1933 bis 1945: Ausländische autoren berichten aus Deutschland.* Frankfurt am Main: Eichborn Verlag, 2004.

LUMANS, Valdis O. *Himmler's auxiliaries: The volksdeutsche mittelstelle und the German national minorities of Europe, 1933-1945.* Chapel Hill: University of North Carolina Press, 1933.

LUSANE, Clarence. *Hitler's black afro-Germans, european blacks, africans, and african americans in the nazi victims: the historical experiences of era.* New York; London: Routledge, 2003.

LUTHER, Tammo. *Volkstumspolitik des Deutschen Reiches 1933-1938: die auslandsdeutsche im spannungsfeld zwischen traditionalisten und nationalsozialisten.* Stuttgart: Franz Steiner Verlag, 2004.

MACMILLAN, Margaret. *Paris 1919: six months that changed the world.* New York: Random House, 2001.

MADAJCZYK, Czesław. *Die okkupationspolitik nazideutschlands in Polen 1939-1945.* Berlin: [s. n.], 1987.

MADLEY, Benjamin. From Africa to Auschwitz: how German South West Africa incubated ideas and methods adopted and developed by the nazis in Eastern Europe. *European History Quarterly,* 35, n. 3, 2005.

MAI, Uwe. *"Rasse und raum": agrarpolitik, sozial-und raumplanung im NS-Staat.* Paderborn: Ferdinand Schöningh, 2002.

MAIER, Charles S. *Among Empires: american ascendency and its predecessors.* Cambridge, Massachusetts; London: Harvard University Press, 2006.

_____. *Recasting bourgeois Europe: stabilization in France, Germany and Italy in the decade after World War I.* Princeton: Princeton University Press, 1976.

MALINOWSKI, Stephan. *Vom König zum Führer: deutscher adel und nationalsozialismus.* Frankfurt: Fischer Taschenbuch Verlag, 2004.

MALLMANN, Klaus-Michael; CÜPPERS, Martin. *Halbmond und Hakenkreuz: Das "Dritte Reich", die Araber und Palästina.* Darmstadt: Wissenschaftliche Buchgesellschaft, 2006.

MALLMANN, Klaus-Michael; MUSIAL, Bogdan (Eds.). *Genesis des genozids: Polen 1939-1941.* Darmstadt: Wissenschaftliches Buchgesellschaft, 2004.

MAMDANI, Mahmood. *When victims become killers: colonialism, nativism, and the genocide in Rwanda.* Princeton; Oxford: Princeton University Press, 2001.

MANN, Michael. *The dark side of democracy: explaining ethnic cleansing.* Cambridge: Cambridge University Press, 2005.

MANN, Thomas. *Diaries.* Trad. Richard and Clara Winston. New York: Henry N. Abrams, 1982.

MANOSCHEK, Walter. Die vernichtung der juden in Serbien. In: HERBERT, Ulrich (Ed.). *National-*

sozialistische vernichtungspolitik 1939-1945: neue forschungen und kontroversen. Frankfurt am Main: Fischer Taschenbuch, 1998.

MARCHAND, Suzanne L. *German orientalism in the age of Empire: religion, race, and scholarship.* Cambridge: Cambridge University Press, 2009.

MARRUS, Michael R.; PAXTON, Robert O. *Vichy France and the jews.* New York: Basic Books, 1981.

MASER, Werner (Ed.). My political testament. In: *Hitler's letters and notes.* Trad. Arnold Pomerans. New York: Harper & Row, 1973.

MASS, Sandra. *Weisse Helden, Schwarzer Krieger: Zur Geschichte der kolonialer Männlichkeit in Deutschland 1918-1964.* Cologne; Weimar; Viena: Böhlau, 2006.

MASSING, Paul W. *Rehearsals for destruction: a study of political anti-semitism in imperial Germany.* New York: Harper, 1949.

MAURER, Trude. *Ostjuden in Deutschland 1918-1933.* Hamburg: Hans Christians Verlag, 1986.

MAWDSLEY, Evan. *Thunder in the east: The nazi-Soviet War 1941-1945.* London: Hodder Arnold, 2005.

MAYER, Arno J. *Politics and diplomacy of peace-making: containment and ounterrevolution at Versalhes, 1918-1919.* New York: Alfred A. Knopf, 1967.

MAZOWER, Mark. "The G-Word". *London Review of Books,* 8 Feb. 2001.

_____. *Hitler's Empire: nazi rule in occupied Europe.* London: Allen Lane, 2008.

_____. *Inside Hitler's Greece: the experience of occupation,1941-44.* New Haven; London: Yale University Press, 1993.

McCLINTOCK, Anne. *Imperial leather: race, gender, and sexuality in the colonial context.* New York; London: Routledge, 1995.

MCLEAN, Robert R. Dreams of a German Empire: Guilherme II and the treaty of Björkö of 1905. In: MOMBAUER, Annika; DEIST, Guilherme (Eds.). *The Kaiser: new research on Guilherme II's role in imperial Germany.* Cambridge: Cambridge University Press, 2003.

MEERSHOEK, Guus. The Amsterdam police and the persecution of the jews. In: BERENBAUM, Michael; PECK, Abraham J. (Eds.). *The Holocaust and history: the known, the unknown, the disputed, and the reexamined.* Bloomington; Indianapolis: Indiana University Press, 1998.

MEGARGEE, Geoffrey. *War of annihilation: combat and genocide on the eastern front, 1941.* Lanham, MD: Rowman & Littlefield, 2006.

MEINDL, Ralf. *Ostpressens Gauleiter. Erich Koch – eine politische biographie.* Osnabruck: Fibre Verlag, 2007.

METZGER, Chantel. *L'Empire colonial français dans la stratégie du Troisième Reich (1936-1945).* Bruxelas: P. I. E. Peter Lang, 2002. v. 1.

MEYER, Beate. *"Jüdische mischlinge": rassenpolitik und verfolgungserfahrung 1933-1945.* Hamburg: Dölling Verlag, 1999.

_____; KUNDRUS, Birthe (Eds.). *Die deportation der Juden aus Deutschland: pläne-praxis-reaktionen 1938-1941.* Göttingen: Wallstein Verlag, 2004.

MEYER, Klaus; WIPPERMANN, Wolfgang (Eds.). *Gegen das vergessen: der vernichtungskrieg gegen die sowjetunion 1941-1945.* Frankfurt am Main: Haag Herschen, 1992.

MITCHELL, Nancy. *The danger of dreams: German and american imperialism in Latin America.* Chapel Hill; London: University of North Carolina Press, 1999.

MOELLER, Robert G. *German peasants and agrarian politics, 1914-1924.* Chapel Hill; London: University of North Carolina Press, 1986.

MÖHLE, Heiko. Betreung, Erfassung, Kontrolle: afrikaner aus den Deutschen Kolonien und die "Deutsche Gesellschaft für eingeborenenkunde" in der Weimarer Republik. In: BECHHAUS-GERST, Marianne; KLEIN-ARENDT, Reinhard (Eds.). *Die (koloniale) begegnung: Afrikanerinnen in Deutschland 1880-1945, Deutsche in Afrika 1880-1918.* Frankfurt: Peter Lang, 2003.

MOMBAUER, Annika. *Helmuth von Moltke and the origins of the First World War.* Cambridge: Cambridge University Press, 2001.

_____. The First World War: inevitable, avoidable, improbable or desirable? Recent interpretations on war guilt and the war's origins. *German History,* 25, n. 1, 2007.

_____; DEIST, Guilherme (Eds.). *The Kaiser: new research on Guilherme II's role in Imperial Germany.* Cambridge: Cambridge University Press, 2003.

MOMMSEN, Hans. *The rise and fall of Weimar Democracy.* Trad. Elborg Forster e Larry Eugene Jones. Chapel Hill; London: University of North Carolina Press, 1996.

_____; GRIEGER, Manfred. *Das volkswagenwerk und seine arbeiter im Dritten Reich.* 3. ed. Düsseldorf: Econ Verlag, 1997.

_____; OBST, Dieter. Die reaktion der deutschen bevölkerung auf die verfolgung der juden 1933-1943. In: MOMMSEN, Hans; WILLEMS, Susanne (Eds.). *Herrschaftsalltag im Dritten Reich: studien und texte.* Düsseldorf: Schwann, 1988.

_____; WILLEMS, Susanne (Eds.). *Herrschaftsalltag im Dritten Reich: studien und texte.* Düsseldorf: Schwann, 1988.

MOMMSEN, Wolfgang. *Der erste weltkrieg: anfang vom ende des bürgerlichen zeitalters.* Frankfurt am Main: Fischer Taschenbuch Verlag, 2004.

MOORE, Bob. *Victims and survivors: the nazi persecution of the jews in the Netherlands 1940-1945.* London: Arnold, 1997.

MOORE-GILBERT, Bart; STANTON, Gareth; MALEY, Willy (Eds.). *Postcolonial Criticism*. London; New York: Longman, 1997.

MORLANG, Thomas. "Die wahehe haben ihre vernichtung gewollt." Der Krieg der "Kaiserlichen Schutztruppe" gegen die hehe in Deutsch-Ostafrika (1890-1898). In: KLEIN, Thoralf; SCHUMACHER, Frank (Eds.). *Kolonialkriege: militärische gewalt im zeichen des imperialismus*. Hamburg: Hamburger Edition, 2006.

MORROW, John H. Jr. *The Great War: an imperial history*. London; New York: Routledge, 2004.

MORSEY, Rudolf. *Der untergang des politischen katholicismus: die zentrumspartei zwischen christlichem selbstverständnis und 'Nationaler Erhebung' 1932/33*. Stuttgart: Belsier Verlag, 1977.

MOSES, A. Dirk. Conceptual blockages and definitional dilemmas in the "racial century": genocides of indigenous peoples and the Holocaust. In: _____; STONE, Dan (Eds.). *Colonialism and genocide*. London; New York: Routledge, 2007.

_____. Empire, colony, genocide: keywords and the Philosophy of History. In: _____. (Ed.). *Empire, colony, genocide: conquest, occupation, and subaltern resistance in world history*. New York; Oxford: Berghahn, 2008.

_____. (Ed.). *Genocide and settler society: frontier violence and stolen indigenous children in australian history*. New York; Oxford: Berghahn Books, 2004.

MOUTON, Michelle. *From nurturing the nation to purifying the volk: Weimar and nazi family polic*. Cambridge: Cambridge University Press, 2007.

MÜLLER, F. L. Der Traum von der Weltmacht: Imperialistische ziele in der deutschen nationalbewegung von der rheinkreise bis zum ende der Paulskirche. *Jahrbuch der Hambach Gesellschaft*, 6, 1996/7.

MÜLLER, Reinhard. Hitlers rede vor der reichswehrführung 1933: Eine neue moskaue überlierferung. *Mittelweg*, 36, n. 1, 2001.

MÜLLER, Rolf-Dieter; ÜBERSCHAR. Gerd R. (Eds.). *Hitler's war in the east: a critical assessment*. New York; Oxford: Berg, 2002.

MÜLLER, Sven Oliver. *Die Nation als Waffe und Vorstellung: Nationalismus in Deutschland und Grossbritannien im Ersten Weltkrieg*. Göttingen: Vandehoeck & Ruprecht, 2002.

_____. Nationalismus in der Deutschen kriegsgesellschaft 1939 bis 1945. In: ECHTERKAMP, Jörg (Ed.). *Die deutsche kriegsgesellschaft 1939 bis 1945, zweiter halbband, ausbeutung, deutungen, ausgrenzung*. Munich: Deutsche Verlags-Anstalt, 2005.

MURPHY, David Thomas. *The heroic earth: geopolitical thought in Weimar Germany, 1918-1933*. Kent, Ohio; London: Kent State University Press, 1997.

MUSIAL, Bogdan. Das schlachtfeldzweier totalitärer systeme: polen unter deutscher und sowjetischer Herrschaft 1939-1941. In: MALLMANN, Klaus-Michael; MUSIAL, Bogdan (Eds.). *Genesis des genozids: polen 1939-1941*. Darmstadt: Wissenschaftliche Buchgesellschaft, 2004.

_____. *Deutsche zivilverwaltung und judenverfolgung im generalgouvernement*. Wiesbaden: Harrassowitz Verlag, 1999.

NARANCH, Bradley. Inventing the auslandsdeutsche: emigration, colonial fantasy, and German national identity, 1848-71. In: AMES, Eric; KLOTZ, Marcia; Lora, WILDENTHAL (eds.). *Germany's colonial pasts*. Lincoln e London: University of Nebraska Press, 2005.

NELSON, Anne. *Red orchestra: the story of the Berlin underground and the circle of friends who resisted Hitler*. New York: Random House, 2009.

NOAKES, Jeremy; PRIDHAM, Geoffrey (Eds.). *Nazism 1919-1945. Foreign policy, war and racial extermination: a documentary reader*. Exeter: University of Exeter Press, 1995. v. 3.

_____. *Nazism 1919 to 1945: a history in documents and eyewitness accounts. Foreign policy, war and racial extermination*. New York: Schocken Books, 1988. v. 2.

_____. *Documents on nazism: a history in documents and eyewitness accounts, 1919-1945*. New York: Schocken Books, 1983. v. 1.

NOSKE, Gustav. *Von Kiel bis Kapp: zur geschichte der deutschen revolution*. Berlin: Verlag für Politik und Wirtschaft, 1920.

O'DONNELL, Krista; BRIDENTHAL, Renate; REAGIN, Nancy. *The heimat abroad: the boundaries of Germanness*. Ann Arbor: University of Michigan Press, 2005.

OSTERLOH, Jörg *Nationalsozialistische judenverfolgung im reichsgau Sudetenland 1938-1945*. Munich: Oldenbourg Verlag, 2006.

OTTE, Marline. *Jewish identities in German popular entertainment, 1890-1933*. Cambridge: Cambridge University Press, 2006.

OVERY, Richard J. Cars. Roads and economic recovery in Germany 1932-1939. In: _____. *War and economy in the Third Reich*. Oxford: Clarendon Press, 1994.

_____. German multi-nationals and the nazi state in occupied Europe. In: _____. *War and economy in the Third Reich*. Oxford: Clarendon Press, 1994.

_____. Heavy industry in the Third Reich; the Reichswerke crisis; the Reichswerke "Hermann Göring": a study in economic imperialism. In: _____. *War and economy in the Third Reich*. Oxford: Clarendon Press, 1994.

_____. The Reichswerke "Hermann Göring": a study in German economic imperialism. In: _____. *War and economy in the Third Reich.* Oxford: Clarendon Press, 1994.

OWINGS, Allison. *Frauen: German women recall the Third Reich.* New Brunswick, NJ: Rutgers University Press, 1995.

PADDOCK, Troy. Creating an oriental feinbild. *Central European History*, 39, n. 2, 2006.

PEGELOW, Thomas. Determining "people of German blood", "jews" and "mischlinge": The Reich kinship office and the competing discourses and powers of nazism, 1941-1943. *Central European History*, 15, n. 1, 2006.

PENNY, H. Glenn. *Objects of culture: ethnology and ethnographic museums in Imperial Germany.* Chapel Hill; London: University of North Carolina Press, 2001.

_____; BUNZL, Matti (Eds.). *Worldly Provincialism: German anthropology in the age of Empire.* Ann Arbor: University of Michigan Press, 2003.

PERRAS, Arne. *Carl Peters and German imperialism 1856-1981: a political biography.* Oxford: Clarendon Press, 2004.

PETERSON, Niels P. Das *Kaiserreich* in prozessen ökonomischer globalisierung. In: CONRAD, Sebastian; OSTERHAMMEL (Eds.). Jürgen *Das kaiserreich transnational: deutschland in der welt 1871-1914.* Göttingen: Vandenhoeck e Ruprecht, 2004.

PETROPOULOS, Jonathan. *Royals and the Reich: the princes von Hessen in nazi Germany.* Oxford; New York: Oxford University Press, 2006.

PINE, Lisa. *Nazi family policy, 1933-1945.* Oxford; New York: Berg, 1997.

POHL, Dieter. Die ermordung der juden im generalgovernement. In: HERBERT, Ulrich (Ed.). *Nationalsozialistische vernichtungspolitik 1939-1945: neue forschungen und kontroversen.* Frankfurt am Main: Fischer Taschenbuch Verlag, 1998.

_____. *Nationalsozialistische Judenverfolgung in ostgalizien 1941-1944: die organisierung und durchführung eines staatlichen verbrechens.* Munich: Oldenbourg, 1996.

POLEY, Jared. *Decolonization in Germany: narratives of colonial loss and foreign occupation.* Berna: Peter Lang, 2005.

POMMERIN, Rainer. *Der Kaiser und Amerika: der USA in der politik der Reichsleitung 1890-1917.* Cologne: Böhlau, 1986.

_____. *Sterilisierung der rheinlandbastarden: das schicksal einer farbigen deutschen Minderheit.* Düsseldorf: Droste Verlag, 1979.

PROCTOR, Robert. *Racial Hygiene: Medicine under the nazis.* Cambridge, MA: Harvard University Press, 1988.

PUHLE, Hans-Jürgen. *Agrarische interessenpolitik und preussischer konservatismus im wilhelminichen Reich (1893-1914): ein beitrag zur analyse des nationalismus in Deutschland am BEISPIEL des bundes der landwirte und der Deutsch-Konservativen Partei.* Hannover: Verlag für Literatur u. Zeitgeschehen, 1966.

PULZER, Peter G. J. *The rise of political anti-semitism in Germany and Austria.* Cambridge, MA: Harvard University Press, 1988 [1964].

PYTA, Wolfram. *Dorfgemeinschaft und parteipolitik 1918-1933: die verschränkung von Milieu und parteien in den protestantischen landgebieten Deutschlands in der Weimarer Republic.* Düsseldorf: Droste Verlag, 1996.

_____. *Hindenburg: Herrschaft zwischen Hohenzollern und Hitler.* Munich: Siedler Verlag, 2007.

RAHDEN, Till Van. *Jews and other Germans: civil society, religious diversity, and urban politics in Breslau, 1860-1925.* Trad. Marcus Brainard. Madison: University of Wisconsin Press, 2008.

REAGIN, Nancy R. *Sweeping the German nation: domesticity and national identity in Germany, 1870-1945.* Cambridge: Cambridge University Press, 2007.

REES, Laurence. *The nazis: a warning from history.* New York: New Press, 1997.

REESE, Willy Peter. *A stranger to myself: the inhumanity of war: Russia, 1941-1944.* Trad. Michael Hofman. SCHMITZ, Stefan (Ed.). New York: Farrar, Strauss & Giroux, 2005.

RETALLACK, James. *The German right 1860-1920: political limits of the authoritarian imagination.* Toronto; Buffalo; London: University of Toronto Press, 2006.

REYNOLDS, Henry. Genocide in Tasmania? In: MOSES, A. Dirk (Ed.). *Genocide and Settler Society: Frontier Violence and Stolen Indigenous Children in Australian History.* New York; Oxford: Berghahn Books, 2004.

RICHARDI, Hans-Günter. *Schule der gewalt: die anfänge des konzentrationslager Dachau: eine dokumentarischer bericht.* Munich: C. H. Beck, 1983.

RIESS, Volker. Zentrale und dezentrale radikalisierung: die tötungen "unwerten lebens" in den annektierten west-und nordpolnischen Gebieten 1939-1941. In: MALLMANN, Klaus-Michael; MUSIAL, Bogdan (Eds.). *Genesis des genozids: polen 1939-1941.* Darmstadt: Wissenschaftliches Buchgesellschaft, 2004.

RITSCHL, Albrecht. *Deutschlands krise und konjunktur 1924-1934: binnenkonjunktur, auslandsverschuldung und reparationsproblem zwischen dawes-plan und transfersperre.* Berlin: Akademie Verlag, 2002.

RÖHL, John C. G. *Guilherme II: The Kaiser's personal monarchy, 1888-1900.* Cambridge: Cambridge University Press, 2001.

ROHRBACH, Paul. *Deutschland in not! Die schicksale der Deutschen in Europa ausserhalb des Reiches.* Berlin-Schmargendorf; Leipzig: Guilherme Andermann, 1926.

ROSEMAN, Mark. *The Wannsee Conference and the final solution: a Reconsideration.* New York: Picador, 2002.

ROSHWALD, Aviel. *Ethnic nationalism and the fall of Empires: Central Europe, Russia and the Middle East, 1914-1923.* London; New York: Routledge, 2001.

_____.; STITES, Richard (Eds.). *European culture in the Great War.* Cambridge: Cambridge University Press, 1999.

ROSSINO, Alexander B. *Hitler strikes Poland: blitzkrieg, ideology, and atrocity.* Lawrence, Kansas: University of Kansas Press, 2003.

RÖSSLER, Mechtild; SCHLEIERMACHER, Sabine (Eds.). *Der 'generalplan ost': hauptlinien der natio-nalsozialistische planungs-und vernichtnungspolitik.* Berlin: Akademie Verlag, 1993.

RUBENSTEIN; Joshua; ALTMAN, Ilya (Eds.). *The Unknown black book: the holocaust in the German-occupied soviet territories.* Bloomington; Indianapolis: Indiana University Press, 2008.

RÜGER, Jan. *The great naval game: Britain and Germany in the Age OF Empire.* Cambridge: Cambridge University Press, 2007.

RUTHERFORD, Philip T. *Prelude to the final solution: the nazi program for deporting ethnic poles, 1939-1941.* Lawrence, KN: University of Kansas Press, 2007.

SAFRIAN, Hans. *Eichmann's men.* Trad. Ute Stargardt. Cambridge: Cambridge University Press, 2010.

SAKOWICZ, Kazimierz. *Ponary diary 1941-1943: A bystander's account of a mass murder.* ARAD, Yitzak (Ed.). New Haven; London: Yale University Press, 2005.

SANDKÜHLER, Thomas. *Endlösung in Galizien: der judenmord in ostpolen und die rettungsinitiativen von Berthold Beitz, 1941-1944.* Bonn: Dietz, 1996.

_____. Judenpolitik und judenmord im Distrikt Galizien, 1941-1942. In: HERBERT, Ulrich (Ed.). *Nationalsozialistische vernichtungspolitik 1939-1945: neue forschungen und kontroversen.* Frankfurt am Main: Fischer Taschenbuch Verlag, 1998.

SARFATTI, Michele. *The jews in Mussolini's Italy: from equality to persecution.* Trad. John Tedeschi and Anne C. Tedeschi. Madison: University of Wisconsin Press, 2006.

SCHALLER, Dominick J. From conquest to genocide: colonial rule in German Southwest Africa. In: MOSES, A. Dirk (Ed.). *Empire, colony, genocide: conquest, occupation, and subaltern resistance in world history.* New York; Oxford: Berghahn, 2008.

SCHECK, Raffael. *Alfred von Tirpitz and German rightwing politics, 1914-1930.* Atlantic Highlands, NJ: Humanities Press, 1998.

_____. *Hitler's African victims: the German army massacres of black french soldiers in 1940.* Cambridge: Cambridge University Press, 2006.

_____. *Mothers of the nation: right-wing women in Weimar Germany.* Oxford; New York: Berg, 2004.

SCHENK, Dieter, *Hans Frank: Hitlers kronjurist und generalgouveneur.* Frankfurt am Main: Fischer, 2006.

SCHIVELBUSCH, Wolfgang. *The culture of defeat: on national trauma, mourning, and recovery.* Trad. Jefferson Chase. New York: Metropolitan Books, Henry Holt and Co., 2001.

SCHMOKEL, Wolfe W. *Dream of Empire: German colonialism, 1919-1945.* Westport, CT: Greenwood Press, 1964.

SCHOLDER, Klaus. *The churches and the Third Reich. Die Kirchen und das dritte Reich: spaltungen und abwehrkämpfe.* Frankfurt am Main, Berlin e Viena: Ullstein, 2001. v. 3.

_____. *The churches and the Third Reich.* Preliminary history and the time of illusions 1918-1934. v. 1. Trad. John Bowden. Phipadelphia: Fortress Press, 1988.

_____. *The churches and the Third Reich.* The years of isillusionment: 1934 Barmen and Rome. v. 2. Frankfurt am Main, Berlin and Viena: Ullstein, 2001.

SCHUMACHER, Franz. Niederbrennen, plunder und töten sollt ihr: Der Kolonialkrieg der USA auf den Philippinen (1899-1913). In: KLEIN, Thoralf; SCHUMACHER, Frank (Eds.). *Kolonialkriege: militärische gewalt im zeichen des imperialismus.* Hamburg: Hamburger Edition, 2006.

SCHUMACHER, Martin. *Land und politik:eine untersuchung über politische parteien und agrarische interessen 1914-1923.* Düsseldorf: Droste Verlag, 1978.

SCHUMANN, Dirk. *Political violence in the Weimar Republic, 1918-1922: fight for the streets and fear of civil war.* Trad. Thomas Dunlap. New York; Oxford: Berghahn, 2009.

SCHWARZ, Gudrun. *Eine frau an seiner seite: ehefrauen in der "SS-Sippengemeinschaft".* Berlin: Aufbau Taschenbuch Verlag, 2001.

SEBASTIAN, Mihail. *Journal 1935-1944: the fascist years.* Trad. Patrick Camiller. Chicago: Ivan R. Dee, 2000.

SEMMENS, Kristen. *Seeing Hitler's Germany: tourism in the Third Reich.* Houndsmills; Blasingstoke; Hampshire: Palgrave Macmillan, 2005.

SILVERMAN, Dan P. *Hitler's economy: nazy work creation programs, 1933-1936.* Cambridge: Massachussets; London: Harvard University Press, 1998.

_____. *Reluctant union: Alsace-Lorraine and imperial Germany 1871-1918.* University Park, PA: Pennsylvania State University Press, 1972.

SIMO, David. Colonization and Modernization: the legal foundation of the colonial enterprise; a case study of German colonization in Cameroon. In: AMES, Eric; KLOTZ, Marcia; WILDENTHAL, Lora (Eds.). *Germany's colonial pasts.* London e Lincoln: University of Nebraska Press, 2005.

SIMON, Gerd. Germanistik und sicherheitsdienst. In: WILDT, Michael (Ed.). *Nachrichtendienst, politische elite und mordeinheit: der sicherheitsdienst des reichsführers SS*. Hamburg: Hamburger Edition, 2003.

SMELSER, Ronald M. *The sudenten problem 1933-1938: volkstumspolitik and the formulation of nazi foreign policy*. Middletown, CT: Wesleyan University Press, 1975.

SMITH, Helmut Walser. *German nationalism and religious conflict: culture, ideology, politics 1870-1914*. Princeton: Princeton University Press, 1995.

_____. *The butcher's tale: murder and anti-semitism in a Germanown*. New York: W. W. Norton, 2002.

_____. *The continuities of Germany history: nation, religion, and race across the long nineteenth century*. Cambridge: Cambridge University Press, 2008.

_____. The talk of genocide, the rhetoric of miscegenation: notes on debates in the German reichstag concerning Southwest Africa, 1904-14. In: FRIEDRICHSMEYER, Sara; LENNOX, Sara; ZANTOP, Susanne. *The imperialist imagination: German colonialism and its legacy*. Ann Arbor: University of Michigan Press, 1998.

SMITH, Woodruff D. *The German colonial Empire*. Chapel Hill: University of North Carolina Press, 1978.

_____. *The ideological origins of nazi Imperialism*. New York; Oxford: Oxford University Press, 1986.

SOFSKY, Wolfgang. An der grenze des sozialen: perspektiven der KZ-Forschung. In: HERBERT, Ulrich; ORTH Karin; DIECKMANN, Christoph (Eds.). *Die nationalsozialistischen Konzentrationslager – Entwicklung und Struktur*. Göttingen: Wallstein Verlag, 1998. v. 2.

SOLONARI, Vladimir. An important new document on the romanian policy of ethnic cleansing during World War II. *Holocaust and genocide studies*, 21, n. 2, 2007.

SPERBER, Jonathan. *Popular catholicism in nineteenth-century Germany*. Princeton: Princeton University Press, 1984.

_____. *The Kaiser's voters: electors and elections in Imperial Germany*. Cambridge: Cambridge University Press, 1997.

SPODE, Hasso. Arbeiterurlaub im Dritten Reich. In: SACHSE, Carola et al. (Eds.). *Angst, Belohnung, Zucht und Ordnung: herrschaftsmechanismen in nationalsozialismus*. Opladen: Westdeutscher Verlag, 1982.

SPOERER, Mark. Die soziale differenzierung der ausländischen zivilarbeiter, kriegsgefangenen und häftlinge im Deutschen Reich. In: ECHTERNKAMP, Jörg (Ed.). *Die deutsche kriegsgesellschaft, 1919 bis 1945, Zweiter Halbband: Ausbeutung, Deutungen, Ausgrenzung*. Munich: Deutsche Verlags-Anstalt, 2005.

STEIGMANN-GALL, Richard. *The holy Reich: nazi conceptions of christianity, 1919-1945*. Cambridge: Cambridge University Press, 2003.

STEINBERG, Jonathan. *All or nothing: the axis and the holocaust 1941-43*. London; New York: Routledge, 1990.

STEINMETZ, George. *The devil's handwriting: precoloniality and the German colonial state in Qingdao, Samoa, and Southwest Africa*. Chicago; London: University of Chicago Press, 2007.

STEINWEIS, Alan E. *Kristallnacht 1938*. Cambridge: Massachussets; London: Belknap Press of Harvard University Press, 2009.

_____. *Studying the Jew: scholarly antisemitism in nazi Germany*. Cambridge, MA; London: Harvard University Press, 2006.

STERN, Fritz. *Five Germanys i have known*. New York: Farrar, Strauss & Giroux, 2006.

STEVENSON, David. *Cataclysm: the First World War as political tragedy*. New York: Basic Books, 2004.

STOAKES, Geoffrey. *Hitler and the quest for world domination*. Leamington Spa; Hamburg; New York: Berg, 1986.

STOLER, Ann Laura. *Carnal knowledge and imperial power: race and the intimate in colonial rule*. Berkeley; Los Angeles; London: University of California Press, 2002.

STOLZFUS, Nathan. *Resistance of the heart: intermarriage and the rosenstrasse protest in nazi Germany*. New Brunswick, NJ; London: Rutgers University Press, 2001.

STRACHAN, Hew. *The First World War*. New York; London: Viking, 2003.

_____. *The First World War. To Arms*. New York; Oxford: Oxford University Press, 2001. v. 1.

STRANDMANN, Hartmut Pogge von. Consequences of the foundation of the German Empire: colonial expansion and the process of political-economic rationalization. In: FÖRSTER, Stig; MOMMSEN, Wolfgang J.; ROBINSON, Ronald (Eds.). *Bismarck, Europe, and Africa: the Berlin Africa Conference 1884-1885 and the onset of partition*. Oxford: Oxford University Press, 1988.

_____. Domestic origins of Germany's colonial expansion under Bismarck. *Past and Present*, n. 42, 1969.

STREIT, Christian. Die behandlung und erforderung sowjetischen kriegsgefangenen. In: MEYER, Klaus; WIPPERMANN, Wolfgang (Eds.). *Gegen das vergessen: der vernichtungskrieg gegen die sowjetunion 1941-1945*. Frankfurt am Main: Haag Herschen, 1992.

_____. *Keine kamaraden: deutsche wehrmacht und die sowjetische kriegsgefangenen 1941-1945*. Stuttgart: Deutsche Verlags-Anstalt, 1978.

SUNSERI, Thaddeus. The baumwolle frage: cotton colonialism in German East Africa. *Central European History*, 34, n. 1, 2001.

SUNY, Ronald Grigor. Truth in telling: reconciling realities in the genocide of the ottoman Armenians. *American Historical Review*, 114, n. 4, 2009.

SUTTON, Erich (Ed.). *Gustav Stresemann: his diaries, letters, and papers*. Trad. Erich Sutton. New York: Macmillan, 1940. v. 3.

SWEENEY, Dennis. Race, capitalism and Empire: the alldeutscher verband and German Imperialism. Trabalho apresentado no Encontro Anual da German Studies Association. Pittsburgh, PA, 29 set. 2006.

_____. The racial economy of weltpolitik: imperialist expansion, domestic reform, and war in Pan German ideology, 1894-1918. Disponível em: <www.sitemaker.umich.edu/German-modernities.files/sweeney.doc>. Acesso em: 16 jun. 2010.

SWETT, Pamela. *Neighbors and enemies: the culture of radicalism in Berlin, 1929-1933*. Cambridge: Cambridge University Press, 2004.

TEICHERT, Eckart. *Autarkie und grossraumwirtschaft in Deutschland 1930-1939: aussenwirtschaftpolitische konzeptionen zwischen weltwirtschaftskrise und zweiten weltkrieg*. Munich: R. Oldenbourg, 1984.

THER, Philipp. Beyond the nation: the relational basis of a comparative history of Germany and Europe. *Central European History*, 36, n. 1, [s.d.].

_____. Deutsche geschichte als imperiale geschichte: polen, slawophone minderheiten und das kaiserreich als kontintales Empire. In: CONRAD, Sebastian; OSTERHAMMEL, Jürgen (Eds.). *Das kaiserreich transnational: deutschland in der Welt 1871-1914*. Göttingen: Vandenhoeck & Ruprecht, 2004.

THEWELEIT, Klaus. *Male Fantasies*. Male bodies: psychoanalyzing the white terror. v. 2. Trad. Erica Carter and Chris Turner. Minneapolis: University of Minnesota Press, 1989.

_____. *Male Fantasies*. Women, floods, bodies, history. Trad. Erica Carter e Chris Turner. v. 1. Minneapolis: University of Minnesota Press, 1987.

_____. *Männerphantasien*. Frauen, fluten, körper, geschichte. v. 1. Frankfurt am Main: Verlag Roter Stern, 1977.

_____. *Männerphantasien*. Männerkörper: zur psychoanalyse des weissen terrors. v. 2. Frankfurt am Main: Verlag Roter Stern, 1979.

TOOZE, Adam. Economics, ideology and cohesion in the Third Reich: a critique of Götz Aly's Hitlers volkstaat. Versão em inglês do ensaio de Dapim Lecheker HaShoah. Disponível em: <http://www.scribd.com/doc/4099126/toozealy>. Acesso em: 7 maio 2010.

_____. *The wages of destruction: The making and breaking of the nazi economy*. London: Allen Lane, 2006.

TRAVERSO, Enzo. *The origins of nazi violence*. Trad. Janet Lloyd. New York; London: New Press, 2003.

TREVOR-ROPER, H. R. (Ed.). *Hitler's table talk 1941-1944: his private conversations*. Trad. Norman Cameron and R. H. Stevens. New York: Enigma Books, 2000.

TRUMPENER, Ulrich. *Germany and the ottoman Empire 1914-1918*. Princeton: Princeton University Press, 1968.

TRZECIAKOWSKI, Lech. *The kulturkampf in Prussian Poland*. Trad. Kataryna Kretkowska. Boulder, 1990.

TURNER JR., Henry A. *German big business and the rise of Hitler*. New York; Oxford: Oxford University Press, 1985.

ÜBERSCHAR, Gerd R. *Für ein anderes deutschland: der deutsche widerstand gegen den NS – Staat 1933-1945*. Frankfurt am Main: [s. n.], 2006.

_____. The military campaign. In: MÜLLER, Rolf-Dieter; ÜBERSCHAR. Gerd R. (Eds.). *Hitler's war in the east: a critical assessment*. New York; Oxford: Berg, 2002.

ULLRICH, Volker. "Wir haben nichts gewusst." Ein deutsches Trauma. *1999: Zeitschrift für Sozialgeschichte des 20. Jahrhunderts*, 6 (4), 1991.

VAN LAAK, Dirk. *Imperiale infrastruktur: deutsche planungen für eine erschliessung Afrikas 1880 bis 1960*. Paderborn: Ferdinand Schöningh, 2004.

_____. *Über alles in der Welt: Deutscher Imperialismus im 19. Und 20. Jahrhundert*. Munich: C.H. Beck, 2005.

VAN RAHDEN, Till. *Jews and other Germans: civil society, religious diversity, and urban politics in Breslau, 1860-1925*. Trad. Marcus Brainard. Madison: University of Wisconsin Press, 2008.

VERHEY, Jeffrey. *The spirit of 1914: militarism, myth, and mobilization in Germany*. Cambridge: Cambridge University Press, 2000.

VOLKOV, Shulamit. *Germans, jews, and antisemites: trials in emancipation*. Cambridge: Cambridge University Press, 2006.

VON HAGEN, Mark. *War in a european borderland: occupations and occupation plans in Galicia and Ukraine, 1914-1918*. Seattle: University of Washington Press, 2007.

WACHSMANN, Nicolaus. *Hitler's prisons: legal terror in nazi Germany*. New Haven; London: Yale University Press, 2004.

WALB, Lore. *Ich, die alte: ich, die junge: konfrontation mit meinen tagebüchern 1933-1945*. Berlin: Aufbau Taschenbuch, 1998.

WALKENHORST, Peter. *Nation-volk-rasse: radikaler nationalismus im Deutschen Kaiserreich 1890-1914*. Göttingen: Vandenhoeck & Ruprecht, 2007.

WALTER, Dierk. Warum kolonialkrieg? In: KLEIN, Thoralf; SCHUMACHER, Frank (Eds.). *Kolonialkriege: Militärische gewalt im zeichen des imperialismus*. Hamburg: Hamburger Edition, 2006.

WALTER, Dirk. *Antisemitische kriminalit und gewalt: judenfeindschaft in der Weimarer Republik*. Bona: J. H. W. Dietz Nachf., 1999.

WALTHER, Daniel Joseph. *Creating Germans abroad: cultural politics and national identity in Namibia. Atenas*. Athens, OH: Ohio University Press, 2002.

WASSER, Bruno. *Himmlers raumplanung im osten: der generalplan ost in Polen*. Basel; Berlin; Boston: Birkhäuser Verlag, 1993.

WATSON, Alexander. *Enduring the great war: combat, morale and collapse in the German and British Armies, 1914-1918*. Cambridge: Cambridge University Press, 2008.

WAWRO, Geoffrey. *The Franco-Prussian war: the German conquest of France, 1870-1871*. Cambridge: Cambridge University Press, 2003.

WEHLER, Hans-Ulrich. *Bismarck und der imperialismus*. Cologne; Berlin: Kiepenheuer u. Witsch, 1969.

_____. *Das Deutsche Kaiserreich 1871-1918*. Göttingen: Vandenhoeck and Ruprecht, 1973.

_____. *Deutsche gesellschaftsgeschichte*. v. 3: *Von der "Deutschen doppelrevolution" bis zum beginn des ersten weltkrieges 1849-1914*. Munich: Vandenhoeck & Ruprecht, 1995.

WEINBERG, Gerhard L. (Ed.). *Hitler's second book: the unpublished sequel to "Mein Kampf" by Adolf Hitler*. Trad. Krista Smith. New York: Enigma Books, 2003.

_____. *A World at arms: a global history of World War II*. Cambridge: Cambridge University Press, 1994.

WEINDLING, Paul Julian. *Epidemics and genocide in Eastern Europe 1890-1945*. Oxford: Oxford University Press, 2000.

_____. *Health, race and German politics between national unification and nazism 1870-1945*. Cambridge: Cambridge University Press, 1989.

WEISS, John. *Ideology of death: why the holocaust happened in Germany*. Chicago: Ivan Dee, 1996.

WEITZ, Eric D. "From Vienna to the Paris system: international politics and the entangled histories of human rights, forced deportations, and civilizing missions". *American Historical Review*, 113, n. 5, 2008.

_____. *Creating German communism, 1890-1990: From popular protests to Socialist State*. Princeton: Princeton University Press, 1997.

_____. *Weimar Germany: promise and tragedy*. Princeton; London: Princeton University Press, 2007.

WERTHEIMER, Jack. *Unwelcome strangers: East European jews in Imperial Germany*. New York: Oxford University Press, 1987.

WESTERMANN, Edward B. *Hitler's police batallions: enforcing racial war in the East*. Lawrence, KN: University of Kansas Press, 2005.

WILDENTHAL, Lora. *German women for Empire 1884-1945*. Durham, NC: Duke University Press, 2001.

WILDT, Michael. Eine neue ordnung der ethnographischen verhältnisse: Hitlers rede vom 6. oktober 1939. *Zeithistorische Forschungen / Studies in Contemporary History*, 3, 2006. Disponível em: <http// www.zeithistorische-forschungen.de/16126041-Wildt-1-2006>. Acesso em: 6 maio 2010.

_____. *Generation des unbedingten: das führungskorps des reichssicher-heitshauptamtes*. Hamburg: HIS Verlag, 2002.

_____. Violence against jews in Germany, 1933-1939. In: BANKIER, David (Ed.). *Probing the depths of antisemitism: German society and the persecution of the jews*. New York; Oxford: Berg, 2000.

_____. *Volksgemeinschaft als selbstermächtigung: gewalt gegen juden in der deutschen provinz 1919 bis 1939*. Hamburg: Hamburger Edition, 2007.

WILLIAMSON JR., Samuel R.; MAY, Ernest R. An identity of opinion: historians and july 1914. *Journal of Modern History*, 79, n. 2, 2007.

WINKLER, Heinrich-August. *Weimar 1918-1933: die geschichte der ersten deutschen demokratie*. Munich: CH Beck, 1998.

WINKS, Robin W.; NEUBERGER, Joan. *Europe and the making of modernity, 1815-1914*. New York: Oxford University Press, 2005.

WINTER, Jay. Surviving the War: life expectation, illness, and morality rates in Paris, London, and Berlin, 1914-1919. In: _____. *Capital Cities at War: Paris, London, Berlin 1914-1919*. Cambridge: Cambridge University Press, 1997.

WINZEN, Peter. *Das kaiserreich am Abgrund: die daily-telegraph affäre und das hale-interview von 1908: darstellung und dokumentation*. Stuttgart: Franz Steiner Verlag, 2002.

WIPPERMANN, Wolfgang. *Die deutschen und der osten: feinbild und traumland*. Darmstadt: Primus Verlag, 2007.

WITTIG, Bernd. *Culture and inflation in Weimar Germany*. Berkeley; Los Angeles: University of California Press, 2001.

WOLFE, Patrick. Settler colonialism and the elimination of the native. *Journal of Genocide Research*, 8, n. 2, 2006.

WOLFE, Thomas. I have a thing to tell you... In: LUBRICH, Oliver. [Excerto de] *Reisen ins Reich 1933 bis 1945: ausländische autoren berichten aus Deutschland*. Frankfurt: Eichborn Verlag, 2004.

WRIGHT, J. R. C. *Gustav Stresemann: Weimar's greatest statesman*. Oxford: Oxford University Press, 2002.

ZANTOP, Susanne. *Colonial fantasies: conquest, family, and nation in precolonial Germany, 1770-1870*. Durham e London: Duke University Press, 1997.

ZELLER, Joachim. Symbolischer politik: anmerkungen zur kolonialdeutschen erinnerungskultur. In: ZIMMERER, Jürgen; ZELLER, Joachim (Eds.). *Deutsch-Südwestafrica: Der kolonialkrieg (1904-1908) in Namibia und seine folgen*. Berlin: Ch. Links Verlag, 2003.

ZIEMANN, Benjamin. *War experiences in rural Germany 1914-1923*. Trad. Alex Skinner. Oxford; New York: Berg, 2007.

ZIMMERER, Jürgen. Colonialism and the holocaust: towards an archeology of genocide. In: MOSES, Dirk A. (Ed.). *Genocide and settler society: frontier violence and stolen indigenous children in australian history*. New York; Oxford: Berghahn Books, 2004.

_____. Colonialism and the holocaust: towards an archeology of genocide. In: MOSES, A. Dirk (Ed.). *Genocide and settler society: frontier violence and stolen indigenous children in Australian history*. New York; Oxford: Berg. 2004a.

_____. *Deutsche herrschaft über afrikaner: staatlicher machtanspruch und wirklichkeit im kolonialen Namibia*. Münster: LIT Verlag, 2004.

_____. Die geburt des "ostlandes" aus dem geiste des kolonialismus: die nationalsozialistische eroberungs-und beherrschungspolitik in (post-)kolonialer perspektive. *Sozial*. Geschichte: Zeitschrift für historische Analyse des 20. und 21. *Jahrhunderts*, 19, n. 1, 2004b.

_____. Holocaust und kolonialismus: beitrag zu einer archäologie des genozidalen gedankens. *Zeitschrift für geschichtswissenschaft*, 51, n. 12, 2003.

_____. *Von windhuk nach Auschwitz: beiträge zum verhältnis von kolonialismus und holocaust*. Münster: LTI, 2007.

ZIMMERMAN, Andrew. *Anthropology and antihumanism in Imperial Germany*. Chicago; London: University of Chicago Press, 2001.

_____. Ethnologie im *Kaiserreich*: natur, kultur und "rasse" in Deutschland und seinen kolonien. In: CONRAD, Sebastian; OSTERHAMMEL, Jürgen. *Das Kaiserreich transnational: Deutschland in der welt 1871-1914*. Göttingen: Vandenhoeck & Ruprecht, 2004.

ZITZEWITZ, Georg Werner von. Unser kampf. *Pommersche tagespost*, 19, n. 223, 22 set. 1929.

ZUBER, Terence. *Inventing the schlieffen plan: German war planning, 1871-1914*. Oxford: Oxford University Press, 2002.

ZUCCOTTI, Susan. *The Holocaust, the French, and the jews*. New York: Basic Books, 1993.

_____. *The italians and the holocaust: persecution, rescue, and survival*. Lincoln: University of Nebraska Press, 1987.

ZUMBINI, Massimo Ferrari. *Die wurzeln des bösen: gründerjahre des antisemitismus; Von der Beismarckzeit zu Hitler*. Frankfurt am Main: Vittorio Klostermann, 2003.

ÍNDICE REMISSIVO

Acordo Naval Anglo-Germânico (1935), 218.

África Oriental alemã, 61, 72, 163, 278 e 315.

Maji Maji, Revolta dos, 62.

africanos/afro-alemães,

esterilização de, 242.

impacto das Leis de Nurembergue sobre os, 222-4.

Afrika korps, 351.

Ahlwardt, Hermann, 38.

alemães (germânicos) étnicos (*Volksdeutschen*), 210, 245 e 259.

ataques aos polacos (1939), 249-52.

colaboração na Solução Final, 360.

"encolhimento" de (estagnação, permanência, presos), 146, 150, 154, 162-3 e 167-70.

restabelecimento da, 253-4, 259-60, 262-5, 282-6 e 302-3.

Alemanha Imperial (Segundo Império),

ambições imperialistas em tempos de guerra, 85, 95-6, 104-5, 117-8 e 121-2.

aspirações à hegemonia continental, 26, 30, 47-8, 54-5, 57-8 e 72-5.

"cerco" da Entente, 20, 76, 81, 84, 153, 166 e 370.

comparação aos Estados Unidos, 77-8.

concepções de inferioridade africana, 68-70.

Constituição de 1871 da, 27-30.

debate sobre cidadania na, 72-6.

descontentamento popular durante a guerra, 110-4.

impacto social e cultural do imperialismo, 66-70.

Programa de Setembro, 110-4.

Ali-Husseini, Amin (o grão-mufti de Jerusalém), 351.

Allianz, 321.

Alsácia e Lorena, 31-2, 36, 44, 87, 92, 101, 124, 161, 274, 286, 305 e 317.

Alvensleben, Ludolf von, 250.

antissemitismo,

boicote aos negócios de judeus (1933), 198-9.

e antimarxismo/antibolchevismo, 282, 294 e 339-40.

na Alemanha Imperial, 38-41.

no Terceiro Reich pré-guerra, 354.

pogrom da Noite dos Cristais (*Kristallnacht*) (1938), 239-41.

radicalização nazista e a arianização

da Liga Pangermânica, 56-7 e 145.

do Partido da Pátria alemão, 116-7.

na República de Weimar, 139-41 e 144-6.

Antonescu, Ion, 328 e 337-8.

Arendt, Hannah, 15 e 21.

Associação Colonial, 56.

Associação para o Germanismo no Exterior (*Verein für das Deutschtum in Ausland*), 168.

August-Guilherme, príncipe herdeiro, 183.

394 | IMPÉRIO NAZISTA

Auschwitz-Birkenau, 206, 322, 345-6, 349 e 356.

Áustria, 146-8, 165, 175, 218, 231-4, 236, 274, 277, 287, 298, 311, 313, 318, 322, 326 e 335.
 anexação alemã da, 237-8.
 demanda pangermânica pela anexação da, 146.
 medidas antijudaicas introduzidas na, 319 e 323-4.
 tentativa de uma união aduaneira de Papen com a, 175.

Autobahn, 211 e 215.

Auxílio de Inverno (*Winter Hilfe*), 225.

Babi Yar, 333.

Bach-Zelewski, Erich von dem, 332 e 344.

Backe, Herbert, 210, 215, 281, 286 e 301.

Baden, príncipe Max von, 120.

Bálcãs, 44, 49, 269, 286-7 e 294.

Barbarossa, 282, 286-8, 290, 294-6, 299, 301, 309, 312, 318, 328, 331-2, 337-9, 345, 351 e 367.
 comparação com a dizimação dos povos nativos das Américas, 309.
 comparação com os planos para a África, 282-3.
 derrotas soviéticas anteriores, 286-8.
 planejamento alemão da, 278-86.
 plano de fome da, 281 e 335.
 reações populares na Alemanha à, 287-8.
 reveses militares alemães, 291-4.
 tratamento alemão aos civis, 298-300.
 tratamento alemão aos prisioneiros de guerra soviéticos, 294 e 296-98.

Batalha de Tannenberg (1914), 158.

Batalha pela Cultura/*Kulturkampf. Ver* católicos/catolicismo.

Bavária,
 contrarrevolução na (1918-19), 145-6, 148-9, 151, 155 e 195-6.
 sincronização da (1933), 195-6.

Bélgica, 92-3, 96-7, 119-20, 153, 160 e 346.
 invasão e ocupação alemã da, 99-100, 277 e 325-6.

Bélgica e França,
 ocupação da Alemanha Imperial de, 99-100.

Belzec, 346.

Bermondt-Avalov, Pavel, 132.

Bessarábia e Bucovina, 279, 317, 328 e 337-9.

Best, Werner, 145 e 273.
 planos de reconstrução étnica da Europa Ocidental, 305.

Bethmann-Hollweg, Theobald von, 71, 79, 85-6, 89-92, 96-7, 115 e 117.
 demissão de, 89-92.
 oposição à guerra submarina irrestrita, 109.

Biebow, Hans, 321.

Bielorrússia, 118, 236, 289, 298, 303, 335, 346, 357 e 359.

Bismarck, Otto von, 30-1, 33, 41-7, 54-7, 60, 65, 75, 150 e 153-4.
 antissocialismo de, 33.
 expulsão de russos e polacos da Galícia, 35 e 37.
 imperialismo e colonialismo de, 41-7.
 papel na unificação, 24.
 política externa continental de, 41.
 políticas de germanização de, 33-4, 37 e 189.
 renúncia de, 47-8.
 tentativas de consolidação doméstica, 27-9, 33 e 41-4.

Bleichröder, Gerson, 49.

Blomberg, general Werner von, 187, 190, 215 e 231-2.

Böckel, Otto, 38.

bolchevismo/antibolchevismo, 123, 127, 142-4, 148, 192, 220, 247-8, 281, 288, 301-2, 331, 360 e 362.

Bouhler, Philipp, 266, 335 e 345.

Brack, Vicktor, 335.

Brandt, Karl, 266.

Brauchitsch, Walther von, 313.

Braun, Otto, 176.

Bredow, general Erich von, 213.

Brest-Litovsk, Tratado de (1918), 118-9.

Brockdorff-Rantzau, conde Ulrich von, 126.

Brüning, Heinrich, 174-6, 179, 181, 184-6, 192, 208 e 213.
 nomeação/mandato como chanceler, 174-5.

Bucareste, Tratado de, 118.

Buchenwald, 298.

Bulgária, 119 e 287.
 junta-se às Potências Centrais, 94.
 resistência à deportação de judeus, 361.

Bülow, Bernhard von, 53, 73 e 78-9.
 esforço na aliança antibritânica, 78.
 nomeação como chanceler, 65.

Bürckel, Josef, 317.

ÍNDICE REMISSIVO | 395

caminho particular (*Sonderweg*), 19 e 77.

campos de extermínio,
construção e operação dos, 346-7 e 352.
"eficiência"/tecnologia dos, 346-7 e 352.

Capacetes de Aço (*Stahlhelm*), 138, 142, 172, 181 e 187.

Caprivi, Leo von, 49.
Tratado Helgoland-Zanzibar concluído por, 50 e 56.

Carta do Atlântico, 302.

Cartel de Estados Produtores, 75, 111 e 115.

Caso Dreyfus, 40.

católicos/catolicismo, 18, 34, 65, 71, 84, 119, 177, 180, 212, 243 e 268.
apoio à Lei de Concessão de Plenos Poderes, 193.
Batalha pela Cultura (*Kulturkampf*), 31-3.
conflitos com o regime nazista, 216-7.
nacionalismo de, 32 e 84.
repercussão sobre a eutanásia, 268.

Cavaleiros Teutônicos, 36, 89, 103, 123, 154, 156, 254, 265, 288.

Cesairé, Aimé, 349.

Chamberlain, Houston Stewart, 39.

Chamberlain, Neville, 235 e 277.

Chełmno (Kulmhof), 322 e 346.

Churchill, Winston, 277 e 302.

Class, Heinrich, 57-8, 85, 146 e 155.

coalizão de Weimar (social-democratas/democratas/centro), 134.

Comissão Prussiana de Reassentamento / Comissão de Liquidação, 36 e 266.

Comitê para a União e Progresso. *Ver* Império Otomano.

comunidade étnica/racial (*Volksgemeinschaft*), 69, 82-3, 110, 113, 116, 198, 217, 219, 221, 224, 228 (imagem 14), 229, 242, 246 e 259-60.
concepções nacionalistas da, Primeira Guerra Mundial, 82-92 e 96.
discurso dos nazistas sobre a, 179-81.
e a política social nazista, 224-9.

Confederação Germânica, 24 e 29-30.

Conferência de Berlim sobre o Oeste Africano (1884-5), 44-5.

Conferência de Munique (1938), 245 e 354.

Conferência de Wannsee (1942) 257, 261, 263, 264, 265, 266-7, 320, 321, 341-2 e 351.

Conrad von Hötzendorf, conde Franz, 94.

Conti, Leonardo, 267.

Cooper, Frederick, 17.

Corpo de Transporte Automotivo Nacional-Socialista (NSKK), 227.

Crimeia, 291 e 336.
planos alemães para a, 303.

Croácia, 286, 291 e 364.

Cruz da Flecha, 326 e 362.

Cruz de Honra das Mães Alemãs, 226.

Dachau, campo de concentração de,
diferenças entre os campos coloniais, 196-7.

Daladier, Edouard, 315.

Daluege, Kurt, 218-9.

Dannecker, Theodor, 324.

Danzig-Prússia Ocidental, 257, 263, 265 e 267.

Darré, Walther, 156, 210, 214-5, 255 e 281.

darwinismo social, 26, 45, 67-9, 76, 100, 148, 165, 242, 250-1, 254 e 352.

de Gaulle, Charles, 276.

Delbo, Charlotte, 350.

Departamento de Fomento Agrícola do Reich, 209.

Dernburg, Bernhard, 66.

descontentamento popular e os limites da, 242-6.

Dinamarca, 23, 36 e 307.
invasão e ocupação alemã da (1940), 325 e 361.
resgate de judeus dinamarqueses, 361.

Dinter, Artur, 220.

Dollfuss, Engelbert, 218.

Dönitz, grão-almirante Karl, 369.

Drexler, Anton, 148.

Ebert, Friedrich, 121-2, 126 e 158.

Economia Controlada (*Zwangswirtschaft*), 99, 112 e 144-5.

Ehrhardt, Hermann, 132, 139 e 146.

Eichmann, Adolf, 238, 316, 324, 327, 362 e 365.
julgamento em Jerusalém de, 313-4.
orquestração do Projeto Nisko, 313-4.

Eisner, Kurt, 140 e 146.

El Alamein, 351 e 361.

elites conservadoras,
antirrepublicanismo das, 142-4.

396 | IMPÉRIO NAZISTA

Entente/Entente Cordiale/Tríplice Entente (Grã-Bretanha, França, Império Russo), 18, 20, 53-4, 71, 126-31, 134, 136, 138, 145, 148-50, 152, 156, 161-2, 164-5, 167, 170, 173, 186, 191, 208, 211, 213, 223, 244, 275 e 278-9.
   antibolchevismo da, 128.
   aplicação do Tratado de Versalhes, 125-6.
Erzberger, Matthias, 115 e 139.
Escandinávia, 247, 269, 277 e 305.
eslavos/antieslavismo, 17, 20, 55, 59, 79, 103, 105, 233, 256, 276, 281-2, 284, 295, 300, 312, 329, 331 e 338.
Eslováquia, 235, 327 e 362.
   medidas antissemitas na, 327.
espaço vital (*Lebensraum*), 20, 124, 130, 190-1, 207, 229-30, 237, 244, 252, 255, 269, 271, 276, 305, 332-3 e 370.
   concepções geopolíticas do, 252.
Espanha, 78, 278 e 308.
espartacistas, 114, 122-3 e 132.
Estabelecimento Educacional Hashude, 226.
Estabilização, efeitos da, 158-9.
Estados Unidos, 18, 27, 57, 77-8, 109, 160, 175, 185, 208, 242, 271, 277, 281, 307 e 309.
   Alta Silésia, 124, 135, 139, 145, 172, 246, 257, 265 e 314.
   entrada na Primeira Guerra Mundial, 114.
   entrada na Segunda Guerra Mundial, 309 e 341-2.
   objeção à guerra submarina irrestrita, 78-9, 109 e 119-20.
estonianos, 304.
Eulenberg, Philipp, 49, 75 e 143.
Europa Ocidental,
   ocupação e exploração alemã da, 305-9.
eutanásia, 266-9.
expurgo de Röhm. *Ver* SA (Tropas de Tempestade).

Fabri, Friedrich, 43 e 45.
Falkenhayn, Erich von, 93-6.
   remoção de, 109-10.
Feder, Gottfried, 148.
ferrovia Berlim-Bagdá, 53 e 91.
Fischer, Eugen, 205-7 e 221.
Fischer, Fritz, 19.
Força Alemã de Autoproteção Étnica (*Volksdeutscher Selbstschutz*), 249.
Força pela Alegria (KdF), 227-9.

Força-Tarefa Colonial do Reich, 162.
Forster, Albert, 257 e 263.
França, 23-4, 31, 36, 49, 52, 71, 92-3, 108, 135, 160, 163, 169-70, 186, 190-1, 208, 231, 235, 246-7, 269-271, 294, 307-8, 314-7, 324, 328, 340 e 363.
   invasão e ocupação alemã da, 274-7.
   objetivos da Primeira Guerra Mundial, 92-3.
   tratamento alemão aos soldados coloniais da França, 274-7.
França de Vichy, 306.
   criação da, 273-4.
   medidas antijudaicas da, 323-4.
   oposição à deportação de judeus de Saarpfalz e Baden, 317.
   recusando a boa vontade de deportar judeus, 365.
   resistência às reivindicações territoriais de Hitler, 279.
Francisco Ferdinando, arquiduque, 75.
Franco, Francisco,
   projetos imperialistas de, 279.
Frank, Hans, 295, 314, 316, 334-5, 344 e 355.
Frederick Barbarossa (Frederick I Hohenstaufen), 287.
Frederico Guilherme (Eleitor de Brandemburgo), 26.
Frederico, o Grande, 24, 36 e 193.
Freikorps, 123-4, 127-8, 131-3, 140, 143, 145, 151, 159, 196, 214, 219, 250, 257-9, 304, 344 e 353.
   campanhas bálticas da, (1918-20), 132-3
   formação da, 132-3
   papel no *putsch* de Kapp, 132-3
Frente de Trabalho Germânica (DAF), 227.
   Instituto de Ciência do Trabalho, 193, 271 e 282.
Frente Ocidental, Primeira Guerra Mundial, 92-3, 97-8, 118 e 126.
Frick, Guilherme, 187, 192, 195-6, 202 e 213.

Gabinete Colonial, 66.
Galen, bispo Clements August Graf von. *Ver* católicos/catolicismo: repercussão sobre a eutanásia.
Galícia Oriental, 304, 337, 339, 343 e 355.
Gayl, Guilherme Freiherr von,
   carreira no *Ober Ost*, 176.

genocídio armênio (1915), 106-7n48.

germanização, 38-9, 118, 157, 254-5, 260, 263-4, 283 e 312.

Gestapo, 259. Ver SS (Schutzstaffel).

Globocnik, Odilo, 238 e 346.

Gobineau, Joseph, 39.

Goebbels, Joseph, 178, 201, 225, 243, 275-6, 302, 330 e 368.

Goerdeler, Carl, 230.

Göring, Hermann, 155, 183, 187, 192, 230-3, 237-8, 241, 253, 255, 257, 298, 314, 316 e 369.

Governo provisório, 122 e 126-7.

    renúncia de Brest-Litovsk, 122.

    uso da Freikorps como meio de barganhas, 123.

Governo-Geral, 258-262, 264-5, 271, 283-4, 295, 304, 313-4, 316-7, 334, 337, 345-6 e 354-6.

    extensão do Plano de Fome ao, 355-6.

Grã-Bretanha, 23, 50, 52, 72, 77-8, 82, 86, 94, 106-9, 133, 154, 160, 163-4, 188, 190, 196, 208, 232, 236, 245, 252, 269-71, 274, 277, 280-1, 290, 295, 305, 309, 311, 315, 317, 324, 328, 331, 340-1, 351 e 358.

    bloqueio da Alemanha, 86, 95, 99, 108, 121, 165, 184-5 e 207.

    corrida naval anglo-germânica, 50-1.

    objetivos da Primeira Guerra Mundial, 91n20.

    resistência às ambições imperiais nazistas, 184-5.

Grande Depressão, 18, 21, 155, 158, 170, 177-8, 202-4, 216, 233, 268, 324 e 353.

    crise agrária na, 185-6.

    enfraquecimento dos social-democratas e comunistas, 185-6.

    impacto na ordem internacional, 185-6.

Grécia, ocupação alemã da (1941), 286-7.

Greiser, Arthur, 257 e 322.

    visões do Warthegau germanizado, 257.

Grimm, Hans,

    Volk ohne Raum, 167.

Groener, general Guilherme, 110 e 122.

Grossman, Vasily, 300, 336 e 350.

    descrição de Treblinka, 346-7.

Grynspan, Herschel, 239.

Grzesinski, Albert, 176.

Guarda de Ferro, 328 e 337.

Guarda de Hlinka, 327.

Guerra dos Trinta Anos, 17, 30-1, 83, 123 e 298.

Guerra Franco-Prussiana, 36, 40-1, 62, 64, 83, 98, 100, 147, 255 e 275.

    franco-atiradores na, 275-6.

guetos, 319-22 e 333.

    conselhos judaicos nos, 320-2.

    Łódź, 320-2 e 346.

Guilherme II, Kaiser, 48-50, 54, 62, 66, 75, 77, 87, 89, 94n24, 99n34, 114, 119-21, 143-4, 179n105, 192 e 232.

    abdicação de, 121.

    Caso Daily Telegraph, 72.

    Caso Eulenberg, 72.

    conflito com Bismarck, 43-4.

    isolamento na Conferência de Algeciras, 71.

    Mensagem de Páscoa do, 115.

    morte "heroica" e abdicação de, 121.

    nomeação de Hindenburg e Ludendorff ao Comando Supremo, 109-10.

    objetivos imperialistas da Marinha, 51-2.

    "paz cívica" (Burgfrieden) de, 84.

    suspensão/continuação da guerra submarina irrestrita, 109.

    tentativa de explorar a Guerra dos Bôeres, 50.

Günther, Hans J. K., 220.

Gürtner, Franz, 187.

Haase, Ernst, 56.

Hanfstaengel, Ernst, 150-1.

Haushofer, Karl, 156 e 165.

Henlein, Konrad, 234-5.

Hess, Rudolf, 153.

Heydrich, Reinhard, 145, 196, 212, 259, 273, 281, 313, 316-7 e 319-20.

    convocação da Conferência de Wannsee, 342.

    experiência de, 218-9.

higiene racial (eugenia), 116.

    imposição do Reich da, 202-7.

    na Alemanha Imperial, 67-8.

Himmler, Heinrich, 195-6, 212-3, 217, 233, 250, 259, 262-3, 266-7, 281, 286, 303, 305, 316-7, 319, 332, 336, 349 e 360-2.

    desejo por métodos "humanos" de extermínio, 344-9.

    nomeação como chefe de polícia da Baviera, 195-6.

398 | IMPÉRIO NAZISTA

nomeação como comissário da Consolidação do *Volk* Alemão, 259.

rivalidades com Darré e Rosenberg, 255.

Hindenburg, Paul von, 91-2, 96-7, 110, 171, 175, 184, 193 e 212.

Batalha de Tannenberg, 89-92.

concepção da "parceria" com Hitler, 188.

e Lei de Serviço Civil, 199.

morte de (1934), 215.

torna-se presidente da República de Weimar, 158.

uso do Artigo, 174-5.

Hiperinflação, 134-7.

Hitler, Adolf, 82, 89n16, 152, 167, 188-90, 193-5, 203, 213, 216-8, 229, 233, 235-7, 240 (Imagem 15), 249-50, 257, 259, 263, 266, 268, 269 (Imagem 18), 270-6, 280, 286, 290, 293-4, 302, 305-7, 313, 317, 319, 324n26, 327n39, 329-30 e 339.

acordo de não agressão contra a Polônia (1934), 191.

antibolchevismo e antissemitismo de, 149-50.

anúncio do Plano dos Quatro Anos (1936), 230 e 280.

anúncio do recrutamento militar obrigatório (1935), 217.

apostas de política externa de (1933-36), 190-1 e 217.

apostas de política externa de (1938-9), 232-6.

ataque da política externa de Stresemann, 166.

busca por rearmamento, 207.

começo/início da vida de, 147-9.

comentário sobre genocídio armênio, 106.

concepções de uma Europa etnicamente limpa, 260.

concepções do espaço vital (*Lebensraum*), 153-7.

declaração de guerra contra os Estados Unidos, 229-30.

desinteresse do Fronte de Harzburg, 181.

discurso no *Reichstag* (1939), 311-2.

encontro com militares (1933), 187-90.

encontro com produtores industriais do Ruhr (1932), 182.

entrada no Partido Nazista, 148-9.

ideias imperiais durante a guerra de, 290-3.

influência de refugiados soviéticos sobre, 149-50.

influência dos Estados Unidos sobre, 156.

nomeação como chanceler, 184, 187-8 e 191-2.

o carisma de, 178-9 e 256.

ordem comissária de. *Ver* Barbarossa.

papel no expurgo de Röhm, 212-3.

papel no *putsch* de Munique (1923), 152.

planos de invasão da União Soviética, 280.

planos de invasão de Ilhas Britânicas, 277.

planos de invasão do Ocidente, 269-73.

popularidade de, 244.

projetos na Polônia, 235-6 e 248-9.

recusa a deportar alemães de raça mista, 342-3.

rejeição da administração indireta em territórios soviéticos ocupados, 303-6.

retomada das deportações de judeus, 334-5.

reunião da Chancelaria do Reich de (1937), 231.

saída da Liga das Nações, 190.

sobre a eutanásia, 242 e 266-9.

termina o Projeto Nisko, 314.

torna-se o *Führer* e o chanceler do Reich, 214-5.

último desejo e testamento de, 369.

via legal ao poder de, 152-7 e 177-8.

vínculo com as elites conservadoras, 150-2 e 181-2.

20 de julho de 1944, tentativa de assassinato contra, 367.

Hoffmann, Johannes, 133.

Hoover, Herbert, 101.

Horthy, Miklós, 326 e 362.

Höss, Rudolf, 356.

Hugenberg, Alfred, 173, 184 e 187-8.

renúncia de, 194-5.

Hungria, 138, 146, 235, 287, 318 e 328.

deportação de judeus da, 326-7.

medidas antissemitas na, 326-7.

Iasi, massacre de, 338, *Ver também* Romênia.

IG-Farben, 350.

Igreja confessional. *Ver* protestantes/protestantismo, conflitos com o regime nazista.

Império Austro-Húngaro/Áustria-Hungria, 41, 48-9, 55, 76-7, 85-6, 91, 94-5, 109, 232 e 337.

ameaça do nacionalismo sérvio ao, 76.

antissemitismo no, 40.
como aliado da Alemanha Imperial, 55.
derrotas militares do, 93.
desintegração do, 126.
medidas draconianas contra os sérvios, 100.
ultimato à Sérvia, 76 e 85.
Império Otomano, 86, 92, 130 e 340.
derrotas nos Bálcãs, 94.
entrada na Primeira Guerra Mundial, 94.
genocídio dos armênios, 106-8 e 340.
projetos da Alemanha Imperial sobre o,
54-5.
vitória em Galípoli, 94-5.
Império Russo/Rússia, 16, 24, 26, 33, 44, 49,
86, 89, 103, 109, 110, 132, 140, 153, 281,
331, 341.
antissemitismo no, 39.
conflito entre a Alemanha Imperial e, 49.
mobilização de forças no, 82, 87.
retirada militar do, 101.
incêndio no *Reichstag* (1933), 192.
Itália, 27, 55, 158n62, 233, 247, 277-8, 286,
307-8, 326 e 364-5.
Fascismo. *Ver* Mussolini, Benito.
junta-se à Entente (1915), 93.
oposição à deportação de judeus, 93.
Iugoslávia, 153 e 286.
ocupação e divisão alemã da (1941), 286-7.

Jeckeln, Friedrich, 336.
Jiaozhou, Baía de (Península de Shandong),
52, 58 e 95.
Jung, Edgar, 213.
juventude hitlerista, 219, 225 e 227.

Kaas, Ludwig, 173.
Kahr, Gustav Ritter von, 133, 146 e 213.
Kapp, Wolfgang, 115 e 131.
Kennan, George, 354.
Kiderlin-Wächter, Alfred von, 71.
Kiev, 293, 298 e 332-3.
Klausener, Erich, 213.
Klemperer, Victor, 215, 241, 244, 246, 319,
330 e 368.
Klukowski, Zygmunt, 261 e 297.
Koch, Erich, 304.
Kripo. *Ver* SS (*Schutzstaffel*).
Krösigk, Lutz Graf Schwerin von, 187.
Kun, Bela, 326.

Lagarde, Paul, 315.
Landauer, Gustav, 140 e 146.
Lange, Friedrich, 41.
lei antissocialista, 48.
Lei da Fazenda Hereditária, 209.
Lei de Concessão de Plenos Poderes, 193.
Lei de Prevenção de Doenças Hereditárias
(1933), 222.
Lei de Saúde no Casamento. *Ver* "higiene ra-
cial" (eugenia).
Lei do Serviço Auxiliar. *Ver* Programa de Hin-
denburg (1916).
Lei para a Restauração do Serviço Civil (1933),
217 e 237-8.
Leis de Nuremalbergue (1935), 206, 209, 221,
224, 226, 237, 238, 318, 319, 325 e 342.
antecedentes coloniais pré-guerra das,
221-2.
pessoas "de raça mista", 221, 224 e 342.
Lenin, Vladimir, 118 e 133.
Leningrado, cerco de, 294 e 333.
Letônia, 236, 289, 304 e 358.
Lettow-Vorbeck, Paul von, 95, 163 e 223.
retorno triunfante de, 127.
Leutwein, Theodor, 62.
Levi, Primo, 350 e 351-2.
liberalismo,
e imperialismo, 24-6.
hostilidade aos poloneses, 24-6.
líder principal (*Führerprinzip*), 178-9.
Liebknecht, Karl, 123.
Liga Agrária, 38, 58 e 183.
Liga Artaman, 196.
Liga Colonial das Mulheres, 168.
Liga da Marinha, 51 e 55.
Liga das Marchas Orientais (*Hakatisten*), 56-7
e 59.
Liga das Nações, 124, 135, 160, 164, 190 e 257.
Liga do Exército, 60 e 100.
Liga do Reich de Colonos Alemães, 162.
Liga dos Três Imperadores (Alemanha, Áus-
tria-Hungria e Rússia), 41 e 49.
Liga Imperial contra a Social-Democracia, 56.
Liga Pangermânica, 41, 56, 72-3, 75, 85, 89,
91, 101, 105, 146, 153, 155, 181-2 e 221.
fundação e ideologia, 56-60.
objeção ao trabalho polonês, 85.
Liga Rural Nacional. *Ver* Liga Agrária.

Lituânia, 94, 96, 117, 118, 236, 289 e 358.

Locarno, Tratado de (1925), 160, 190 e 218.

Łódź, 248, 261, 319, 320, 321, 322, 329, 333 e 346.

Lohse, Hinrich, 304.

Lüdecke, Kurt, 151.

Ludendorff, Erich, 92, 96, 97, 110-1, 114, 115, 122, 123, 131, 132, 146, 151 e 188.
administração do *Ober Ost*, 103-5.
Batalha de Tannenberg, 87-9.
"luta final" (*Endkampf*) e papel na abdicação do kaiser, 119-21.
negociações com o *Reichstag* (1918), 119-21.
surgimento da Ofensiva de Primavera, 119.
visão de um império oriental, 117-8.

Lüderitz, Adolf, 43.

Lueger, Karl, 147.

Lüttwitz, Walther von, 131.

Luxemburgo, 277.

Luxemburgo, Rosa, 122-3 e 140.

Mahan, Alfred Thayer, 52, 77 e 155.

Majdanek, 346 e 349.

Mann, Thomas, 213 e 239.

Manstein, Erich von, 336.

Marder, Karl, 321.

Marr, Guilherme, 39.

Mauthausen, 298.

Meinecke, Friedrich, 83.

Mengele, Josef, 206.

Meyer, Konrad, 284.

Michelis, Georg, 115.

Molotov, Vyachaslev, 279.

Moltke, Helmut von, 64, 85 e 100.
alterações no Plano Schlieffen, 77 e 93.
derrota na Frente Ocidental e saída de, 93.
guerra preventiva de, 93.

Moratória Hoover, 185-6.

Moses, A. Dirk, 17.

Movimento Popular Rural (*Landvolk*), 172.

Müller, Hermann, 171.

Muller, Ludwig (*Reich Bishop*). *Ver* protestantes/protestantismo, conflitos com o regime nazista.

Munique soviética, 140.

Mussolini, Benito, 132, 151, 184, 194, 218, 233, 245, 253, 277, 286, 302 e 363-4.
e a Frente de Stresa com a Grã-Bretanha e a França, 363-4.

nacionalismo alemão,
inseguranças do, 40 e 56.

nacional-socialismo/Partido Nazista (NSDAP), 107, 117, 190 e 193.
ambições imperialistas na África, 268-71.
avanço eleitoral do, 176-7 e 197-8.
bases sociais do, 180-1.
fatores em sua ascensão ao poder, 177-86.
Liga das Meninas Alemãs (BdM), 261.
Liga das Mulheres, 261.
políticas domésticas, 225-6.
políticas relacionadas à agricultura, 197-8.
princípio de liderança (*Führerprinzip*) do, 352.
programa de 25 pontos do, 148-9.
putsch de Munique do (1923), 180.
sistema penal do, 197-8.

Napoleão Bonaparte, 17, 24, 32, 54, 83, 119, 153 e 288.

Naumann, Friedrich, 97.

Neumann, Erich, 342.

Neurath, Konstantin von, 187, 190 e 232.

Noite dos Cristais (*Kristallnacht*). *Ver* antissemitismo.

Noruega, invasão e ocupação alemã da (1940), 273 e 324.

Noske, Gustav, 123 e 131-2.

O pecado contra o sangue, 116.

Ober Ost,
comparações com a ocupação nacional-socialista no Oriente, 104.
ocupação alemã do, 103-4.

Ordem da Juventude Alemã, 142.

Organização dos Nacionalistas Ucranianos (ONU), 297.

Orquestra Vermelha, 343 e 367.

Ossietsky, Carl von, 162.

Pacto de Aço (1939), 236.

Pacto de Não Agressão Nazi-Soviético (1939-41), 311-2.

Pacto Tripartite, 278, 286, 327 e 361.

Países Baixos, 120-1, 143, 153, 347, 355-7, 363 e 365-6.
invasão e ocupação alemã dos (1940), 273-4 e 276.
medidas antissemitas nos, 273-4.

Palestina, 278, 351, 358 e 361.

ÍNDICE REMISSIVO | 401

Pântanos de Pripet, 318 e 331-2.
papa Bento XV, 98.
Papen, Franz von, 177, 181, 184, 185, 187, 202 e 209.
    discurso de Marburg, 212.
    governo reacionário de, 175-6.
    papel na nomeação de Hitler como chanceler, 188.
Partido Comunista da Alemanha (KPD)/comunistas, 134, 141-2, 152, 163, 176, 179, 184, 190, 194-6, 211, 217 e 245.
Partido Conservador (DKP)/conservadores, 35, 38, 43, 71-3, 89 e 134.
Partido Conservador Livre /conservadores livres, 35 e 47.
Partido Cristão Nacional Popular Rural (CN-BLP), 172.
Partido da Pátria Alemão, 116-7.
Partido Democrata, 134.
Partido do Centro/Centro, 35, 38, 47, 51, 73, 82, 89, 108, 111, 115, 119, 121, 132, 134, 139, 142, 158, 173-5, 180 e 195.
    apoio à Lei de Concessão de Plenos Poderes, 194.
    interesses agrários do, 194.
    tendência à direita do, 194.
Partido Nacional-Liberal/nacionais-liberais, 31, 35, 37-8, 41, 45 e 73.
Partido Popular Alemão (DVP), 142, 158-9, 163, 166, 168 e 173.
    entrada no governo (1925), 158-9.
    perdas eleitorais do, 172-3.
Partido Popular Nacional Alemão (DNVP), 134, 142-3, 158-60, 163, 166, 168, 172-3, 181 e 194-5.
Partido Progressista/progressistas, 31, 43-4, 47-8, 51, 65, 74, 82, 89, 96-7,108, 111, 115, 119 e 121.
Partido Social-Democrata (SPD)/socialistas, 51, 65, 74, 82, 84, 89, 108, 111, 114, 119, 132, 142, 144, 152, 158, 166, 171 e 212.
    fundação do, 84-5.
    recusa ao apoio de créditos de guerra, 91-2.
    voto contra a Lei de Concessão de Plenos Poderes (1993), 193-4.
Partido Social-Democrata (USPD), 114, 123 e 141.
Partido Social-Democrata da Alemanha (MSPD), 141.

Partido Social-Democrata no Exílio (Sopade), 212, 225 e 243.
"passaporte racial" (Ahnenpass), 225.
pessoas de "raça mista" (Mischlinge). Ver Leis de Nurembergue.
Pétain, Philippe, 274.
Peters, Carl, 43, 45, 51, 56 e 59.
    convicções nacionalistas/imperialistas de, 43-4.
    desafios aos britânicos em Zanzibar, 45-6.
    episódio sobre Emin Pasha, 45-6 e 60.
Piłsudski, Josef, 164.
Plano Dawes, 136 e 159-60.
Plano de Fome, Ver Barbarossa.
Plano dos Quatro Anos, 230, 337-8, 255, 280-1, 316 e 342.
Plano Geral do Leste (Generalplan Ost), 260 e 335.
Plano Young, 170, 172 e 181.
Polícia de Ordem. Ver SS (Schutzstaffel).
política mundial (Weltpolitik), 51-4.
Polônia, 106, 117, 118, 125-6, 139, 140, 154, 155, 162, 165, 172, 190, 191, 236, 243-4, 281, 286-7, 294-5, 304, 305, 312, 319, 322, 326, 328, 331, 332, 335, 358 e 359-60.
    antissemitismo na, 323-4.
    invasão alemã da (1939), 247-57.
    ocupação e restabelecimento da, 257-67.
    territórios anexados, 257-8.
Potências Centrais (Alemanha, Áustria-Hungria, Império Otomano),
    desvantagens marítimas das, 97.
    avanços militares das, 97.
    fragilidade militar das, 97.
Programa de Bem-Estar Nacional-Socialista, 224-5.
Programa Hindenburg (1916), 215.
    Lei do Serviço Auxiliar, 110-1 e 114.
Projeto de Madagascar, 314-7.
Projeto Nisko, 313-5.
Projeto T-4. Ver eutanásia.
protestantes/protestantismo, 18, 31, 35, 99-100, 142, 171-4, 180, 213 e 242.
    conflitos com o regime nazista, 216-7.
    nacionalismo dos, 31-2.
    política eleitoral de Direita em Weimar, 171-2.
Protetorado da Boêmia e Morávia, 235, 257, 277, 314, 318-9, 321-2, 326, 332-3, 335, 342, 346 e 362.

402 | IMPÉRIO NAZISTA

Protocolos dos Sábios de Sião, 133, 150 e 339.

Prússia, 29, 33, 35, 57, 117, 131, 146, 154, 176 e 187.
    agricultura/agricultores, 143-4, 175, 184-5 e 187.
    donos de terras *junkers* da, 143-4.
    franquia de três classes na, 35, 75, 85 e 115.
    governo do SPD na (1919-32), 144, 174, 176 e 195.
    Lei sobre o estado de sítio, 97-8 e 271.
    papel na unificação, 23-6.
    papel no sistema imperial, 27.
    população polonesa da, 24-6, 33, 34-8, 38-9 e 73-4.

putsch de Kapp, 131-3, 138, 140, 142, 143, 146, 150, 152, 160 e 213.

putsch de Munique. *Ver* nacional-socialismo/ Partido Nazista (NSDAP).

Quisling, Vidkun, 273.

raça suprema (*Herrenvolk*), 19-20, 250, 281, 290-1, 291, 305 e 354-5.

Rademacher, Franz, 315.

Raeder, Admiral Ernst,
    planos de uma frota de superfície de, 278.

Rapallo, Tratado de, 139, 161 e 230.

Rathenau, Walter, 98, 116, 139, 143 e 161.
    assassinato de, 139-40 e 143.

Ratzel, Friedrich, 78, 155 e 156.

Reconstrução (*Aufbau*), 150.

região econômica superior (*Grossraumwirtschaft*), 305.

Registro Étnico Alemão (DVL), 262 e 295.

Reichstag, 29, 33, 47, 71, 84, 108, 110, 117, 124, 144, 163, 173, 174, 181, 191, 193, 194, 260 e 311.
    apoio ao projeto de Tirpitz para a Marinha, 65 e 174.
    coalizão reformista no (social-democratas, Centro, progressistas), 174.
    como expressão da voz popular, 174.
    eleições de 1874, 33.
    eleições de 1881, 42-3.
    eleições de 1890, 47.
    eleições de 1903, 65.
    eleições de 1907 (*Bülow Bloc*), 65-6.
    eleições de 1912, 74.
    eleições de 1920, 133.

    eleições de 1928, 172.
    eleições de 1930, 174.
    eleições de 1932, 178.
    eleições de novembro de 1932, 184.
    eleições de março de 1933, 193 e 195.
    resolução de paz, 1917, 114.

Reichswehr, 126, 139, 146, 148, 151-2, 155, 174-5, 184-5, 190, 212 e 230.
    planejamento de guerra do, 164.

Reichswerke Hermann-Göring, 232, 303 e 308.

Renânia, 39, 124, 145 e 152.
    "horror negro" na, 31, 33, 48, 124-8, 136, 156, 162, 170, 205, 222, 234 (mapa 7), 242, 273-4 e 276.
    remilitarização da (1936), 218 e 236.

República de Weimar
    bem-estar social/biopolítica, 176-7.
    fundação da, 123-30.
    imperialismo e colonialismo, 160-70.

Revolta de Kiel, 121-2 e 278-9.

Revolução de 1848, 16, 23, 26 e 270.

Revolução de Novembro, 143.

revoluções russas,
    impacto na Alemanha das, 117 e 119.

Ribbentrop, Joachim von, 248 e 315.

planos para o bloqueio antibritânico, 278.

Ritter von Epp, Franz Xaver, 155, 259 e 271.

Röhm, Ernst. *Ver* SA (Tropas de Tempestade).

Röhm, expurgo de. *Ver* SA (Tropas de Tempestade).

Rohrbach, Paul, 54, 107 e 167.

Romênia, 118, 278, 279, 286, 304, 327 e 339.
    lado na Entente, 109.
    medidas antissemitas na, 327-8.
    resistência à deportação de nativos judeus, 109.
    violência antissemita na, 333-5.

Rommel, general Erwin, 351.

Roosevelt, Franklin Delano, 302, 316 e 341.

Rosa Branca, 367.

Rosenberg, Alfred, 150, 255, 302, 304, 334 e 339.
    propostas de ocupação da União Soviética, 302.

Ruhr, 185.
    ocupação belga e francesa do (1922-23), 135, 145, 151 e 157.
    trabalhadores impedidos no, 171.

Rumkowski, Mordechai Chaim, 321.

ÍNDICE REMISSIVO | 403

SA (Tropas de Tempestade), 152, 185, 192-6, 257 e 368.
absorção dos capacetes de aço (Stahlhelm), 194.
expurgo de Röhm, 192-3.
formação da, 149.
participação no progrom da Noite dos Cristais, 239.
violência contra os judeus, 192-3 e 201.
Saarpflz, 317 e 323.
Sachsenhausen, campo de concentração, 298.
Sacro Império Romano, 16-8, 23, 31-2, 153, 220 e 273-4.
Sanders, Otto Liman von, 55.
Sarre, 92, 135, 217 e 317.
Sauckel, Fritz, 309.
Schacht, Hjalmar, 208 e 231.
Novo Plano de, 216 e 230.
suspensão do pagamento da dívida aos Estados Unidos, 216.
Scheidemann, Philipp, 122 e 126.
Scheubner-Richter, Max von, 107, 150 e 152.
Schiemann, Theodor, 49.
Schleicher, General Kurt von, 175, 181, 184, 186, 187, 208, 211 e 213.
Schleswig-Holstein, 172 e 353.
Schnitzer, Eduard (Emin Pasha), 47.
Schönerer, Georg Ritter von, 147.
Schuschnigg, Kurt, 232.
Schwerin von Krosigk, Lutz, 187 e 232.
Sebastian, Mihail, 338.
Seeckt, Hans von, 132.
Seldte, Franz, 187.
Sérvia, 55, 94 e 95.
Seyss-Inquart, Arthur von, 326.
Sierakowiak, Dawid, 322 e 329.
Silésia, 24, 185, 233, 257 e 277.
sincronização (Gleichschaltung), 195 e 211.
da Bavária, 195.
do turismo, 201.
sinti e roma, 202, 242, 244, 258 e 314.
impacto das Leis de Nurembergue sobre, 222.
Sobibór, 346.
socialistas e comunistas,
destruição dos, 192-3.
Sociedade Colonial Alemã (DKG), 162.
Sociedade Colonial, 43, 56, 59, 70, 73 e 167.

Sociedade Thule, 147.
Solução Final,
colaboração das populações em territórios soviéticos ocupados, 357-60.
comparação a outros genocídios, 329-30.
duração da, 330, 339 e 341-2.
e a Barbarossa, 329-34.
perpetuadores (autores) da, 336 e 352-7.
planos expandidos à Palestina, 365-9.
rara (falta de) oposição alemã à, 365-9.
Speer, Albert, 291-2 e 309.
SS (Schutzstaffel), 325 e 353.
Agência Central de Emigração, 261.
distinção de, 254-6.
Escritório para a Repatriação de Alemães Miscigenados (Volksdeutsche Mittelstelle), 233.
Escritório Principal de Administração de Negócios, 303 e 349.
expansão do poder (1936), 218.
expansão do poder após o expurgo de Röhm (1934), 213-4.
formação de, 213-4.
fusão de racismo e expansionismo, 213-4.
Gestapo, 245, 319, 366 e 368.
Office for the Strengthening of Germandom (RKF), 283.
Polícia de Ordem, 336.
Race and Resettlement Office, 261 e 283.
Reich Security Main Office, 353.
SD (Security Service), 196, 218, 238, 245, 259, 288, 297, 309, 313, 327, 337, 353, 366 e 368.
unidades de ataque móveis (Einsatzgruppen), 213-214, 248, 250, 259, 294, 330, 336 e 346.
Waffen SS, 274, 304 e 359-60.
Stalin, Josef, 230-1, 236, 253, 280, 289 e 293.
Stalingrado, 361 e 366-7.
Stinnes, Hugo, 122 e 136.
Stinnes-Legien, Acordo de, 122 e 138.
Stöcker, Adolf, 38.
Stoler, Ann Laura, 17.
Strasser, Gregor, 178, 184, 193 e 213.
Streicher, Julius, 239 e 257.
Stresemann, Gustav, 164-5.
ambições coloniais no exterior de, 163-4.
morte de, 173.

404 | IMPÉRIO NAZISTA

negociação do Tratado de Locarno, 159-60.

política de atendimento de, 170.

política polonesa de, 164.

Sudetos, 233-9, 244, 311 e 353.

Sudoeste Africano alemão,

Guerra dos Hererós e Namas (1904-7), 61-3, 69n114, 99, 196, 255, 282 e 311-2.

Suécia, 342 e 361.

Szalasi, Ferenc, 362.

T-4 Projeto. *Ver* eutanásia.

Tchecoslováquia, 162, 168, 235-7, 244, 287 e 305.

anexação e desmembramento da (1938-39), 231 e 233.

Terboven, Josef, 273.

Thyssen, Fritz, 151 e 182.

Tirpitz, Alfred, 52, 69, 71, 77, 96, 175 e 278.

como instrumento de sobrevivência nacional na Marinha, 52-3.

como membro do Partido da Pátria, 115.

insubordinação e saída de, 109.

Tiso, Monsignor Josef, 235 e 327.

Todt, Fritz, 309.

Toller, Ernst, 146.

Transnistria, 304 e 338.

Tratado de Resseguro, 48.

Treblinka, 346-7 e 361.

Treitschke, Heinrich von, 38 e 70.

Trianon, Tratado de, 326.

Tríplice Aliança (Alemanha, Áustria-Hungria e Itália), 49 e 83.

Trotta, general Lothar von, 62, 99 e 255.

Tulp, Sybren, 325.

Turnip, Inverno de (1916-17), 112.

Turquia, 54, 118, 130, 278 e 280.

Ucrânia, 94, 118, 236, 281, 289, 293, 295-7, 302-4, 331, 333, 336-8, 346 e 360.

União Soviética, 118, 133, 139, 150, 160-2, 167, 185, 230-1, 235-6, 245, 247-8, 251, 254, 265, 269, 296, 301-2, 304-5, 309, 311, 323, 326, 328, 331, 333, 339, 341, 343, 346, 354, 357, 360 e 367-9.

invasão alemã da. *Ver* Barbarossa.

Ustasha, 287.

van der Lubbe, Marinus, 192.

Versalhes, Tratado de, 124-8, 134, 143, 145, 149, 152, 156-7, 159-61, 164, 166, 171-2, 186, 188, 218, 231 e 251.

situação de etnias minoritárias, 167.

termos do, 124-8.

Vlasov, Andrei, 305.

Volk/völkisch. Ver comunidade étnica/racial.

von der Goltz, conde Rüdiger von, 151.

Wagner, Adolf, 195.

Wagner, Josef, 257.

Wagner, Robert, 317.

Walb, Lore, 244 e 246.

Waldersee, Alfred von, 49.

Wartheland/Warthegau, 257.

Wehrmacht, 217, 231-2, 245, 247, 249-50, 253, 255, 274-5, 280, 286-9, 297, 301, 303-5, 313, 331-2, 335, 339, 357, 359, 362, 368 e 370.

ações antipolonesas de, 249.

colaboração com as unidades de ataque móveis, 294 e 331.

Westarp, conde Kuno von, 173.

Willikens, Werner, 352.

Wilson, Woodrow, 114-5 e 120.

Catorze Pontos de, 122 e 126.

sondagens de paz de, 98.

Zitzewitz, Georg Werner von, 172.

GLOSSÁRIO*

Blitzkrieg – campanha com ataques rápidos e de surpresa

Blockleiter – líderes de bairro ou quarteirão

Bund der Landwirte – Liga Agrária

CDU – União Democrata Cristã

Centralverband Deutscher Industrieller – Liga Central de Industrialistas Alemães

DDP – Partido Democrata Alemão

Deutsche Vaterlandspartei – Partido Alemão da Pátria

Dietas – *Reichstage* – as assembleias imperiais

DVP – Partido Popular Alemão

Enquêtekomission – inquérito parlamentar

FDP – Partido Democrata Livre

Freikorps – Corpos Livres – grupos voluntários financiados pela indústria e organizados pelo Exército

Gauleiter – líderes regionais responsáveis por territórios

Gleichschaltung – coordenação (pôr na mesma marcha)

Grundgesetz – lei básica

Judenrein – livre dos judeus

Kaisereich – Guarda Imperial

Kammergericht – Tribunal Imperial de Justiça

KPD – Partido Comunista da Alemanha

---

*. O presente glossário não consta da edição original em inglês. Constitui-se em uma inserção realizada pela Edipro no intuito de tornar o conteúdo da presente obra mais acessível ao leitor. (N.E.)

406 | IMPÉRIO NAZISTA

Kraft durch Freude – Força pela Alegria

Kreisleiter – líderes responsáveis por cidades inteiras ou áreas metropolitanas

LDPD – Partido Liberal Democrata da Alemanha

Mitläufer – companheiros de estrada

NSDAP – *National Socialist German Workers' Party* (Partido Nacional-Socialista Alemão dos Trabalhadores)

Ober Ost – Comando Supremo do Oriente

OKW – *Oberkommando der Wehrmacht* (Alto Comando das Forças Armadas)

Ortsgruppenleiter – líderes responsáveis por partes de cidades

PDS – Partido do Socialismo Democrático

Reichsstatthalter – governadores do Reich

SA – *Sturmabteilung* (Tropas de Assalto)

Schönheit der Arbeit – a beleza do trabalho

SED – Partido Socialista Unificado

SPD – *Sozialdemokratische Partei Deutschlands* (Partido Social-Democrata)

SS – *Schutzsaffel* (Tropas de Proteção)

Stützpunktleiter – líderes responsáveis por cidades pequenas

USPD – Partido Social-Democrata Independente

Volksgemeinschaft – comunidade popular ou nacional

Volkskammer – o Parlamento

Wehrmacht – Forças Armadas alemãs

ZAG – *Zentral-Arbeits-Gemeinschaft* (Comunidade Central Trabalhista)

Zellenleiter – líderes celulares

GRÁFICA PAYM
Tel. (11) 4392-3344
paym@terra.com.br